江南社会生活史研究丛书

寿仙谷文化综论

陈玉兰　李振宇　等著

学苑出版社

图书在版编目（CIP）数据

寿仙谷文化综论 / 陈玉兰，李振宇等著 . —北京：学苑出版社，2024.1

ISBN 978-7-5077-6911-1

Ⅰ . ①寿… Ⅱ . ①陈… Ⅲ . ①养老—社会服务—文化研究—武义县 Ⅳ . ① D669.6

中国国家版本馆 CIP 数据核字 (2024) 第 042791 号

责任编辑：战葆红
出版发行：学苑出版社
社　　址：北京市丰台区南方庄 2 号院 1 号楼
邮政编码：100079
网　　址：www.book001.com
电子邮箱：xueyuanpress@163.com
联系电话：010-67601101（营销部）　010-67603091（总编室）
印　刷　厂：北京赛文印刷有限公司
开本尺寸：880 mm × 1230 mm　1/32
印　　张：13.75
字　　数：340 千字
版　　次：2024 年 1 月第 1 版
印　　次：2024 年 1 月第 1 次印刷
定　　价：88.00 元

前 言

中医药发展历史悠久，其萌芽几与先民的生命进化同步。传说中华始祖炎黄二帝尝百草、医民恙，是为中医药之源头。在现存世界上最古老的文字甲骨文中，就已有与疾、疫、诊等相对应的甲骨文字，草木虫鱼类名物字更是占了相当大的比例，其中有不少堪为本草者。中华民族生生不息，在漫长的历史进程中，总体而言，是中医药守护了国民的健康。尽管近代以来，随着西医东渐，中医药饱受质疑，但毫无疑问，直至今日，中医药对慢病治疗有独特功效，在"治未病"方面占主导地位，在重大疾病治疗中具辅助效果，在养生康复中起核心作用。在健康生活中，国民对中医养生、中医疗疾仍有较高的依赖度。党的二十大报告提出要"实施健康中国战略"，而要实施健康中国战略，中医药科学研究和文化传承至关重要。2022年3月3日，国务院办公厅发布了《"十四五"中医药发展规划》，强调要"加强中医药文化研究和传播"，为此还提出具体的实施路径，即"深入挖掘中医药精华精髓，阐释中医药文化与中华优秀传统文化的内在联系。加强中医药学与相关领域协同创新研究。实施中医药文化传播行动……"2023年2月10日，国务院办公厅又下发了《中医药振兴发展重大工程实施方案》，明确定位"中医药是我国重要的卫生、经济、科技、文化和生态资源，传承创新发展中医药是新时代中国特色社会主义事业的重要内容，是中华民族伟大复兴的大事"。方案提出了要实施振兴发展中医药的八大工程，"中医药文化弘扬工程"即为其中之一。方案要求"各地要把中医药文化工作纳入中华优秀传统文化传承发展工程总体框架"，并"对本地区中医药文化资源进行调查整理、挖掘研究",尤其强调要"深入探索体制机制创新,形成典型经验和有益做法","加强典型报道,发挥示范引领作用。及时回应社会关切,提升对中医药的认可度,营造全社会关心和支持中医药发展的良好氛围"。

浙江省金华市武义县(含原宣平县)是一个传统文化积淀非常深厚,并且非常注重养生也非常适合养生的地方,其民在长期的养生实践中形成了丰富的养生经验,并因地制宜地将这种经验运用于传统中医药业及现代医养产业的发展,由此孕育的寿仙谷药业在生态农业和中医养生行业占有龙头翘楚的地位,不仅成了中华灵芝、铁皮石斛上市第一股,在浙江省中医药全产业链企业中首家获得了省政府质量奖,同时成了铁皮石斛和灵芝两个珍稀中药材国际标准制定单位。

系统梳理该企业在这个偏僻小邑诞育、成长乃至高歌猛进的发展历程,深入分析传统文化对传统产业的浸润、地域文化对本土企业的反哺,从中总结归纳出中医药产业共通的发展规律和应具的行业特色,或可有望形成典型经验和有益做法,对行业发展起示范引领作用。

武义是浙江山区26县之一,其地三面环山,西南有仙霞岭余脉,东南有括苍山余脉,东北有八素山系。峰峦连绵之间,峡谷窈深,溪涧跌宕,丘陵起伏,江水蜿蜒,催生了以生态农业、养生产业、全域旅游为特色的县域经济。"寿仙谷"既是百年老字号"寿仙谷药号"(寿仙谷药业之前身)之名,也是武义一处国家4A级景区——大红岩景区的组成部分。从王宅镇大莱口往南,在纵横交错的山峦间,有一处幽秀的峡谷,那里绝壁危耸,奇峰挺秀,层林叠翠,飞瀑溅雪。在谷外的环山地带,在主景区的大红岩脚下,一片片、一畦畦,遍植神话传说中能让人起死回生、长生不老的仙草瑞芝,跟景区峡谷内一处拔地而起的崖壁上一个隐隐约约的巨大而天然的"寿"字遥相呼应，更烘托得整个大红岩景区如同仙境，充满神秘色彩。那大片大片的石斛、灵芝，就是寿仙谷药业的有机国药。每当春夏之交，石斛绽蕊、灵芝喷粉，那景观着实令人啧啧称奇。更令人惊叹的是，景区周边多古村落，村民中长寿者比例在全国名列前茅。于是今人便因着百年老字号"寿仙谷药号"之名，给了景区中的那个峡谷一个很"仙"的名字——寿仙谷。当地传说这里是南极仙翁故里，那自然是子虚乌有的想象，但这也从侧面反映了此地生态环境极为宜居，同时也寄托了人们对福寿人生的祈愿。这就好比金华城北赤松山，至今盛传为黄大仙得道升天处，不仅是当地人，甚至在东南亚，都有非常多的信众。但"虚无求列仙，松子久吾欺"，这是古人便已明白的道理。"神龟虽寿，犹有竟时。螣蛇乘雾，终为土灰"，这是自然的规律，三国时曹操就已懂得。但同时，"盈缩之期，不但在天。养颐之福，可得永年"，人类自古以来就不断与生命的缺憾和局限相抗争，这可谓生命进化的动力所在。"养颐之福"如何可得？在"寿生"之道！也就是使生民之生命健康强壮、益寿延年的科学有效的规律和方法，包括饮食调理、本草延年、身心调适、内外交养、天人和合等。寿仙谷药业正是一个探寻"寿生"之道，以天（仙，代表宇宙规律）、地（谷，代表自然条件）、人（寿，代表生命理想）和合为终极追求，为民众的健康美丽长寿服务的、实现了传统中医药现代转型的康养企业。

作为一家中华百年老字号企业，寿仙谷药业以其高端的科研成果和绿色的养生产品在富民事业、养生行业与康复治疗中赢得极好的口碑。该企业是国家非物质文化遗产保护单位，其掌门人李明焱为中华老字号和国家级非遗传承人，"寿仙谷中医药文化"被列入浙江省非物质文化遗产保护名录。寿仙谷药业在长期的发展历程中深受中国传统文化和中医药文化的浸染，又随时代和世界潮流的变化不断开拓创新，逐步形成了独具特色的企业文化。因此，我们以寿仙谷医养文化为选题，分上、中、下三编开展研究。

上编"'寿生有道'的理论本源"，对寿仙谷医养文化从文史哲，特别是浙学、宋型文化诸多方面作理论溯源，阐释中医药文化与中华其他优秀传统文化的内在联系，探讨传统文化对以寿仙谷为代表的中医药企业文化的浸润；中编"天地人合的历史土壤"，从婺州尤其是武义的自然山水、人文环境、世家文化、名医名药等角度，探讨以寿仙谷药业为代表的武义中医药产业发展的生态优势、历史背景及地方文化土壤；下编"'和合共进'的文化创新"，从企业家的家学渊源、成长历程，企业的创办宗旨、发展理念，产业的科技创新、科学治理等方面，探讨寿仙谷既继承传统，又开拓进取的发展历程、巨大成就和示范意义。上、中、下三编从宏观到微观，从理论到实践，从传统到当下，从传承到创新，构成层次分明又逻辑严密的整体。

习近平总书记明确指出："中医药学是中国古代科学的瑰宝，也是打开中华文明宝库的钥匙。"我们试图以一个知名的现代中医药企业寿仙谷药业的医养文化研究入手，通过理论溯源和史程梳理，打开中华中医药文化的一方宝库，并希望通过总结寿仙谷企业文化特色，促进其进一步以先进文化为引领，提升文化品位，扩大美誉度，提高辨识度，进一步打响寿仙谷民族文化品牌，一则为中医药企业的当代发展塑造典型，二也以此提高民众对传统医养文化的认可度和自信心，为共同富裕理念和健康中国战略的实施更好地贡献中医药文化的力量。

陈玉兰
浙江省哲学社会科学重点研究基地
浙江师范大学江南文化研究中心

目录

上编 "寿生有道"的理论本源 …………………………… 1

第一章 神仙家的长生追求与寿仙传说 ………………… 3
  一、原始人的死亡恐惧与巫术 …………………… 3
  二、从巫术到神仙方士的长生追求 ……………… 9
  三、周秦汉间三次大规模求仙热潮 ……………… 12
  四、先秦两汉之后的民间寿仙传说 ……………… 19

第二章 释道生命哲学与寿仙谷医养文化 ……………… 27
  一、内外兼修的道教生命哲学 …………………… 27
  二、明心见性的佛教生命哲学 …………………… 37
  三、重德诚善的寿仙谷医养文化 ………………… 47

第三章 明招精英文化与寿仙谷济世理想 ……………… 55
  一、医人之术与治世理想 ………………………… 56
  二、明招精英与精英文化 ………………………… 60
  三、明招精英的养生理念 ………………………… 67
  四、明招精英文化对寿仙谷文化的影响 ………… 72

第四章 传统诗文对寿仙谷文化的滋养 ………………… 77
  一、游仙诗文与仙道追寻 ………………………… 77
  二、仙草意象与国药炼制 ………………………… 85
  三、山水诗境与自然培育 ………………………… 97

第五章 从仙瑞到福寿:灵芝文化意蕴在两宋的发展 … 104
  一、从仙草到瑞草意蕴的演化 …………………… 105

二、宋代灵芝祥瑞进献概况⋯⋯⋯⋯⋯⋯⋯⋯⋯⋯ 114
　　三、宋代君臣对灵芝的复杂态度⋯⋯⋯⋯⋯⋯⋯⋯ 117
　　四、宋人对灵芝意蕴的认识⋯⋯⋯⋯⋯⋯⋯⋯⋯⋯ 122
　第六章　传统本草养生文化对寿仙谷的浸润⋯⋯⋯⋯⋯ 130
　　一、本草与本草养生文化⋯⋯⋯⋯⋯⋯⋯⋯⋯⋯⋯ 130
　　二、灵芝与本草养生⋯⋯⋯⋯⋯⋯⋯⋯⋯⋯⋯⋯⋯ 141
　　三、石斛与本草养生⋯⋯⋯⋯⋯⋯⋯⋯⋯⋯⋯⋯⋯ 147
　　四、寿仙谷药业与本草养生文化⋯⋯⋯⋯⋯⋯⋯⋯ 151

中编　"天地人合"的历史土壤⋯⋯⋯⋯⋯⋯⋯⋯⋯⋯⋯ 153
　第一章　武义山水人文与中医药文化⋯⋯⋯⋯⋯⋯⋯⋯ 155
　　一、武义中医药文化的自然生态条件⋯⋯⋯⋯⋯⋯ 156
　　二、武义中医药文化的人文环境基础⋯⋯⋯⋯⋯⋯ 160
　　三、武义中医药文化的地域特色⋯⋯⋯⋯⋯⋯⋯⋯ 170
　第二章　叶法善在武义的史迹与文化影响⋯⋯⋯⋯⋯⋯ 178
　　一、叶法善的生平事迹与历史传说⋯⋯⋯⋯⋯⋯⋯ 178
　　二、叶法善在武义的活动史迹⋯⋯⋯⋯⋯⋯⋯⋯⋯ 182
　　三、叶法善对武义中医药文化的影响⋯⋯⋯⋯⋯⋯ 191
　第三章　朱丹溪滋阴学说在武义的传承⋯⋯⋯⋯⋯⋯⋯ 207
　　一、朱丹溪的生平⋯⋯⋯⋯⋯⋯⋯⋯⋯⋯⋯⋯⋯⋯ 207
　　二、朱丹溪医学理论⋯⋯⋯⋯⋯⋯⋯⋯⋯⋯⋯⋯⋯ 208
　　三、滋阴学说在武义的传承⋯⋯⋯⋯⋯⋯⋯⋯⋯⋯ 210
　第四章　清末民国武义中医药业的发展⋯⋯⋯⋯⋯⋯⋯ 224
　　一、武义药政的起源及历代名医⋯⋯⋯⋯⋯⋯⋯⋯ 225
　　二、武义中药的文献记载⋯⋯⋯⋯⋯⋯⋯⋯⋯⋯⋯ 232

三、清末民国时期的"寿仙谷药号"………… 244
第五章 李氏家族文化对寿仙谷文化的影响……… 249
　一、寿仙谷（车苏）李氏家族及世系源流……… 249
　二、寿仙谷（车苏）李氏家族文化的内涵……… 255
　三、李氏家族文化在企业文化建设中的传承创新… 263
第六章 中医学术的现代转型和寿仙谷的传承发展…… 271
　一、清末民国中医学术现代转型之论争……… 271
　二、改革开放前的中医发展方针政策和现状……… 275
　三、寿仙谷的医养传承实践……… 279

下编　"和合共进"的文化创新………………………… 291
第一章 从儒医济世到天人和合：中医文化精神的
　　　现代传承………………………………… 293
　一、儒者习医与儒医济世……………… 293
　二、天人和合与治病养生……………… 303
　三、中医文化精神的现代传承………… 315
第二章 李明焱与寿仙谷文化……………………… 325
　一、"寿仙谷药号""天地人合一"的理念……… 326
　二、恢复老字号，振兴中药材…………… 328
　三、李明焱的优良品行…………………… 329
　四、提炼寿仙谷药业文化………………… 332
　五、寿仙谷药业文化解读………………… 336
第三章 寿仙谷人巧胜天工的草本培育…………… 344
　一、少年滋生育种梦想，光大药号培育良种…… 345
　二、坚守现代农业理念，管理道地药材生产…… 347

三、广泛收集种质资源，全面培育优质品种……… 350
　　四、建立有机国药基地，科学种植道地药材……… 355
第四章　寿仙谷阴阳和合的国药研发………………… 359
　　一、理——基本病机：阴阳失调…………………… 359
　　二、法——治病法则：调整阴阳…………………… 362
　　三、方——精妙配伍：阴阳和合…………………… 365
　　四、药——潜心制造：打造精品国药……………… 369
第五章　寿仙谷技与道合的管理范式………………… 377
　　一、激励人心：企业管理的终极目的……………… 377
　　二、技与道合：企业管理的最高境界……………… 378
　　三、道生万物：寿仙谷"德仁智信、天地人和"的企业文化………………………………………………… 380
　　四、"三全九化"：寿仙谷的质量管理模式创新… 383
第六章　寿仙谷企业文化的生成、践行与意义……… 393
　　一、寿仙谷企业文化的特征表现…………………… 395
　　二、寿仙谷企业文化的生成分析…………………… 407
　　三、寿仙谷企业文化践行的意义…………………… 416
参考文献……………………………………………………… 419
后　记……………………………………………………… 420

上编

"寿生有道"的理论本源

第一章　神仙家的长生追求与寿仙传说

古今中外，不同国家、地区、民族，乃至不同的历史发展阶段，由于文化传统、生命信仰及宗教信仰的差异，人们对于生死也表现出不同的认识和看法，从而形成了关于生死的各种文化现象。中华民族早期文化典籍《尚书·洪范》中就提出"五福"之说，将寿、福、康、德、终列为人生的五种幸福，又以"寿"为五福之首[①]，直至今天，中国人过春节时贴春联还经常以"五福临门"作为美好祈愿与追求，可以说，追求健康长寿、福寿延年是中华民族特有的观念和文化现象，费孝通先生说，一个民族"总要强调一些有别于有其他民族的风俗习惯、生活方式上的特点，赋予强烈的感情，把它升华为代表这民族的标准"[②]。中华民族自古就是一个尊老、敬老的民族，也是一个以长寿为福祉的民族。数千年来，以"寿"为核心的幸福观深深植根于中华文明的土壤，对中国人的社会心理、家庭观念和文化生活产生了深刻影响。这种观念源自人类心灵深处，又在民族生成和演化过程中得到滋养和强化。

一、原始人的死亡恐惧与巫术

人类作为一个独立于自然界其他生物之上的物种，经过了漫长的演化和发展过程。据现代考古发现与人类学的研究，人类从

---

① 来新夏：《一苇争流：来新夏随笔》，广西人民出版社，1999年，第147页。
② 费孝通《关于民族识别问题》，《中国社会科学》1980年第1期。

距今3000万年前的古猿中的一支进化而来，经过长期演化，最终成长为"宇宙的精神，万物的灵长"。用地质学的术语来表述，人类在早更新世和中更新世的时候还是处于猿人阶段，直到晚更新世才进入古人和新人阶段，也就是考古学上所谓的旧石器时代和新石器时代，从时间上来说，距今200万年到20万年之间是人类的生活、历史与存在有可考证的实物的阶段。生、老、病、死，这是宇宙间一切动植物和生命的自然规律，然而人类在长达几百万年的原始社会早期和中期，对于死亡都是没有明确意识的，对于同类的尸体也是像其他动物一样随意弃置。人类最初对死者自觉地进行埋葬，也是对人类的死亡产生明确意识的开始，虽然这种意识最早是以错误的形式进行的。在原始思维中，由于对自然力量的不了解和恐惧，对一切事物都充满了神秘的感觉，认为存在着一种支配世界的超自然力量，这种神秘感最终导致了人类对天地四方、日月星辰、山石草木、植物动物等一切自然物的崇拜，进而发展出了图腾崇拜、祖先崇拜和鬼神崇拜，并由此形成了原始巫术和原始宗教。巫术逐步巩固下来，有了一定的组织形式和仪式，出现了专职操办这一类事情的人员——巫师。

据考古发现，距今2.5万至5万年前的中国北京周口店山顶洞人，就已经有了埋葬死者的简单仪式，他们在尸体的周围撒有红色的赤铁矿粉粒，随葬品中有用燧石制作的生产工具，还有用赤铁矿粉末涂成红色的石珠和穿孔的兽牙等装饰品，这表明："山顶洞人已经产生了关于灵魂和阴间的观念，认为人的肉体虽然死了，但他的灵魂却到另外一个世界去了，在那里过着同活人一样的生活。"[1]而且这种在死者身上和周围撒赤铁矿粉末的现象在世界各地都有存在，据现代人类学家的研究："有些处于原始社

---

[1] 许顺湛《中原远古文化》，河南人民出版社，1983年，第439页。

会阶段的氏族部落,仍有这样的习俗,据说他们认为红色是代表鲜血的,是生命的来源和灵魂的寄生处。"① 除了在死后的尸体旁撒上代表鲜血的红色粉末以显示对不死的向往与希望外,人类还试图在精神层面上解决死亡的焦虑。灵魂观念的产生,就是人类认识发展史上的一个重要现象,灵魂观念最早产生的时候,人类尚没有语言和文字来描述这种认识,我们只能根据现代人类学家的研究,来进行大概的推测,如法国著名人类学家列维·布留尔(Lucien Lévy-Bluhl)引用人类学鼻祖爱德华·伯内特·泰勒(Edward Burnett Tylor)在《原始文化》中的表述,这样说道:"灵魂是一种稀薄的没有实体的人形,本质上是一种气息、薄膜或影子;灵魂是它使之生的那个个体中的生命和思想的本源,它独立地占有它的从前或现在的肉体拥有者的个人意识和意志;它能够离开身体很远,并且还能突然在各种不同的地方出现:它往往是不可能和看不见的,但它能够表现物质力量,它特别是能够作为一个脱离了身体的、与身体在外貌上想象的幻象而出现在睡着的或醒着的人们面前。"② 随着人类"灵魂"观念的出现,带有巫术色彩的活动也就出现了,根据现代学者对旧石器时代和新石器时代的考古发现,"灵魂不死"的观念,主要表现在当时人们的葬俗方面:"因为灵魂不死,要到另外一个世界去生活,所以人们活着时候所用的生产工具、生活用具和装饰品,都会不同程度地随葬在墓内,因为灵魂在鬼域还要进行活动,所以瓮棺葬的盖上钻一小孔供灵魂出入;由于氏族成员由亲密的血缘关系居住在一起,所以死后的氏族成员也聚集在同一公共墓地;因为凶死人的灵魂也是不好的,对活着的人常常作祟,所以在埋葬时采取了特殊的葬仪;其他如葬式、头向、二次葬、割体葬仪、头骨涂朱

---

① 叶骁军《中国墓葬发展史》,甘肃文化出版社,1994年,第9页。
② [法]列维·布留尔《原始思维》,丁令中译,商务印书馆,1983年,第74页。

等葬俗，都是与灵魂不死的观念有直接的关系，都是具有宗教性的一种意识形态的反映。"[1]可以说，"灵魂"观念的产生在一定程度上缓解和减轻了人们对死亡的恐惧：人的肉体虽然死亡了，但灵魂还会以另外一种方式活着，因而死亡只是一种生命形态向另一种生命形态的转化而已。

从语言文字的角度看，世界上任何一个民族，最早形成的语言讲述的都是生存类和神话类的故事，而中华民族作为一个史官文化特别发达的民族，最早的"史"里实际上也包含了非常多的神话成分，《春秋》《左传》就不用说了，即使是西汉年间成书的《史记》，作为中国历史上最早的纪传体通史，这部产生于公元一世纪左右的作品，其中的《五帝本纪》与其说是"历史"，毋宁说是"神话的历史"，而非真正的"信"史，哪怕司马迁已经以极高的理性思维水平对神话中那些"不雅驯，缙绅先生难言之"[2]的内容进行了删削处理。然而根据现代考古学家的研究，所谓炎黄，所谓"五帝"，仍大多带有巫的色彩，已故哲学家、美学家李泽厚先生就曾在香港大学的公开演讲中说过："巫在当时，不是我们现在讲的巫婆，当时最有权势的人才是巫。考古学家，从陈梦家到不久前去世的张光直教授，他们的研究结果都表明王是首巫，最重要的巫，最大的巫。中国传说中的古代圣王，例如儒家一直讲得很多的尧、舜、禹、汤、文、武、周公，根据很多学者的研究，他们都是大巫。"[3]而在被鲁迅先生以及现代神话学者袁珂认定为"古之巫书"的《山海经》中，整个世界都是充斥着神奇和神秘的：这里有被称作"帝之下都"或"帝之平圃"的昆仑山，昆仑山北部有视肉、珠树、文玉树、玗琪树、不死树

---

[1] 许顺湛《中原远古文化》，河南人民出版社，1983年，第478页。
[2] 王叔岷《史记校证》卷十三，中华书局，2007年，第477页。
[3] 李泽厚《寻求中国现代性之路》，东方出版社，2019年，第141页。

等奇异的植物,西部有凤凰、鸾鸟、禺强等或戴蛇或践蛇或珥蛇的神人神鸟,东部有巫彭、巫抵、巫阳、巫履、巫凡、巫相等手操不死之药的大神,南部则是深达三百仞的巨渊。它的四周环绕着神泉,喝了就可以不死。高有九重,登上第一重的昆仑之丘,可以饮不死之水;登上第三重的凉风之山,可以长生不老;登上第五重的悬圃,可拥有呼风唤雨的神力;而登上第九重,就到了天界,直接成为"太帝之居"的天神。可以说,《山海经》一书把先民追求长生不死的信念表现得淋漓尽致,"《海内经》有不死之山,《大荒南经》有阿姓的不死之国,大荒山上有不死之人,西王母有不死之药,昆仑山上有不死的神树等。古人希望自己能突破自然生命的限制,让凡俗的肉身与日月江河一样长存不息。于是他们放眼海外,幻想在遥远的昆仑山上有不死的仙药,在世外的桃源有不死的仙民。事实上,《山海经》中弥漫的长生求仙思想与春秋战国以来兴起的神仙思想是一致的"[1]。也就是说,秦汉时期传说中的各种不死之药、不死之草、不死之地均出于《山海经》或可以在《山海经》中找到最初的滥觞。无怪乎后世被世人奉为"寿神"的西王母最早也是出现在《山海经》中的。

近现代学者对"巫"的解释往往引用先秦典籍《国语·楚语下》的解释:"古者民神不杂,民之精爽不携贰者,而又能齐肃衷正,其智能上下比义,其圣能光远宣朗,其明能光照之,其聪能听彻之,如是则明神降之,在男曰觋,在女曰巫。"[2] 巫师阶层的兴起是远古时期"民神不杂"的产物,即人与神无法直接沟通,所以要借助于巫的力量。巫师自然精通各种巫术操作,英国人类学派奠基人爱德华·泰勒(Edward Teller)认为"巫术是建

---

[1] 方韬《山海经译注》,中华书局,2011年,第2页。
[2] 来可泓《国语直解》,复旦大学出版社,2000年,第798页。

立联想之上而以人类的智慧为基础的一种能力"[1]，已经明确指出巫术是人类智慧发展出联想能力的产物。另一位著名人类学家弗雷泽则强调"巫术是一种被歪曲了的自然规律的体系，也是一套谬误的指导行为的准则，它是一种伪科学"[2]，但这种"伪科学"的实质却是人类思维发展能力的一大进步，是人类主体意识觉醒的一种表现。当然，这也是人类与自然长期斗争中的一种无奈选择，希望能够与"神"合作，达到征服自然、征服死亡的目的。原始巫术的发展同时推动了具有通神功能、从事巫术活动的巫师阶层的兴起。这些通神的巫师通常都具有较高的学术素养和技术专长，而且有一套系统理论作指导，在原始先民们企图控制自然而又力不从心的时期里，巫师就成了人们沟通天神的帮助者和支持者。巫术作用的凸显和巫师地位的不断提高，使巫术活动逐渐体系化、工具化，并被披上一层神秘的外衣而成为统治民众的工具和手段。相传所谓"重黎绝地通天"之后，巫术活动就与统治者的意志结合在一起，神权与君权相结合，巫师从民间走进宫廷成为具有专业知识、掌管专门机构的公卿官吏。在一般民众眼里，既然巫师能够"通神"，自然自身也具有常人所不能及的神力。

据人类学者的研究，世界上各民族之间都曾经有过巫文化盛行的阶段，曾经巫文化对人类进步和发展起过积极作用。论及巫师这一阶层对人类文化发展的影响，人类学家弗雷泽（Frazer）的观点最为中肯："当初出现由这一类人组成的阶层时，确曾对人类产生过不可估量的好处。他们不仅是内外科医生的直接前辈，也是自然科学各个分支的科学家和发明家的直接前辈。正是他们开始了那在以后时代由其后继者们创造出如此辉煌而有益的成果

---

[1] ［英］爱德华·泰勒《原始文化》，连树声译，上海文艺出版社，1992年，第121页。
[2] ［英］弗雷泽《金枝》，徐育新等译，中国民间文艺出版社，1987年，第19页。

的工作。如果这个工作的开端是可怜的和软弱的，那么这一点应归咎于那通往知识之路的无可避免的艰难，而不应归咎于自然力或人们有意的自我欺骗。"①

二、从巫术到神仙方士的长生追求

在中国最古老的文字甲骨文中，"巫"字已经出现，写作田，东汉许慎《说文解字》中说"巫祝也，女能事无形，以舞降神者也"②。到西周时期，随着理性主义和人文思潮的涌动，以前那些通神的宫廷巫师地位日益下降，所谓"天子失官，学在四夷"，流落民间的巫师们逐渐分化为以治病、杀鬼、祛灾为主的巫鬼道和以祭神、占卜、求仙为主的方仙道。他们的地位虽然已经非比往昔，但在一般人的心目中仍然具有神通。到了春秋战国时期，传统的奴隶社会正面临崩溃和解体，自由的思想氛围使士人们可以充分展示自己的才华，发挥他们的思维与想象能力，充分显现人性的力量。儒、墨、道、法、阴阳五行各显其能，但无一不是在追求张大个体的生命力量，在这个阶段出现了著名的诸子和百家争鸣，百家争鸣中催生了中国传统的儒、墨、道、法、阴阳等"九流十家"，对我们的论题具有重要影响的是阴阳五行和道家的理论。

阴阳五行大意是指由阴阳说和五行说合而为一的理论，其中阴阳说和五行说又分别有不同的起源和发展轨迹，当前学界对阴阳五行思想的认知并不统一和准确，思想史、哲学史、文化史、

---

① ［英］弗雷泽《金枝》，徐育新等译，中国民间文艺出版社，1987年，第95页。
② ［清］段玉裁《说文解字注》，中华书局，2017年，第203页下。

文学史、文学思想史乃至中医学史等各领域争论甚多,兹不赘述。争论中唯一相同的一点是,几乎所有学者对阴阳五行思想之于中国传统文化的影响都是一致的:阴阳五行是上古先民建构的关于宇宙万物普遍性法则的系统结构理论,后来逐渐成为阐述宇宙之道、建构意义世界的解释框架,对中国传统文艺和传统文化产生了深刻的影响,在不同领域都有鲜明的表现。总之,阴阳五行思想经过齐国稷下学派,特别是邹衍、邹奭的努力,在战国时期发展为系统的阴阳五行理论。《汉书·艺文志》论"九流十家",其中谓:"阴阳家者流,盖出于羲和之官。敬顺昊天,历象日月星辰,敬授民时,此其所长也。及拘者为之,则牵于禁忌,泥于小数,舍人事而任鬼神。"[1]班固认为,阴阳家的职责就是敬顺天地四时运行的秩序来行事,并依照此秩序来治理民众。至于"舍人事而任鬼神",实际上也就是认为当时的阴阳家身上还存在不少巫的痕迹。

伴随着阴阳五行思想的出现,人们也开始把人身体的各部分组织与自然界的阴阳五行相联系,如《黄帝内经·素问》中就认为,天有阴阳,人也有阴阳,如春是"鸡鸣至平旦,天之阴,阴中之阳也";夏是"平旦至日中,天之阳,阳中之阳也";秋是"日中至黄昏,天之阳,阳中之阴也";冬是"合夜至鸡鸣,天之阴,阴中之阴也"。春夏秋冬四季阴阳转化和合,人的五脏心肝脾肺肾也是一样的,如"阳中之阳,心也""阳中之阴,肺也""阴中之阴,肾也""阴中之阳,肝也""阴中之至阴,脾也"。而且"五脏应四时,各有攸受",金、木、水、火、土五行与人体五脏六腑也可一一对应:心属火、肺属金、肝属木、脾属土、肾属水。[2]这些思想后来都被神仙方士们所吸纳。所谓"神仙",《汉

---

[1] 〔汉〕班固《汉书·艺文志》,中华书局,1962年,第1734—1735页。
[2] 〔汉〕《黄帝内经》,王冰注,中医古籍出版社,2003年,第15—17页。

书·艺文志》认为:"神仙者,所以保性命之真,而游求于其外者也。聊以荡意平心,同生死之域,而无怵惕于胸中。"[①] 这是目前所见古代文献对神仙二字最早的界定,它不仅指出了神仙的基本特征是生命永恒和精神快乐,更重要的还是指出了"仙"与"神"二字在实质上是有区别的。梅新林先生在《仙话:神人之间的魔幻世界》中也曾解释过"神仙"一词:

> "神",《说文》:"天神引出万物者也,从示,申声。"又"示"下曰:"天垂象,见吉凶,所以示人也。从二,三垂,日月星也,观乎天文以察时变,示神事也。""仙",《说文》:"仚(仙),人在山上貌,从人山。"又作僊。《说文》:"僊,长生去,从人䙴。"《释名·释长幼》:"老而不死曰仙。仙,迁也,迁入山也。故其制字,人旁作山也。""神"与"仙",一从"示",一从"人",一出于天生,一属于人为修炼而成,本是两个不同的世界——神的世界与人的世界。作为中国特有的一种在神性向人性回归以后重新扩充人类自己神性的文化产物,"仙"既与神一样能超越时空的束缚,同时又充满了人的世俗享乐,故"仙"又可称为"神仙",或叫"快活神仙",但与原始的"神"之含义不同。《太平广记》将"神仙"与"神"别为二类即因于此。所以,就文化意识发展史的角度观之,从天生之"神"到人为修炼之"仙",实际上正好昭示了中国上古文化从天国到人间,从神性到人性,人的自我意识逐渐觉醒的渐变过程。另一方面,由"人"通过"新巫师"——方士的导向,返回到神力得到扩充的"仙界",并与"神"合称为"神仙",作为对那些修炼得道而长生不死、

---

① 〔汉〕班固《汉书·艺文志》,中华书局,1962年,第1780页。

来去无方、变化莫测的介于"神""人"之间的"仙"的总称，无疑又恰恰表现出了我们祖先在神性退化、人性高涨以后为摆脱生命悲剧而不得不向神性再度回归的心理倾向。从这个意义上说，神仙思想的产生实质上即是我国古代先哲在生命悲剧意识觉醒之后为消除生命毁灭感与不自由感而获得永恒与自由的一种不同于宗教式的世俗式的独特解脱方式，因为神仙思想的核心内容就是超越生死与快乐自由。①

闻一多先生也说，"所谓神仙者，实即因灵魂不死观念逐渐具体化而产生出来的想象的或半想象的人物"，神仙信仰"乃是一种宗教的理想"，"神仙思想之产生，本是人类几种基本欲望的无限度的伸张"。②因此，从周秦两汉时期开始，由于统治者疯狂追求而最终导致了全社会普遍向往神仙、追求神仙的思想。

三、周秦汉间三次大规模求仙热潮

战国中期，追求生命永恒与精神自由的愿望，逐渐具体到以超越生死和快乐自由为特征的神仙信仰上，而由原始巫师演变而来的神仙方士们正是神仙信仰的鼓吹者和求仙活动的实践者。他们借助神话编织长生不死和自由飞升的仙话，以现世的养生长寿作舆论宣传，以传说中的"不死药""不死民"吸引人们的视线，以尽享荣华富贵、渴望长生不死的帝王为目标，引起了人们的广泛注意。而最高统治者拥有至高无上的权力和无人能及的财力，

---

① 梅新林《仙话：神人之间的魔幻世界》，三联书店，1992年，第17—18页。
② 闻一多《神仙考》，《神话与诗》，《闻一多全集》第一卷，三联书店，1982年，第157、161、162页。

他们享尽荣华富贵但却和普通人一样面临死亡威胁，对神仙境界自然更加充满憧憬与向往。而且他们既有权力又有财力，能够把自己的求仙渴望付诸实施。

从战国到秦汉时期，方士们在古老中国的大地上共掀起了三次求仙高潮，第一次是齐威王、齐宣王和燕昭王先后派人至蓬莱、方丈、瀛洲三神山求仙而"终莫能至"；第二次是秦始皇统一中国后封禅泰山，并派徐市入海求仙，也是屡以失败告终；第三次是汉武帝祠灶封禅，然而到最后也仅能见"大人迹"。这三次大规模的劳民伤财的求仙活动虽然无果而终，但却在社会上产生了广泛影响，使得神仙信仰在整个社会上有了广泛的民众基础。上至帝王将相，下至普通百姓，几乎人人对飞升成仙充满向往。

第一次求仙热潮首先出现在齐燕两国的濒海地区。从地理环境上说，齐燕大地濒临大海，那波浪滔天一望无边的大海，光怪陆离海市蜃楼的幻境、异乎寻常的海中生物，都容易激发起人类天马行空般的想象。据《庄子》记载，《齐谐》一类的志怪书就是出现在此处的。齐燕士人比之内陆地区的士人思想更加活跃，思想更容易激荡飞越，齐国稷下学宫还有一批专业思想者进行研究，阴阳五行之术盛传于两地，流落到民间的巫师们又带来了《山海经》中关于昆仑山不死之药的神话传说，各方面因素集合到一起，于是齐燕两国的国君就先一步受到诱惑，相信方士们的说法并派遣方士们入海求仙了。《史记·封禅书》是这样记载第一次求仙之举的："自威、宣、燕昭使人入海求蓬莱、方丈、瀛洲。此三神山者，其传在渤海中，去人不远，患且至，则船风引而去。盖尝有至者，诸仙人及不死之药皆在焉。其物禽兽尽白，而黄金银为宫阙。未至，望之如云。及到，三神山反居水下。临之，风辄引去，终莫能至云。世主莫不甘心焉。"①也就是说，从齐威王、齐宣王和燕昭王派人入海找蓬莱、方丈、瀛洲三座神山，传说中这三座神山都在渤海中，似乎离人并不远，但是每次航船接近海岛时，总是有奇怪的风把船吹得远离神山。听曾经到过神山的人说，神仙和不死药都在那里。那里的禽兽都是白色的，有黄金白银建成的宫阙。没到三神山的时候，远望三神山像在云端一样，等到达的时候，才发现它原来在水面以下。靠近的时候就有怪风把船只吹走，最终没有能到达的。齐威王在位时间为公元前357—前320年，齐宣王在位时间为公元前319—前301年，燕昭王在位时间为公元前311—前279年。他们派人入海求仙都应该是他们在位时候的事情，有财力、也有权力去开展大规模的求仙活动。这三位君主对神山的笃信可能在他们即位之前就已经开始了。之后，各国国君忙于征伐，应付战争，虽然间有"献不死之药于荆王"和"教燕王为不死之道"②的零星记载，也不排除有个别方士或受国君差遣或自愿入海求仙的可能，但是大规模的求仙活动并没有再次发生，直到秦始皇一统天下。

秦始皇结束诸国纷争，统一中国，他自称"始皇帝"，让"后世以计数，二世三世至于万世，传之无穷"③。他即位之后，一方面巩固统治，封禅泰山，另一方面东行郡县，巡游海上，本质则是寻求不死之药，"于是遣徐市发童男女数千人，入海求仙人"④，结果却是"未能见，望见之焉"⑤。

---

① 〔汉〕司马迁《史记·封禅书》，中华书局，1982年，第1369—1370页。
② 〔先秦〕韩非撰，〔清〕王先慎集解，钟哲点校《韩非子集解》，中华书局，1998年，第176、270页。
③ 〔汉〕司马迁《史记·秦始皇本纪》，中华书局，1982年，第237页。
④ 〔汉〕司马迁《史记·秦始皇本纪》，中华书局，1982年，第237页。
⑤ 〔汉〕班固《汉书·郊祀志》，中华书局，1962年，第2093页。

第二年，公元前218年，秦始皇复游海上，到了临海的琅琊（今山东诸城），希望徐市（即徐福）能给他带回惊喜，却失望而回。后三年，公元前215年，秦始皇再次东巡海上，派人寻找仙人和不死之药，当然也都没有找到。公元前211年、前210年，秦始皇又做了多次求仙的努力，直到临终前还"冀遇海中三神山之奇药"①。虽然秦始皇最终还是像常人一样死了，而且是死于出巡的路上，留下了用咸鱼腥臭味掩盖尸臭的不堪传说。但他亲自督导建造的陵墓，规模宏大，装饰奢华，气势夺人。《史记·秦始皇本纪》记载始皇陵的修治用了70多万奴隶，秦始皇的墓中有各种楼阁宫殿，放满了珍宝奇器，用水银做水、用各种机械设置模拟江河湖海的自然流动，还在各处设置了人鱼膏做成的蜡烛，使其长明不灭。再加上各种类别的陪葬坑和陵墓上象征求仙的高大封土，无不表现着死后升仙的主题。可见秦始皇在生时求仙不得，只能将希望寄托于死后了。

第三次掀起求仙高潮的是汉武帝。汉武即位不久的元鼎、元封年间，"燕、齐之间方士瞋目扼腕，言有神仙祭祀致福之术者以万数"②。从李少君的祠灶、少翁的招魂、栾大的吹嘘、公孙卿的封禅，汉武帝在寻求不死之药的路上尝试了种种方法，当然也受到了种种欺骗。先是李少君让汉武帝"祠灶"，说："祠灶则致物，致物而丹沙可化为黄金，黄金成以为饮食器则益寿，益寿而海中蓬莱仙者乃可见，见之以封禅则不死，黄帝是也。臣尝游海上，见安期生，安期生食巨枣，大如瓜。安期生仙者，通蓬莱中，合则见人，不合则隐。"③武帝听后立即亲自祠灶，派遣方士一

---

① 〔汉〕司马迁《史记·秦始皇本纪》，中华书局，1982年，第1370页。
② 〔汉〕班固《汉书·郊祀志》，中华书局，1962年，第2093页。
③ 〔汉〕司马迁《史记·孝武本纪》，中华书局，1982年，第455页。

边"入海求蓬莱安期生之属",一边"事化丹沙诸药为黄金"[1],求仙之心切可见一斑。李少君死后,少翁又告诉汉武帝"上即欲与神通,宫室被服不象神,神物不至"[2]。于是武帝忙命人制作了画有云气的车子,又兴建了甘泉宫,设有台室,画上天、地、太一诸神,供奉了各种祭品,希望能迎来天神。结果等了一年多,神仙也没来。唐人许浑有《求仙》诗讽刺汉武帝说:"心期仙诀意无穷,采画云车起寿宫。闻有三山未知处,茂陵松柏满西风。"[3]语气可谓峻切直白。公孙卿可以说是武帝求仙方士中影响最大的一位。他编造黄帝铸鼎成仙升天的故事和鼎书谶言,怂恿汉武帝封禅泰山。封禅成功后汉武帝也没有成仙。于是他再次折回到燕齐海上,希冀仙人与他相见。公孙卿封禅有功,武帝对他更加信任。公孙卿说"见神人东莱山",还说神人"欲见天子",武帝马上赶到东莱,结果"宿留之数日,无所见"。公孙卿说"仙人好楼居",筑高观则"仙人可见",武帝马上命人筑蜚廉桂观、益延寿观、通天台。公孙卿说"黄帝就青灵台"[4],武帝就建造甘泉宫、建章宫,在太液池中仿造蓬莱、方丈、瀛洲三神山,模拟仙境境界,为成仙不遗余力。封禅以后,武帝又多次东巡海上考验方士方术,并不断派人入海求仙,结果都是"以大人之迹为解,无有效"[5]。

汉武帝长期孜孜以求,但求仙始终没有任何实质性的进展,方士最多以见到大人跻来搪塞,武帝不免心生厌倦。《史记·封禅书》说:"天子益怠厌方士之怪迂语矣,然羁縻不绝,冀遇其真。

---

[1] 〔汉〕班固《汉书·郊祀志》,中华书局,1962年,第2107—2108页。
[2] 〔汉〕司马迁《史记·孝武本纪》,中华书局,1982年,第455页。
[3] 〔唐〕许浑《学仙》,罗时进《丁卯集笺证》,中华书局,2012年,第755页。
[4] 〔汉〕司马迁《史记·考武本纪》,中华书局,1982年,第458—485页。
[5] 〔汉〕司马迁《史记·封禅书》,中华书局,1982年,第1403页。

自此之后,方士言神祠者弥众,然其效可睹矣。"①然而厌倦归厌倦,武帝心中的求仙欲火并没有熄灭。就在他去世的前两年,即征和四年(前89),他还不顾年迈体衰,最后一次东巡海上,希望能遇到仙人,可见成仙几乎成了他毕生的梦想和追求。

虽然秦汉之后的历朝历代封建帝王再无大规模的求仙举动,但崇信方士,追求永生依然是他们内心深处的理想,祈祷、斋醮、炼丹等用于延寿的活动史不绝书。秦皇汉武以后,帝王贵族的求仙已不再是求仙主流,普通士人和平民百姓也参与到求仙大潮中,他们的参与和认同使神仙信仰在人们思想观念中产生了潜移默化的影响,也成为人们一般知识、思想和信仰的主要内容,从而左右了人们的生活态度与人生追求。尤其是到了魏晋六朝时期,道家道教的进一步发展,各种新的得道成仙的故事传说纷纷被制造出来,他们的主角往往是一般人,是人们在日常生活中随处可见的普通人物,这就给民众造成一种人人皆可以成仙的幻想。如传为西汉刘向所著的《列仙传》中记载神仙70人,就性别而论,有男有女;就身份而论,高者有大夫郎官、嫔妃宫女、隐士高人;卑者有乞丐流人、木工马医、鞋匠艺人;就时间而论,涉及上古、尧舜禹三代及周、秦、汉三代。在这70位神仙中有些是从上古到西汉时期流传下来、为人们所传颂的神话传说中的人物,如黄帝、赤松子等;有的是史传中确有记载名字,但是没有记载奇异之事的历史人物,如老子、东方朔、范蠡等;还有的是以前的神话和史传中毫无记载而是新增加的神仙人物,实际上可能是当时的人新"创造"出来的神仙如女丸、木羽等。而且这一类新创造出来的神仙呈越来越多的趋势,"反映了神仙信仰在西汉时期相当广泛、深入到了社会阶层之中,因而仙人们才会在如此广泛的

---

① 〔汉〕司马迁《史记·封禅书》,中华书局,1982年,第1403—1404页。

社会阶层和民族中出现。《列仙传》……为大千世界的芸芸众生指出了通往仙界的各种道路,以此坚定了众生追求神仙生涯的信心,要人们相信:无论贵贱,无论什么职业,人人都能修仙,成了仙人,精神上与生活上都有一个美好的前景,而且还具有神力,能够济世度人。"[①]

到了东晋葛洪的《神仙传》中,有名有姓有事迹的神仙已经有190人(唐人梁萧又称其"凡一百九十人"[②],可见今本《神仙传》并非全本)之多,显示了六朝时道教发展之迅速,神仙数量之多,规模之大正与所谓"南朝四百八十寺"的佛教大发展大兴盛异流同趋。而西汉一代虽然方士活动频繁,但司马迁并没有为这一类人专门作列传,而是将他们的活动与其他相关传主的活动混杂在一起,运用"互见法"的手法灵活处理,这也导致我们现在引用《史记》相关方士的资料时,往往是散见于其他人物传记或《天官书》《封禅书》中。到了范晔的《后汉书》就单独为神仙方士列传了,这就是第八十二卷的《方术列传》,而在方术列传中记载的神仙方士,虽然他们身上也带有一定程度的仙性特征,但作为巫师的分化与变种,他们显然更加接近普通人的生活,也更加真实可触,甚至大多有明确的出生地域,像郭宪是巴郡人,许杨是汝南宋人,谢夷吾是汝南平舆人,李南是会稽山阴人,杨由是丹阳句容人,李邵是蜀郡成都人,樊英是汉中南郑人,唐檀是南阳人,公沙穆是豫章人,赵彦是北海胶东人,郭玉是琅琊人,刘根是广汉人……可以说是遍及当时的中国各地。

从先秦到秦汉时期的思想和文化既是源远流长的中国传统文化实质意义上的发端,又对民族性格发生了深刻深远的影响。从

---

① 李剑雄译注《列仙传全译》,贵州人民出版社,1997年,第9—10页。
② 〔晋〕葛洪《神仙传》,陈建根主编《中国文言小说精典》,山东大学出版社,1999年,第55页。

巫术开始的长生不死追求与后来的神仙方士信仰，虽然已经被现代医学和科学证明为不现实的虚构，但健康长寿的渴望始终根植于人性深处，人们在日常生活中时时处处渗透着这种渴望，尤其是在一些特殊的场合和时刻，如从古代一直流传到现在的习俗——过生日，随着生日主体的不同，民间就有许多不同的信仰和仪式，这就涉及民间信仰中一类非常重要的神祇，即寿神。

四、先秦两汉之后的民间寿仙传说

如果不按照《说文解字》对"神仙"二字的严谨界定，"神仙"二字实可通用，秦汉之后至魏晋南北朝时期，中国民间陆续兴起了有关"寿神"的传说和信仰，更准确地说应该是"寿仙"，他们神格各异，传说不同，信仰的仪式与操作也各有区别，但人们信仰的目的却是统一的，均是为了祈求健康长寿。现代学者一般将现在这种信仰较广泛的"寿神"分为自然寿神（含植物、动物寿神）和人物寿神两大类。下面选择中国民间影响最大最广泛的三种寿神分别论述：

（一）寿星（南极仙翁）

在中国的寿神崇拜中，最普遍和最常见的就是对寿星的崇拜了。寿星崇拜究其根源，实质上是古人星辰崇拜的一种。在原始时代，人们观察到有一颗星总是在仲秋的时候出现在正南方的天空，这时人们就举行仲秋养老的仪式和活动。人们就把这颗星命名为寿星。人们又把诸天星象分成二十八宿，其中"东方七宿"分为角、亢、氐、房、心、尾、箕七个星座，而角、亢作为二十八宿中东方七宿的头二宿，其形状像条巨龙，又称为"东方苍龙"。晋郭璞注曰："数起角亢，列宿之长，故曰寿。"① 因其位列东方七宿之长，所以被认为是长者，主长寿。还有一种说法，认为寿星就是南极老人星，南极老人星原先被当作掌国运兴衰、国命长久的神灵，因此被统治阶级特别重视并专门设祠祭祀。后来，老人星又被附会为主掌人间寿夭之神。《后汉书·礼仪志》曰："仲秋之月，县道皆案户比民。年始七十者，授之以王杖……祀老人星于国都南郊老人庙。"② 东汉时期统治者把祭祀老人星与敬老活动结合起来，寓意寿星职司已由专司国命长短扩大到掌管天下人寿命。寿星被视为掌管人类寿命长短之神，南极老人星也就成了寿星，为普通百姓所崇拜。唐宋时期，将角、亢二星与南极老人星都当作寿星，经常将它们合在一起奉祀。唐杜佑《旧唐书·礼仪志》曰："开元二十四年七月乙巳，初置寿星坛，祭老人星及角、亢等七宿。"③ 这种属于国家的寿星祀典活动一直持续到明初。明太祖下令废除寿星之祠祀的制度，变为各家各户供奉寿神，意味着寿星被完全去除了政治色彩，从此进入民间。

虽然根据现在学者的研究，寿星与南极老人星并非同一颗星，二者进入神灵祭祀系统的方式和时间也不一致，但民间大众当然不会做这些学术上的详细考辨，而是"民心所向，神亦因之"。据郭佳先生研究发现，寿星老人与道教神系中的"南极老人""南极长生大帝"等无关，唐玄宗将寿星之祀设于君王诞辰节日举行之后，寿星才在晚唐时期成为道教神仙，并与生日习俗密切相关。北宋初期君王诞辰节日出现了献寿星图为贺礼的生日习俗，寿星图上的神仙还不是寿星老人。生日习俗中的寿星图发展成为生日

---

① 〔晋〕郭璞注，周远富、若愚点校《尔雅》，中华书局，2020年，第120页。
② 〔汉〕范晔撰，〔唐〕李贤注《后汉书》，中华书局，1965年，第3124页。
③ 〔东晋〕刘昫等撰《旧唐书》，中华书局，1972年，第929页。

之人的画像,寿星老人的形象由此在北宋中期出现。[①]

自明代以后,寿星逐渐演变成仙人名称,即"南极仙翁",并因其象征长寿的形象在民间备受欢迎。关于南极仙翁的形象,最为突出的是大脑门,在多部文献著作中均有提及。《通俗编》:"世俗画寿星像,头每甚长。"[②]明代吴承恩在《西游记》中也对其有详细的描述:"手捧灵芝飞蔼绣,长头大耳短身躯。"南极仙翁长而大的脑门,被民间视为长寿的象征。传说南极仙翁在母亲肚里怀有九年还尚不能分娩,隔壁屠夫听说南极仙翁家门口的石狮双眼出血有助于出生,便将猪血涂至石狮眼中,南极仙翁果然从其母亲腋下生产出来,却因年份未足而导致其头部长并隆起。这则传说编造南极仙翁怀胎时间长,是为了说明南极仙翁不仅生命非同一般,还能够为自己和别人带来长寿。这种生命长久的意象恰好符合人们渴望长寿的俗世心理。

综上所述,由于南极仙翁辉耀千秋,而且总是救人性命、延年益寿,其善良和长寿的色彩凸显,逐渐成为长寿的象征。人们常将拥有大脑门的南极仙翁像作为为老人祝寿的礼物。国人的长寿愿望,既有对生命长度的追求,也有对生命质量的思考,即活得有滋有味且有所作为。这位有着强大的功能、慈悲的心肠,且掌管万民寿命的神仙,迎合了民众的精神需求,自然要受到老百姓的喜爱与追捧。时至今日,人们在举行寿庆活动时,往往把寿主人称作"寿星"。虽然脱离古代把老人比作寿星的本意,但也隐含着祝福老人长命百岁的意思。

(二)西王母

西王母是中国传统神明中仅次于女娲的古老神话人物,在中

[①] 郭佳《寿星老人考》,《宗教学研究》2020年第1期。
[②] 〔清〕翟灏《通俗编》,浙江古籍出版社,2016年,第2758页。

国神话体系中占有重要地位。她的形象经历了先秦、两汉、魏晋南北朝、明清不同的发展演变过程，整体过程十分漫长，可以说是中国神话系统最古老的神灵之一。

在《山海经》中，西王母最初是作为一位"其状如人，豹尾虎齿而善啸，蓬发戴胜"而掌握"天之厉及五残"的凶神[1]，到了之后的《穆天子传》中，西周的周穆王前往西方拜访西王母，二人设宴赋诗，西王母身上已经有了不少雍容文明的气息。再到叙述汉武故事的《汉武帝内传》中，西王母已经成为"年三十许，修短得中，天姿掩蔼，容颜绝世"[2]的女仙，她现身于一心求长生的汉武帝面前，自然以赐寿为主职了。到了六朝时候，西王母被纳入道教系统，成为道教的美丽女仙。

西王母之所以成为寿神，最重要的一点就是相传她手里掌管着长生不死药，西王母手里的这"不死药"本来没有具体名称，但是到汉代时，逐渐具体化为仙桃的形状和形式，而且是"三千岁一生实"的桃[3]。桃本身就是一种佳果，中国民间早就有"桃养人"的说法，更何况西王母拥有的是"三千年一生实"的珍稀蟠桃。西王母蟠桃的故事在汉魏六朝的仙传和神异小说中都已出现，在元明杂剧及小说中更为多见，其中集大成著作即大家耳熟能详的明代神魔小说《西游记》。孙悟空正是因为没有得到王母蟠桃大会上的座次才大闹天宫的。作者用了较大的篇幅来描写王母蟠桃的珍贵稀有，以此来衬托孙悟空反抗的合理性。书中呈现的蟠桃园的景象："夭夭灼灼，颗颗株株。夭夭灼灼花盈树，颗颗株株果压枝。果压枝头垂锦弹，花盈树上簇胭脂。时开时结千年熟，无夏无冬万载迟。先熟的，酡颜醉脸；还生的，带蒂青皮。

---

[1] 《山海经》，方韬译注，中华书局，第 2011 年，第 50 页。
[2] 〔宋〕李昉等《太平广记》卷三，中华书局，1961 年，第 14 页。
[3] 〔宋〕李昉等《太平广记》卷三，中华书局，1961 年，第 15 页。

凝烟肌带绿，映日显丹姿。树下奇葩并异卉，四时不谢色齐齐。左右楼台并馆舍，盘空常见罩云霓。不是玄都凡俗种，瑶池王母自栽培。"① 且更增加将蟠桃园里的蟠桃分为三个不同等级的描写，说整个桃园里桃子共有3600株："前面一千二百株，花微果小，三千年一熟，人吃了成仙了道，体健身轻。中间一千二百株，层花甘实，六千年一熟，人吃了霞举飞升，长生不老。后面一千二百株，紫纹缃核，九千年一熟，人吃了与天地齐寿，日月同庚。"② 将原来传说中"三千年一熟"的桃子贬为最低、最不起眼的等级，以显示自己的神奇性与创新性。随着《西游记》的巨大影响力，王母蟠桃的故事在中国民间社会更广为人知，深入大众。在西王母文化中，西王母不仅自身长寿，还有能使人长寿的蟠桃，西王母也就由此成为民间崇拜的寿神了。

（三）麻姑

与历史极为悠久的西王母神相比，麻姑实在只算得上是小一辈的神仙了。她的名字最早出现在魏晋六朝时的《列异传》中："神仙麻姑降东阳蔡经家，手爪长四寸。经意曰：'此女子实好佳手，愿得以搔背。'麻姑大怒。忽见经顿地，两目流血。"写得寥寥几句，只有手指甲特长这样一个特征，而且显得威严神圣，不容亵渎，仅因为蔡经心中一个不恭的念头就让其委顿倒地，双目流血。到了葛洪的《神仙传》中，对麻姑故事有了具体的描写：

> 麻姑来，来时亦先闻人马之声，既至，从官当半于方平也。麻姑至，蔡经亦举家见之。是好女子，年十八九许，于顶中作髻，余发散垂至腰，其衣有文章而非锦绮，光彩耀日，

---

① 〔明〕吴承恩《西游记》卷五，中华书局，第66—67页。
② 〔明〕吴承恩《西游记》卷五，中华书局，第67页。

不可名字，皆世所无有也。入拜方平，方平为之起立。坐定，召进行厨，皆金玉杯盘无限也，肴膳多是诸花果，而香气达于内外，擘脯而行之松柏炙，云是麟脯也。麻姑自说："接待以来，已见东海三为桑田，向到蓬莱，水又浅于往昔，会时略半也，岂将复还为陵陆乎？"方平笑曰："圣人皆言，海中行复扬尘也。"麻姑欲见蔡经母及妇侄，时经弟妇新产数十日，麻姑望见，乃知之曰："噫，且止，勿前。"即求少许米至，得米，便以撒地，谓以米祛其秽也，视米皆成真珠。方平笑曰：姑故少年也，吾老矣，不喜复作此曹辈狡狯变化也。……又麻姑手爪不如人爪形，皆似鸟爪，蔡经心中私言，若背大痒时，得此爪以爬背，当佳也。方平已知经心中所言，即使人牵经鞭之，曰："麻姑，神人也，汝何忽谓其爪可以爬背耶？"便见鞭著经背，亦不见有人持鞭者。[①]

由上文可知，《神仙传》不仅对故事情节和麻姑的外貌、言行、性格都进行了细致的补充描写，还将惩罚蔡经的人改成王方平，并给麻姑增添了一样重要特征即"已见东海三为桑田"，这些都为后世诸多麻姑传说提供了蓝本，而沧海桑田的传说也让麻姑逐渐成为人们心中的寿仙。

到了唐代杜光庭的《墉城集仙录》，第一次将麻姑正式列入道教神仙谱系中，说："麻姑者，乃上真元君之亚也。"[②] 把麻姑的地位提高到与上元真君并列的程度。唐代李氏皇族将陇西李氏追附于传说中的老子李耳之后，所以道教在唐代取得了很高地位。到开元、天宝年间，唐玄宗对麻姑信仰的扶持使麻姑信仰遍

---

① 〔晋〕葛洪撰，胡守为校释《神仙传校释》卷三，中华书局，2017年，第94—97页。

② 〔唐〕杜光庭《墉城集仙录》卷四，中华书局，2013年，第626页。

布天下。据《有唐抚州南城县麻姑山仙坛记》载，开元二十七年（739），于江西麻姑山修道的邓思瓘应召出山，领军击败进犯唐朝疆土的西戎部落。凯旋后他受仙人所托请旨为麻姑立庙，唐玄宗念及他军功卓著便允许了。天宝五年（746年）唐玄宗在麻姑山举行道教投龙简仪（大型国家祭祀的最后环节，在祭坛中投入以龙为代表的礼器），瀑布下竟然出现了黄龙的神影，大受震撼的唐玄宗便自觉下令为麻姑扩修庙宇、建立仙像，麻姑从此声名远扬，传说麻姑修炼的地方在江西的麻姑山，称为"麻姑丹霞宛陵洞天"。这是道教的三十六洞天的第二十八洞天、七十二福地的第十福地。民间也传说麻姑在鬼城丰都修炼，那里有"仙姑岩"和"麻姑洞"。传说王母娘娘的寿诞之日即每年的三月三日，都会邀请上中下八洞神仙参加蟠桃会。牡丹、百花、海棠、芍药四位仙子邀麻姑前去祝寿，麻姑便在绛珠河旁用灵芝酿造了美酒带给王母娘娘，王母娘娘甚为欢喜，便封她为寿仙。因此"麻姑献寿"的传统吉祥图样便由此而来。民间一般这样认为，如果寿者是女性，就会张挂麻姑献寿图，图中往往绘一美貌女仙，或腾云驾雾，或飘然而行，或双手托盘以奉，盘上放一枚仙桃，一瓶仙酒。有时也会绘麻姑肩荷一细竹枝，枝上挂一酒壶，一童子背一仙桃相随。

可以说，寿星、西王母、麻姑是从远古到先秦再到唐宋元明清时期陆续产生的众多寿神中最突出最显著，也是崇拜最广泛的三位。他们中既有远古时期人们对日月星辰的自然崇拜，也有对巫术时代神话中神灵的渴慕，也有对魏晋南北朝时期后起仙话中神灵的向往，还有在古代社会的晚近时期逐渐定型下来的各种民间的信仰和习俗，这些共同构筑了中华民族祈福祈寿的文化传统。

除上述具有全国性影响的神祇外，还有一些寿神往往流行于某些特定地域，如唐代高道叶法善，因其自幼在武义修道，一生致力弘扬道教，辅国匡主，济度众生，在当地留下了很多遗址胜迹和传说，并被誉为唐代浙江道教中首屈一指的人物："唐代浙江道教中的著名人物，首推叶法善。"[1] 相传叶法善生于隋大业年间，直到唐开元年间仙逝，享寿105岁（616—720），而中国历史上唯一的女帝武则天寿至82岁这一史上罕见的帝王高寿，也是来自叶法善的医药支持，《唐鸿胪寺卿越国公灵虚见素真人传》中载"岁辛丑（大足元年，701），则天皇后征真人投龙采药，遍祷名山大川"[2]。作为曾经的一代帝师和鹤寿道士，叶法善在长期传道过程中也被神化了，而且在唐宋时期成为全国闻名的道士、仙人，被当地民间奉为寿神自然也在情理之中。

"人生一世，草生一春；来如风雨，去似微尘。"每个生命从呱呱落地起，就走上了一条只有一个方向的旅途。在现实的世界上，这个方向的终点是死亡，不能终止，不能返回，无论古今中外，六合八荒之中，概莫能外。"生年不满百，常怀千岁忧"，人类在死亡的焦虑中"创造"出了灵魂不死的观念，"创造"出了奇幻幽丽的神话仙话，暂时抚慰了人类的灵魂。在科学昌明的今天，我们当然不会再去追求虚缈的长生，然而，宇宙如此浩瀚深沉，世界如此充满奥秘，长寿终归可以给我们短促的人生提供更多的可能性和趣味性，因而也始终是人类追求的目的之一。作为人类尤其是中国人长期以来追求的幸福，家人能健康长寿是亲人们的期许与愿望。神仙终归成虚话，顺应自然的变化，顺从四季的规律，科学滋养爱护自己的身体，为自己的健康长寿打下基础——这才是我们未来的正确道路。

---

[1] 沈善洪《浙江文化史》，浙江大学出版社，2009年，第93页。
[2] 周伟华《叶法善考论》，浙江工商大学出版社，2015年，第149页。

第二章　释道生命哲学与寿仙谷医养文化

寿仙谷药业以医养保健产品的培育、研制和开发为主要特色，秉承"重德觅上药，诚善济世人"的祖训，致力于弘扬和发展中华医药事业，形成了底蕴厚重、特色鲜明的寿仙谷医养文化。追溯寿仙谷医养文化渊源和理论根基首先离不开释道两教的生命哲学及其衍生的道教医学和佛教医学。道教主张长生不死和躯体永恒的生命追求，注重仙丹仙药服食以求长生和养生；佛教以断除烦恼和度脱生死为宗教目的，重视往生彼岸的生命追求，在善恶果报的宗教思维下，更强调此岸生命的内心修炼和精神解脱。虽然释道两教有此岸与彼岸不同的生命关怀，但两教所主张的生命修炼都强调外修与内修兼顾、制身与定心并重，使身体与心理互为关联和映照，达到身心健康。与此相关联，释道两教还各自衍生出宗教浓厚、内容博厚的佛道医学。与其生命哲学相对应，道教强调安身延命的医养理念，佛教强调祛病治心的医养理念。然而释道两教的医养理论都非常重视疾病预防和保健养生，在天地人和合观念下讲究疾病治疗、身体养生和济世情怀。寿仙谷医养文化的形成还与武义本地以叶法善为代表的宗教文化和以朱丹溪为代表的医学文化密切相关。

一、内外兼修的道教生命哲学

道教是一种重视此岸世界生命的中国本土宗教，长生不死的生命追求是道教生命哲学的核心观念。与此相关联，道教强调内外兼修的生命修炼，既重视外在丹药的服食，也要求内在品性的积善修德，并整体上呈现出由外丹学向内丹学修炼的宗教历史演变。道教也十分重视康健医养，以道教推动医学发展，以医学传播和弘扬道教，道教与医学相辅相成。

（一）长生不死：道教生命哲学的核心观念

道教作为宗教信仰，其宗教思想和生命哲学与神仙观念密不可分，"修道成仙是道教修炼的根本目的，也是道教宗教观念的核心"[①]。神仙观念虽是道教信仰的核心思想，却早在先秦时期就已经广泛流行。道教产生后，神仙观念才被道教纳入教义体系当中，并被改造成为一种具有系统意义的核心信仰理论。

"神"与"仙"最初是相互区分的两个概念。"神"的最初意义是指一种超人类的上天力量。《说文解字》曰："神，天神引出万物者也，从示，申声。"徐灏笺曰："申即引也，天主降气，以感万物，故言引出万物。""神"具有"引出万物"的功能，是万物的母体。"仙"是一种特殊的"人"，即"生命长度趋向于无限的人"[②]。《释名·释长幼》曰："老而不死曰仙。仙，迁也。迁入山也。"所谓"老而不死"即是长生不死。"一般地说，仙主要地是指通过修炼而有所谓'不死'或'死而复生'之'功能'的超人。而神的由来则不必是人，天地自然万物皆能为神。"[③] 两者也有联系性，"从某种角度说，仙可以看作特殊的神。

[①] 任继愈主编《中国道教史》（增订本），中国社会科学出版社，2001年，上册，第509页。

[②] 严耀中《中国宗教与生存哲学》，学林出版社，1991年，第112页。

[③] 詹石窗《道教文化十五讲》，北京大学出版社，2003年，第83页。

因为在古仙谱中天仙一类都有神的品格。"[1]后来,"神"与"仙"合称为专指长生不死的人,即"神仙"。由此,"神"的内涵被虚化,而"仙"的内涵得到强化。日本窪德忠说:"神仙说的观点就是在地球上无限延长自己的生命。似乎可以认为现实的人使具有天生肉体的生命无限延长,并永享快乐的欲望导致了产生神仙说这一特异思想,这种思想在其他国家是没有的。"[2]

一般认为,神仙观念和神仙学说是在战国时期出现的。周绍贤指出:"(齐)宣王之父威王,曾遣使入海求仙,盖自齐景公即讨论不死之问题,演传至威宣王之世,而神仙之说,乃正式出现。"[3]旧题刘向撰的《列仙传》是道教产生前的神仙故事集,其中大部分仙人主角是先秦时期的神话人物的"仙化"书写。如开篇的仙传故事《赤松子》:"赤松子者,神农时雨师也,服水玉以教神农能入火自烧。往往至昆仑山上,常止西王母石室中,随风雨上下。炎帝少女追之,亦得仙,俱去。至高辛时,复为雨师。今之雨师本是焉。"[4]神农、西王母和炎帝都是神话人物,赤松子是由神话衍生出来的古仙人。后来,秦始皇和汉武帝皆以帝王身份而崇拜神仙,追求生命永恒,进一步广泛地推动了神仙思想的社会影响。如《史记》载秦始皇派童男童女求仙,其曰:"既已,齐人徐市等上书,言海中有三神山,名曰蓬莱、方丈、瀛洲,仙人居之。请得斋戒,与童男女求之。于是遣徐市发童男女数千人,入海求仙人。"[5]秦始皇派徐市率领数千童男童女入海求仙人,

---

[1] 詹石窗《道教文化十五讲》,第83页。
[2] [日]窪德忠著《道教史》,萧坤华译,上海译文出版社,1987年,第56页。
[3] 周绍贤《道家与神仙》(第3版),中华书局,1982年,第14页。
[4] 旧题刘向《列仙传》卷上,上海古籍出版社,1990年,第1页。
[5] 〔汉〕司马迁《史记》卷六《秦始皇本纪》,中华书局,1982年第2版,第1册,第247页。

以祈长生不死。

道教产生于东汉末年,以太平道和五斗米道为代表,这些道教是民间巫术与黄老崇拜相结合的产物。魏晋时期,道教广泛借用神仙思想来进行宗教理论改造,神仙思想由此成为道教的宗教信仰和理论根基。其中,葛洪是突出的代表人物,著有《抱朴子内篇》《神仙传》等书籍,前者是神仙学说的理论著作,后者是仙传传说的故事汇编。葛洪反复论说神仙是真实存在,神仙是长生不死的。如葛洪《抱朴子内篇·论仙》曰:

> 或问曰:"神仙不死,信可得乎?"抱朴子答曰:"虽有至明,而有形者不可毕见焉。虽禀极聪,而有声者不可尽闻焉。虽有大章竖亥之足,而所常履者,未若所不履之多。虽有禹益齐谐之智,而所尝识者未若所不识之众也。万物云云,何所不有,况列仙之人,盈乎竹素矣。不死之道,曷为无之?"[1]

葛洪认为神仙是长生不死的,世人因为认知的局限性,而不了解这种"真相"。《抱朴子内篇·论仙》又曰:"若夫仙人,以药物养身,以术数延命,使内疾不生,外患不入,虽久视不死,而旧身不改,苟有其道,无以为难也。而浅识之徒,拘俗守常,咸曰世间不见仙人,便云天下必无此事。夫目之所曾见,当何足言哉?"[2]葛洪批评浅识之徒因为认知的浅薄而否定神仙的真实存在。葛洪不但从理论论说神仙思想,而且编撰仙传故事集《神仙传》,宣扬长生不死的神仙是真实存在,并且可以学而致之:

---

[1] 王明《抱朴子内篇校释》(增订本)卷二《论仙》,中华书局,1985年第2版,第12页。

[2] 王明《抱朴子内篇校释》(增订本)卷二《论仙》,第14页。

"神仙可得不死，可学古之得仙。"① 这是继旧题刘向《列仙传》之后又一部仙传故事集，但有浓厚的道教宣讲意识。

由于神仙思想的文化本质是追求长生不死，因此道教生命哲学的核心观念就是长生不死的生命追求。"道教神仙思想的根本，就在于认为人可以不死，能维持不死就可以成为神仙，成仙自然就成为美妙奇幻的神仙世界的成员，也就意味着现世苦难生活的结束和享乐生活的无限延长。"② 对生命永恒的追求，体现了道教重视此岸世界的生命关怀，重视现世苦难的人生度脱。

（二）形神俱修：道教生命修炼的双重路径

道教以成仙作为生命修炼的终极目标，非常重视生命修炼的自我主动性，认为"我命在我不在天"。陶弘景《养性延命录》曰："夫形生愚智，天也；强弱寿夭，人也。天道自然，人道自己。"③ 道教相信人的生死和成仙与否，其命运掌握在自己的手里，而不是在上天。因此，只要修炼的方法和路径得当，道教修炼的终极目标是可以实现的。道教的生命修炼强调形神俱修，内外兼修。一方面重视外在仙药的服食，以达到固化形体的作用；另一方面又重视积善修德，以达到精神层面的超越。生命修炼的过程实际上就是躯体永恒和精神超越的内外兼修，通过这种修炼以达到成仙的修道目标。

长生不死首先表现在躯体不死，具有生命的永恒性。道教认为服食外在仙药以达到强身固体是生命修炼最直接和最重要的途径和方法。葛洪《抱朴子内篇·金丹》曰："按黄帝《九鼎神丹经》曰：

---

① 〔晋〕葛洪《神仙传·序》，上海古籍出版社，1990年，第4页。
② 任继愈主编《中国道教史》（增订本），上册，第532页。
③ （南朝）陶弘景《养性延命录》卷上，《道藏》，文物出版社、上海书店、天津古籍出版社，1988年，第18册，第476页上。

黄帝服之，遂以升仙。又云，虽呼吸导引，及服草木之药，可得延年，不免于死也；服神丹令人寿无穷已，与天地相毕，乘云驾龙，上下太清。"①葛洪以黄帝为例说明服食神丹是成仙的重要方法，认为即便是普通人服食神丹，也能长生不死，寿与天地相齐。

服食仙药以成仙有其独特的文化思维，这是借用外物以强固身体的类比思维来论证的。葛洪《抱朴子内篇·金丹》曰：

> 余考览养性之书，鸠集久视之方，曾所披涉篇卷，以千计矣，莫不皆以还丹金液为大要者焉。然则此二事，盖仙道之极也。服此而不仙，则古来无仙矣。……夫金丹之为物，烧之愈久，变化愈妙。黄金入火，百炼不消，埋之，毕天不朽。服此二物，炼人身体，故能令人不老不死。此盖假求于外物以自坚固，有如脂之养火而不可灭，铜青涂脚，入水不腐，此是借铜之劲以扞其肉也。金丹入身中，沾洽荣卫，非但铜青之外傅矣。②

葛洪认为服食金丹是成仙最为重要的方法，因为金丹是黄金炼制而成的，黄金具有不朽的物理特性，入火不消，埋地不朽，"假求于外物以自坚固"，服食金丹自然可以强身固体。这是黄金固体的类比思维体现。

正是受这种类比思维的文化影响，道教认为服食不同物理特性的仙药，其成仙的效果也各有不同。如葛洪《神仙传》曰："夫仙道有升天蹑云者，有游行五岳者，有服食不死者，有尸解而仙者。凡修仙道，要在服药，药有上下，仙有数品。不知房中之事，及行气导引并神药者，亦不能仙也。药之上者，有九转还丹、太

---

① 王明《抱朴子内篇校释》（增订本）卷四《金丹》，第74页。
② 王明《抱朴子内篇校释》（增订本）卷四《金丹》，第70、71—72页。

乙金液，服之皆立登天，不积日月矣。其次，有云母、雄黄之属，虽不即乘云驾龙，亦可役使鬼神，变化长生。次乃草木诸药，能治百病，补虚驻颜，断谷益气，不能使人不死也。上可数百岁，下即全其所禀而已，不足久赖也。"[1]以黄金等物质炼制的仙药，药效最好，服之即可登天成仙；其次是云母、雄黄之类的仙药，虽然不能乘云驾龙，但可长生不死；再其次则是草木诸药，不能使人不死，只可延年益寿。仙药的物理特性与生命修炼的成效是成正比的。

道教的生命修炼不但重视外食仙药，还非常重视积善修德的内修，认为行善与修德是成仙的重要条件。葛洪《抱朴子内篇·对俗》曰：

> 按《玉钤经中篇》云，立功为上，除过次之。为道者以救人危使免祸，护人疾病，令不枉死，为上功也。欲求仙者，要当以忠孝和顺仁信为本。若德行不修，而但务方术，皆不得长生也。行恶事大者，司命夺纪，小过夺算，随所犯轻重，故所夺有多少也。凡人之受命得寿，自有本数，数本多者，则纪算难尽而迟死，若所禀本少，而所犯者多，则纪算速尽而早死。又云，人欲地仙，当立三百善；欲天仙，立千二百善。若有千一百九十九善，而忽复中行一恶，则尽失前善，乃当复更起善数耳。故善不在大，恶不在小也。虽不作恶事，而口及所行之事，及责求布施之报，便复失此一事之善，但不尽失耳。又云，积善事未满，虽服仙药，亦无益也。若不服仙药，并行好事，虽未便得仙，亦可无卒死之祸矣。[2]

---

[1] 〔晋〕葛洪《神仙传》卷八《刘根》，第 48 页。
[2] 王明《抱朴子内篇校释》（增订本）卷三《对俗》，第 53—54 页。

葛洪认为求仙当以忠孝仁信为根本，如果不行善修德，或行善不够，那么就不可能求得长生，即使是服用仙药，也是无益的；如果行善事而未服仙药，也可以保证"无卒死之祸"。葛洪还认为行善多少与神仙品阶是成正比的，"人欲地仙，当立三百善；欲天仙，立千二百善"，并且"善"不在于大，而"恶"不在于小，倘若行一"恶"，则前"善"尽失。五代杜光庭也强调修善对成仙的重要性，其曰："善不徒施，仙固可学，功无巨细，行无洪纤，在立功而不休，为善而不倦也。修习之士，得不勖哉。"①

就中国道教史而言，大致以宋元为界，道教生命修炼有着由重"外修"向重"内修"的历史演变。宋元以前更加重视外丹学，宋元以后则由外丹学向内丹学转型。所谓内丹学，就是以人体为鼎炉，以精、气、神为主要元素，三者在人体的鼎炉中运行和修炼，以炼成长寿和成仙所需的"内丹"。内丹学的兴起，表明道教生命修炼更加强调内修，元代的全真教即是如此。同时，德善品行越来越成为宋元以后道教生命修炼的重要因素，特别是忠孝伦理观念被广泛融入道教当中，生命修炼的追求也由形体永恒向精神超越转换。这种转换有着道教发展的必然要求，一是内丹学更能避免外丹学"证伪"的理论缺陷，从而转换思路来证明神仙和长生是真实可求的；二是宋元以后儒释道三教合一的内涵越来越紧密，儒家学说理论的控制力更加强化，释道只能自觉地服务于儒家思想。当然，这种由"外"向"内"的转换只是就道教发展的整体趋势而言，无论是外修还是内修，都是道教生命修炼的重要路径。

从科学的角度而言，假外物以固身体的丹药理论固然缺乏科学性，并且炼丹所用的铅汞和水银等物质还会严重危害人体的生命，但是道教的修炼实践也提炼出一些具有科学性的医药理论和

---

① 张君房《云笈七签》卷一一四《墉城集仙录叙》，《道藏》，第22册，第792页上一中。

医养观念。

(三) 安身延命：道教生命康健的医养理念

道教向来注重医学，道教与医术兼修。葛洪《抱朴子内篇·杂应》曰："是故古之初为道者，莫不兼修医术，以救近祸焉。凡庸道士，不识此理，恃其所闻者，大至不关治病之方。又不能绝俗幽居，专行内事，以却病痛，病痛及己，无以攻疗，乃更不如凡人之专汤药者。"[1] 葛洪认为道士应该懂得医学，至少可以为自己治病，倘若自己的疾病尚需凡人之汤药，又谈何修道成仙之事。因此，历代高道大都擅长或懂得医学知识，有些还著有医学书籍。如东晋葛洪《金匮药方》《肘后备急方》；南北朝陶弘景《名医别录》《效验施用药方》；唐代杜光庭《玉涵经》，孙思邈《千金要方》《千金翼方》《千金髓方》；宋代张伯端《八脉经》，崔嘉彦《崔氏脉诀》；明代赵宜真《仙传外科秘方》，邵以正《青囊杂纂》；清代刘一明《经验奇方》《杂疫症治》等。

道教医学既有中医药学的内容，又有道术层面的内容，大致可以分为三个层次。其核心层次是仙药、本草、医方、针灸等，与中医药学内容大致相同；中间层次是导引、按摩、气法、辟谷、房中、存思、饮食疗养及起居禁忌等，是人体自我摄养的医道术；外部层次是符水、药签、祝由、祭祀、斋醮等调整社会环境和心理环境的治疗方法，具有强烈的宗教特征。[2] 从核心层次到中间层次再到外部层次，其医药内涵渐次减弱，而宗教内涵则越来越浓。

就道教医药对人体生命的功能而言，也有三个层面的作用：一是求仙，二是治病，三是养生。葛洪《抱朴子内篇》引《神农四经》云："上药令人身安命延，升为天神，遨游上下，使役万灵，

---

[1] 王明《抱朴子内篇校释》（增订本）卷一五《杂应》，第 271—272 页。
[2] 参见胡孚琛《道教医药学述要》，《中国中医基础医学杂志》1995 年第 4 期。

体生毛羽，行厨立至。……中药养性，下药除病，能令毒虫不加，猛兽不犯，恶气不行，众妖并辟。"①求仙是道教医学的首要功能，相关医药知识有其宗教独特性。如《抱朴子内篇·仙药》曰："五芝及饵丹砂、玉札、曾青、雄黄、雌黄、云母、太乙禹余粮，各可单服之，皆令人飞行长生。"又曰："五芝者，有石芝，有木芝，有草芝，有肉芝，有菌芝，各有百许种也。"②这些医药知识不具科学性，甚至是反科学性的，但宗教指向明确。道教关于治病和养生的医学知识，虽附有浓厚的宗教性，但也有其突出的医药科学性。

从治病方面来看，道教医学特别注重药物的疗效和药方的配制。如《太平经》有《草木方诀》："十十相应愈者，帝王草也；十九相应者，大臣草也；十八相应者，人民草也；过此而下者，不可用也，误人之草也。是乃救死生之术，不可不审详。方和合而立愈者，记其草木，名为立愈方；一日而愈者，名为一日愈方；二日而治愈者，名为二日方；三日而治愈者，名为三日方。"③这里以人物社会等级类比药物的疗效，强调了疗效对于治病的重要性，认为药草关涉救人死生的大事，不可不审详。葛洪《肘后备急方》对伤寒、温病、狂犬病、结核病、天花等各种病症都配有药方，方便百姓使用。其曰："余所撰百卷，名曰《玉函方》，皆分别病名，以类相续，不相杂错，其《救卒》三卷，皆单行径易，约而易验，篱陌之间，顾眄皆药，众急之病，无不毕备，家有此方，可不用医。"④《玉函方》是《肘后备急方》的前身，书中所配制的药方，实用有效又简单方便，具有较多的科学性。

---

① 王明《抱朴子内篇校释》（增订本）卷一一《仙药》，第196页。
② 王明《抱朴子内篇校释》（增订本）卷一一《仙药》，第196、197页。
③ 王明《太平经合校》卷五〇《草木方诀》，第172页。
④ 王明《抱朴子内篇校释》（增订本）卷一五《杂应》，第272页。

从养生方面来看，道教医学非常重视疾病的预防工作，吸收并发展了《黄帝素问》关于"治未病"[①]的养生精神。如葛洪指出："故治身养性，务谨其细，不可以小益为不平而不修，不可以小损为无伤而不防。凡聚小所以就大，积一所以至亿也。若能爱之于微，成之于著，则几乎知道矣。"[②]葛洪认为修身养性应该"务谨其细"，注意身体的细微变化，防患于未然，并且把治病与养生相结合，养生即是"治未病"的贯彻。唐代孙思邈进一步明确养生与治病的关系："上医医未病之病，中医医欲病之病，下医医已病之病。"[③]孙思邈非常重视疾病预防的养生工作。"治未病"的养生思想是道教医学的重要内容，有其突出的科学性和医学贡献，是中国古代医学的重要理论原则。

总之，道教医养知识与理念是由求仙长生而衍生出来的，虽然有浓厚的宗教特征，但也蕴含了丰富的具有科学性的医学知识，对中国传统医学发展做出了独特贡献。

二、明心见性的佛教生命哲学

佛教是一种追求断除人生烦恼和解脱生死痛苦的外来宗教，缘起往生是佛教生命哲学的核心观念。佛教虽然关注彼岸世界的往生，但在善恶果报的宗教思维下，也非常重视此岸世界的生命修炼，戒行和禅修是佛教生命修炼的两种重要方式。佛教也有独特的医学知识和思想理论，对身病和心病皆有所关注，但其医养

---

① 《黄帝内经素问》卷一《四气调神大论篇第二》，第733册，第15页。
② 王明《抱朴子内篇校释》（增订本）卷一三《极言》，第240页。
③ 〔唐〕孙思邈《备急千金要方》卷一《论诊候第四》，《文渊阁四库全书》，台北商务印书馆，1986年，第735册，第20页。

观念更重心理养生。

(一) 缘起往生: 佛教生命哲学的核心观念

佛教认为人的生命是因果相续的生死流转, 现在之"果"是缘于过去之"因", 而将来之"果"又缘于现在之"因"。《佛说缘起经》: "云何名缘起? 初谓依此有故有彼, 此生故彼生。所谓无明缘行, 行缘识, 识缘名色, 名色缘六处, 六处缘触, 触缘受, 受缘爱, 爱缘取, 取缘有, 有缘生, 生缘老死。起愁叹苦忧恼, 是名为纯大苦蕴集。如是名为缘起初义。"[①] 释迦牟尼认为众生是按照12个环节所组成的因果相续的链条进行生死流转。十二因缘构成"三世两重因果说", 即"无明""行"作为过去之因与现在之果"识""名色""六处""触""受"构成过去与现在的一重因果; "爱""取""有"作为现在之因与"生""老死"将来之果构成现在与将来的二重因果。人的生命就是在这种因果链条中进行轮回和流转。

后来, 东晋慧远又根据佛教业报轮回说提出"三报论", 其曰:

> 经说业的三报: 一曰现报, 二曰生报, 三曰后报。现报者, 善恶始于此身, 即此身受。生报者, 来生便受。后报者, 或经二生三生, 百生千生, 然后乃受。[②]

所谓"三报论"是指现报、生报和后报。现报是现世所作的善恶行为, 在现世中得到报应; 生报是今生所作的善恶行为, 在

[①] 高楠顺次郎等编《大正新修大藏经》第2册, 台北新文丰出版公司, 1983年, 第547页。

[②] 石峻、楼宇烈等编:《中国佛教思想资料选编》(第1卷), 中华书局, 1981年, 第87—88页。

来生中得到报应；后报是指过去无量生中所作的善恶行为，于今生或未来无量生中得到报应。慧远"把人们现实生活的境遇归结为前世的业因，又把现世生活的思想行为与来生的命运结合起来"①。"三报论"把业报思想与轮回观念进行了完美的结合，强调了"业"是推动生命轮回的重要力量。所谓"业"，就是造作的意思，指众生的身心活动。"佛教认为，这种活动和因果关系相结合，会形成产生不同结果的力量，是为'业力'，这是一种潜在的功能，是创造未来生命的动力。"②从性质上分，业可分为善业、恶业和无记业三类，善恶二业分别受到善恶不同的果报，非善非恶的无记业则不显现果报。业是人类生命轮回的重要根据，只有善恶业力，人的生命轮回中一定会得到报应。

不同的善恶因缘会有不同的善恶果报，佛教对于凡夫众生的报应结果归结为"六道"，即"天""人""阿修罗""畜生""饿鬼""地狱"等。凡夫众生依据各自的业缘分别在六道中进行生命轮回流转，作善者上升为"天""人""阿修罗"等三善道，作恶者下降为"畜生""饿鬼""地狱"等三恶道。"六道也称为'凡夫'，处于'迷'的世界；已获解脱生死的，称为'圣者'，处于悟的世界。佛教认为，由凡转圣，由迷入悟，是众生实现最高价值理想的根本途径。"③"迷"的世界是六类，即六道，又称为"六凡"；"悟"的世界是四类，称为"四圣"，即声闻、缘觉、菩萨和佛。声闻是听闻佛说法而证悟者，缘觉是观因缘而觉悟者，菩萨是为度他人悉皆成佛而修行者，佛则是自悟且能悟他与觉行圆满者。凡夫众生往生的彼岸世界是六道，最终证悟后，才能由凡入圣。

由此可知，佛教生命哲学非常强调生命主体的自身思想和行

---

① 方立天《中国佛教哲学要义》上卷，中国人民大学出版社，2002年，第90页。
② 方立天《中国佛教哲学要义》上卷，中国人民大学出版社，2002年，第85页。
③ 方立天《中国佛教哲学要义》上卷，中国人民大学出版社，2002年，第102页。

为，认为人的命运是掌握在自己的手中，自己要对自己的行为负责；并且把生命主体的思想行为与生命再塑造紧密地联系起来，强调道德在生命流转和再塑造中的重要作用，善因结善果，恶因结恶果，道德是自我塑造未来生命的决定因素。[①]正因为道德观念和行为在生命再塑造中具有决定性的作用，所以生命修炼是佛教修行的重要内容。

（二）戒行禅修：佛教生命修炼的两种方法

佛教是一种极富修行实践的宗教，强调以修行实践来断除烦恼，解脱痛苦和明心见性。佛教虽是出世宗教，但非常重视此岸主体的心性修炼。佛教认为"心"是人性的真正承担者，人们应当返回自己的心灵世界寻求自我觉悟，清除各种烦恼和欲望的污染，还心灵本来的清净，由此达到超脱和成就佛果。东晋郗超《奉法要》曰："心为种本，行为其地，报为结实。"又引《般泥洹经》："经云：'心作天，心作人，心作地狱，心作畜生，乃至得道者，亦心也。'凡虑发乎心，皆念念受报。虽事未及形，而幽对冥构。……罪福形道，靡不由之，吉凶悔吝，定于俄顷。是以行道之人，每慎独于心。"[②]人们的种种思虑、苦恼和痛苦，皆从"心"而起，心念不同，其所受的果报也各不相同，所以行道之人，需慎独于心。佛教的主流派"主张心性本净说，认为众生的心性是本来清净的，只因烦恼的污染而没有显露出来而已"，"心性本净是众生成就理想道德，进而获得解脱的内在根据"，也是"众生成佛的根据"[③]。因此，佛教修行的目的是明心见性，通过修行来发现自己的真心，证悟如来佛性，从而解脱痛苦、烦恼和欲望，超越生死，成就佛果。

---

① 方立天《中国佛教哲学要义》上卷，第110—111页。
② 石峻、楼宇烈等编《中国佛教思想资料选编》（第1卷），第23、18页。
③ 方立天《中国佛教哲学要义》下卷，第865页。

戒、定、慧是佛教实践的三大纲领，是佛教徒成就佛果的根本途径和方法。"戒、定、慧三学主要是从伦理实践、心理修养和智慧修学这三个方面来规范佛教修持实践的内涵，分别用以制身、定心和证真。佛教还强调主体的修持进程和提升次第——由戒生定，由定生慧，即持戒清净始可得禅定寂静，具有禅定寂静有助于开发智慧，从而揭示了佛教信徒修持实践中制身、定心和证真的依次推进和前后制约的内在逻辑关系。"① 由于生慧是戒行和禅修之后的证真结果，是修行开悟的标志，所以佛教生命修炼方法主要是戒行和禅修两种。凯须

戒律是佛教徒在日常生活和修行中应该遵守的规定和对行为的限制。由于大小乘的不同，其戒律也各不相同。如小乘有五戒、八戒、二百五十戒等，大乘有菩萨戒。尽管佛教戒律名目繁多，体系各异，但最基本的是"五戒"，"'五戒'为佛教一切戒的基本"②。这五戒是："一不杀生戒，二不偷盗戒，三不邪淫戒，四不妄语戒，五不饮酒戒。"③ 五戒中的首戒是不杀生，指不杀人，也指不杀鸟兽虫蚁，还指不乱折草木等，这是对一切生命的尊重。遵守戒律是一切善行的根本，是佛教徒安身立命、修行解脱的基础，有着浓厚的善恶业报的道德内涵。郗超《奉法要》："全五戒则人相备，具十善则生天堂。全一戒者，则亦得为人。人有高卑，

---

① 方立天《中国佛教哲学要义》下卷，第847页。
② 劳政武《佛教戒律学》，宗教文化出版社1999年版，第194页。
③ 智顗《法界次第初门》第一四品《五戒初门》，高楠顺次郎等编《大正新修大藏经》第46册，第670页下。与"五戒"紧密相连的是"八戒"，又称"八戒斋"或"八关戒斋"。包括：不杀生；不偷盗；不淫欲；不妄语；不饮酒；不著香华鬘；不香油涂身；不歌舞唱伎、不故往观听；不非时食（过午不食）。其中前八条为八戒，第九条为斋，故称八戒斋，简称八戒。在八戒中，前五条与"五戒"基本相同，只是把"邪淫"改为"淫欲"，要求更严。参见劳政武《佛教戒律学》，第203页。

或寿夭不同,皆由戒有多少。"① 守戒者有善报,破戒者则得恶报。

禅修是一种定心的佛教修行方法,与制身的戒律修行不同。"禅"是梵语 dhyāna 音译"禅那"的略称,是指集中精神和平衡心理的一种冥想方法。禅修一直是佛教的重要修行方法,禅宗兴起后,禅学思想得到空前的发展,有渐悟与顿悟的分辩和论争。大体而言,以神秀和慧能为代表,分别体现了渐悟与顿悟的两种不同禅修方法。《坛经》载两人的偈诗,正体现了两种不同的禅悟方法。偈诗如下:

身是菩提树,心如明镜台。时时勤拂拭,勿使惹尘埃。(神秀偈诗)

菩提本无树,明镜亦非台。本来无一物,何处惹尘埃。(慧能偈诗)②

神秀讲究渐悟,宗密把神秀禅法归结为:"拂尘看净,方便通径。"又曰:"拂尘者,即彼本偈云'时时须(《坛经》为"勤"字)拂拭,莫遣有(《坛经》为"勿使惹"三字)尘埃'是也。意云众生本有觉性,如镜有明性,如镜之尘。息灭妄念,念尽即本性圆明,如磨拂尘尽镜明,即物无不极。"③ 神秀认为只要勤奋修行,终有一天能够证真,见真如本性,如同镜台上的灰尘,只要勤于拂拭,终会澄明。慧能讲究顿悟的禅修方法,其曰:"法本一宗,人有南北;法即一种,见有迟疾。何名顿渐?法无顿渐,人有利钝,故名渐顿。"④ "法"是指每个人自有不变的真如本性,

---

① 石峻、楼宇烈等编《中国佛教思想资料选编》(第 1 卷),第 17 页。
② 尚荣校注《坛经》第一《行由品》,中华书局,2010 年,第 10、21 页。
③ 宗密《圆觉经大疏释义钞》卷三下,《卍续藏经》第 14 册,第 554 页上。
④ 尚荣校注《坛经》第八《顿渐品》,第 146 页。

而悟见自己的真如本性，则有快有慢。"在慧能看来，所谓顿渐，就是见性的过程长短和时间快慢的区别。顿渐的区别实是由修行人的素质所决定的，利根，即素质高，悟道就快，钝根，即素质低，悟道就慢。"[1] 所以慧能的偈诗否定菩提树和明镜台的存在，主张无相，强调直指本心的顿悟。

戒行和禅修是佛教生命修炼的两种重要方法，有着制身与定心的区别，类似于道教的外丹学与内丹学之别。不过，整体而言，道教更强调外丹之学，而佛教更强调禅修之学，重视内在心灵的修炼以达到生命升华。道教生命修炼宣扬的是形体的永恒，而佛教生命修炼宣扬的则是精神的解脱。佛教修行如同道教一样，也非常注重儒家伦理道德思想的融入。如唐代宗密《佛说盂兰盆经疏》曰："始于混沌，塞乎天地，通人神，贯贵贱，儒释皆宗之，其唯孝道矣。"[2] 佛教最初是否定孝道的，而此处则认为孝道是天经地义的。

（三）祛病治心：佛教生命康健的医养理念

佛教虽然讲究度脱苦难，往生彼岸，但也十分重视身心健康的维护和疾病的治疗，因为身心健康是修行过程中自利利他的要件，一方面凡夫的身心健康不仅关系着生命的现世福乐，更攸关生命的未来处境，另一方面健康的身心更有利于佛教的弘法与传道。[3] 因此，佛教也非常重视医学，形成了宗教特色浓厚的佛教医学。

---

[1] 方立天《中国佛教哲学要义》下卷，第 964 页。
[2] 宗密《佛说盂兰盆经疏》，高楠顺次郎等编《大正新修大藏经》第 39 册，第 505 页上。
[3] 参见释昭慧《原始佛教对身心保健与疾患防护的看法——以〈阿含经〉与〈佛说佛医经〉为主》，《西南民族大学学报》2010 年第 5 期。

佛教医学既继承了古印度"医方明"为基础的医学精粹，又集中国历代医学的菁华，经过古今高僧大德逐步补充而更臻完善，形成中国佛教医学体系。《大藏经》中专论或关涉医学知识的经书大约有400部，如《佛医经》《医喻经》《疗病痔经》《治禅病秘要经》《齿经》《除一切疾病陀罗尼经》《咒时气病经》等都是佛医经书。其中，有印度或西域传入的佛医书籍，如《龙树菩萨要方》《龙树菩萨养性方》《西域诸仙所说药方》《西域名医所集要方》；也有中国本土僧人撰写的佛医书籍，如释道洪《寒食散对疗》、释慧义《寒食解杂论》、释昙鸾《疗百病杂丸方》、僧行智《诸药异名》等。

佛教医学有其独特的医学原理，一是受印度医学理论影响，认为地、水、火、风等四大元素是人体构成的四大元素，也是人体致病的四大元素。《佛说佛医经》曰："人身中本有四病，一者地，二者水，三者火，四者风。风增气起，火增热起，水增寒起，土增力盛。本从是四病，起四百四病。地属鼻，水属口，火属眼，风属耳。"[1]四大元素的属性不同，其致病的结果也各有不同，这是朴素的借物类比人的思维观念，与道教假外物以自固其身的思维相类似。二是重视病症与病因的关联性探索，讲究对症下药，凸显了佛教因果观念在医疗中的贯通。《佛说医喻经》曰："识知某病，应用某药。知病所起，随起用药。已生诸病，治令病出。断除病源，令后不生。"[2]此即《杂阿含经》卷一五所说："有四法成就，名曰大医王者，所应王之具、王之分。何等为四？一者善知病，二者善知病源，三者善知病对治，四者善知治病已，当来更不动发。"[3]先确定病症，次探病因，再应病配药，最后

---

[1] 高楠顺次郎等编《大正新修大藏经》第17册，第737页上。
[2] 高楠顺次郎等编《大正新修大藏经》第4册，第820页中。
[3] 高楠顺次郎等编《大正新修大藏经》第2册，第105页上。

彻底根治疾病。

佛教医学有着丰富的医药知识和医学内容，既有宗教指向性鲜明的内容，如心理咒禁、密语等；也有医疗操作性强的内容，如生理解剖、临床治疗等；还有内容丰富的医药保健和身心养生方面的内容。就佛教医养康健理念而言，主要体现在两方面：一是祛病，二是治心。

从祛病方面来看，佛医既重视治病，更强调防病。佛医重视药物治病，佛经常有药方记录，如《大佛顶广聚陀罗尼经》第七品《大佛顶无畏宝广聚如来佛顶眼药品》有眼科药方："苏味罗、安舍那、海水沫、雄黄、两种黄、姜、牛黄、青莲华、郁金花、荁蒉子、石密。右上件药等分细捣为末细，罗罗之和石密为散，于赤铜器中盛，咒师著新净衣，即将此至佛前，诵咒满八千遍，即得成就。"[1]这是密宗药方，共记录了11种药物，并配有密宗的咒语。佛医更重视养生预防疾病。如《佛说佛医经》曰："人得病，有十因缘。一者久坐不饭，二者食无贷，三者忧愁，四者疲极，五者淫泆，六者嗔恚，七者忍大便，八者忍小便，九者制上风，十者制下风。从是十因缘生病。"又曰："佛言，有九因缘，命未当尽为横尽。一不应饭为饭，二为不量饭，三为不习饭，四为不出生，五为止熟，六为不持戒，七为近恶知识，八为入里不时不如法行，九为可避不避。如是九因缘，人命为横尽。"[2]佛医认为人的疾病往往是由于人体身心失调和不注重养生预防所造成的。如"不应饭为饭，谓不可意饭，亦谓不随四时食，亦为以饭复饭"[3]，是指饮食不适可而止，不注重应季食物，由此造成对身体的伤害。

---

[1] 高楠顺次郎等编《大正新修大藏经》第19册，第162页下。
[2] 高楠顺次郎等编《大正新修大藏经》第17册，第737页中。
[3] 高楠顺次郎等编《大正新修大藏经》第17册，第737页中。

从治心方面来看，佛医整体上更加强调人的心理调适和精神解脱，以心法为药方，医治众生的贪瞋痴。如《大宝积经》卷四八曰：

> 世间虽有诸医充满世界，不能了知三种大患，何以故？彼皆不善又无智故，而不能识贪瞋痴等三种大患。舍利子，彼无智医，非唯不识三种大患，又不了知三大良药对治三患。何等为三？所谓不能了知贪欲大患，不净良药而为对治；瞋恚大患，慈心良药而为对治；愚痴大患，缘起良药而为对治。舍利子，如是诸医唯能疗治一二别病，不能普治一切众病。唯能暂治少时降损，非为尽病毕竟除差。……我应积集如是无上正法阿竭陀膏药，当使一切众生闻药声已，贪瞋痴等极重大患自然消灭。①

贪、瞋、痴是佛教"三毒"，贪让人永不满足，瞋让人产生恶意，痴让人产生错误的认知，这"三毒"是人生痛苦的根源，残害身心健康，使人沉沦于生死轮回。所以，良药虽可治愈人的身体，却不能解脱人的心理和精神。由于佛教教义本身就重视人的心理调适和精神解脱，因此佛教可以说是广义的医学，是治疗人生疾苦的良方。佛经对此也有明确的解说，如《大智度论·五戒初门》曰："念佛如医王，念法如服药，念僧如瞻病人，念戒如药禁忌。"②佛教本是一种精神度脱的宗教，佛医是佛教的有机组成部分，因此佛医理念对治心更为重视。即便是疾病治理方面，也是侧重于心理调适的疾病预防，防止身心失衡而导致疾病。

概而言之，佛教医养理念虽然重视疾病的治疗，但整个上是偏重于心理调适和精神解脱，并且侧重于从身心平衡方面来讨论

---

① 高楠顺次郎等编《大正新修大藏经》第 11 册，第 283 页下—284 页上。
② 高楠顺次郎等编《大正新修大藏经》第 46 册，第 670 页下。

疾病预防和治疗，这既与道教医养重形体康健和永恒有着明显的差异，又在强调疾病预防和保健养生等方面有着共通性。与此同时，无论是道教的安身延命还是佛教的祛病治心，其医养观念都蕴含了浓厚的济世情怀。

三、重德诚善的寿仙谷医养文化

寿仙谷药业以医养保健产品的培育、研制和开发为主要特色，秉承"重德觅上药，诚善济世人"的祖训，致力于弘扬和发展中华医药事业，形成了底蕴厚重、特色鲜明的寿仙谷医养文化，其文化内涵主要表现在以释道生命哲学为哲学渊源，以传统中医理论为理论根基，以厚生惠民理想为济世情怀。

（一）释道生命哲学：寿仙谷医养文化的哲学渊源

佛道两教对于生命的认知和修炼有很大的文化差异，道教追求此岸此生的生命永恒，佛教重视彼岸往生的生命度脱。但两者的生命哲学内涵也有共通之处，由此构成宗教与生命关系的哲学认知。这些生命哲学认知正是寿仙谷医养文化的哲学渊源。

从微观方面上讲，释道两教都重视人的个体身心平衡和健康，并注重以养生保健来预防疾病。就宗教文化本质而言，释道两教的生命追求有所不同，道教追求生命形体的永恒，而佛教追求精神世界的解脱。但道教也非常重视内在精神和品行道德的修行，如全真教即重视人的精、气、神的性命修炼，讲究形体与精神的调和，外丹学也讲究丹药服食需以道德为先，重视内在品行与外在形体的统一；同样，佛教虽重生命的彼岸超脱，但也重视此岸身体的健康，认为身体健康有助于现世福报和弘法传教。无论是道教还是佛教，都非常重视养生和保健，认为预防疾病比治疗疾病更为重要，治病先要"治未病"。释道生命哲学的这些文化内涵在上面两部分已有详述，此处不再赘述。

从宏观方面上讲，释道两教对于人的生命认知和修炼，往往强调人与天地的协调和统一，重视天地人的和合关系。道教如《太平经》曰："气之法行于天下地上，阴阳相得，交而为和，与中和气三和，共养凡物，三气相爱相通，无复有害者。太者，大也，平者，正也；气者，主养以通和也；得此以治，太平而和，且大正也，故言太平气至也。"[1] 道教以"气"来贯通人体与天地的关系，使天地人三者达到和合状态。佛教如《佛说佛医经》曰："春正月二月三月，寒多。夏四月五月六月，风多。秋七月八月九月，热多。冬十月十一月十二月，有风有寒。……寒多，故身缩。春三月有寒，不得食麦、豆，宜食粳米、醍醐诸热物。夏三月有风，不得食芋、豆、麦，宜食粳米、乳酪。秋三月有热，不得食粳米、醍醐，宜食细米、糗蜜、稻黍。冬三月有风寒，阳兴阴合，宜食粳米、胡豆羹、醍醐。"[2] 佛教认为人体养生要做到与天时、地利相协调，天地人要协调一致。

寿仙谷医养文化观念还直接受到武义的释道文化影响。武义释道文化浓厚，道教以叶法善为代表，佛教以德谦禅师为代表。叶法善是唐代著名道士，寿年105岁，历经唐高宗、武氏、中宗、睿宗和玄宗五朝，受到五朝帝王的宠幸。叶法善长期在武义弘法授道，其修仙思想偏重于内丹道，其曰："修长生者，勿散乱，勿烦怒，勿起着，勿妄想，勿贪爱，勿邪淫，勿放逸，而后可成也。"[3]

---

[1] 王明《太平经合校》，第148页。
[2] 高楠顺次郎等编《大正新修大藏经》第17册，第737页上—中。
[3] 曾慥《道枢·九仙篇》，转引自周伟华《叶法善考论》，浙江工商大学出版社，2015年，第154—155页。

叶法善的道医高深，重视治病济世，其传曰："由是潜行阴德，济度死生。及会稽理病，屡曾起死。复于扬州，以剑开长史夫人之腹，取病以示人，夫人当时病瘥如故。凡开肠易胃，破腹剪形，一无损坏，亦无痛楚。抉目洗睛，出安纸上，除去膜翳，复纳于中，全不惊动，目明如故。"[①]武义的佛教文化源远流长，东晋阮孚舍宅为寺，建惠安寺；五代后梁初年（907），德谦禅师到明招山重修寺庙，更名为明招寺。德谦禅师属于禅宗六祖慧能门下青原行思法系，为六祖的九世嗣，其修行也讲顿悟。如其偈诗曰："声振大千龙虎伏，无人解和法王才。言下更明犹是钝，顿教千眼一时开。"[②]武义释道思想体现了向善修德、济世救人的文化观念，这对寿仙谷医养文化有重要影响。

秉承释道生命哲学，寿仙谷医养文化的哲学内涵主要表现在两方面：一是贯通天地人的和合生命理念；二是凸显健康长寿的养生观念。寿仙谷本是武义的一处天然峡谷，风景如画，悬崖峭壁上盛产铁皮石斛、灵芝等名贵中草药，同时又有南极仙翁故里的传说，长生文化极为丰盈。寿仙谷医养文化推陈出新，诠释了天地人和合的医养保健和养生文化理念。"寿仙谷是一个健康长寿的符号，对应的是天、地、人：寿，代表人——人人都有对长生不老的渴望；仙，代表天——天仙无所不能，可以长生不死，可以满足人们的各种愿望；谷，代表地——谷地厚德载物，是一个让人健康快乐生活的理想乐园。有了天、地、人三和，就有了天地之间的阴阳平衡，就有了人类的健康长寿，幸福快乐。"[③]

[①]《唐鸿胪越国公灵虚见素真人传》，《道藏》第18册，第80页下。
[②] 法应集，普会续集《禅宗颂古联珠通集》卷二，《卍续藏经》第115册，台北新文丰出版公司，1993年，第17页上。
[③] 李明焱、徐子贵《武义寿仙谷中药炮制技艺》，浙江摄影出版社，2019年，第21页。

寿仙谷的文化内涵正体现了释道生命哲学的承续和创新。

（二）传统中医理论：寿仙谷医养文化的理论根基

传统中医理论是寿仙谷医养文化的理论根基。古代中医学理论源远流长，著作丰富多彩，《黄帝内经》是最早的医学典籍，此后出现许多医学典籍，如东汉张仲景《伤寒杂病论》、作者不详的《神农本草经》、西晋王树和《脉经》、唐代孙思邈《千金方》、宋代王怀隐等奉敕编纂的《太平圣惠方》、陈直《养老奉亲书》，明代李时珍《本草纲目》等。古代医学理论与黄老、道教等思想有着错综复杂的交集，道教医学如葛洪《肘后备急方》、陶弘景《本草经集注》等内容，也是传统中医学的重要组成部分。此外，佛教医学中国化后，其医学理论和医药知识的许多内容也成为传统中医学的有机组成部分。

传统中医理论有其独特的医学贡献：一是强调"治未病"的医养原则，重视疾病的预防和食疗的养生保健。这在道医理论中就有较多的论述，此不再赘述。二是讲究标本辨证的医疗关系，重视病症与病因的关联性分析。如《黄帝内经·素问》第七四篇《至真要大论》："是故百病之起，有生于本者，有生于标者，有生于中气者，有取本而得者，有取标而得者，有取中气而得者，有取标本而得者，有逆取而得者，有从取而得者。逆，正顺也。若顺，逆也。故曰：知标与本，用之不殆。"[1]治病用药前，要明白病因标与本的主次关系，然后对症下药。这在佛医理论中也有论述。三是重视药材的选用和炮制。如宋代《神农本草经》载药材 365 种，从养生角度将这些药材分为上、中、下三品，凸显了药材的品质和药效；南北朝宋人雷敩《雷公炮炙论》记载了药物的各种炮制方法，并对药物的炮制作用也有较多的说明。四是针

---

[1]《黄帝内经·素问》卷二二，《文渊阁四库全书》，第 733 册，第 293 页。

对不同病症编制不同的医方，便于临床实践。如李时珍《本草纲目》载有药物1892种，而收集的医方多达11096个。像《草部·甘草》所述甘草的医方有22个之多，如伤寒咽痛、肺热喉痛、肺痿久嗽、小儿热嗽、赤白痢，等等。

寿仙谷医养理论还受到武义本地及其周边的传统医学理论的深刻影响。武义中医药较为发达，历史悠久，地域特色鲜明，李明焱、李振皓主编《武义单方验方集》所收集的武义单方验方和独创技术共129种，涉及内科、肛肠科、眼科、耳鼻喉科、外科、妇产科、皮肤科、儿科等病种71个。武义传统医学理论的主要代表人物是元代的朱丹溪。朱丹溪，名震亨，字彦修，号丹溪，浙江义乌人，是元代著名医家，滋阴学派的创始人，著有《格致余论》《局方发挥》《伤寒论辨》《丹溪心法》《金匮钩玄》《本草衍义补遗》等医学典籍。朱丹溪曾师从名儒许谦，援儒入医，提出"阳有余阴不足论"的医学思想。其曰："人受天地之气以生，天之阳气为气，地之阴气为血。故气常有余，血常不足。"[①]人的诸多疾病皆由"阳有余，阴不足"所致，主张以"滋阴降火"法治疗。朱丹溪特别重视摄生、养老等医养理论的阐发，有"饮食色欲箴序""养老论"等，指出人体阴气不足、精血俱耗是导致疾病与衰老的原因，主张去欲主静、茹淡饮食、戒色欲、养心收心、不使相火妄动，把养阴抑阳作为贯穿人生自幼到老的主要摄生原则。

寿仙谷医养理论是对传统中医理论的继承和创新，一方面贯穿了传统"治未病"的医养思想观念，重视医养保健对于人们健康长寿和获得高质量生活的重要作用，重视医养文化的传承和传播；另一方面又充分运用现代医药科学和工艺技术对医养产品进

---

① 朱丹溪《格致余论·阳有余阴不足论》，《文渊阁四库全书》，第746册，第640页。

行培育、开发和生产。寿仙谷医养产品整体上呈现出"滋阴降火"的养生特征，石斛性阴，灵芝不阴不阳，性温，这有利于人们摄生和养老。寿仙谷的医养产品的炮制加工，既有传统医养理论内涵，又运用了现代医药科学技术，有其独特的工艺特征。具体而言，主要包括四个方面："一是在原料选用及制作上对道地药材有硬性要求，对中药炮制器具以及工艺的把握有独特要求；二是在炮制中药饮片时强调'因药制宜''依法炮制'，即技术、工艺与药性和规范相结合，根据药性和用药归经采用不同的辅料、方法和不同的炮制程度，以达到不同临床应用的要求；三是以人命为重，注重安全高效，选材、技术、工艺与临床应用相结合；四是在传承保护古法的基础上，不忘创新发展，倡导'有机国药，清补养生'，形成仿野生有机栽培、适时采收、精华提取等新亮点。"[1]

（三）厚生惠民理想：寿仙谷医养文化的济世情怀

寿仙谷药业有着深厚的济世情怀，这主要表现在厚生和惠民的医养文化理想上。寿仙谷药业的经营理念是："厚生重德、萃精惠民！以人为本，以科技创新为先导，以产品质量为生命。"这正是寿仙谷医养文化的济世情怀体现。

厚生是寿仙谷药业的本位理想。悬壶济世，医者仁心，医治百姓疾病和维护人们生命健康是从事医术和医养事业者的一种社会担当，他们需要仁慈和仁爱之心，是从医养上展示社会的大爱。早在清末年间，李志尚、李金祖父子以医术为民治病，就体现了厚生理想的济世情怀。李氏父子俩钻研祖方，收集各家秘方验方，不惧艰辛，入深山密林，攀悬崖陡壁，采挖灵芝、铁皮石斛、何首乌、三叶青等名贵中草药，细心钻研，精心炮制，治病救人，

---

[1] 李明焱、徐子贵编著《武义寿仙谷中药炮制技艺》，浙江摄影出版社，2019年，第94页。

深得武义百姓的交口称赞。清宣统元年（1909），李金祖创建"寿仙谷药号"，潜心救人于危难，"寿仙谷"也成为当地相当有名望的药号。后来，李金祖之子李海鸿秉承祖上衣钵，虽遭逢战乱，历尽沧桑，药号几经关张，但从未改变初衷，坚持为百姓采药看病，乡人称之为"李仙"。"寿仙谷药号"第四代传人李明焱，自幼跟随父亲采药制药，对中医中药有着特殊的情感，从20世纪70年代末开始，从事银耳、天麻、灵芝、香菇等名贵珍稀中药材和食药用菌的品种选育、栽培技术研究及新产品开发。2003年，李明焱将武义县金星食用菌有限公司改名为"寿仙谷药业"，将老字号推陈出新，由食用菌行业向珍稀中药行业进军。最终将寿仙谷药业发展成为一家集名贵中药材和珍稀食药用菌品种选育、研究、栽培、生产、营销等为一体的综合性现代中药技术企业、国家高新技术企业、全国食药用菌行业十大龙头企业。企业的宗旨是开发天然有机产品，为民众的健康、美丽和长寿服务！企业的使命是悬壶济世、弘扬中华药食文化，以有机产品为载体，倡导绿色消费，为民众的健康、美丽和长寿做出应有的贡献！这些都体现了寿仙谷药业重厚生的济世情怀。

惠民是寿仙谷药业的社会理想。寿仙谷药业立足于医养产品的研究和开发，在做大做强企业本身的同时，也有着崇高的社会理想和担当行为，这主要表现在产业惠民、科技惠民和效益惠民等方面。一是产业惠民，以医养产业带动当地百姓的就业和共同富裕。寿仙谷药业打破常规"企业+农户"的生产模式，而是租用农民土地，吸收农民为工人，实行现代农业生态、低碳、循环的规模化、标准化、效益化发展模式，为武义当地农民的安居乐业和富裕发展做出了独特的社会贡献。企业在土地租赁费、就业安置、工资福利等方面都向农民倾斜，土地流转承租费比当地价格要高出百分之三四十，企业吸收了大量农民到基地务工，特别为那些年龄偏大的农民提供了就业保障。[1]二是科技惠民，以科技投入和创新，既推动了农业文化遗产的现代传承，又推动了医养保健产品的行业进步、行业共享和社会服务。相对其他保健食品行业不到1%的科技投入，寿仙谷药业每年在科研上的投入是销售额的10%左右。科技投入保证了人工栽培的铁皮石斛、灵芝保有野生形态的原有功能，使传统农业文化产业得到了高质量的快速发展。科技投入和创新推动了企业标准的提升和企业科技成果的丰产，并使得这些科技成果成为全行业的共享成果。科技投入和创新也推动了企业与浙江省中药研究院、清华大学、浙江大学等科研院校合作，形成产学研合作与共享。[2]三是效益惠民，通过提升企业效益，带动地方经济发展，多样化服务社会，建设社会。寿仙谷药业不仅对武义经济发展做出了极大的贡献，还发挥巨大的产业带动作用，形成一个产业群，带动武义乃至浙江食用菌及珍稀植物药经济的跨越式发展。企业还积极参与文化建设，捐款扶贫，热心助学，资助贫困艾滋遗孤和患儿，奉献爱心，积极回报社会！[3]

总之，寿仙谷医养文化既传承了中国古代源远流长的厚生文化，坚守"治未病"的医养原则，奉守生命至上的文化理念，又弘扬了济世理想和惠民情怀，坚持企业发展服务社会、回报社会和奉献社会！

---

[1] 参见何成明、何生英《仙草人生：李明焱与寿仙谷》，中国工商出版社，2014年，第154页。
[2] 参见何成明、何生英《仙草人生：李明焱与寿仙谷》，中国工商出版社，2014年，第77—92页。
[3] 参见何成明、何生英《仙草人生：李明焱与寿仙谷》，中国工商出版社，2014年，第159—164页。

第三章　明招精英文化与寿仙谷济世理想

自汉代儒学独尊的地位确立之后，儒家文化逐渐被世人视为精英文化，贤良淑德、治世能臣多出于此文化阶层。儒家的教化之功受世人推崇，而医术自古被视为方技之类，"儒以纲常治天下，岂方技所得比"[1]，各个朝代对于儒者与医者、儒教与医术的态度都存在较大差异。然而，无论是儒家精英文化的治国安邦，还是医药文化的救死扶伤，二者均以天下苍生的安身立命为己任。中国医药文化受到了儒家文化的影响，但医药文化同样也促进了儒家文化的发展。

"仁"是儒家思想道德的最高规范，也是历代立志从医者的毕生信念；体恤民众疾苦、重义轻利是儒家所倡导的入世原则，也是历代医家普遍提倡的医德医风。医与儒的伦理道德标准是一致的，仁义诚信既是儒家圣贤的标准，亦是中医药从业者的追求。目前学术界将儒家思想与中国医药理念合并讨论的文章，比比皆是，总体来看主要阐述了三个方面的问题：儒家医学观、中医文化中的儒学、儒与医互促共进。其中，论述儒家医药观的文章有张大明《儒家医学观与儒者为医》等；论述中医药文化中儒家思想的文章有贾成祥《从中医文化的核心价值论儒家仁学的崇高境界》、任路《儒家思想对中医养生学的影响》、王进《中医典籍的儒学张力与致用维度析探》、李良松《论儒家思想对中医药学发展之影响》等；论述儒、医共通的有贾成祥《汉代儒学与中医理论的互动共建》、程雅群《医儒相通的三重内涵》、张瑞贤《儒

---

[1] 〔明〕宋濂等《元史·高智耀传》，《元史》，中华书局，1976年，第3690页。

家文化向医学渗透的途径之一——试论两宋"儒医"的产生》、刘鹏《理学与明代医家身体观转型》等,而将业儒与从医的思想根源相提并论,并对其做深度剖析的文章则较为稀见,将地域文化与区域医药史的发展结合在一起作为研究对象的文章更为缺少。

本章拟以宋代因吕祖谦明招讲学而集聚的儒学精英为儒家文化代表,以寿仙谷药业的发展作为现代中医药产业的缩影,以小见大,纵论传统儒家思想对现代中医药企业文化形成的影响。

一、医人之术与治世理想

我国古代将国民大体分为士、农、工、商四个阶层,从医者归属于工,业儒者归属于士,"士"阶层的社会地位较为受世人尊崇,"太平君子唯门调户选,征文射策,以取禄位,此行己立身之美者也。父教其子,兄教其弟,无所易业。大者登台阁,小者任郡县,资身奉家,各得其足,五尺童子耻不言文墨焉。是以进士为士林华选,四方观听,希其风采,每岁得第之人,不浃辰而周闻天下"[1]。医术能救治病患,但与治国安邦相比,仅为一技。士人皆以科第仕宦为先,从医为次选,科第仕宦不顺时才会选择从医。在古代,士人多有治世安民的宏图壮志,只有进入仕途才可以施展才能,大多数人认为从医只是谋生的手段,无法实现治世的理想。

(一)医者不得入仕的困窘

在中国古代,有人从医之后虽名重一时,却"耻以医见业"。

---

[1] 〔唐〕杜佑《选举典》,《通典》,浙江古籍出版社,1988年,第84页。

华佗、李时珍等人"本作士人，以医为业，意常自悔"①，因为士人若选择从医，则与显赫的仕途无缘了。《旧唐书·本纪》卷十载："今后医卜入仕者，同明法例处分"②，"朝野士庶，咸耻医术之名，多教子弟诵短文，构小策，以求出身之道"③；《辽史·兴宗本纪三》亦载："诏医卜、屠贩、奴隶及倍父母或犯事逃亡者，不得举进士。"④元代以前，从医者很少能入仕为官，即使为官也是品阶低微之职。

据《周礼·天官冢宰·叙官》载："医师：上士二人，下士四人。府二人，史二人，徒二十人。食医：中士二人。疾医：中士八人。疡医：下士八人。兽医：下士四人。"⑤医师是医官之长，最高官位是上士。虽然，后世医者人数日趋庞大，但医官最高品阶通常只到四品、五品（元代可达二品），无法与战功赫赫的武将、治国安邦的文臣相提并论。

古代医者即使医术极其高明，通常不得入仕，即使入仕也不能做高官，亦不能就任重要官职，"医有本色官，若委钱谷，名分不正"⑥。虽无缘高官厚禄，但医者仍受到世人的敬重，诸如扁鹊、华佗、孙思邈、钱乙等人，因医术超凡而名留史册。

隋唐之时，尚有士人以学医为耻，但是到了宋代，士大夫谈医、行医蔚然成风。"宋时士大夫颇讲求以医术济人之事。盖渐

---

① 〔晋〕陈寿《三国志》，中华书局，1959年，第802页。
② 〔后晋〕刘昫等《旧唐书·肃宗本纪》，《旧唐书》，中华书局，1975年，第251页。
③ 〔唐〕孙思邈《备急千金要方·自序》，《全唐文》卷一百五十八，第1616—1617页。
④ 〔元〕脱脱《辽史》，中华书局，1974年，第241页。
⑤ 〔清〕孙诒让《周礼正义》，中华书局，1987年，第44页。
⑥ 〔宋〕欧阳修等《新唐书·柳仲郢传》，《新唐书》，中华书局，1975年，第5024页。

由官业变私业矣"[1],此时从医者的社会地位也得到了提升。元初,朝廷废除了科举制度,儒者人数急剧减少,人才稀缺,医者才有机会入仕。谢枋得《送方伯载归三山序》云:"滑稽之雄以儒为戏者曰:'我大元制典,人有十等,一官,二吏,先之者,贵之也;贵之者谓其有益于国也。七匠八娼,九儒十丐,贱之也;贱之者,谓之无益于国也。'嗟乎卑哉!介乎娼之下、丐之上者,今之儒也。"[2]元代医者的社会地位远高于儒者,儒生前程渺茫,不少人弃儒从医,出现了大批儒医,极大地促进了中医药理论的发展。明清时期科举之业昌盛,由儒入医者渐次少去,远不及宋元之时,但仍不乏弃儒学医之人。

(二)从医与入仕殊途同归

在众人对于文能治国、武能安邦的儒者推崇备至之时,以医术救治世人疾痛的追求则往往受到冷落。据《礼记·王制》载:"凡执技以事上者:祝史、射御、医卜及百工。凡执技以事上者:不贰事,不移官,出乡不与士齿。"[3]中国古代从医者的社会地位不高,且不能从事其他职业,即使为国建了功勋也不能就任官职。对于普通人而言,从医只是安身立命的一条出路。《了凡四训·立命之学》开篇即云:"余童年丧父,老母命弃举业学医,谓'可以养生,可以济人,且习一艺以成名,尔父夙心也'。"[4]从医可为自己养生,又能帮助到别人,对于普通百姓来说是不错的谋生途径。

古代士人在中举前都面临着诸多人生的考验,尤其是屡试不

---

[1] 瞿宣颖《中国社会史料丛钞》,湖南教育出版社,2009年,第680页。
[2] 〔宋〕谢枋得《叠山集》卷六,《四部丛刊续编》集部(70),上海书店,1985年。
[3] 崔高维校点《礼记》,辽宁教育出版社,2000年,第45页。
[4] 〔明〕袁了凡《了凡四训》,岳麓书社,2020年,第2页。

中、穷困潦倒时。"范文正公微时，尝诣灵祠求祷曰：'他时得位相乎？'不许。复祷之曰：'不然，愿为良医。'亦不许。既而叹曰：'夫不能利泽生民，非大丈夫平生之志。'他日，有人谓公曰：'大丈夫之志于相，理则当然。良医之技，君何愿焉？无乃失于卑耶？'公曰：'嗟乎！岂为是哉？古人有云：常善救人，故无弃人；常善救物，故无弃物。且大丈夫之于学也，固欲遇神圣之君，得行其道，思天下匹夫匹妇有不被其泽者，若己推而内之沟中，能及小大生民者，固惟相为然。既不可得矣，夫能行救人利物之心者，莫如良医。果能为良医也，上以疗君亲之疾，下以救贫民之厄，中以保身长年。在下而能及小大生民者，舍夫良医，则未之有也。'"[①]经过范仲淹等人的倡导，文人儒士研习医书渐次成风，小则保命健身，大则救民之厄、疗君之疾，其用不亚于文治武功。

虽然古代从医者与业儒者的社会地位不同，世人一般认为"医，小道也"，"医仅以济一方"，而儒业可使天下"无一夫不被其泽"。然而单就社会责任而言，医、儒并无二致，"医术比之儒术，固其次也，然动关性命，非谓等闲"[②]。儒家关注点虽不在医理与医术，而重在医药与政治、医学与伦理的关系，即医药的社会功能。儒家注重人伦，强调忠孝、仁爱，主张施仁政，以修身齐家治国平天下为己任，医者何尝不是呢？医就其济世的社会功能而言，可视为"王政之一端"[③]。业儒或从医，只是谋生手段或济世方式的不同，二者在治世济人的理念上有诸多共通

---

① 〔宋〕吴曾《文正公愿为良医》，《能改斋漫录》，商务印书馆，1941年，第332页。

② 〔清〕陈梦雷等《古今图书集成医部全录》第12册《总论》，人民卫生出版社，1962年，第50页。

③ 〔清〕陈梦雷等《古今图书集成医部全录》第12册《总论》，第48页。

之处。

武义明招山因吕祖谦讲学而名闻天下，明招诸子声动朝野；寿仙谷药业所在武义县因层峦幽谷、水美地灵而孕育出奇珍异草，吸引了众多中医药从业者趋之若鹜。医因儒而胸怀天下，儒因医而身心两健，儒学与医业在此地相互促进、共同发展。武义的明招文化不仅涵盖了儒、释、道，也包含了传统的中医药文化；它不仅丰富了中国传统文化的内涵，而且影响了中医药文化的发展。

二、明招精英与精英文化

"武义地方百里，山岩溪洞秀丽澄莹"[1]，此地山川峻美，林葱木秀，溪流清澈，晴空白日下悠悠白云环绕于山水之上，使人油然而生宁静淡远之感。历史上有多位贤臣隐士心悦武义山水之秀美，于此地筑室，或苦读、或归隐，书台山上曾有"唐舒元舆、宋徐邦宪筑室读书其上，遗址尚存"，李公山"为宋隐士李惠所隐，故以李公名"。[2] 明招山，因系晋末镇南大将军阮孚隐居地、南唐德谦和尚参禅地、南宋大儒吕祖谦庐墓讲学地，从而成为武义文化的地标，明招文化也因而成为具有广泛影响的武义地方文化的代称。明招文化儒道佛融合，而犹以吕学为核心。

（一）明招精英群体

明招山林木葱茏，溪水潺潺，历来受到文人墨客的青睐。宋

---

[1]〔明〕林有年、黄遵道纂修《正德武义县志》，《重修金华丛书》第83册，上海古籍出版社，2013年，第445页。

[2]〔明〕张国裳纂修、〔清〕李经邦等补修《新修武义县志》，《重修金华丛书》第83册，第554–555页。

代黄榦曾赞云："明招古木叶千层，山自浮云溪自横。"① 山川秀美之地，多能萃集人才。师从北方大儒刘安世的巩庭芝，因战乱而举家迁居武义，开设私塾，为武义学子教习诗书礼易，开启了此地尚学之风。巩庭芝过世四年之后，吕祖谦因守丧而居明招山，"岁时往来省墓在明招日最频且久，四方学者游从云集，武川之人士多被其教"②，明招山因而成为浙学高地。因有名儒讲学，武义学风醇厚，人才辈出，泽被后世：杨迈与其子杨琪及孙杨岘先后中举，一门几代屡中进士者还有赵宅村赵氏家族、泉溪巩氏家族等，因仰慕吕祖谦之学问而举家迁居武义的徐钜及其子徐邦宪也先后中举入仕。明代黄春在《乡贤祠记》中云："金华旧号小邹鲁，而武义为名属邑，深山邃谷，磅礴深窈，故长才杰士，陶和育粹，蔚然而特起者，在宋为尤盛，如工部亚卿徐公邦宪、龙图学士杨公迈、大理寺卿徐公道隆、录事参军巩公廷芝、守御姜公绶、通判叶公介、知县巩公丰，而开府核销同三司则又有姜公特立者，为之数公者，或以勋庸著，或以忠节闻，或以文章名，或以戎事显，或以科第进，或以政事名，皆足以耀当时裕后世，诚重一乡而光一邑者也。"③ 可见宋代，武义涌现了一大批贤臣能士，如徐邦宪、杨迈、徐道隆、巩庭芝、姜绶、叶介、巩丰、姜特立等，他们以功勋、政事、忠义、文章、科第等名重一时，为世人所尊崇，从而形成了以吕祖谦为核心的具有一定规模的明招精英群体，成为宋型文化的地标。历代武义县志"于吕东莱、

---

① 〔明〕林有年、黄遵道纂修《正德武义县志》，《重修金华丛书》第83册，第520页。
② 〔明〕林有年、黄遵道纂修《正德武义县志》，《重修金华丛书》第83册，第473页。
③ 〔明〕林有年、黄遵道纂修《正德武义县志》，《重修金华丛书》第83册，第700—701页。

二巩、徐、杨诸公家世履历更加详识之，以见武义古今文献礼教尚存之"①。明招吕氏之学不仅传承于武义一地，兰溪时澜家族、鄞县楼昉家族、金华叶邽家族等亦受其学。在明招诸儒的影响下，自南宋至明清，吕氏之学绵延数世，依然存续不绝，"明招学者，自成公下世，忠公继之，由是递传不替。其与岳麓之泽，并称克世。长沙之陷，岳麓诸生荷戈登陴，死者十九，惜乎姓名多无考。而明招诸生历元至明未绝，四百年文献之所寄也"②。

（二）明招精英的济世理想

儒家精英文化具有高雅旨趣，厚人伦、美教化，与世俗技艺或大众文化相对而言，具有内省性与思辨性，是古代士阶层的精神主体和思想寄托。明招精英群体以吕祖谦为核心，吕氏之学以中原文献为根基，以博杂包容为特质，兼取各家之长而贯通之。全祖望在《同谷三先生书院记》中云："宋乾、淳以后，学派分而为三：朱学也，吕学也，陆学也。三家同时，皆不甚合。朱学以格物致知，陆学以明心，吕学则兼取其长，而又以中原文献之统润色之。门庭径路虽别，要其归宿于圣人，则一也。"③吕学"平心易气，不欲逞口舌与诸公角，大约在陶铸同类以渐化其偏，宰相之量也"④。吕祖谦、吕祖俭在南宋儒学发展史上占据重要地位，他们也是明招精英群体的代表，其思想杂糅博取，兼具格物、明心、事功之长，其中契合本文论述宗旨的有以下几个方面：

---

① 〔明〕林有年、黄遵道纂修《正德武义县志》，《重修金华丛书》第83册，第437页。
② 〔清〕黄宗羲著，全祖望补《宋元学案》，中华书局，1986年，第2434页。
③ 〔清〕全祖望《鲒埼亭集外编》，王云五《万有文库》第二集，商务印书馆，1936年，第871页。
④ 〔清〕黄宗羲著，全祖望补《宋元学案》，中华书局，1986年，第1652页。

其一，涵泳本心即得仁心。

"仁"为何意？吕祖谦认为："指其用则曰'爱'，指其理则曰'公'，指其端则曰'觉'。学者由此，皆可以知仁。若直以爱、以觉为仁，则不识仁之体，此所以非之。孟子曰：'仁，人心也。'此则仁之体也。"① 仁的本体为心，即人之初心、本心，仁的表象为爱，蕴藏的道理为公，仁是自觉自愿激发出来的，不假于他物。人先天固有良知良能的本心，通过涵泳本心，则"吾心之全体无不明矣"，不被物欲私利所遮蔽的本心即为仁心。仁是人之本心的自然流露，保持仁爱之本心，则人就不会被物欲私利所驱使。"若夫仁者之心，既公且一，故所见至明，而此心不变。譬如镜之照物，唯其无私，而物之妍丑，自不能逃，虽千万遍之，其妍丑固自若也。"② 怀有仁心的人就能始终保持公正纯一，就能如明镜般澄澈无私。

义与利的问题，归根到底就是道德与物欲私利的关系问题。关于这个问题，吕祖谦认为"何人而无欲？""君子之耳目口鼻所欲，与人无异也"③，但"天理"与人欲不是对立的，而是统一的，"天理在人欲中未尝须臾离也"④。"欲"是引起一切争斗诉讼的根源，君子应"视欲如寇，视礼如城"，以礼义之城郭防御私欲之进攻。他赞同董仲舒提出的"正其义而不谋其利，明其道而

---

① 〔宋〕吕祖谦《答朱侍讲所问》，《吕祖谦全集》第1册，浙江古籍出版社，2017年，第547页。

② 〔宋〕吕祖谦《丽泽论说集录》，《吕祖谦全集》第4册，浙江古籍出版社，2017年，第149页。

③ 〔宋〕吕祖谦《丽泽论说集录》，《吕祖谦全集》第4册，浙江古籍出版社，2017年，第191页。

④ 〔宋〕吕祖谦《东莱博议》，《吕祖谦全集》第14册，浙江古籍出版社，2017年，第272页。

不计其功"[1]的观点，并认为"此吾儒之本旨也"[2]。仁爱之心是人之本心，时时涵泳不使之蒙尘，则可"既公且一""所见至明"；私欲是人所共有的，君子以礼义仁德之心疏导私欲，则"义之和处，即是利也"[3]。

其二，当为有用之学。

吕祖谦时时关注民生日用，不谈空疏之理，主张以治事、救世为要务，他认为"学者须当为有用之学"[4]，"百工治器，必贵于有用。器而不可用，工弗为也。学而无所用，学将何为也邪"[5]。吕祖谦主张士人应成为能解决现实问题的有用之才，不可成为只读圣贤书、不闻世事之空谈之人，应"以务实躬行为本"[6]，"讲实理、育实才而求实用"[7]。

以吕氏为代表的明招儒学讲求学以致用、通达民生，"多阅天下之义理，以发挥世业"[8]，"看史须看一半便掩卷，料其后

---

[1]〔宋〕吕祖谦《东莱博议》，《吕祖谦全集》第15册，浙江古籍出版社，2017年，第533页。

[2]〔宋〕吕祖谦《东莱博议》，《吕祖谦全集》第15册，浙江古籍出版社，2017年，第533页。

[3]〔宋〕吕祖谦《易说·乾》，《吕祖谦全集》第4册，浙江古籍出版社，2017年，第2页。

[4]〔宋〕吕祖谦《春秋左氏传说》，《吕祖谦全集》第17册，浙江古籍出版社，2017年，第60页。

[5]〔宋〕吕祖谦《丽泽论说集录·杂说》，《吕祖谦全集》第4册，浙江古籍出版社，2017年，第254页。

[6]〔宋〕吕祖谦《与内兄曾提刑（致虚）》，《吕祖谦全集》第2册，浙江古籍出版社，2017年，第423页。

[7]〔宋〕吕祖谦《太学策问》，《吕祖谦全集》第1册，浙江古籍出版社，2017年，第71页。

[8]〔宋〕吕祖谦《与魏寺丞（国佐）》，《吕祖谦全集》第2册，浙江古籍出版社，2017年，第423页。

成败如何？其大要有六：择善、警戒、阃范、治体、议论、处事"①，"观史当如身在其中，见事之利害，时之祸患，必掩卷自思，使我遇此等事，当作如何处之。如此观史，学问亦可以进，知识亦可以高，方为有益"②。从历史盛衰中总结治世之学，正心诚意、蓄德致用，"多识前言往行，考迹以观其用，察言以求其心，而后德可蓄。不善蓄，盖有玩物丧志者"③。吕祖谦认为读史书时应设身其中，析理明义，以达到正心致用的目的，否则就是玩物丧志。

其三，因材施教，兼容并蓄。

吕氏学说"本于天资，习于家族，稽诸中原文献之所传，博诸四方师友之所讲"④，因而具有"规模宏阔"⑤"尤能并包一切"⑥的特点。在教育思想方面，吕祖谦主张根据求学者的个人气质与禀赋而教授知识，不可局限于一种教育模式，"窃谓学者气质各有利钝，工夫各有浅深，要是不可限以一律"⑦，"大凡人资质各有利钝，规模各有大小，此难以一律齐，要须不失故家气味"⑧，故而应因材施教、因病施治。

在为学方面，他主张抛却门户之见，"要须公平观理而撤户庸之小，严敬持身而戒防范之踽，周密而非发于避就，精察而不

---

① 〔宋〕吕祖谦《丽泽论说集录·杂说》，《吕祖谦全集》第4册，浙江古籍出版社，2017年，第248页。
② 〔宋〕吕祖谦《丽泽论说集录·史说》，《吕祖谦全集》第4册，浙江古籍出版社，2017年，第210页。
③ 〔清〕黄宗羲、全祖望补《宋元学案·东莱学案》，《宋元学案》，第1654页。
④ 〔清〕黄宗羲、全祖望补《宋元学案·东莱学案》，《宋元学案》，第1653页。
⑤ 〔宋〕陈亮《陈亮集·又甲申秋书》，《陈亮集》，中华书局，1987年，第388页。
⑥ 〔清〕黄宗羲、全祖望补《宋元学案·说斋学案》，《宋元学案》，第1954页。
⑦ 〔宋〕吕祖谦《与朱侍讲》，《吕祖谦全集》第2册，第383页。
⑧ 〔宋〕吕祖谦《与内弟曾德宽》，《吕祖谦全集》第2册，第463—464页。

安于小成。凡此病痛，皆吾侪彼此所素共点检者耳。义理无穷，才智有限，非全放下，终难凑泊"①。吕祖谦的学说博采杂糅众家之长，不宗一说、不执守一格，虽"博杂"而不失儒家圣贤的宗旨。

其四，君子当振民育德。

吕祖谦认为"天下只有两件事，君子振民育德。先育德后振民，先修己后治人。此通内外之道"②。欲振奋民心需先育其德，欲安邦治国需先修己德。"治己""治人"是君子的一生追求，而二者是一回事，治人即治己，育德即振民。

想要治理百姓，则需增进自己的德行；想要振奋民心、接济百姓，则需涵养自己的德行以化育百姓之德，"振民便是育德，治人便是治己。虽名两事，元非两事。无事则内欲自育其德，临民振之而已"③。如何修己？如何育德？吕祖谦认为"淳蓄之厚，综练之精，培元气而扶正论，必将本末俱举，愿益勉之，以答善类之望"④。修己需先知学，而后厚重以自持，以己之仁心来治人心；明心静气以精进德行，培植元气，聚集善类，以己之正德来教化民心。

其五，日夕检点，以求长进。

在求学问知方面，吕祖谦主张躬行于事、学以致用，检点自省、以求长进，"如事亲从兄，处家处众，皆非纸上所可记。此学者正当日夕点检，以求长进门路"⑤。修身养性、礼义孝悌皆需施于行动，在实践中日夕检点自省，才能获得真知灼见。"纸上得

---

① 〔宋〕吕祖谦《与陈君举》，《吕祖谦全集》第2册，第426页。
② 〔宋〕吕祖谦《己亥秋所记》，《吕祖谦全集》第3册，第671页。
③ 〔宋〕吕祖谦《丽泽论说集录·易说·蛊》，《吕祖谦全集》第4册，第28页。
④ 〔宋〕吕祖谦《与王侍讲（齐贤）》，《吕祖谦全集》第2册，第424页。
⑤ 〔宋〕吕祖谦《与学者及诸弟》，《吕祖谦全集》第2册，第469页。

来终觉浅,绝知此事要躬行"①,在实践中躬行所学,勤加检视,才能真正地增长学识。书本上得来的只是虚空的道理,行于实践才能获得真知灼见,故而,为学应"以讲求经旨、明理躬行为本"②。

以上只就修身养性、经世致用、包容并举等方面论述了明招儒学大家的核心思想,以仁达用、以兼容广纳万物、以检点自省完善自我,这些理念施之于行医问药亦并行不悖。明招诸儒既有"经世致用,救济时艰"的家国理想、责任担当,亦有关注生命、重视养生的个体追求。

三、明招精英的养生理念

自宋代大儒范仲淹标举"不为良相,即为良医"之后,士人研习医书成风,或著医书,或整理历代医典,或撰序跋,如王安石《庆历善救方后序》、苏轼《简要济众方跋》、黄庭坚《通神论序》、朱熹《伤寒补亡论跋》、楼钥《增释南阳活人书序》、文天祥《王朝弼金匮歌序》等,都是这一背景下的产物。

吕祖谦早年失怙,三位妻子相继因病而华年早逝,二子一女夭亡,本人亦多年疾病缠身,尝尽生命之痛、疾病之苦的吕祖谦晚年特别注重身体的养护。他定期研读医书,这在其《庚子辛丑日记》中多有记载:淳熙七年九月"一日,阅《医经》""十五日甲子,读《医经》",十月"十五日甲子,阅《医经》"③;淳熙八年闰三月"一日,阅《医经》","立夏十五日,阅《医经》",

---

① 〔南宋〕陆游《冬夜读书示子聿》,《陆游全集校注》,浙江古籍出版社,2015年,第253页。
② 〔宋〕吕祖谦《学规》,《吕祖谦全集》第2册,第329页。
③ 〔宋〕吕祖谦《庚子辛丑日记》,《吕祖谦全集》第1册,第229、231页。

四月"十五日,阅《医经》"①。其弟吕祖俭亦曾"卖药以自给"②,可见也喜好医书、熟悉药材。吕祖谦、吕祖俭等人不仅研习医书,而且将养生之说用于阐释其儒学思想。其养生思想主要可概括为以下几点:

(一)顺时养生,和合阴阳

关于颐养身心,吕祖谦主张顺时养生、不违自然,顺应季节、阴阳调和,适时保养、饮食有节、起居有常、不妄劳作。"春来气候不齐,医者深戒作劳"③,"静养顺听,胸次甚泰然"④,"古今人气禀厚薄亦自不同,如疏食饮水之类,更当量体力所宜,不可使致疾病"⑤。春季乍暖还寒,气候不齐,此时劳作需适度,不可过于辛苦,还应时时保持平心静气、心胸开阔,此为养生的根本。

《淮南子·氾论训》云:"天地之气莫大于和,和者,阴阳调,日夜分而生物。春分而生,秋分而成,生之与成,必得和之精。"⑥"和"即和谐之气,对自然界而言,阴阳调和则风调雨顺;对人自身而言,阴阳平衡则可健康长寿。"凡和,春多酸,夏多苦,秋多辛,冬多咸,调以滑甘"⑦,顺应时节的变化,和谐万物的生长,春夏补阳,秋冬养阴,动态地维持人体机能的协调平衡即可达到养生康健的目的。

---

① 〔宋〕吕祖谦《庚子辛丑日记》,《吕祖谦全集》第1册,第242、243、245页。
② 〔宋〕脱脱等《吕祖俭传》,《宋史》,中华书局,1985年,第13371页。
③ 〔宋〕吕祖谦《与周丞相》,《吕祖谦全集》第2册,第412页。
④ 〔宋〕吕祖谦《与周丞相》,《吕祖谦全集》第2册,第411页。
⑤ 〔宋〕吕祖谦《答潘叔度》,《吕祖谦全集》第2册,第447页。
⑥ 〔汉〕刘安《淮南子集释》,中华书局,1998年,第432页。
⑦ 《周礼·天官冢宰》,《周礼注疏》,中华书局,2009年,第1436页。

（二）澄定恬静，和合心身

执守恬静之心志，使内心时时保持安定，血脉才能强健平稳；克制各种嗜欲，调理得法、养护有则，身体才能康泰。吕祖谦在《东莱遗集补》中云："从前病痛，良以嗜欲粗薄，故却欠克治经历之功；思虑稍少，故却欠操存澄定之力。积蓄未厚而发用太遽，涵泳不足而谈说有余。始欲和合彼此，而是非卒以不明；始欲容养将护，而其害反致滋长。屑屑小补，迄无大益。"[①]颐养身体如同协调关系，辨明是非、洞悉缘由，方可和合心身、融洽关系。以恬静涵养心性，心绪安宁则体魄回归康健，"常令胸次欣欣如春木之向荣，则血气不患不滋长，体力不患不平复也"[②]。

感春伤秋、悲天悯人常使人心绪不安，忽喜忽悲、情绪波动大不利于养生。养生之法最基本的原则是时时保持气舒心宁、平和安豫，养生无需求诸于外而应关注内心，正如楼钥《安心》诗云："但使心如水在盘，坐令四体自然胖。有人来问安心法，将汝心来与汝安"[③]，亦如刘应时所云"身外闲愁总余事，世间无药胜安心"[④]。

（三）养生进德、同向而行

养生虽关注的是身体康健，但亦讲求养心。吕祖谦以经典养心进德，以思虑有度、饮食有节养身健体，云："窃谓忧伤之余，且须休养舒适，使血气完复，不宜使形神太劳。非特卫生之经应尔，

---

① 〔清〕黄宗羲著，全祖望补《宋元学案》，第1663页。
② 〔宋〕吕祖谦《答潘叔度》，《吕祖谦全集》第2册，第456页。
③ 〔宋〕楼钥《和舅氏适斋汪公尚书诗》，《楼钥集》，浙江古籍出版社，2010年，第2065页。
④ 傅璇琮《宋才子传笺证》，辽海出版社，2011年，第451页。

以进道言之,亦须平衍宽畅,然后充大长楙也。"①为学与养生和一,长久致力于学识之滋长,则渐至学识广博、明理辨物,详慎而无窒碍,望之者气消、听之者无疑虑纷争;长期关注自身的调摄养生,则可使气和貌顺、延年益寿。和一则互相成就,偏至则彼此消损。

儒家之养心修性是为了道德内敛、行端心正,医者所提倡的修心养性则是为了保持心绪平和、气血顺畅,虽然儒与医所追求的养心目的不同,但方法归一,均提倡保持澄静内敛,戒除心浮气燥。楼钥是朱熹私淑弟子,且与吕祖谦往来颇多,他认为"养生可以进德,进德可以养生","人之气也,冲然而甚微,泊焉而易危;既不可过盛,又不可过弱,惟得其中,则养生之要也。人之心也,操之则存,舍之则亡;既不可甚劳,又不可甚逸,惟得其中,则进德之要也。苟能于日用之间,谨言语、节饮食,寡欲而固其本,省事而清其心,平喜怒之发端,戒爱憎之私徇,内外交养,表里如一,则寿命可以延长,盛德可以日新矣"。②养生与修德是互相促进的,谨言行而清心绪、节饮食而戒贪痴,维持身心中和之态,则长寿与盛德可得。

关于如何养生、进德,吕祖谦认为"扶养之久,则气渐和。气和,则温裕婉顺,望之者意消忿解而无招咈取怒之患矣。体察之久,则理渐明。理明,则讽导详款,听之者心喻虑移而无起争见却之患矣。更须参观物理,深察人情,以试验学力。若有窒碍龃龉,即求病源所在而锄去之"③,正如巩丰《清溪渔唱》所云:"身世应无祟,忘机心自闲。"④涵养学识则眼界宽、心胸阔,无窒碍、远龃龉;扶养元气则气和心宁,"大抵胸次常令安平和豫,则事

---

① 〔宋〕吕祖谦《与朱侍讲》,《吕祖谦全集》第 2 册,第 390 页。
② 〔宋〕楼钥《论进德养生》,《楼钥集》,浙江古籍出版社,2010 年,第 420 页。
③ 〔宋〕吕祖谦《与学者及诸弟》,《吕祖谦全集》第 2 册,第 468 页。
④ 黄灵庚编《重修金华丛书》,上海古籍出版社,2014 年,第 199 册,第 106 页。

至应之,自皆中节,心广体胖,百疾俱除。盖养生、养心同一法"[①]。身体康泰是人之根本,不可不重视,平素应饮食有节、安寝有时、心胸畅悦,则百疾俱除。

(四)食补为上,医药为下

平时养生应以食补为上,药补为下,但当病急之时则需对症用药。关于患病用药,吕祖谦认为应当"先以五味、五谷始,继以五药。治病以药,医之下也"[②]。以谷肉果蔬补益养生,使饮食和畅,则为真补,"善用药者,使病者而进五谷者,其得补之道也"[③],"夫浆粥入胃而不注泄,则胃气和。胃气和则五虚皆实,是以生也"[④],故而"养生当以食补"[⑤],以食强身胜于以药退病。

当病急之时,吕祖谦认为"正如伤寒病极之时,若下得一服药,是当时无事;若医者庸懦狐疑不决,则必至于死"[⑥],患者病急须用药之时,医者不可狐疑不决延误病情。吕祖谦曾被庸医所误,一度病情加重,"某岁晚忽感末疾,重为医者所误。既把风热剂,又复吐利,疾证遂顿危殆,亟更医易药,幸而所用药渐见效"[⑦]。虽然食补为上,但当病情危急之时,则应对症施治,及时用药,

---

① 〔宋〕吕祖谦《与学者及诸弟》,《吕祖谦全集》第2册,第468页。
② 〔宋〕吕祖谦《读书杂记》,《吕祖谦全集》第2册,第491页。
③ 〔金〕张从正《七方剂绳墨》,《〈儒门事亲〉校注》,河南科学技术出版社,2015年,第7页。
④ 〔金〕张从正《五虚五实攻补悬绝法》,《〈儒门事亲〉校注》,河南科学技术出版社,2015年,第87页。
⑤ 〔金〕张从正《推原补法利害非轻说》,《〈儒门事亲〉校注》,河南科学技术出版社,2015年,第72页。
⑥ 〔宋〕吕祖谦《读易纪闻》,《吕祖谦全集》第2册,第483页。
⑦ 〔宋〕吕祖谦《李侍郎(仁父)》,《吕祖谦全集》第3册,第647页。

"病愈之后,续以五谷养之,五果助之,五畜益之,五菜充之"①,以此补养真气。

四、明招精英文化对寿仙谷文化的影响

可惜,当吕祖谦意识到个人养生的重要性时,身体已是病根难消的境况。吕祖谦40岁左右身患"痿痹"之症,起因是"右之风痹,久成废疾"。他早年政务繁忙,常年伏案,腿部缺乏运动,平时又不注重养生,积劳成疾,加之名医良药的匮乏,病灶没能及时根除,年仅45岁便魂归明招山,韩元吉悲叹云:"青云涂路本青毡,圣学相期四十年。台阁久嗟君卧疾,山林今叹我华颠。"②吕祖谦一生都在与疾痛相抗争,妻子韩复、韩螺、芮氏先后因病早早撒手人寰,自己亦"病疾沉痛已成废人",不得已而数度辞官,归家养病。养病期间,吕祖谦遍览医书,常以儒学之理阐释养生之法,希冀通过养生助益学力的精进,其养生之论,可谓切肤之痛后的经验之谈。吕祖谦思想的高度和生命的长度是如此不成比例,以至朱熹在《祭吕恭著作文》中痛陈:"伯恭之亡,曷为而不使我失声而惊呼,号天而恸哭耶!"③吕祖谦的早逝对南宋政坛学界,都无疑是一种遗憾。这也警示明招精英吸取教训,重视养生及对养生之道的研究,让养生健体与修心进德同向而行。吕祖俭后来除继替吕祖谦讲学外,也注重养生,并且熟读医书,晚年

---

① 〔金〕张从正《推原补法利害非轻说》,《〈儒门事亲〉校注》,河南科学技术出版社,2015年,第76页。
② 《东莱吕太史文集附录》,《吕祖谦全集》第1册,第807页。
③ 〔宋〕朱熹《晦庵先生朱文公文集》卷八十七,《朱子全书》第24册,上海古籍出版社;安徽教育出版社,2002年,第4080页。

贬谪，甚至"在谪所，读书明理，以卖药自给"，某种程度上也可谓是吸取了吕祖谦早逝的深刻教训的结果。因为有名儒的提倡和身体力行，追求颐养之福逐渐成了武义的一种风尚。注重养生、善于养生、宜于养生，因地制宜的武义人从养生实践中总结出经验，再将养生经验用诸于养生产业的发展，并形成绿色环保、多元并举的养生医药产业链，种种元素叠加，自然而然地建构了武义自成体系的养生文化。养生文化因而成了武义最具特色的地方文化。这种渊源久远的养生文化于当今的武义寿仙谷，正在发扬光大。

百年老号寿仙谷药业传承了历代中医药文化的精髓，又将明招精英济世振民、仁以达用、明德修身、内外交养的理念融会于企业产品生产和日常管理中，以古人之规矩开今日之生面，古为今用，形成以博施广济、精诚仁义、达观全生、与时共进为表征的寿仙谷人文精神，成为传统文化创造性转化和创新性发展的典型案例，值得我们深入研究。

（一）博施广济，涵泳本心

唐代孙思邈在《备急千金要方·诊候》中云："上医医国，中医医人，下医医病"[①]，能医国家之病者为上医，文臣武将、治世明君当之；能救治人心、匡正世俗者为中医，儒、释、道各显其能，而儒家独受尊崇；能医治病痛者为下医，擅医术而能救死扶伤者为之，但无论医治对象为何，能医者皆可造福百姓、兼济天下。明招精英以功勋、政事治世安民，以忠义、文章厚人伦、美教化，既是医国之病的栋梁，又是救治人心、匡正世俗的仁者儒士，然博施济众不唯文臣武将之能事、儒者大家之擅场，医者同样可以博施广济，元代名医朱丹溪云："士苟精一艺，以推及

---

① 〔唐〕孙思邈《备急千金要方》，中医古籍出版社，1999年，第5页。

物之仁,虽不仕于时,犹仕也。"[1] 医者以救人疾苦为己任,具有悲天悯人的胸怀,肩负着不计个人安危得失的强烈社会责任感。

寿仙谷药业继承明招精英"涵泳本心即得仁心"的思想,坚守仁爱诚信、博施广济、服务社会的明招文化传统,奉行"重德觅上药、诚善济世人"的企业文化。在新冠疫情期间,寿仙谷公司积极行动,捐资捐物、身体力行,以实际行动帮助百姓抵御新冠疫情,先后荣获"特别奉献、浙江骄傲——抗疫先进企业""大爱浙商抗疫英雄""2020年抗击疫情卓越贡献奖"等。

(二)精诚仁义,内外兼修

以仁爱诚心、广施博济取信于民;以精湛的医术、质地纯正的草药施治于病患,是历代中医药者所坚守的信念,亦是寿仙谷药业发展的根基。武义既有得天独厚的自然资源,又有博大精深、声名远播的明招文化,从而造就了寿仙谷内外交养的滋补文化和内外兼修的企业经营理念。

以明招精英文化为思想内核,以中医、中药为外化力量,寿仙谷药业精诚为民、仁义经营,坚信"夫医者,非仁爱之士,不可托也;非聪明理达,不可任也;非廉洁淳良,不可信也"[2],这延续并丰富了明招精英文化中"当为有用之学"的理念。在新冠疫情期间,寿仙谷药业主动承担社会责任,先后为武汉、上海、杭州、武义等地的医务工作者、社区工作人员等捐献物资,助力防疫工作的开展。为追求药材的道地,锐意进取,精于科研;为保障百姓的健康长寿,严格谨慎,诚于品质。

---

[1] 〔元〕戴良《丹溪翁传》,《全元文》,凤凰出版社,1998年,第417页。
[2] 〔晋〕杨泉《物理论》,《陈修园医学全书》,中医古籍出版社,2017年,第1256页。

（三）身心共养、达观全生

中医药文化蕴含了儒家的人文精神与达观养生的理念，正所谓"治身，太上养神，其次养形"[1]，养生先养心神，心绪宁静安详则身体才能舒展，即"澄定恬静，和合心身"。《素问》云："恬惔虚无，真气从之，精神内守，病安从来。是以志闲而少欲，心安而不惧，形劳而不倦，气从以顺，各从其欲，皆得所愿。故美其食，任其服，乐其俗，高下不相慕，其民故曰朴。是以嗜欲不能劳其目，淫邪不能惑其心，愚智贤不肖不惧于物，故合于道。所以能年皆度百岁，而动作不衰者，以其德全不危也。"[2]身安不如心安，恬静淡泊、宽仁厚德即可身心共养、内外交养。

灵芝、石斛、藏红花历来是人们养生保健的圣品，这些珍稀名贵的中药材是寿仙谷医药的主要产品，在适宜的季节食用相应的补品，顺时养生、扶正祛邪、调和阴阳。"夫四时阴阳者，万物之根本也。所以圣人春夏养阳，秋冬养阴，以从其根，故与万物浮沉于生长之门"[3]，顺应四时的变换，饮食有节、起居有常，适时进补以固元气。但在药补养生的同时，亦要讲求身心共养。中医讲求治未病，在未真正生病之前就要关注内心，修养心性，乐观平和，忌大喜大悲、心绪不宁，进而适时养生、进补滋养，也就是吕祖谦所认同的"顺时养生，和合阴阳""食补为上，医药为下"。

（四）自省自新、与时俱进

寿仙谷药业经过李氏几代人的努力，已发展成为以无污染有

---

[1] 《文子·下德》，《郭店楚简老子集释》，巴蜀书社，2011年，第511页。
[2] 《上古天真论》，《素问》，中国医药科技出版社，1998年，第1页。
[3] 《四气调神大论》，《素问》，第9页。

机生产、以科技创新改良中药炮制技艺的新型智慧化中医药企业，其发展思路与时代相契合，不脱离当前，不固守一方，与时俱进，锐意创新，在这一点上继承了明招精英"日夕检点，以求长进"的自我追求。

在产品生产技术与企业管理模式上，寿仙谷医药不断创新，逐步实现了智慧农场、智慧工厂、智慧市场的有机结合。既有传承，"武义寿仙谷中药炮制技艺"成功入选国家级非物质文化遗产；又有创新发展，寿仙谷第三代去壁技术，将灵芝孢子粉的有效成分含量提升 8 倍以上，此技术获日内瓦国际发明展金奖。在科技创新方面，寿仙谷药业敢于担当，不断提升，先后承担 100 多项各级重大科技项目，有十几项科研成果填补了国内相关领域的空白，引领了行业发展的方向，成为"最具影响力品牌"，承担制定"中医药——灵芝、铁皮石斛"国际品质标准的社会责任。

结语

儒者修德，医者仁心。寿仙谷药业以博施广济、精诚仁义、身心共养、与时俱进为表征的医者精神，与明招精英以仁达用，以兼容广纳万物，以检点自省完善自我的儒家思想有诸多呼应与共鸣之处。在守护百姓身心康健之路上，寿仙谷药业以明招精英的儒家文化为精神指引，以中医药优良传统为坚守的信念，以不负世人的信任与期许为前行的动力，以"济世活人"为使命，始终保持仁爱之心，这是对"修身明理、养生进德"的明招精英文化的坚守。寿仙谷药业以古代儒家精英思想丰富现代企业的理想信念，以现代企业的经营理念去反思和传递优秀的传统文化，可谓明招精英内外交养理念在新时代的延续与拓展。

第四章　传统诗文对寿仙谷文化的滋养

自古以来人们对长生不死神往不已，游仙的想象、服食芝草灵药的体验、崇尚自然的理念不断地出现在文人笔下，形成独具特色的文学题材。古人对世界的认识以及他们的内在精神，很多以文学作品形式流传下来，层层沉积，成为当代文化生成和发展的沃土。寿仙谷文化深受传统文化的滋养。寿仙谷企业重视人文素养，董事长李明焱先生受父亲影响，自幼喜好传统诗文，企业员工中也不乏热爱诗文的人。因此，本文以传统诗文入手，考察古人的仙道追求、长生理念、草药服食和培育文化，进一步探讨寿仙谷文化的历史渊源。

一、游仙诗文与仙道追寻

仙道文化在中国传统文化中独树一帜，孙昌武教授指出："'仙'是中国所特有的，是古代中国人探索宇宙和人生奥妙的独特创造。"[①] 在古人心目中，"仙"不老不死，超然物外，不受时间和空间的限制，随心所欲，独具神通，点石成金，能实现凡人的一切愿望。几千年来人们对"仙"充满了想象和向往，也在诗文中驰骋神思，与仙同游。

[①] 孙昌武《诗苑仙踪：诗歌与神仙信仰》绪论《神仙幻想、神仙信仰、神仙术》，南开大学出版社，2005年，第1页。

（一）古人的神仙想象及游仙诗创作

古人对神仙的想象，可以追溯到《庄子》《楚辞》。《庄子·逍遥游》："藐姑射之山，有神人居焉，肌肤若冰雪，绰约若处子；不食五谷，吸风饮露；乘云气，御飞龙，而游乎四海之外。其神凝，使物不疵疠而年谷熟。"[1]庄子笔下的神人容貌清丽，身姿轻盈，出离世俗，不食五谷，天赋异能，逍遥自在，这些都是后人笔下仙人的基本特征。《楚辞·九歌》对楚人信奉的神灵东皇太一、湘君、湘夫人进行歌颂，其笔下的神灵样貌美好、身着华服、佩戴芳草、衣袂飘飘，乘飞龙，载云旗，虽有忧思，但飞扬浩荡，不似凡俗。

神灵和仙界的美好，引发了古人神游仙境的遐想。早在《楚辞》中就有许多飞升上天、神游四海的叙述。在古人心目中神魂是能够飞升上界的，《离骚》中屈原通过向上天陈述自己的忠贞以及被奸佞迫害的困境，获得正道，内心澄明，然后能乘飞龙，驾凤车，穿过尘埃，飞升上天，"驷玉虬以桀鹥兮，溘埃风余上征。朝发轫于苍梧兮，夕余至乎县圃"[2]。相较于世俗的困顿，神仙世界自在畅达，仙人可瞬息千里，游历四极八荒，遍览洞天福地。又如《远游》中主人公不满世间恶俗的胁迫，希冀能向上飞升，"悲时俗之迫厄兮，愿轻举而远游"[3]，并且希望能获得仙人赤松子的法门，登遐成仙，"闻赤松之清尘兮，愿承风乎遗则。贵

---

[1] 陈鼓应注释《庄子今注今译》，中华书局，1983年，第21页。
[2] 〔宋〕洪兴祖撰，白化文等点校《楚辞补注》卷五《离骚章句》，中华书局，1983年，第25—26页。
[3] 〔宋〕洪兴祖撰，白化文等点校《楚辞补注》卷五《远游章句》，中华书局，1983年，第163页。

真人之休德兮，美往世之登仙"①。《楚辞》中"神游"的叙述，是后世游仙诗创作的滥觞。

汉乐府古辞中有诸多游仙之作，如《王子乔》《长歌行》《董逃行》《善哉行》《陇西行》等，叙述游历仙境，结交仙人，获得成仙的指引或灵药的神奇际遇。仙人的形象更为具体，如汉乐府古辞《长歌行》写仙人容貌奇异，发短耳长，身骑白鹿。魏晋时期道教兴起，游仙题材诗文创作兴盛。曹氏父子、嵇康、阮籍、郭璞、庾阐等皆有游仙诗存世。曹丕、曹植最早在诗题中点明"游仙"，其后嵇康、张华、何邵、郭璞、庾阐、王彪之等人皆有"游仙"为题的诗作，游仙诗创作蔚然成风。其中郭璞《游仙诗》最著名，后人多有拟郭璞游仙诗。魏晋游仙诗自成一体，诗人们不满于世俗尘网的禁锢束缚、哀叹生命的短暂无常，从而畅想神游玄虚之境，获得恒长的生命和无尽的自由。诗中的仙人多是"放情陵霄外，嚼蕊挹飞泉"②的高士。南北朝时期，游仙诗特征虽不似魏晋时期那么突出，但其创作热度并未消减，沈约、江淹、萧衍、王融、庾信等亦有"游仙"之作。

唐代道教是国教，游仙诗创作又有诸多新变。仙道有关的意象和典故时常出现在文人笔下。晚唐诗人曹唐有《小游仙诗》九十八首，为七言绝句，对仙人仙境的描写非常简约，大多是前两句写景，后两句叙事。第一首："玉箫金瑟发商声。桑叶枯干海水清。净扫蓬莱山下路。略邀王母话长生。"③在仙乐飘飘、

---

① 〔宋〕洪兴祖撰，白化文等点校《楚辞补注》卷五《远游章句》，中华书局，1983年，第164页。
② 〔晋〕郭璞著，聂恩彦校注《郭弘农集》卷二《游仙诗》，山西人民出版社，1991年，第298页。
③ 〔唐〕曹唐《小游仙诗》，彭定求等编《全唐诗》卷六四一，中华书局，1960年，第7346页。

海水清澈的蓬莱仙岛，仙人打扫山路，准备邀请王母一起讨论长生之道。《小游仙诗》的体式被后人承袭，成为游仙诗的一个固定体例。宋代曹勋有《小游仙诗》三首，元代杨维桢有《小游仙诗》二十首，明末汪琬有《山中游仙诗》四十首、《后游仙》八首、《毛公台小游仙词》四首，清代厉鹗有《游仙百咏》《续游仙百咏》《再续游仙百咏》，皆为七绝。小游仙诗受体裁的限制，多用于抒发感慨，轻描写，神仙故事多是以典故形式穿插在诗句中。

还有一些没有题作"游仙"的游仙诗，对神仙境界有很多精彩叙述。如苏轼《芙蓉城》记述朋友王子高与仙人周瑶英游芙蓉城："芙蓉城中花冥冥，谁其主者石与丁。珠帘玉案翡翠屏，霞舒云卷千娉婷。中有一人长眉青，炯如微云淡疏星。"[1]珠玉垂帘，翡翠为屏，霞舒云卷，花木冥冥，仙女娉婷玉立，仙人气质疏朗，苏轼笔下的仙境别有一番清雅韵味。游仙题材的文学作品，除了游仙诗以外，还有道教步虚词。相较于游仙诗，步虚词更注重道教义理阐发，典故意象多出自道经。如庾信《步虚词》其二："无名万物始，有道百灵初。寂绝乘丹气，玄明上玉虚。三元随建节，八景逐回舆。赤凤来衔玺，青鸟入献书。坏机仍成机，枯鱼还作鱼。栖心浴日馆，行乐止云墟。"[2]

（二）长生逍遥的仙道追求

"长生不死"是"仙"的基本特征。汉代许慎《说文解字》中"仙"有两个字体，其一写作"僊"，解释为"长生僊去"[3]。汉末刘熙《释

---

[1] 〔宋〕苏轼撰，王文诰辑注，孔凡礼点校《苏轼诗集》卷十六《芙蓉城》，中华书局，1982年，第808页。

[2] （南北朝）庾信撰，倪璠注，许逸民点校《庾子山集注》卷五《道士步虚词十首》其二，中华书局，1980年，第393页。

[3] 〔清〕段玉裁撰《说文解字注》，中华书局，2013年，第387页。

名》解释"老"时,指出"老而不死曰仙"①。闻一多《神仙考》指出:"神仙是随着灵魂不死观念逐渐具体而产生的一种想象的或者半想象的人物。"②古人观念中人是可以成仙的,上古时期的圣贤如黄帝、舜(重华)等人都飞升成仙,获得了永恒的生命。因此,他们也期许飞升成仙长生不死。

在游仙题材的诗文中,追求长寿是永恒的主题。《楚辞·涉江》中就有"登昆仑兮食玉英,与天地兮同寿,与日月兮同光"③的期许。古代帝王也执迷于长生不老术,秦始皇、汉武帝都曾经派遣方士寻求仙药。受此影响,游仙题材诗文的书写内容也有一些转变。《楚辞》在游仙内容上侧重"游",主要书写神游四极的欢畅,相比而言汉乐府在游仙内容上更侧重"仙"。汉乐府中"仙人赐药,获得长寿"成为常见的叙事模式。如乐府古辞《长歌行》:

仙人骑白鹿。发短耳何长。导我上太华。揽芝获赤幢。来到主人门。奉药一玉箱。主人服此药。身体日康强。发白复更黑。延年寿命长。④

整首诗叙述了一个巧遇仙人赠送灵药的故事,着重强调了灵药能使人身强体健、重返青春、延年益寿。乐府古辞《董逃行》讲述了术士登高山访五岳,来到神仙居住的地方,为帝王寻到仙药,使其长生久视,其诗言:"采取神药若木端。玉兔长跪虾蟆丸。奉上陛下一玉柈。服此药可得神仙。服尔神药。莫不欢喜。陛下

---

① 〔汉〕刘熙撰,愚若点校《释名》,中华书局,2020年,第40页。
② 闻一多《神仙考》,《神话与诗》,上海人民出版社,2005年,第133页。
③ 《楚辞补注》卷四《涉江》,第129页。
④ 《长歌行》,逯钦立辑校《先秦汉魏晋南北朝诗》上册,中华书局,2006年,第262页。

长生老寿。四面肃肃稽首。天神拥护左右。陛下长与天相保守。"①
曹植的部分游仙诗也承袭了"仙人赐药,获得长寿"的叙述模式。
曹植《飞龙篇》讲述游历太山,遇到仙童指引,获赠仙药:

> 晨游太山,云雾窈窕。忽逢二童,颜色鲜好。乘彼白鹿,手翳芝草。我知真人,长跪问道。西登玉堂,金楼复道。授我仙药,神皇所造。教我服食,还精补脑。寿同金石,永世难老。②

曹植此诗与乐府古辞《长歌行》的叙事模式基本一致,先写偶遇仙人,再写获得神仙赐药,落脚点都在延长寿命,永世不老。曹植《五游咏》也有类似描述:"王子奉仙药,羡门进奇方。服食享遐纪,延寿保无疆。"③"王子"指仙人王子乔,"羡门"指仙人子高。诗人游历仙境,受仙人接引,获得仙药奇方和服食的法门,得以像仙人一样长寿无疆。

与仙人永恒的生命和自由的状态相比,凡人总是难以抵挡时光的流逝,也难以摆脱世俗的束缚,这促使他们产生了求仙问道的想法。魏晋时期的游仙诗,常常带有对生命短暂无常的伤感,对荣华富贵的不屑以及对世俗混浊的不满。曹植《远游篇》:"金石固易弊,日月同光华。齐年与天地,万乘安足多。"④金石固然坚硬无比,但与日月光华相比,仍然属于容易破弊的事物;与

---

① 《董逃行》,逯钦立辑校《先秦汉魏晋南北朝诗》上册,中华书局,2006年,第264页。
② 〔三国魏〕曹植著,赵幼文校注《曹植集校注》卷三《飞龙篇》,中华书局,2016年,第594页。
③ 《曹植集校注》卷三《五游咏》,中华书局,2016年,第598—599页。
④ 《曹植集校注》卷三《远游篇》,中华书局,2016年,第601页。

得道成仙、寿与天齐相比，帝王尊荣也不过尔尔。阮籍《咏怀》诗中对仙道有诸多思考：

> 朝阳不再盛，白日忽西幽。去此若俯仰，如何似九秋。人生若尘露，天道邈悠悠。齐景升丘山，涕泗纷交流。孔圣临长川，惜逝忽若浮。去者余不及，来者吾不留。愿登太华山，上与松子游。渔父知世患，乘流泛轻舟。①

早晨太阳刚升起，倏忽之间又落入西山，俯仰之间又到了深秋，时间日复一日，年复一年，纵使是帝王、圣人，也不免感慨时光的流逝。人生如露水般短暂，如尘埃般微小，天道却浩渺幽远。诗人用大量笔墨书写凡俗之人，在时间和空间上的有限性。最后慨然释怀，既不念过去，亦不留恋未来，只希望能与仙人赤松子同游，如渔父般隐居。神仙的境界，使诗人超脱凡俗，不再因时间的流逝而焦虑和感伤。阮籍也感慨人生在世常常被世俗名利所累，不如追寻神仙之道，"系累名利场，驽骏同一辀。岂若遗耳目，升遐去殷忧"②。阮籍还指出世俗的声色犬马、仕宦浮沉不再牵动心神，只有神仙术才能慰藉心灵，"焉见王子乔，乘云翔邓林。独有延年术，可以慰我心"③；短暂的快乐难以排解内心的忧愁，"殷忧令志结，怵惕常若惊。逍遥未终晏，朱晖忽西倾"，自己愿意化作云间的鸟，飞到远方寻找仙缘，"愿为云间鸟，千里一

---

① 〔晋〕阮籍著，陈伯君校注《阮籍集校注》卷下《咏怀》其三二，中华书局，1987年，第310页。
② 《阮籍集校注》陈伯君校注《阮籍集校注》卷下《咏怀》其二八，第299页。
③ 《阮籍集校注》陈伯君校注《阮籍集校注》卷下《咏怀》其十，第247页。

哀鸣。三芝延瀛洲，远游可长生"①。嵇康、郭璞的游仙诗中也常常表示想要飞升成仙，远离世俗。嵇康诗云："采药钟山隅，服食改姿容……长与俗人别，谁能睹其踪。"②郭璞《游仙诗》亦云："朱门何足荣，未若托蓬莱。"③在嵇康、阮籍、郭璞等人笔下，仙道代表着一种傲然于世的精神追求。

（三）寿仙谷的长寿事业

因为仙人长寿，所以古代祝寿诗词多说"寿比神仙"，如北宋晏殊祝寿词"祝长寿、比神仙"④，"愿百千遐寿比神仙，有年年岁岁"⑤。长寿的人常被称作"寿仙"，如北宋赵抃《陪前人游西湖兼简坐客》："杭民夹道焚香看，白发朱颜长寿仙。"⑥范纯仁《送潞公游河阳河清》："子孙拥节迎家府，稚艾争途看寿仙。"⑦寿仙谷药业，名"寿仙谷"，也是取"长寿似仙"的祥瑞之意。寿仙谷企业的宗旨"为民众的健康、美丽和长寿服务"，与古人追求仙道、长寿的愿望是一致的。古人对世界缺乏客观的认识，药理知识不足。许多修行者把精力放在虚无缥缈的炼丹术

---

① 《阮籍集校注》陈伯君校注《阮籍集校注》卷下《咏怀》其二四，第291—292页。

② 〔晋〕嵇康著，戴明扬校注《嵇康集校注》卷一《游仙诗》，中华书局，2014年，第65页。

③ 〔晋〕郭璞著，聂恩彦校注《郭弘农集》卷二《游仙诗》，中华书局，2014年，第295—296页。

④ 〔唐〕晏殊《燕归梁》，唐圭璋编《全宋词》，中华书局，1965年，第108页。

⑤ 〔唐〕晏殊《连理枝》，唐圭璋编《全宋词》，中华书局，1965年，第108页。

⑥ 〔宋〕赵抃《清献集》卷四《陪前人游西湖兼简坐客》，明汪旦嘉靖四十一年（1562）刻本，第17b页。

⑦ 〔宋〕范纯仁《范忠宣公文集》卷五《送潞公游河阳河清》，元刻明修本，第4a页。

上,最终只会步入歧途,如《古诗十九首》所言"服食求神仙,多为药所误"①。寿仙谷长寿事业则是通过现代医学论证,结合中医滋养方案,推出有助于保养身体的药品和保健产品。

二、仙草意象与国药炼制

寿仙谷药业主推的产品是灵芝、石斛、西红花。灵芝、石斛在中国古代有较长的服食历史和文化寄托。本节考察诗歌中经常出现的"芝草""茯苓""黄精""菖蒲"等仙草意象所承载的文化意义,古人采集服食中草药的理念,进一步探讨寿仙谷草药文化的继承与创新。

(一)仙草灵芝的文学想象和服食文化

灵芝很早就作为仙草出现在人们视野中,传统诗文中灵芝的描写有很多想象成分,也有明显的典故化倾向。

其一,灵芝是生长于仙界的不死仙药。在游仙诗中,灵芝生长在仙人居住的地方。汉乐府古辞《长歌行》中记述,仙人导引诗人登上太华山,采摘灵芝,"仙人骑白鹿,发短耳何长。导我上太华,揽芝获赤幢"②。又如庾阐《游仙诗》叙述紫芝生长在九嶷山的云雾中,"荧荧丹桂紫芝。结根云山九嶷"③;生长在仙山,与高空的云雾相映生辉,"崆峒临北户。昆吾眇南陆。层

---

① 《古诗十九首》,《先秦汉魏晋南北朝诗》,第332页。
② 《长歌行》,《先秦汉魏晋南北朝诗》,第262页。
③ 〔晋〕庾阐《游仙诗》,《全汉三国晋南北朝诗》,第447页。

霄映紫芝。潜涧泛丹菊"①。诗人笔下的仙人也经常以手持芝草的形象出现,如曹植《飞龙篇》中仙童"乘彼白鹿,手翳芝草"②,李白《酬殷明佐见赠五云裘歌》中群仙"身骑白鹿行飘飖,手翳紫芝笑披拂"③,王维《赠李颀》中"王母翳华芝,望尔昆仑侧"④。手持芝草逐渐成为仙人的固定形象。现在的年画中,仙人手上也常常握着灵芝仙草。

游仙诗经常写道,服食灵芝可以长生不死。西汉淮南王刘安的游仙诗《八公操》中指出神仙服食芝草,可获上天庇佑:"含精吐气嚼芝草兮,悠悠将将天相保兮。"⑤曹操《陌上桑》言服食灵芝,饮用醴泉,可以寿如南山,"食芝英。饮醴泉……寿如南山不忘愆"⑥。曹植《平陵东》诗中明确指出服食灵芝,可以与天地同寿:"乘飞龙,与仙期,东上蓬莱采灵芝。灵芝采之可服食,年若王父无终极。"⑦道书文书对灵芝的书写更加玄幻,把灵芝当作不死仙药。《云笈七签·太上黄庭外景经》记载有"奇方,不死之药也",紧接着指出:"服食芝草紫华英。绝五谷,弃饴粮,使六丁玉女自来侍人,为取芝草金紫华英,得乃食之。"⑧《云

---

① 〔晋〕庾阐《游仙诗》,丁福保编《全汉三国晋南北朝诗》,中华书局,1959年,第446页。
② 《曹植集校注》卷三《飞龙篇》,第594页。
③ 〔唐〕李白著,王琦注《李太白全集》卷八《酬殷明佐见赠五云裘歌》,中华书局,1977年,第451页。
④ 〔唐〕王维撰,陈铁民校注《王维集校注》卷三《赠李颀》,中华书局,1997年,第266页。
⑤ 〔汉〕刘安《八公操》,《先秦汉魏晋南北朝诗》,第99页。
⑥ (三国魏)曹操《陌上桑》,《先秦汉魏晋南北朝诗》,第348页。
⑦ 〔晋〕《曹植集校注》卷三《平陵东》,中华书局,2016年,第597页。
⑧ 张君房编,李永晟点校《云笈七签》卷之十二《太上黄庭外景经》,中华书局,2003年,第315—316页。

笈七签·东方呵罗提国》记述在扶桑之外,蓬莱之东有生洲,"多生神仙芝草,食之飞空而行";扶桑东又有祖洲,"上有不死芝草","食之飞行上清,已死之人,覆之则生"。①灵芝有让服食的人飞升上清,已死的人死而复生等诸多奇异的功效。把灵芝当作不死之药,当然是想象之言。但延年益寿或有迹可寻,清人路德《读罢》指出相较于服食无用的丹药,偶尔服食芝、术类药草便可延年:"绿藓岩扉白昼扃,略餐芝术便延龄。仙丹止合神仙用,传到人间便不灵。"②

其二,灵芝作为祥瑞之兆,应德而生。在古人的想象中,太古时期君主圣明,百姓安居,上天就会降下祥瑞,使山间涌出醴泉,土地生出灵芝。据《轩辕本纪》记述,轩辕黄帝的德行感动上天,天降祥瑞,有灵芝生长在园中:"谓有异草生于圃,则芝英紫芝金芝黑芝五芝草生,皆神仙上药。"③诗人在缅怀唐虞之治时,也常常言及灵芝,如鲍溶《题吴征君岩居》写在心中见到上古唐尧盛世,清泉从地脉中涌出,灵芝生长在岩石根部:"澹然灵府中。独见太古时。地脉发醴泉。岩根生灵芝。"④古人讲究天人感应,很看重祥瑞,灵芝现世意味着君主圣明、民风古朴。因而,一旦发现灵芝,必定有诗文记述。《汉武帝纪》记载元封二年(前109)六月,甘泉宫内长出灵芝,汉武帝认为这是上帝降下恩泽,是大美之事,因此大赦天下,赐酒设宴庆祝,并让文

---

① 《云笈七签》卷之二十二《东方呵罗提国》,第517页。
② 〔清〕路德《读罢》,徐世昌编,闻石点校《晚晴簃诗汇》卷一二一,中华书局,2018年,第5182页。
③ 《云笈七签》卷之一○○《轩辕本纪》,第2163页。
④ 〔唐〕鲍溶《题吴征君岩居》,《全唐诗》卷四八六,第5523页。

士作《芝房之歌》来纪念此事。① 诗人在应制诗中,多用灵芝典故,以歌颂帝王的鸿业。如王维《奉和圣制天长节赐宰臣歌应制》:"德合天兮礼神遍,灵芝生兮庆云见。"② 如果灵芝出现在家族祠堂、庭院、墓地,或者当官的衙署也会被看作是德行感召上天而降下的祥瑞。所以古人在赠答诗中,常常用"瑞芝"的典故来称许对方的德行。如杜甫《桥陵诗三十韵因呈县内诸官》称颂桥陵诸官时,写道:"瑞芝产庙柱,好鸟鸣岩扃。"③

其三,灵芝生长在深林山谷,成为隐居的象征。这一意象源于商山四皓隐居的典故。商山四皓是秦末汉初的隐士,不满秦朝的暴政,隐居商山,采集紫芝作为食物。商山四皓《歌》曰:"莫莫高山。深谷逶迤。晔晔紫芝。可以疗饥。"④ 又有《采芝操》云:"皓天嗟嗟。深谷逶迤。树林莫莫。高山崔嵬。岩居穴处。以为幄茵。晔晔紫芝。可以疗饥。唐虞往矣。吾当安归。"⑤ 隐士在古代有很高的声望,他们是一群人格独立、品行高洁、不愿与世俗同流、崇尚自然、行为疏放的高人。商山四皓把紫芝当作食物,抵抗饥饿,是一种隐士风流。古人经常通过食物的品性影射人物的品质。相较于普通的谷物肉食,紫芝属于芳草,更为高洁。后人书写隐士或隐居生活时,常用四皓食芝的典故,如唐陈陶《避世翁》:"渴饮寒泉水,饥餐紫术芝。"⑥

---

① 〔汉〕班固撰,颜师古注,中华书局编辑部点校《汉书》卷六《武帝纪》,中华书局,1962年,第193页。

② 《王维集校注》卷三《奉和圣制天长节赐宰臣歌应制》,第270页。

③ 〔唐〕杜甫著,仇兆鳌注《杜诗详注》卷三《桥陵诗三十韵因呈县内诸官》,中华书局,1979年,第233页。

④ 商山四皓《歌》,逯钦立《先秦汉魏晋南北朝诗》,第90页。

⑤ 商山四皓《采芝操》,逯钦立《先秦汉魏晋南北朝诗》,第91页。

⑥ 〔唐〕陈陶《避世翁》,《全唐诗》卷七百四十五,第8471页。

（二）诗人笔下的石斛、西红花及其功效

石斛入药的时间比较早，东晋葛洪《肘后备急方》就有以石斛入药治疗风毒症的药方。[1]唐代孙思邈《千金要方》记载了石斛入药的诸多药方。[2]宋代唐慎微《证类本草》对石斛的药性药效产地都有介绍："石斛味甘平，无毒，主伤中除痹下气，补五藏虚劳羸瘦，强阴益精，补内绝不足，平胃气，长肌肉，逐皮肤邪热痱气，脚膝疼冷痹弱，久服厚肠胃，轻身延年，定志除惊。一名林兰，一名禁生，一名杜兰，一名石蓫。生六安山谷水傍石上，七月八月采茎阴干。"[3]因为石斛有滋补五藏，平和胃气，使身体轻盈、延年益寿等功效，所以早在唐朝，就成为贡品。唐代杜佑《通典》记载"石斛"作为岁贡，从弋阳、庐江、同安、浔阳、封州等地上贡朝廷。[4]

与"灵芝"的书写相比，"石斛"在诗文中出现时间较晚。南宋洪咨夔《石斛》一诗，应该是最早专咏石斛的诗作：

> 蚱蜢髀多节，蜜蜂脾有香。藓痕分磈砢，兰颖聚琳琅。
> 药谱知曾有，诗题得未尝。瓦盆风弄晚，披拂一襟凉。[5]

石斛的形状类似蚱蜢，有多个节，味道香甜如蜂蜜，属于兰科，

---

[1]〔晋〕葛洪《肘后备急方》卷三，明正统道藏本。
[2]〔唐〕孙思邈撰，高保衡、林亿等校正《备急千金要方》，《影印文渊阁四库全书》，台湾商务印书馆，1986年，第735册。
[3]〔宋〕唐慎微《重修政和经史证类》卷六，《四部丛刊》影印金泰和晦明轩本，第53b页。
[4]〔唐〕杜佑《通典》卷六《食货》，中华书局，1984年。
[5]〔宋〕洪咨夔著，侯体健点校《平斋文集》卷六《石斛》，《洪咨夔集》，浙江古籍出版社，2015年，第163页。

多生长在石头的苔痕上,药谱中有记载。洪咨夔认为前人没有专门品题石斛的诗歌,所以写了这首《石斛》。其实在洪咨夔以前,宋人也曾在诗中谈及石斛的滋补效果。如宋人李弥逊《次韵明甫西园之什》云"填饥饭秋英,借健膏石斛"①,指出石斛能够使人健壮。宋人朱弁《苏子翼送黄精酒》言"何烦更采石斛花,已觉容颜不枯槁"②。此句虽是反衬黄精,但也说明宋人有采食石斛花来滋养身体、驻颜延寿的风尚。元代虞集《会后将登华山按茆冈玄卿先往候予至》提及石斛"扶衰"的功效:"石斛金钗感素秋,洞悬钟乳入山幽。扶衰不是人间药,闻健聊为物外游。"③

明清人对石斛的关注更多,描写也更细致。明人徐𤊹《杜兰》:

> 杜兰本良药,托生在山谷。石上蟠老根,因之名石斛。茎类蚱蜢髀,味甘平无毒。采食可延年,平胃长肌肉。图经列上品,厥功侔杞菊。伊余好征异,拔种自山麓。成丛簇若著,纤条槁如木。不藉泥土荣,挂之傍檐屋。雨露从发生,开花白如玉。莹洁类栀子,清香匹蘪卜。微风吹弗谢,迟日照尤馥。客来未知名,《尔雅》读不熟。得之亦孔艰,撷之不盈掬。聊以寄赏心,且复供悦目。卫生吾有经,岂用求餐服。④

这首诗对石斛的介绍非常详细。石斛属于兰科,也称作杜兰、

---

① 〔宋〕李弥逊《次韵明甫西园之什》,《筠溪集》卷一二,《影印文渊阁四库全书》,第1130册,第707页。
② 〔宋〕朱弁《苏子翼送黄精酒》阎凤梧、康金声主编《全辽金诗》,山西古籍出版社,1999年,第146页。
③ 〔元〕虞集《会后将登华山按茆冈玄卿先往候予至》,杨镰主编《全元诗》,中华书局,2013年,第26册,第228页。
④ 〔明〕徐𤊹《鳌峰集》卷五,明天启五年南居益刻本,第17页。

林兰,生长在山谷中,因为扎根在石头上,得名石斛;茎有节,类似蚱蜢的腿,像䔟草一样一簇簇生长,干了以后像木头;味道甘平无毒,有和胃增肌、延年益寿的功效,与枸杞菊花一样,在典籍中位列上品。石斛生长不依赖土壤,可以挂在屋檐旁边,经受雨露滋养,能开出白色的花,花色莹润洁白,气味清香。石斛比较罕见,移栽不易,产量也比较小。清人胡蔚《咏石斛花》:

故曳黄绁学道妆,数茎风外婉清扬。非关水土天然活,略润烟霞别自芳。高髻步摇金雀艳,深宫龋齿玉鱼凉。何人为寄华阳洞,早辨山中服食方。[1]

这首诗用拟人的手法描写石斛花的形貌和品性。首联写石斛花茎表面呈现淡黄或黄绿色,就像妙龄女子化了清新的道妆,花茎纤细,在风中婉转飘扬。颔联写石斛在石壁间依空而生,不需肥沃的水土,天然就能存活,在晨雾烟霞的滋润下独自芬芳。颈联合用"龋齿笑"和杨贵妃"含玉咽津"的典故。《后汉书·服妖》记载桓帝元嘉时期,京都妇女流行愁眉、啼妆、堕马髻、折腰步、龋齿笑,"龋齿笑"指笑起来如牙痛一样,不能放开。[2]《开元天宝遗事》记载杨贵妃体胖,夏天苦热,有肺渴之症,经常口含一个玉鱼,借助其凉气滋润肺部。[3]石斛花形状像杨贵妃高高的发髻上明艳的金钗,能清热解毒,缓解龋齿疼和肺热。尾联感

---

[1] 〔清〕胡蔚《咏石斛花》,邓显鹤编纂,欧阳楠点校《沅湘耆旧集》卷九〇,岳麓书社,2007年,第150—151页。
[2] (南朝)范晔撰,李贤等注,中华书局编辑部点校《后汉书》志第十三《服妖》,中华书局,1965年,第3270—3271页。
[3] 〔唐〕王仁裕撰,曾贻芬点校《开元天宝遗事》卷下《含玉咽津》,中华书局,2006年,第51页。

慨古人没有意识到石斛的妙用,如果有人将其送往仙山华阳洞,那么就能早点辨识其作为仙草的服食价值。又林良铨的《石斛钗》主要描写石斛的样貌,歌咏其不俗的风姿。

西红花,即藏红花,传入中土时间较晚,故诗中描述极少。清人赵翼曾作诗,详细叙述其治疗失眠的功效:"佛土曾传笃耨香,灵葩来亦自西羌。恰如携赠邯郸枕,竟得安眠玳瑁床。未熄篝灯先梦到,不闻街鼓任宵长。尚嫌未茁心花灿,只抵希夷一睡方。"[①]

(三)其他仙草的书写:菖蒲、茯苓、黄精

除了"灵芝""石斛",古人诗文中经常提到的药材还有石菖蒲、茯苓、黄精、白术等。石菖蒲生长在山涧的石缝中,根块有小节,香气浓郁,全株可入药。菖蒲在诗人笔下也是一种驻颜益寿的仙药。汉代无名氏诗:"石上生菖蒲,一寸八九节。仙人劝我餐,令人颜色好。"[②]江淹《采石上菖蒲》:"冀采石上草,得以驻余颜。"[③]李白《嵩山采菖蒲者》:"我来采菖蒲,服食可延年。"[④]张籍《寄菖蒲》:"石上生菖蒲,一寸十二节。仙人劝我食,令我头青面如雪。"[⑤]都指出服食石菖蒲可以使人重返青春,延年益寿。故苏轼把石菖蒲称作"石上仙":"六花

---

① 〔清〕赵翼著,李学颖、曹光甫校点《瓯北集》卷四九《奔马虚舟藩伯以余宵不能寐盖心血枯也赠我乌斯藏红花谓可疗此疾半月以来服之果有效赋谢》,上海古籍出版社,1997年,第1267页。

② 〔明〕杨慎撰,王大厚笺证:《升庵诗话新笺证》卷一《汉古诗逸句》,中华书局,2008年,第54页。

③ (南朝)江淹著,胡之骥注,李长路、赵威点校《江文通集汇注》卷三《采石上菖蒲》,中华书局,1984年,第117页。

④ 〔唐〕李白著,王琦注《李太白全集》卷二五《嵩山采菖蒲者》,第1162页。

⑤ 〔唐〕张籍撰,徐礼节、余恕诚校注《张籍集系年校注》卷七《寄菖蒲》,中华书局,2011年,第834页。

蒼卜林间佛，九节菖蒲石上仙。"[1]

茯苓是菌类，性平和，多长在松树下，可入药。古代修道的人多用茯苓代替谷物食用，希望身体轻盈，飞升成仙，如晚唐诗人贾岛写给道友的诗云："常言吃药全胜饭，华岳松边采茯神。不遣髭须一茎白，拟为白日上升人。"[2]晚唐徐凝《束白丈人》言茯苓能使人千年不老，白发重返青丝，"昔时丈人鬓发白，千年松下锄茯苓。今来见此松树死，丈人斩新鬓发青"[3]。茯苓有良好的药效，古人也常把它看作仙药。宋初释智圆《茯苓人》："本自松根得，名因象物彰。为医君可信，除疾我偏良。济众应藏用，捐躯必自强。无劳问踪迹，名字在仙方。"[4]宋末黄庚《拟古》其五："岁久产茯苓，玉色腴且坚。山人剧为药，至味通灵仙。愿言事服饵，身可三千年。"[5]古人还认为茯苓受天地滋养能幻化为人形。北宋欧阳修诗："太华之松千岁青，尝闻其下多茯苓。地灵山秀草木异，往往变化为人形。"[6]

黄精在诗文中也是作为仙草存在。杜甫《太平寺泉眼》言服食黄精使人生出仙人一样的毛发和羽翼："三春湿黄精，一食生毛羽。"[7]杜甫《丈人山》言服食黄精能减少白发，使人的肌肤

---

[1] 〔宋〕《苏轼诗集》卷二五《常州太平寺法华院蒼卜亭醉题》，第1350页。
[2] 〔唐〕贾岛撰，齐文榜校注《贾岛集校注》卷九《赠丘先生》，中华书局，2020年，第555页。
[3] 〔唐〕徐凝《束白丈人》，彭定求等编《全唐诗》卷四七四，第5384页。
[4] 〔宋〕释智圆《茯苓人》，傅璇琮主编《全宋诗》，北京大学出版社，1991年，第3册，1498页。
[5] 〔元〕黄庚《拟古》，杨镰主编《全元诗》，第19册，第117页。
[6] 〔宋〕欧阳修著，李逸安点校《欧阳修全集》卷一《送京西提点刑狱张驾部》，中华书局，2001年，第13页。
[7] 〔唐〕杜甫著，仇兆鳌注《杜诗详注》卷七《太平寺泉眼》，第600页。

像仙人一样保持冰雪姿容:"扫除白发黄精在,君看他时冰雪容。"①北宋韩维诗言服食黄精可以返老还童,"服之岁月久,衰羸反童颜",又将其比喻为不死药,"何以喻珍重,如获不死丹"②。黄精可以用"九蒸九晒"的方法,激发药材的最佳疗效,中唐韦应物诗有《饵黄精》言:"灵药出西山,服食采其根。九蒸换凡骨,经著上世言。"③

(四)道教服食理念和文士的采药热情

道教认为仙与人的区别在于仙人不食五谷,身体轻盈,而凡人的身体浊重,不能飞升。故修炼者模拟仙人绝谷食气。但从现实角度,完全断绝食物是不可能的,故又有以药草代替谷物的服食方法。《云笈七签·服药论》对此论述如下:

> 夫五脏通荣卫之气,六腑资水谷之味。今既服气,则藏气之有余。又既绝谷,则腑味之不足。《素问》曰:"谷不入,半日则气衰,一日则气少。"故须诸药以代于谷,使气味兼致脏腑而全也。"清阳为天,浊阴为地。""清阳出上窍,浊阴出下窍。清阳发腠理,浊阴走五脏。清阳实四肢,浊阴归六腑。清阳为气,浊阴为味。味归形,形归气,气归精。精食气,形食味。"气为阳,味为阴。阴胜则阳病,阳胜则阴病。和气以通之,味以实之。通之则不愈,实之则不羸矣!今以草木之药性味于脏腑所宜,为安脏丸、理气膏,其先无病疢、脏腑平和者,可常服此丸膏,并茯苓、巨胜等单服之药。若

---

① 《杜诗详注》卷十《丈人山》,第826页。
② 〔宋〕韩维《答象之谢惠黄精之作》,《全宋诗》第8册,第5130页。
③ 〔唐〕韦应物撰,孙望校笺《韦应物诗集系年校笺》卷六《饵黄精》,中华书局,2002年,第294页。

脏有疾者，则以所宜者增损之服。如先有痼疾及别得余患者，当别医攻疗，则非此之所愈也。其上清方药各依本经，禀受者自宜遵服。①

此论讲述三层意思：第一，身体五脏靠气血运行，六腑靠水和谷物维持。通过断绝谷物服食精气修习道术，则需要用药草代替谷物，以保证五脏六腑气血充盈精力充沛。第二，阐述服食精气和服食药草的理念，"气为阳，味为阴"，指出气、味二者须平衡，人体才能阴阳和谐，不疲惫羸弱。第三，指出身体平和无疾病的人，可以经常服用草药制成的安脏丸、理气丸等合成药或者单服茯苓、巨胜等药；身体有较轻疾病的，可以依据症状增减服食此类草药；若身体有顽固疾病，则需要先就医治疗，不能以此类药物代替治疗疾病。

道教绝谷食气的修炼法门也深受文士喜爱，采药服食也成为一种风尚。以"采药"为题的诗文，大多特指采寻仙草、丹药的原料等，带有明显的道教服食文化色彩。如庾阐《采药诗》：

采药灵山嶀。结驾登九嶷。悬岩溜石髓。芳谷挺丹芝。泠泠云珠落。灌灌石密滋。鲜景染冰颜。妙气翼冥期。霞光焕藿靡，虹景照参差。椿寿自有极，槿花何用疑。②

诗人采药的地方不是普通的山林，而是灵山和九嶷仙山：陡峭的悬崖上有石髓滑落，秀美的山谷中有灵芝生长，晶莹的云珠落下发出泠泠的声音，香甜的石蜜堆积到快要垂落下来；山光清冷，妙气逼人，霞光照耀着山间的藿草蘼芜，彩色的虹光参差错落。

---

① 《云笈七签》卷五七《服药论》，第1260—1261页。
② 〔晋〕庾阐《采药诗》，丁福保编《全汉三国晋南北朝诗》，第446页。

采药服食可得长生，普通人难以窥视其奥妙，大椿以八千岁为春，以八千岁为秋，朝开暮落的槿花是很难理解的。

又如宋代陆游《采药》诗云："簺子编成细箬新，独穿空翠上嶙峋。丹砂岩际朝暾日，狗杞云间夜吠人。络石菖蒲蒙绿发，缠松薜荔长苍鳞。金貂谒帝我未暇，且作人间千岁身。"①背着新编好的竹簺，独自一人进入山林，丹砂岩际，早上阳光温暖和煦，云间山岭，晚上犬吠惊吓路人，菖蒲盘绕着石块发出新绿，薜荔缠绕着松树长出斑鳞，与其争着拜谒帝王获取权贵，不如采药服食长寿延年。此诗颔联"狗杞"一语双关，谐音"枸杞"，与"丹砂"成为药名对。"采药"一词出现在诗句中，也多指采集仙药，如楼钥《送张子宓分教沣阳》"读书记群玉，采药思浮丘"②，用仙人浮丘采药的典故；崔与之《题吉水鼋潭李氏仁寿堂》"采药求长年，华发世所希"③，也是指服食仙药获得长寿。

（五）寿仙谷灵芝、石斛产品的研发

野生的灵芝、石斛、藏红花都罕见。古人对灵芝的书写多是想象，也是因为灵芝极其少见，宋代太宗皇帝赵炅有《逍遥咏》"灵芝出见少人知，此是含玄故不疑"④，帝王都少见，更何况普通人。石斛生长在悬崖绝壁，采摘困难，在古代也是贡品，不是一般人能够服用的。寿仙谷药业培育种植灵芝、石斛、藏红花，其首要贡献是可以让更多人能服食这些名贵药材。《云笈七签·十洲三岛》

---

① 〔唐〕陆游著，钱仲联、马亚中主编《剑南诗稿校注》卷二十《采药》，《陆游全集校注》，浙江古籍出版社，2015年，第4册，第359页。

② 〔宋〕楼钥著，顾大朋点校《楼钥集》卷四《送张子宓分教澧阳》，浙江古籍出版社，2010年，第94页。

③ 〔明〕崔与之《崔清献全录》卷八遗诗《题吉水鼋潭李氏仁寿堂》，明嘉靖十三年（1534）唐胄邵炼刻本，第8a页。

④ 〔明〕赵炅《逍遥咏》其二〇，《全宋诗》，第1册，第370页。

在叙述海外仙山时，写道："仙家数十万，琼田芝草，课计顷亩，如种稻状。"① 古人想象神仙居住的地方，灵芝多得像稻米一样。寿仙谷通过先进的技术大规模培育灵芝，使存在于古人想象中的仙界景象重现人间。更重要的是，寿仙谷通过把传统中药炮制工艺与现代技术相结合，提升了药材的使用价值和滋补效果。寿仙谷主要推出的产品有灵芝孢子粉、铁皮枫斗灵芝浸膏、铁皮枫斗颗粒、西红花铁皮枫斗浸膏等，其灵芝孢子粉破壁、去壁等精细加工技术，处于行业领先地位。

三、山水诗境与自然培育

寿仙谷文化重视道法自然的理念，在灵芝、石斛等药材的培育中，坚持天然有机的种植模式。古人诗文中对灵芝、石斛生长环境和移栽方式的叙述，以及崇尚自然的理念，也对寿仙谷培育有机国药有诸多启发。

（一）古人笔下"灵芝""石斛"的生长环境

灵芝一般生长在幽深的人迹罕至的山林。古人经常前往深山寻找灵芝，如唐代诗人姚合诗言"独向山中觅紫芝，山人勾引住多时"②。生长灵芝的山林往往险峻崎岖，如宋吕颐浩诗言，"山居犹不厌山行，石磴敧危步履轻。夹路不闻双阙在，幽岩应有五

---

① 《云笈七签》卷二六《十洲三岛》，第602页。
② 〔唐〕姚合著，刘衍校考《姚合诗集校考》卷一《送别友人》，岳麓书社，1997年，第15页。

芝生"①，在危险狭窄到不能下脚的山谷，在幽深的岩石边上应该有紫芝生长。灵芝生长还需要清洌的山泉和清洁的空气。诗文中的灵芝经常生长在云雾缭绕、雨露丰盈的山涧。如南陈僧人释洪偃《游钟山之开善定林息心宴坐引笔赋诗》：

> 杖策步前岭。褰裳出外扉。轻萝转蒙密。幽径复纤威。树高枝影细。山尽鸟声稀。石苔时滑屐。虫网乍粘衣。涧傍紫芝晔。岩上白云霏。松子排烟去。堂生寂不归。穷谷无还往。攀桂独依依。②

这首诗虽然不是写灵芝，但从山林描写也能看出灵芝生长的生态环境。萝蔓茂密，小路迂回，树高影细，山深鸟稀，石苔湿滑，虫网粘衣，灵芝就生长在这样人迹罕至、气候湿润、植被茂盛的山谷溪流边上。又如唐人崔涂诗"草杂芝田出，泉和石髓流"③，明人苏平诗"松花雨过通泉脉，芝草香生识地灵"④，明人李时行诗"岩端蔼瑞露，涧底生灵芝"⑤，都指出灵芝生长在水源丰富的地方。另外，古人把灵芝当作仙药和祥瑞，他们认为灵芝生长的地方必定地脉灵气充盈、环境优美。如南梁范云诗："终朝

---

① 〔宋〕吕颐浩著，徐三见点校《吕颐浩集》补遗佚诗八首《次韵沈元用游天台三首》其二，浙江古籍出版社，2012年，第156页。
② （南朝）释洪偃《游钟山之开善定林息心宴坐引笔赋诗》，《先秦汉魏晋南北朝诗》，下册，第2624页。
③ 〔唐〕崔涂《题嵩阳隐者》，彭定求等编《全唐诗》卷六七九，第7770页。
④ 〔明〕苏平《紫微山》，曹学佺辑《石仓十二代诗选》明诗卷八三，明崇祯刻本，第18b页。
⑤ 〔明〕李时行《李驾部集》，《青霞漫稿》卷之一《泰泉山中观泉》，清道光二十年（1840）南海伍氏诗雪轩刻粤十三家集本，第3a页。

吐祥雾，薄晚孕奇烟。洞涧生芝草，重崖出醴泉。"[1]灵芝生长在早晨祥雾萦绕，傍晚烟霞奇幻，清冽的泉水从岩石边涌出的山洞或山涧。又明人彭孙贻诗云，"草秀自生芝"[2]，指出山灵水秀草木繁盛的地方，灵芝就能自然地生成。

古人还有种植灵芝的叙述。宋毛滂有《广鉴大师观上人为灵芝数百众故乞从檀施乞米求予诗送行为作一首予昔为武康县令观师吾邑人也》一诗，诗题明确记录了观上人种植灵芝的事迹。[3]古人种植灵芝也选择山清水秀的地方，如宋人曾志尧《题军山徐秀才居》诗云："买断军峰不计钱，屋前屋后水潺潺。……金鼎欲成红气溢，玉芝初种紫苗悭。"[4]此诗言灵芝刚生长出来紫色芝苗短小的样子，有几分写实。又如宋赵鼎《次张真君韵》："闻君结屋临山涧，多种黄精与紫芝。云气每占华盖顶，松阴长护玉津池。溪流盘转近百里，山色清虚无一姿。传得仙人新句法，封题遥寄五言诗。"[5]张真君种植黄精和紫芝的地方，山顶云气缭绕，松树高大，溪流婉转，山色清虚。

野生石斛主要生长在人迹罕至的悬崖峭壁。元代虞集诗云"石斛金钗感素秋，洞悬钟乳入山幽"[6]，言石斛生长在幽深的山谷。

---

[1]（南朝）范云《答句曲陶先生诗》，《先秦汉魏晋南北朝诗》，中册，第1545页。

[2]〔明〕彭孙贻《东游纪行一百二十二韵往历下省觐作》，《茗斋集》卷一，《四部丛刊续编》景写本，第27a页。

[3]〔宋〕毛滂著，周少雄点校《毛滂集》卷一《广鉴大师观上人为灵芝数百众故乞从檀施乞米求予诗送行为作一首予昔为武康县令观师吾邑人也》，浙江古籍出版社，2012年，第10页。

[4]〔宋〕曾志尧《题军山徐秀才居》，曾燠辑《江西诗征》卷五，清嘉庆九年（1804）刻本，第2b页。

[5]〔宋〕赵鼎《次张真君韵》，《忠正德文集》卷五，《影印文渊阁四库全书》，1128册，第712页。

[6]〔元〕虞集《会后将登华山按茆冈玄卿先往候予至》，杨镰主编《全元诗》，第26册，第228页。

元代隐士陈樵诗云"丹砂伏火有光景，石斛依空无死生"①，言石斛生于峭壁。清毕沅《玉垒关》："上揭巑岏万仞之危峦，下临瀰湃无垠之急水。……子规声里山凝黛，开遍金钗石斛花。"②玉垒关耸立在万仞高峰上，山下有澎湃激荡的流水。在玉垒关所处的深山中，金钗石斛生长繁盛。在气候湿润的地方，石斛也会生长在枯木或屋檐上。明代杨慎《雨中漫兴柬泓山中溪洱皋》其一："风袅芭蕉羽扇斜，云峰苔壁对檐牙。满城连日黄梅雨，开遍金钗石斛花。"③黄梅雨过后，在长满青苔的石壁和屋檐上，开满了石斛花。石斛生长需要水分，但也不喜欢过度湿润。清人史梦兰诗："家家石斛钗横屋，处处金刚纂插篱。（自注：滇南气候四时常如初春，花木不绝。金钗石斛性喜燥，植屋上更茂。）"④云南是野生石斛的生长地之一，由于气候更为湿润，所以本地人多把石斛种植在屋檐上。

　　古人也有移栽石斛的尝试。南宋洪咨夔《石斛》："瓦盆风弄晚，披拂一襟凉。"应该就是在瓦盆中移栽石斛。清人吴省钦《宁远归次杂题》："却向文园治病肺，瓦盆石斛露金钗。"⑤清袁昶《种鲜石斛》：

---

① 〔元〕陈樵《鹿皮子集》卷三《霜岩石室》其三，《影印文渊阁四库全书》，第1216册，第687页。

② 〔清〕毕沅《灵岩山人诗集》卷二四《玉垒关》，《清代诗文集汇编》影印清嘉庆四年（1799）毕氏经训堂刻本，上海古籍出版社，2010年，第369册，第563页。

③ 〔明〕杨慎《升庵集》卷三四《雨中漫兴柬泓山中溪洱皋》其一，《影印文渊阁四库全书（补配文津阁四库全书）》，第1270册，第242页。

④ 〔清〕史梦兰《尔尔书屋诗草》卷七，《清代诗文集汇编》影印清光绪元年（1875）止园刻本，第654册，第408页。

⑤ 〔清〕吴省钦《白华前稿》卷五二《宁远归次杂题》，《清代诗文集汇编》影印清乾隆刻本，第371册，第671页。

上编 "寿生有道"的理论本源

我无薏苡珠,立功跕鸢塞。耻遗君父忧,未锄非种莠。鄞南晚宿留,镵柄荒园对。友贻玉一丛,葱蒨根叶碎。叶叶圆如玑,寄生苍石背。蓄之丹砂盆,待发金钗蕾。沃以黄山泉,浸宜纯酎醅。云能清热痛,又治脚气痹。长忆白云源,罗生云晻曖。节任山魈扪,缅悬野人采。山灵招来归,揽结谁遗佩。吾衰服食须,愿言树之背。种移灊霍闲,秀出茅篁内。药雠桐君录,仙躅松子队。不办沸时危,且耽清净退。惟有延年资,慰予勤一溉。①

诗人从朋友处得到一盆石斛,连带根石一起养在丹砂盆中,经常用泉水浇灌。诗人还指出野生石斛生长在悬崖峭壁,采摘困难,常有坠崖风险。移栽石斛比较困难,苏轼曾在《菖蒲赞并序》中指出:"凡草木之生石上者,必须微土以附其根。如石韦、石斛之类,虽不待土,然去其本处,辄槁死。"②

浙江自古也是产灵芝石斛的地方,古人诗文中有记载。唐代李缜《奉和郎中游仙岩四瀑布寄包秘监李吏部赵婺州中丞齐处州谏议十四韵》:"求古理方赜,玩奇物不殚。晴光散崖壁,瑞气生芝兰。"③诗中所述"仙居岩"应在今台州仙居县。元末浙江永嘉人梅芹《自题小像》:"石斛花开劫外春,百城烟水漫劳神。"④

---

① 〔清〕袁昶《于湖小集》诗四《种鲜石斛》,《清代诗文集汇编》影印清光绪袁氏水明楼刻本,第761册,第213页。
② 〔宋〕苏轼撰,茅维编,孔凡礼点校《苏轼文集》卷二一《石菖蒲赞并序》,中华书局,1986年,第617页。
③ 〔唐〕李缜《奉和郎中游仙岩四瀑布寄包秘监李吏部赵婺州中丞齐处州谏议十四韵》,《全唐诗》卷八八七,第10030页。
④ 《(嘉靖)永嘉县志》卷八《仙释》,明嘉靖四十五年(1566)刻本,第55b页。

清袁昶《种鲜石斛》自注:"吾乡富春山茅坪村,处处有之。有人缒绝壁下采之,山鬼来解缒,一若呵护此草本者。此儿时所闻于长老。"①富春山茅坪村在今浙江桐庐县。

(二)寿仙谷的有机培育理念

寿仙谷文化崇尚天地人和、道法自然的理念。为打造有机国药第一品牌,寿仙谷在灵芝、石斛的培育上也重视顺应自然,有机种植。首先,寿仙谷为灵芝、石斛寻找适合生长的自然环境。地理志记载浙江多地产灵芝、石斛,金华武义都有出产灵芝、石斛的记录。明成化《处州志》记载处州人詹适,嘉祐四年中进士,家族有德行,"尝庐墓有灵芝之瑞"②。处州即今丽水市,紧挨着武义南边。明万历《金华府志》记载唐冯子华孝敬父母,"庐墓有灵芝白鹿之祥"③。孝冯祠在今义乌市赤岸镇。金华和武义都是野生石斛的生长地。雍正《浙江通志》在"物产"类目下记载:"风兰,兰谱,金华山岩壑深处,悬根而生,但用乱发衬之,空悬自活,根即石斛。"④光绪《宣平县志》"物产"类目下记载:"石斛,俗名吊兰,丛生高山岩石上,根结甚繁,其茎叶生皆青色,干则黄色,开白花,节上自生根须,人有取来以砂石栽之,或以物盛挂檐下,经年不死,俗名为千年润。"⑤民国《宣平县志》:"鐼岩,在县东南十里橄榄源,巍峨矗立,高数十丈,磴上多产

---

① 〔清〕袁昶《于湖小集》诗四《种鲜石斛》,《清代诗文集汇编》影印清光绪袁氏水明楼刻本,第761册,第213页。

② 《(成化)处州府志》卷七《孝义》,明成化二十二年(1465)刻本,第34b页。

③ 《(万历)金华府志》卷二三《祀典》,明万历刻本,第20a页。

④ 《(雍正)浙江通志》卷一〇六《物产》,《影印文渊阁四库全书》,第521册,第662页。

⑤ 《(光绪)宣平县志》卷一七《物产》,清光绪四年(1878)铅印本,第23b页。

石斛，其形似籈故名。"[1] 宣平县，今属武义。寿仙谷药业的灵芝、石斛培育基地，位于浙江省武义县白姆乡源口水库大坝脚下。此地位于武义县西侧山脉下，周边山岭逶迤，湖水清透，远离城镇，具备灵芝、石斛生长的自然环境。为了保障药材的质量，寿仙谷药业的药材都是严格按照培育标准统一培植，做到产品身份可溯源。其次，寿仙谷独创仿野生有机中药高效高产栽培技术，尽可能还原灵芝、石斛在野生状态下的生长方式。从古人移栽经验，可以看出石斛很难栽培。寿仙谷经过不断尝试，模仿岩石山林间植物自然腐败形成的生态环境，以此作为培养基培育出了真正的天然有机的石斛。寿仙谷文化重视天地人的和谐，故其药草栽培也坚持不断地向自然学习。

结语

传统诗文是古代文化的精华所在，其对仙道文化、灵芝石斛等仙草文化的书写承载着古人的美好愿望和经验。寿仙谷在建设企业文化时，非常重视汲取传统文化的精髓，在此基础上进行文化创新。寿仙谷文化不仅重视抬头看天，探寻仙道的奥秘，搜集散落在历史长河中的文化星芒，也重视脚踏实地做实业。作为武义的本土企业，寿仙谷深受吕祖谦"实学"精神的影响，在发展中重视技术投入，自主研发新品种、新工艺，为灵芝、石斛制定多项国内、国际标准，成立院士专家工作站，组建创新研发团队，使每一步发展都落在了实处。寿仙谷作为医药企业，严格把关产品质量和安全，"独善"之外，也重视"兼济"，为本行业发展做出诸多贡献。

---

[1] 《（民国）宣平县志》卷一《舆地志》，民国二十三年（1934）铅印本，第10b页。

第五章 从仙瑞到福寿：灵芝文化意蕴在两宋的发展

灵芝，属可食用的大型真菌，种类繁多，有赤芝、紫芝、黑芝、白芝、黄芝、青芝等常见品种，因而文献中存六芝之说。早在先秦时期，灵芝就被赋予超脱植物本身的意蕴，在历史发展中，内涵得以不断丰富，从而形成源远流长的中国古代灵芝文化[①]。

---

① 中国灵芝文化历史悠久，随着人们生活水平日益提高，日益引起学界的关注与讨论。林建松《论灵芝在中华历史文化中的影响》(《中国食用菌》1998 年第 6 期，第 5—6 页)、卯晓岚《"中国灵芝文化"题要》(《中国食用菌》1999 年第 4 期，第 3—5 页)属于国内较早关注灵芝文化的叙述。其后芦笛《古代灵芝文化的形成、社会认同和影响——以正史资料为中心的考察》(《文化遗产》2014 年第 6 期，第 30—36 页)、唐文昊《我国古代文献中关于灵芝的论述》(《中国食用菌》2019 年第 8 期，第 102—104 页)、张晓东《中国灵芝文化早期形成考论》(《地域文化研究》2022 年第 1 期，第 49—59 页)主要聚焦先秦至两汉时期文献中灵芝的记载情况，分析灵芝文化的缘起与形成。孙振涛《〈全唐诗〉中的"灵芝"文化意蕴考》(《集宁师范学院学报》2018 年第 1 期，第 1—6 页)、刘春梅《唐人诗歌作品中的"灵芝"意象》(《中国食用菌》2019 年第 4 期，第 78—79 页)对唐代文学作品中的灵芝意象进行讨论，亦涉及灵芝文化在唐代发展演变情况的分析。关于宋代灵芝文化，张晓东《中国古代文学灵芝意象与题材研究》(南京师范大学 2019 年硕士论文)、胡楠《中国古代灵芝文化研究（先秦至宋）》(华中师范大学 2022 年硕士论文)两篇论文部分章节对宋代灵芝进献、文学意象和文献记载情况进行了梳理。事实上，在宋人诗词文中留下了大量关于灵芝采集、进献以及灵芝与宋人日常生活、社会观念的描述，目前的专题讨论尚缺，总体研究单薄。宋代灵芝文化现象，不仅构成了中国古代灵芝文化的一个重要组成部分，而且蕴含宋代政治文化、社会变迁、饮食结构、日常观念等丰富内容。从历史、文学、文献学等学科，从政治文化史、社会生活史等多重视角，对宋代灵芝文化意涵的发展变化进行讨论，目前存在较大的推进空间。

因其与各历史时期的政治、社会交织，灵芝文化呈现特定的时代特征。灵芝得以超脱植物本身的食用、药用价值，经过先秦至西汉时期的创造性阐释，形成仙草、瑞草双重意蕴，在政治领域被不断运用，从而演变成一种政治文化。宋代灵芝文化继承唐代，不断增加新的时代内容，从而进入一个新的发展阶段。在北宋，灵芝被进一步神秘化，对帝王政治产生一定影响，其政治意蕴得以扩大。当然，灵芝在帝王政治中发生作用的程度、影响的范围，皆受君主喜恶、意愿的影响。在宋代，一方面，灵芝的政治神秘性被不断演绎，另一方面，灵芝文化的受众得以持续扩展，深入民众的日常生活。

一、从仙草到瑞草意蕴的演化

灵芝，作为中国文化中拥有特殊地位的药草，其文化意义远超现代植物学意义。古人大抵将其作为仙草、瑞草，并由此衍生出一系列文化意蕴。

灵芝早先被赋予的是仙草意蕴，即灵芝乃仙人所食之物，食之可长生不老。灵芝从普通的植物变成神奇的仙草，原因复杂多样。首先，和灵芝的生长习性有关。作为菌类的一种，灵芝并没有真正的根系，文献中有"烨烨神芝，不根而植"[1]"有茁者芝，有粲其房，不植不根"[2]等描述。灵芝无根系的生长特性，超越古人对植物的一般认知，易被神化。其次，和灵芝多样的生长形

---

[1]〔元〕脱脱等《宋史》卷一三八《朝会》，中华书局，1985年，第3254页。
[2]〔宋〕薛季宣《灵芝赋》，曾枣庄、刘琳主编《全宋文》卷五七七四，上海辞书出版社、安徽教育出版社，2006年，第49页。

态有关。灵芝拥有"离为六茎,枝柯耸密"①"一茎三花"②等奇异造型,易被赋予华贵美好之意。再次,还和灵芝的生长环境有关。芝,属于草本植物,"神草也,从草从之"③,通常生长并隐匿于草丛之中,"草丛芝出"④的景象易被阐释。最后,还和灵芝的生长周期有关。芝,"一岁三华"⑤,被视作"瑞草"⑥。古代灵芝以野生为主,"芝自难得"⑦,即使是最常见的紫芝也被视作不可长久服食的珍品。灵芝无根而生、形状奇异、隐匿草丛、一岁三华、寻获不易,区别于一般植物,拥有易被神化的诸多特性。

灵芝,具有一定的药用价值,被视为珍稀食物的历史可追溯至先秦。目前最早食用"芝"的记载见《礼记·内则》,注曰:"芝栭、蕡、柿、瓜、桃、杏、楂、梨,盖亦盛之以笾,而不见于笾人,则此乃人君私燕所用也。"⑧由此可知,芝栭是一种食材,且仅供君主食用。若芝栭指灵芝,则大致可以断定,灵芝在战国

---

① 〔宋〕蔡襄《芝草述》,曾枣庄、刘琳主编《全宋文》卷一〇一八,上海辞书出版社、安徽教育出版社,2006年,第205页。
② 〔后晋〕刘昫等《旧唐书》卷一〇《肃宗本纪》,中华书局,1975年,第261页。
③ 〔汉〕许慎撰,陶生魁点校《说文解字》,中华书局,2020年,第15页。
④ 胡楠《中国古代灵芝文化研究(先秦至宋)》,华中师范大学2022年硕士论文,第17—23页。
⑤ 〔清〕郝懿行著,吴庆峰、张金霞、丛培卿、王其和点校《尔雅义疏》,齐鲁书社,2010年,第3474页。
⑥ 〔清〕郝懿行著,吴庆峰、张金霞、丛培卿、王其和点校《尔雅义疏》,齐鲁书社,2010年,第3474页。
⑦ 〔明〕李时珍《本草纲目》卷二八,文渊阁四库全书本,台湾商务印书馆,1983年,第773册,第587页下。
⑧ 〔清〕孙希旦撰,沈啸寰、王星贤点校《礼记集解》卷二七《内则》,中华书局,1989年,第748页。不同注者对"芝栭"的认识有异,"愚谓孔氏以芝栭为一,则为三十一物,贺氏以芝栭为二,则为三十二物,未知孰是"。

至秦汉时已被作为食材。《本草纲目》记载,"昔四皓采芝"[1]"芝亦菌属可食者,故移入菜部"[2]。"四皓采芝"[3]的故事发生在秦

---

[1] 〔明〕李时珍《本草纲目》卷二八,文渊阁《四库全书》本,台湾商务印书馆,1983年,第773册,第587页下。

[2] 〔明〕李时珍《本草纲目》卷二八,文渊阁《四库全书》本,台湾商务印书馆,1983年,第773册,第587页下。

[3] 灵芝,在中国古代文学创作中被作为托物言志的典型意象。《孝经援神契》有言,"德至草木则芝草生,善养老则芝草茂"(〔清〕汪灏《广群芳谱》卷八七,上海书店出版社,1985年,第2083页)。灵芝被赋予"孝"的意涵,作为孝行的一种象征。汉代有孤女收殓父母遗骸,于是"紫芝生庐下"以表其孝(原文:"王氏所收生母及继母之骨,并立父像,招魂迁葬,庐于墓侧。有紫芝生庐下,又有白鹿常驯扰近墓。高宗永徽中下诏表其间闾,赐以粟帛。"〔汉〕刘向撰,〔明〕汪道昆增辑、仇英绘图《列女传》卷九,明万历刻清乾隆四十四年(1779)鲍氏知不足斋印本)。唐代也有张九龄因母亡"毁不胜哀",于是"有紫芝产坐侧,白鸠、白雀巢家树"的故事(〔宋〕欧阳修、宋祁《新唐书》卷一二六《张九龄传》,中华书局,1975年,第4428页)。在宋代,芝草感于孝心生于家中、墓旁的故事更是频发,并产生《玉芝赞》(原文:"申罔极之哀,尽善居之礼。里间率化,生植效祥,乃有玉芝,产于茔域。"(南唐)徐铉撰,李振中校注《徐铉集校注》卷二四《玉芝赞》,中华书局,2016年,第709页)、《江氏芝木铭》(原文:"宗子有孝子,使客归其宅。爰发其祥,细芝紫茎,凡囿南北,孝思作则。"〔宋〕黄庭坚《江氏芝木铭》,曾枣庄、刘琳主编《全宋文》卷二三二八,上海辞书出版社、安徽教育出版社,2006年,第286页)、《庆芝堂记》(原文:"陈氏能从上之化,以孝行卓出乡闾间,此芝所以为国家祥、为郡邑瑞、为陈氏庆一也。"〔宋〕李公彦《庆芝堂记》,曾枣庄、刘琳主编《全宋文》卷二九八九,上海辞书出版社、安徽教育出版社,2006年,第348页)等进行纪念。此外,灵芝还常和品行高洁、不慕虚荣等品格联系在一起。这主要源于秦末汉初商山四皓的隐逸之事,即四位博士官面对秦时暴政隐于商山,并作"莫莫高山,深谷逶迤。晔晔紫芝,可以疗饥"的《紫芝曲》,直至刘邦废太子,商山四皓才出山,并在政局稳定后拒绝封赏又再次归隐(〔明〕蒋一葵撰,吕景琳点校《尧山堂外纪》卷三《高帝邦》,中华书局,2019年,第86页)。后人感于商山四皓的高尚品德,常作诗以纪念,如"但

末汉初,由此可断定最迟在西汉初期,灵芝已被作为一种食材。成书于东汉的《神农本草经》对不同种类灵芝的药用功效有详细说明,赤芝主胸中结,补中,增智慧;黄芝主心腹五邪,益脾气,安神;白芝益肺气,通利口鼻,强志意;黑芝主癃,利水道,益肾气,通九窍;紫芝利关节,保神,益精气,坚筋骨[①]。食灵芝可长生,则是对其药用功效的扩大和神化。

灵芝仙草化和先秦时期楚国的祭祀文化有密切关联。灵芝以

得戚姬甘定分,不应真有紫芝翁"(〔清〕王鸣盛著,顾美华整理标校《蛾术编》卷七七,上海书店出版社,2012年,第1136页)"本为留侯慕赤松,汉庭方识紫芝翁"(〔唐〕李商隐撰,刘学锴、余恕诚《李商隐诗歌集解·四皓庙》,中华书局,2004年,第628页),"紫芝翁"代指四皓。由此,灵芝也逐渐被喻指贤人。如《浣溪沙》云:"壮志还同诸葛膝,清名还似紫芝眉。"(〔宋〕韩淲《浣溪沙》,唐圭璋编《全宋词》,中华书局,1965年,第2245页)《寄柴教授启》云:"论资刻日,谓不待拜于紫芝。"(〔宋〕陈造《寄柴教授启》,曾枣庄、刘琳主编《全宋文》卷五七五六,上海辞书出版社、安徽教育出版社,2006年,第186页)灵芝,与四皓坚守原则拒绝与暴秦合作,拒绝封赏坚持归隐的行为相联,被赋予品行高洁、不慕虚荣的内涵。陆九渊《玉芝歌》有"灵华兮英英,芝质兮兰形。琼葩兮瑶实,冰叶兮雪茎"(〔宋〕陆九渊著,钟哲点校《陆九渊集》卷二五《玉芝歌》,中华书局,1980年,第304页),借灵芝赞颂贤士的品性纯良、廉洁正直。因商山四皓的归隐行为,又因灵芝常隐于山间,灵芝也被赋予隐逸之意。如"好去商山紫芝伴,珊瑚鞭动马头高"(〔唐〕白居易撰,顾学颉校点《白居易集》卷三一《醉送李二十常侍赴镇浙东》,中华书局,1979年,第701页)"山阴旧宅作仙坛,湖上闲田种芝草"(〔唐〕卢象《紫阳真人歌》,陈尚君辑校《全唐诗补编》卷一四,中华书局,1992年,第860页)"西见商山芝,南到楚乡竹"(〔唐〕宋之问撰,陶敏、易淑琼校注《宋之问集校注》卷二《游陆浑南山自歌马岭到枫香林以诗代书答李舍人适》,中华书局,2001年,第441页),皆借种芝草寄托归隐之志。

① 王筠默、王恒芬辑著《神农本草经校证》,吉林科学技术出版社,1988年,第131—133页。

仙草形象示人，从楚国诗人作品中可见一斑。瑶姬仙魂化草的传说，出自宋玉《高唐赋》。瑶姬自称"妾在巫山之阳，高丘之岨。旦为朝云，暮为行雨"[1]，强调其施云布雨的能力。《襄阳耆旧记》则称，"我帝之季女也，名曰瑶姬，未行而亡，封于巫山之阳台，精魂依草，实为灵芝，媚而服焉，则与梦期"[2]。这一版本明确指出瑶姬仙魂化为灵芝，体现灵芝仙草的奇异之处，并没有赋予其"长生"功效。食灵芝可长生的功效见楚国诗人屈原的《山鬼》，"留灵修兮憺忘归，岁既晏兮孰华予？采三秀兮于山间，石磊磊兮葛蔓蔓"[3]。朱熹认为"三秀"[4]指灵芝，为了应对岁月采灵芝服食，暗示其长生效用。灵芝在楚文化的浸润中，一步步演变为有长生之用的仙草。战国末期，各国君主热衷追求长生之药，灵芝的长生功效不断被宣传，仙草形象得以固化。秦始皇求长生不老药，方士进言"臣等求芝奇药仙者常弗遇"[5]。在秦朝，灵芝是具有长生作用的仙草，已经被认可。

自此，灵芝作为有长生之用的仙草出现在传说、诗歌中。《神农本草经》记有华佗得知仙人服食灵芝，密告樊阿食之，则"轻身益气，年至五百余岁"[6]的故事。《神仙感遇传》记有萧

---

[1] 〔清〕王闿运撰，吴广平校点《楚辞释》附卷一一《高唐赋》，岳麓书社，2013年，第176页。
[2] 〔东晋〕习凿齿撰，黄惠贤校补《校补襄阳耆旧记》卷一《宋玉》，中华书局，2018年，第3页。
[3] 〔宋〕朱熹集注，夏剑钦、吴广平校点《楚辞集注》卷二《山鬼》，岳麓书社2013年版，第37页。
[4] 〔宋〕朱熹集注，夏剑钦、吴广平校点《楚辞集注》卷二《山鬼》，岳麓书社，2013年，第37页。
[5] 〔西汉〕司马迁《史记》卷六《秦始皇本纪》，中华书局，1982年，第257页。
[6] 〔明〕缪希雍《神农本草经疏》卷六，文渊阁《四库全书》本，台湾商务印书馆，1983年，第775册，第470页下。

静之食灵芝后"齿发再生，力壮貌少"①的传说。此外，各种诗文中，仙草灵芝与神仙往往相联。或是如"北饮兮飞泉，南采兮芝英"②"攘皓腕于神浒兮，采湍濑之玄芝"③，将收集灵芝作为仙人的重要活动之一，衬托仙人飘逸出尘的气质。或是如"（王母）自设膳，膳精非常，丰珍之肴，芳华百果，紫芝葳蕤，纷若填棵"④的描写，灵芝出现于神仙餐桌，丰满神仙形象。抑或是"下集芝田啄琼玖，玉乳金沙发灵窦"⑤"啄芝田而饮沆瀣兮，侣千仞之凤凰"⑥，以芝田代指仙人种植的田地肥沃。

宋代医书中有多例以灵芝命名的药方，多以"仙家摘嫩叶食之不饥"⑦介绍其习性，法上"仙芝"⑧的称呼，体现灵芝超越普通药材的超然身份。这给作为药材出现在医方的灵芝增添了玄秘色彩。在宋代，即使以"芝"命名的药方，未必包含灵芝。如收录于《素问宣明论方》主治补精气、助五脏、调六腑、驻颜不老

---

① 〔唐〕杜光庭撰，罗争鸣辑校《神仙感遇传》卷六《萧静之》，中华书局，2013年，第522页。

② 〔宋〕洪兴祖撰，白化文等点校《楚辞补注》卷一五《通路》，中华书局，1983年，第270页。

③ （三国魏）曹植著，赵幼文校注《曹植集校注》卷二《洛神赋》，中华书局，2016年，第420页。

④ 〔宋〕苏轼著，李之亮笺注《苏轼文集编年笺注》卷六四《判幸酒状·笺注》，巴蜀书社，2011年，第578页。

⑤ 〔宋〕苏轼撰，〔明〕茅维编，孔凡礼点校《苏轼文集》卷一九《凤咮砚铭》，中华书局，1986年，第550页。

⑥ 〔宋〕张春《鹤驾词》，曾枣庄、刘琳主编《全宋文》卷四七六〇，上海辞书出版社、安徽教育出版社，2006年，第273页。

⑦ 〔宋〕王介《履巉岩本草》卷上，《上寿灵芝草》，《续修四库全书》，上海古籍出版社，2002年，第990册，第104页。

⑧ 〔宋〕董汲《卫济宝书》卷下"服食仙翁指授散"条，文渊阁《四库全书》本，台湾商务印书馆，1983年，第741册，第823页。

的双芝丸，其中不乏石斛、麝香、人参等珍贵药材，但并未使用灵芝①。《太平惠民和剂局方》中的玉芝丸，所含药材仅白茯苓、人参、天南星，未见灵芝②。"双芝丸""玉芝丸"中的"芝"，仅是化用灵芝作为珍稀宝物的意蕴。在宋、金时期，灵芝药方虽然有，但数量稀少，现实医养、食用的记载少见，其更多是作为文学意象中的珍奇仙草。

灵芝的长生效用深入人心之后，又逐渐演化出长寿意蕴。典型表现在于，灵芝成为贺辞中的重要意象，如《代贺太上皇后加尊号表》③《代百官贺明堂成上礼表》④《寿李济夫》⑤《岑使君牧襄阳受代还朝某同赵德麟谢公定潘仲》⑥等。

灵芝仙草形象的塑造，离不开道教的推波助澜。《抱朴子》详细介绍灵芝的功用，"五芝及饵丹砂、玉札、曾青、雄黄、雌

---

① 〔金〕刘完素《宣明方论》卷一二《补养门》，文渊阁《四库全书》本，台湾商务印书馆，1983年，第744册，第824页。

② 〔宋〕陈师文《太平惠民和剂局方》卷四，文渊阁《四库全书》本，台湾商务印书馆，1983年，第741册，第554页。

③ 〔宋〕王质《代贺太上皇后加尊号表》，曾枣庄、刘琳主编《全宋文》卷五八〇七，上海辞书出版社、安徽教育出版社，2006年，第253页。原文："仰至德乎上皇，对扬休于吉日，颂徽音乎慈母，同衍寿于灵芝。"

④ 〔唐〕崔融《代百官贺明堂成上礼表》，〔清〕董诰等编《全唐文》卷二一八，中华书局，1983年，第2208页。原文："何以延蓂莆之凉，契芝英之寿。"

⑤ 〔金〕段成己《寿李济夫》，阎凤梧、康金声主编《全辽金诗》，山西古籍出版社，1999年，第2875页。原文："床头文史犹堪乐，眼底芝兰正可怜。但愿太平身健在，西风长醉菊花前。"

⑥ 〔宋〕李廌《济南集》卷一《岑使君牧襄阳受代还朝某同赵德麟谢公定潘仲》，文渊阁《四库全书》本，台湾商务印书馆，1983年，第1115册，第708页。原文："公如照乘珠，居朝作贤宝。公如三秀芝，后天锡难老。"

黄、云母、太乙禹余粮，各可单服之，皆令人飞行长生"①。于宋代完成的大型道教类书《云笈七签》，辑录大量与灵芝有关的修炼法门、咒语、药方，如《推诵黄庭内景经法》中"金房玉室，五芝宝生"②、《总说星》中"织女水官星能致神芝，食之寿与天地无极"③、《玄洲》中"饶金石紫芝"④等说法。不过，道教典籍对芝的阐释，与医药文献对灵芝分类、功效的描述不同。《抱朴子·仙药》指出，灵芝"有石芝，有木芝，有草芝，有肉芝，有菌芝，各有百许种也"⑤。在道教话语体系中，灵芝是由天地灵气、日月精华凝聚而成，可借助特定的宗教仪式催生获得。此灵芝并非停留于生物学概念，内涵也区别于先秦逐渐演化而来的灵芝仙草，实属依托现实存在的生物灵芝，吸收其"食之长生"的功能设定，进行解构之后发展而成的新概念。

灵芝的瑞草之说，是由仙草内涵衍生而来。在董仲舒的改造下，阴阳五行理论融入儒学体系，天人感应和符瑞灾异理论被用来解释君权和神权的关系。在仙草之说已得到充分认可的情况下，灵芝作为珍奇植物，既符合时人对祥瑞的想象，又能与汉武帝时期推行的土德相合。于是衍生出"王者德先地序，则芝草生"⑥"皇

---

① 〔晋〕葛洪著，王明校释《抱朴子内篇校释》卷一一《仙药》，中华书局，1985年，第196页。

② 〔宋〕张君房编，李永晟点校《云笈七签》卷一二《推诵黄庭内景经法》，中华书局，2003年，第317页。

③ 〔宋〕张君房编，李永晟点校《云笈七签》卷二四《日月星辰部总说星》，中华书局，2003年，第549页。

④ 〔宋〕张君房编，李永晟点校《云笈七签》卷二六《玄洲》，中华书局，2003年，第593页。

⑤ 〔晋〕葛洪著，王明校释《抱朴子内篇校释》卷一一《仙药》，中华书局，1985年，第197页。

⑥ 〔清〕汪灏《广群芳谱》卷八七，上海书店出版社，1985年，第2083页。

帝圣人（仁），故芝草寿征生"①的说法。灵芝，成为皇帝勤政仁爱、卓有功绩、受天地认可的象征，被赋予瑞草意蕴。

灵芝作为瑞草，最早可以追溯到甘泉殿产芝事件。汉武帝因"仙人好楼居"，兴建宫殿且"置祠具其下"，于是"有芝生殿防内中"②。在这一事件中，灵芝并非通过跋山涉水求得，而是在祭祀后生长于宫殿之内，这样的求取方式营造出仙人对汉武帝兴宫置祠以回应的神秘场景，象征着神仙对汉武帝功绩的充分认可。为了回应这一异象，汉武帝下诏大赦天下，并强调"毋有复作"③。不过，自此之后，上行下效，灵芝祥瑞频发。帝王因此更改年号进行封赏亦屡见不鲜。汉宣帝因"金芝九茎产于函德殿铜池中"，更年号为"神爵"，并"赐天下勤事吏爵二级，民一级，女子百户牛酒，鳏寡孤独高年帛。所振贷物勿收，行所过毋出田租"④。

灵芝，由仙草衍生出瑞草的意蕴，进而出现诸多进献祥瑞之举。由道教的助推，经历儒家的改造，灵芝与政治的关系从若即若离演变为愈加紧密。在这一历史发展过程中，灵芝意蕴在两汉时期逐渐实现神秘化、政治化。

---

① 〔汉〕王充，黄晖撰《论衡校释》卷一九《验符》，中华书局，1990年，第844页。
② 〔汉〕司马迁《史记》卷一二《孝武本纪》，中华书局，1982年，第478—479页。
③ 〔汉〕司马迁《史记》卷一二《孝武本纪》，中华书局，1982年，第479页。
④ 〔西汉〕班固撰，〔唐〕颜师古注《汉书》卷八《宣帝纪》，中华书局，1962年，第259页。

二、宋代灵芝祥瑞进献概况

两汉之后,灵芝祥瑞频发。从正史资料可见,历代皆有不少灵芝产出和进献的记录。芦笛对此进行过详细统计,南北朝6次,唐五代29次,宋朝279次,金朝8次,元朝21次,明朝13次,清朝2次[①]。宋朝记录数量为历朝之最,处于中国古代进献祥瑞的最高峰。

宋代灵芝祥瑞呈现鲜明的时代特点。其一,灵芝祥瑞出现频率高,单次进献灵芝数量庞大。据《宋史》记载,在大中祥符元年(1008)八月,王钦若献灵芝8139本[②];九月,赵安仁又献紫芝8700余本[③];十月,"泰山芝草再生者甚众",王钦若又献泰山芝草38050本,其中有"并五连、三连理者,五色重晕如宝盖"[④]等奇异形态。仅这三次进献,灵芝数量就达到了54800本,数量惊人。大中祥符六年(1013),丁谓来朝,进献总计150208本灵芝[⑤]。灵芝人工栽培技艺,虽见于魏晋至隋唐时的《种芝草法》,

---

① 芦笛《古代灵芝文化的形成、社会认同和影响:以正史资料为中心的考察》,《文化遗产》2014年第6期,第31页。
② 〔元〕脱脱等《宋史》卷六三《火上》,中华书局,1985年,第1389页。原文:"钦若献芝草八千一百三十九本,有贯草木、附石、连理及饰为宝山者。"
③ 〔元〕脱脱等《宋史》卷七《真宗本纪》,中华书局,1985年,第137页。原文:"九月,赵安仁献五色金玉丹、紫芝八千七百余本。"
④ 〔元〕脱脱等《宋史》卷六三《火上》,中华书局,1985年,第1389页。
⑤ 〔元〕脱脱等《宋史》卷六三《火上》,中华书局,1985年,第1391页。原文:"十月,丁谓来朝,献芝草三万七千一百八本,饰以仙人、宝禽、异兽之状;十一月,又献九万五千一百本。明年,车驾至真源,民有诣行阙献者,又一万八千本。"

但在特定节气埋丹砂、雄黄于名山的产芝方法仍停留在宗教仪式层面①，并未真正实现规模化生产。北宋时期为何出现数量如此庞大的灵芝进献，由数量真实与否引发一系列追问，包括若不属实又为何夸大数量、若属实则如何得来等，有待进一步探究。

其二，呈献灵芝祥瑞几乎涵盖北宋诸帝统治时期。对《宋史·五行志》中灵芝进献次数进行不完全统计，宋太祖时期10次，宋太宗时期35次，宋真宗时期123次，宋仁宗时期19次，宋神宗时期7次，宋徽宗时期28次，宋高宗时期6次，宋宁宗时期2次②。除钦宗、哲宗外，北宋诸帝在位期间均有灵芝祥瑞进献的记载。其中以宋真宗时期最频繁，占两宋灵芝祥瑞进献总次数的近一半。其具体分布有起伏，咸平年间5次，景德年间2次，大中祥符年间107次，天禧年间10次，乾兴年间1次。大中祥符这九年间，是真宗时期灵芝祥瑞进献最集中、最频繁的时段。这一时期，北宋内政趋于稳定，澶渊之盟后北宋和周边政权的冲突相对减少，财政好转，"上供惟钱帛增多，以移用颇减旧数"③，而"赢数不预焉"④。边境局势趋于稳定，加上澶渊之盟给真宗留下深刻的心理阴影，其试图通过道教确立皇位正统性，从而掀起了北宋崇道高潮。大中祥符元年（1008），演绎了神仙降天书之梦和左承天门降天书事件，继而改元、大赦⑤，其后"四方贡

---

① 不著撰人《种芝草法》，《道藏》，文物出版社、上海书店、天津古籍出版社，1988年，第19册，第335—336页。
② 数据来自〔元〕脱脱等《宋史》卷六三《火上》，中华书局，1985年，第1385—1397页。
③ 〔元〕脱脱等《宋史》卷一七九《会计》，中华书局，1985年，第4349页。
④ 〔元〕脱脱等《宋史》卷一七九《会计》，中华书局，1985年，第4349页。
⑤ 〔宋〕李焘《续资治通鉴长编》卷六八"大中祥符元年"条，中华书局，2004年，第1518—1519页。

谀者日多，帝好之弥笃"①。宋真宗修道祭祀，朝臣应喝，各地大兴道教，争献祥瑞。灵芝是道教极力推崇的仙草，象征国运强盛、皇帝仁德，从而成为阿谀奉承者讨皇帝欢心的有利工具。真宗时期，朝野弥漫在崇道之风中，从而出现两宋历史上亦是中国古代历史上灵芝进献最频繁的异象。

南宋朝，仅高宗、宁宗时期有灵芝祥瑞的记载。从总量上看，较北宋出现断崖式下跌。灵芝祥瑞进献，北宋频繁，南宋骤降，原因是多方面的。南宋疆域骤缩，原本适宜灵芝生长的产地京东东路、京东西路、京西北路、京西南路皆被金所占，仅辖川峡四路、两浙东路和两浙西路寥寥几个灵芝产区。靖康之变带来政局崩坏、社会动乱，社会现实与灵芝祥瑞存在强烈冲突，臣民认知趋于理性的趋势下，灵芝祥瑞进献逐渐从皇权政治中淡出。

其三，灵芝祥瑞产生地点带神秘性。宋代灵芝祥瑞除了出现在产地之外，还产生于政治场所或宗教场所。较能体现统治正统性的场所，包括泰山、文宣王庙、尧祠、岱岳等，往往成为灵芝祥瑞的生发地。如大中祥符元年，王钦若"祭文宣王庙，于孔林得芝五株"②；大中祥符八年（1015），"道州舜祠旁生芝二十一本"③。灵芝祥瑞生发的宗教场所，既包括佛教寺庙，也包括道教宫观。灵芝祥瑞经由唐朝的发展，已经出现了宗教化的表现方式，与佛教道教相融合④。至宋代，佛道共荣，宫观和寺庙争相进献灵芝，以谋求统治者更多的支持和更大的生存空间。

---

① 〔清〕毕沅《续资治通鉴》卷三〇"大中祥符五年"条，中华书局，1957年，第677页。
② 〔元〕脱脱等《宋史》卷六三《火上》，中华书局，1985年，第1388页。
③ 〔元〕脱脱等《宋史》卷六三《火上》，中华书局，1985年，第1392页。
④ 胡楠《中国古代灵芝文化研究（先秦至宋）》，华中师范大学硕士论文（2022年），第50—51页。

三、宋代君臣对灵芝的复杂态度

灵芝被赋予"瑞草"意蕴，于两汉灵芝文化形成初期就与政治紧密结合，成为彰显君主功绩、呈现国运昌盛的重要工具。至宋代，灵芝在君主追崇利用和理性认识的摇摆中进一步政治化，频繁出现于祭祀占卜场所，不同程度地影响政治。

在宋代灵芝政治意蕴发展过程中，君主对灵芝的矛盾性情感和态度，极具时代特色。一方面，帝王对灵芝的神力、象征力大加推崇，不仅"召群臣就观"[1]，还作诗吟诵，从而助推灵芝祥瑞频现。北宋灵芝进献频繁、数量巨大，与帝王对灵芝祥瑞的热衷密不可分。两宋有多位君主因获灵芝或和诗、或释囚、或赏赐。徽宗曾亲临蔡京、王黼宅邸观瑞芝，"宣和元年，道德院方奏金芝生，车驾幸观，因幸蔡京家鸣鸾堂置酒，时蔡京有诗，徽宗即席赐和"[2]。宁宗"诏减诸路流囚，释杖以下"[3]。另一方面，即使对灵芝追崇的君主，也偶有对灵芝祥瑞的贬斥，以徽宗和高宗为代表。徽宗除亲临臣子宅邸观芝外，还曾因密州太守李仲文进献灵芝三十万本，"即进职，除本道运使"[4]。受徽宗追捧灵芝

---

[1] 〔元〕脱脱等《宋史》卷二九七《鞠咏传》，中华书局，1985年，第9887页。
[2] 〔宋〕赵葵撰，程郁整理《行营杂录》，《全宋笔记》第七编，大象出版社，2016年，第7册，第145页。〔元〕脱脱等《宋史》卷二二《徽宗本纪》，中华书局，1985年，第413页。原文："丙寅，幸王黼第观芝。"
[3] 〔清〕毕沅《续资治通鉴》卷一五五《庆元五年》条，中华书局，1957年，第4170页。
[4] 〔宋〕周密著，杨瑞点校《齐东野语》卷六《祥瑞》，浙江古籍出版社，2015年，第101页。

祥瑞的影响，其执政时期臣僚献芝频繁，从而掀起了继真宗后第二次灵芝进献的高峰。政和二年（1112），出现李譓进献蟾芝异象，徽宗直接指出动物生芝的不合理之处，并"命以盆水渍之"，蟾芝于是"一夕而解，竹钉故楮皆见"[①]，李譓由此获罪。徽宗虽然偏爱灵芝祥瑞，但还是可以较理性地判断蟾芝之瑞乃人为伪造。徽宗一面追捧甚至助推灵芝祥瑞，一面又揭穿祥瑞造假，感性又掺杂理性，看似矛盾，实则符合有效利用灵芝祥瑞的政治意图。宋高宗对包括灵芝在内的诸种祥瑞，主要持贬斥态度。建炎二年（1128），密州献芝，高宗下诏推却。绍兴元年（1131），有献生穗枯橘为瑞，高宗曰："朕在潜邸时，梁间有芝草。府官皆欲上闻，朕手自碎之，不欲主此奇怪事。"[②] 中兴以来，对于言祥瑞者，高宗认为"此其尤怪诞也""多贬秩罢官"[③]。不过，绍兴三十四年（1164），太庙内生长灵芝，张孝祥作文颂祥瑞，高宗"得之喜"并擢升其为"南宫郎"[④]。综合来看，高宗对灵芝祥瑞并不是绝对排斥。不少宋帝基本能理性认识灵芝祥瑞与现实政治的关系，同时又受历代灵芝祥瑞喻示君主政绩、国运昌盛的影响，从个人情感上往往难以坚拒。有宋一代，数位君主"诏罢献祥瑞"[⑤]，称"世以凤凰、芝草、甘露、醴泉为佳瑞，是皆虚

---

① 〔宋〕周辉撰，刘永翔、许丹整理《清波杂志》卷一一《蟾芝》，《全宋笔记》第五编，大象出版社，2016年，第9册，第118页。

② 〔宋〕李心传《建炎以来系年要录》卷四六"绍兴元年"条，中华书局，1988年，第821页。

③ 〔宋〕李心传《建炎以来系年要录》卷一七〇"绍兴二十五年"条，中华书局，1988年，第2795页。

④ 〔清〕丁丙辑《武林坊巷志》卷八《太庙巷》，浙江古籍出版社，2018年，第1177页。

⑤ 〔元〕脱脱等《宋史》卷六《真宗本纪》，中华书局，1985年，第105页。

文"[1]。灵芝进献虽禁不止，这与君主摇摆、犹疑的态度不无关联。徽宗执政期间，灵芝祥瑞进献再度频繁，与靖康之难"邦国丧乱，父子播迁"[2]形成强烈对比，引发世人深思，"所谓瑞应，又如此也"[3]的感慨屡现。高宗先毁芝后又崇芝，至孝宗初期"以太上皇帝却芝草故事，委曲奏陈"[4]，灵芝献瑞逐渐降温。

臣民热衷灵芝祥瑞，功利性色彩突出。对臣僚而言，进献灵芝祥瑞，不失为一种获官升迁的有效途径。因灵芝祥瑞可表个人品德，官民会借灵芝之瑞进行自我宣传。罗居通庐墓三年，芝草生母墓旁，为长吏闻后，受诏为延长主簿[5]。黄诰因"庐墓致毁，有芝草之瑞"[6]而获官，感叹"白发三千何嗟及矣，灵芝六十孰为来哉"[7]。除此之外，还有通过进献灵芝或应和灵芝祥瑞，撰写颂德文章献媚邀宠，甚至得以升迁。宋初，王著因"亳州献紫芝，郓州获白兔，陇州贡黄鹦鹉"[8]作颂规谏，太祖下诏褒奖。

---

[1]〔宋〕佚名《皇宋中兴两朝圣政辑校》卷五五"淳熙四年"条，中华书局，2019年，第1263页。
[2]〔宋〕周密著，杨瑞点校《齐东野语》卷六《祥瑞》，浙江古籍出版社，2015年，第101页。
[3]〔宋〕周密著，杨瑞点校《齐东野语》卷六《祥瑞》，浙江古籍出版社，2015年，第101页。
[4]〔宋〕陆游《上二府乞勿受庆云图札子》，曾枣庄、刘琳主编《全宋文》卷四九二四，上海辞书出版社、安徽教育出版社，2006年，第204页。
[5]〔元〕脱脱等《宋史》卷四五六《罗居通传》，中华书局，1985年，第13388页。
[6]〔宋〕赵不悔修，罗愿纂《(淳熙)新安志》卷九《牧守》，《宋元方志丛刊》，中华书局，1990年，第8册，第7748页上。
[7]〔宋〕赵不悔修，罗愿纂《(淳熙)新安志》卷九《牧守》，《宋元方志丛刊》，中华书局，1990年，第8册，第7748页上。
[8]〔元〕脱脱等《宋史》卷二六九《王著传》，中华书局，1985年，第9241页。

澶渊之盟后，王钦若利用真宗心理变化，促成泰山封禅[1]，并频繁、大量进献孔林、岱岳、泰山等祭祀地所产灵芝[2]，借以彰显真宗治世之功，深获真宗宠信。"马知节尝斥其奸状，帝亦不之罪。"[3]上行下效，由此"天下争言符瑞"[4]，争献灵芝。"萧山芝生县庭，吏民欢夸，愿以闻。"[5]泰山产芝众多，一时"军民竞采，请给缗帛"[6]。臣僚除了通过进献灵芝获恩宠，还借灵芝进言以实现政治目的。张孝祥就借灵芝生太庙仁宗、英宗之室，"以大本未立为言""乞早定大计"[7]。

"国之大事，在祀与戎"[8]，灵芝还较多出现在祭祀和兵事中。灵芝不仅被视作祭祀之后神灵对君主的回应，还常作为祭祀道具。宋代灵芝进献常有，但其只是作为祥瑞的一种，出现并不具稳定性，因而通常以符号或意象的形式呈现。开宝元年（968）南郊祭祀，乐曲中有"膏露降，和气洽，三秀焕灵芝"[9]句。宋高宗时，周麟之因太庙生芝，乞制绘有灵芝图案的旗帜参与郊祀，"以彰

---

[1] 〔宋〕李焘《续资治通鉴长编》卷六七"景德四年"条，中华书局，2004年，第1506页。原文："初，王钦若既以城下之盟毁寇准，上自是常怏怏……钦若曰：'陛下苟不用兵，则当为大功业，庶可以镇服四海，夸示戎狄也。'上曰：'何谓大功业？'钦若曰：'封禅是已。'"

[2] 〔元〕脱脱等《宋史》卷六三《火上》，中华书局，1985年，第1388—1389页。

[3] 〔元〕脱脱等《宋史》卷二八三《王钦若传》，中华书局，1985年，第9564页。

[4] 〔元〕脱脱等《宋史》卷二八三《王钦若传》，中华书局，1985年，第9559页。

[5] 〔宋〕刘挚撰，裴汝诚、陈晓平点校《忠肃集》卷一三《职方员外郎李君墓志铭》，中华书局，2002年，第271页。

[6] 〔元〕脱脱等《宋史》卷六三《火上》，中华书局，1985年，第1389页。

[7] 〔元〕脱脱等《宋史》卷三八九《张孝祥传》，中华书局，1985年，第11942页。

[8] 〔清〕洪亮吉撰，李解民点校《春秋左传诂》卷一一"成公十三年"条，中华书局，1987年，第467页。

[9] 〔元〕脱脱等《宋史》卷九三《鼓吹上》，中华书局，1985年，第3306页。

一代之伟绩，新四海之观听，昭示万世，实宗社大庆"①。此外，偶见以灵芝实物进行祭祀。如真宗于大中祥符七年（1015）谒太清宫时，以"灵芝二百舆洎白鹿前导天书而入"②。除祭祀之外，朝会诗歌、皇帝仪仗旗帜中也常饰以灵芝③。在宋代，灵芝已演化为一种重要的政治符号。

另外，还存在灵芝为兵兆之说。真宗年间，"有芝草生于监牧之室，（张）鉴表其祥异，以为河朔弭兵款附之兆"④。灵芝作为弭兵之兆，可视作政治祥瑞意蕴的延续。高宗绍兴末年，"右学生芝草"，李知几独以为兵兆，"由是坐斥"⑤。"白，丧象也"⑥，视白芝为丧事之状，这一说法出现在唐代。宁宗庆元五年（1199），太庙芝草生，何异"谓其色白，虑生兵妖，侂胄不悦"⑦。白芝现被视为兵祸之兆，这显然与灵芝作为祥瑞的一贯说法相悖，亦引起掌权者不悦。灵芝作为兵兆的说法，虽流传不广，亦不为宋人接受，但这是灵芝政治化的一种表现，灵芝意蕴在一定程度上有发展。

---

① 〔宋〕周麟之《论乞制造灵芝旗》，曾枣庄、刘琳主编《全宋文》卷四八一七，上海辞书出版社、安徽教育出版社，2006年，第150页。
② 〔元〕脱脱等《宋史》卷一〇四《朝谒太清宫》，中华书局，1985年，第2538页。
③ 〔元〕脱脱等《宋史》卷一三八《朝会》（中华书局，1985年，第3253—5254页）记载，熙宁中朝会三首、元符大朝会三首中均有灵芝篇。《宋史》卷一四七《绍兴卤簿》（第3441页）也记载，高宗仪仗中有"称长一人，灵芝旗二"。
④ 〔元〕脱脱等《宋史》卷二七七《张鉴传》，中华书局，1985年，第9417页。
⑤ 〔宋〕李心传撰，徐规整理《建炎以来朝野杂记》乙集卷一二《李知几豪迈》，商务印书馆，2000年，第482页。
⑥ 〔宋〕欧阳修、宋祁《新唐书》卷三四《草妖》，中华书局，1975年，第888页。
⑦ 〔元〕脱脱等《宋史》卷四〇一《何异传》，中华书局，1985年，第12166页。

四、宋人对灵芝意蕴的认识

灵芝意蕴的形成,既非一挥而就也非一成不变。宋代的政治、经济、文化发展呈现时代特色,宋人观念随之发生转变。宋代灵芝意蕴,继承前代的基础上有扩展、调整。

瑞草意蕴趋向泛化。在宋代,灵芝作为祥瑞之兆,除了指向政权和帝王,亦出现于官员就任地,用以表征官员功绩。总揽有宋一代与官员任职有关的灵芝祥瑞,其在具体事件中发挥的作用有差异。郑侨年就任漕臣产芝、汪若海墓中产芝、邵叶任期产芝,皆为典型故事。从产芝时间上看,郑侨年淮南就任漕臣产芝,发生于"公江东之治,仁声义气,渐被于两淮。故淮民闻公之来,其喜如此"的背景下,"越翌日,历阳郡东鄙樵民,有得异草于松根者"①。灵芝产生于其就职前,这体现了对郑侨年功绩、能力的认可,从而应和了百姓对郑侨年的期待。汪若海墓中产芝则是在汪若海归葬三年后,称"才用而不尽,功报而未称"②,"其流光遗烈岂遂沉泯沦没与草木俱尽"③,于是灵芝生于墓,以表其功绩。邵叶就任新昌宰三月,有灵芝生,吏民观此感叹道"君殆将有嘉政以福我民乎"④。

---

① 〔宋〕张孝祥著,辛更儒校注《张孝祥集编年校注》卷一《寿芝颂》,中华书局,2016年,第10页。
② 〔宋〕吴儆《瑞芝记》,曾枣庄、刘琳主编《全宋文》卷四九六九,上海辞书出版社、安徽教育出版社,2006年,第136页。
③ 〔宋〕吴儆《瑞芝记》,曾枣庄、刘琳主编《全宋文》卷四九六九,上海辞书出版社、安徽教育出版社,2006年,第136页。
④ 〔宋〕陈景沂编辑,〔宋〕祝穆订正,程杰、王三毛点校《全芳备祖》卷之一一后集《芝草》,浙江古籍出版社,2014年,第852页。

就具体细节来看，邵叶任期产芝一事中无过多铺垫，更像是对意外出现灵芝的阐发。郑侨年就任漕臣产芝、汪若海墓中产芝，灵芝祥瑞的出现以及相应的解释，主观色彩浓烈，更倾向于记述者意图的表达。郑侨年就任，张于湖欲为其作诗贺寿，苦无思绪，忽梦天将以灵芝为郑侨年贺寿，梦醒恰逢淮南樵民来献受梦指引采得的灵芝。故事叙述玄妙，近谶纬，真假难辨。注者称记此事的《寿芝颂》乃"于湖于年少时代其父作"，张于湖意在干进，"故文中多有谀语也"①。灵芝祥瑞被张于湖利用，意在夸大郑侨年功绩以献媚。记叙汪若海墓中产芝的《瑞芝记》，有"某闻之，用不尽其才、报不酬其德者，其流光必长，其遗烈必大"②句，产芝异象的表述意在抒发对汪若海功绩的尊崇，对其才能未展的叹惋。从《寿芝颂》《瑞芝记》所记的灵芝祥瑞可见，灵芝作为瑞草，在宋代已演化出诸多个性化解读。

灵芝祥瑞不仅用以称颂官员，还和科举登科相联。《广昌县学记》记载，曹进之修学之时"金芝产廨中，嘉禾生于野"，称"为政亦可知矣"③。赵抃《次韵梁浃瑞芝》亦有"默期苑里留丹桂，喜向门前获紫芝"④"昔年书牖曾呈瑞，报为登科众所知"⑤。

灵芝祥瑞的泛化，引发不少有识之士对其进行探讨，呈理性

---

① 〔宋〕张孝祥著，辛更儒校注《张孝祥集编年校注》卷一《寿芝颂》，中华书局，2016年，第13页。
② 〔宋〕吴儆《瑞芝记》，曾枣庄、刘琳主编《全宋文》卷四九六九，上海辞书出版社、安徽教育出版社，2006年，第136页。
③ 〔宋〕周必大《广昌县学记》，曾枣庄、刘琳主编《全宋文》卷五一五一，上海辞书出版社、安徽教育出版社，2006年，第263—264页。
④ 〔宋〕赵抃《赵清献公文集》卷四《次韵梁浃瑞芝》，明嘉靖四十一年（1562）汪旦刻本，第202页。
⑤ 〔宋〕赵抃《赵清献公文集》卷四《次韵梁浃瑞芝》，明嘉靖四十一年（1562）汪旦刻本，第202页。

色彩。大中祥符年间，孙奭面对祥瑞频呈而《上真宗论群臣数奏祥瑞》，言"以欺上天，则上天不可欺；将以愚下民，则下民不可愚；将以惑后世，则后世必不信"①，言之凿凿劝诫真宗。仁宗年间，欧阳修撰修《新五代史》，记叙前蜀虽祥瑞频发却走向灭亡的历史，点出祥瑞与国之兴亡并无关系②。韩琦《上仁宗论金芝》指出，"至于珍祥奇瑞，虽陛下仁爱所感，亦望日谨一日"③。灵芝祥瑞逐渐受质疑，部分文人甚至对真宗祥符时臣民争献芝草的现象进行反思，以王安石为代表。其《芝阁记》指出，"祥符时，封泰山以文天下之平，四方以芝来告者万数。其大吏，则天子赐书以宠嘉之；小吏若民，辄锡金帛。方是时，希世有力之大臣，穷搜而远采，山农野老，攀缘狙杙，以上至不测之高，下至涧溪壑谷，分崩裂绝，幽穷隐伏，人迹之所不通，往往求焉。而芝出于九州、四海之间，盖几于尽矣"④。真宗朝进献灵芝祥瑞风靡，足见帝王好恶对世风的深刻影响。

北宋中后期，虽有不少文人对灵芝祥瑞进行理性辨析以劝诫帝王，但言语相对婉转，并没有对灵芝祥瑞提出全盘否定。至高宗朝，君臣对灵芝祥瑞的态度转变明显。如前文所述，宋高宗并不以灵芝生长为珍奇怪事，对灵芝进献表示否定。灵芝蕴含治世有功的祥瑞之意与南宋初紧迫的政治局势相悖。绍兴年间，仍笼

---

① 〔宋〕孙奭《上真宗论群臣数奏祥瑞》，曾枣庄、刘琳主编《全宋文》卷一九三，上海辞书出版社、安徽教育出版社，2006年，第354页。

② 〔宋〕欧阳修撰，〔宋〕徐无党注《新五代史》卷六三《前蜀世家》，中华书局，1974年，第794—795页。原文："至于龟、龙、麟、凤、驺虞之类世所谓王者之嘉瑞，莫不毕出于其国，异哉！然考王氏之所以兴亡成败者，可以知之矣。"

③ 〔宋〕李焘《续资治通鉴长编》卷一二〇"景祐四年"条，中华书局，2004年，第2832页。

④ 〔宋〕王安石《芝阁记》，曾枣庄、刘琳主编《全宋文》卷一四〇七，上海辞书出版社、安徽教育出版社，2006年，第44页。

上编 "寿生有道"的理论本源

罩在靖康之耻的阴影中，未到奉祥瑞、称功德以巩固王权统治之时。宋高宗提出"岁丰人不乏食，朝得贤辅佐，军中有十万铁骑，乃可为瑞"①。

受高宗态度的影响，臣民对灵芝祥瑞的反对之声频现，认识更趋于理性。黄公中为司业时，"芝草生武成庙"②。武成庙作为祭祀功臣良将之所，有芝草生，一般被视作典型的政治祥瑞。有官吏提出献芝建议，黄公中推拒。官吏私自进献，宰相诘问，黄公中表示"治世何用此为"③，其对灵芝祥瑞明显不认可。陈傅良家中两年间连长灵芝，但"妇子不以为祥"④，还将长出的灵芝采下。陈傅良知道后，感叹"非特妇子不好事，虽余亦不好事也"⑤"如余安足道哉"⑥。陈傅良不以灵芝为祥瑞，其妻、子亦不以为异。不过，宋人对灵芝瑞草意蕴的批判，多指向其被作为与国运相连的政治祥瑞。灵芝在贺词中却频繁应用，其美好、康健等喻义被广为接受。

灵芝作为凶兆，喻示帝王死丧并不是宋代首创。上元二年

---

① 〔宋〕李心传《建炎以来系年要录》卷四六"绍兴元年"条，中华书局，1988年，第821页。
② 〔宋〕赵善璙撰，程郁整理《自警编》卷二《操守》，《全宋笔记》第七编，大象出版社，2016年，第6册，第49页。
③ 〔宋〕赵善璙撰，程郁整理《自警编》卷二《操守》，《全宋笔记》第七编，大象出版社，2016年，第6册，第49页。
④ 〔宋〕陈傅良《跋吴兴陈锾芝草图》，曾枣庄、刘琳主编《全宋文》卷六〇四〇，上海辞书出版社、安徽教育出版社，2006年，第27页。
⑤ 〔宋〕陈傅良《跋吴兴陈锾芝草图》，曾枣庄、刘琳主编《全宋文》卷六〇四〇，上海辞书出版社、安徽教育出版社，2006年，第27页。
⑥ 〔宋〕陈傅良《跋吴兴陈锾芝草图》，曾枣庄、刘琳主编《全宋文》卷六〇四〇，上海辞书出版社、安徽教育出版社，2006年，第27页。

（675），延英殿御座生白芝，一时君臣庆贺。占曰："白芝主丧。"①第二年，唐玄宗、唐肃宗相继驾崩。在宋代，灵芝与死亡联结的意蕴被进一步发挥，多见于悼词、祭词。其中的灵芝，有作为幽冥的接引者。宋祁《哭中山公三十韵》有"终承紫芝召，还返碧桃春"②，郑刚《祭外姑文》有"桀哉此祸，可摧肺肝！灵芝净刹，暂憩輀轩"③。亦有继承灵芝祥瑞之意，加入哀景，从而化喜为悲的意蕴。《光禄朱卿挽词》有"异鹊惊蝉蜕，凄风落木芝"④，《任夫人墓志铭》有"言采其芝，蘼芜蔽山。终朝亡芝，挟笞而还"⑤。还有对灵芝仙草意蕴进行发挥，借灵芝描绘幽冥景象。《元丰二年慈圣光献皇后发引四首》有"铃歌怨，画翣引华芝"⑥，《景灵西宫坤元殿奉安钦成皇后御容导引一首》有"云輧芝盖，仙路去难攀"⑦。从内容上看，灵芝从瑞草扩展到悼词、祭词中的幽冥接引者。从使用对象上看，含灵芝的悼词既应用于皇后大臣等官僚贵族，也应用于文人亲友，适用对象多样化。

---

① 〔后晋〕刘昫等《旧唐书》卷三七《五行志》，中华书局，1975年，第1372页。
② 〔宋〕宋祁《景文集》卷二一《哭中山公三十韵》，中华书局，1936年，第4册，第267页。
③ 〔宋〕郑刚中《祭外姑文》，曾枣庄、刘琳主编《全宋文》卷三九一二，上海辞书出版社、安徽教育出版社，2006年，第369页。
④ 〔宋〕李廌《济南集》卷四《光禄朱卿挽词》，文渊阁《四库全书》本，台湾商务印书馆，1983年，第1115册，第749页下。
⑤ 〔宋〕李新《任夫人墓志铭》，曾枣庄、刘琳主编《全宋文》卷二八九六，上海辞书出版社、安徽教育出版社，2006年，第171页。
⑥ 〔元〕脱脱等《宋史》卷一四〇《鼓吹上》，中华书局，1985年，第3315页。
⑦ 〔元〕脱脱等《宋史》卷一四〇《鼓吹上》，中华书局，1985年，第3320页。

结语

综上所述，宋代的灵芝意蕴，在继承前代"仙草"和"瑞草"的基础上有新发展，并呈现鲜明的时代特点，主要表现在三方面。其一，灵芝政治化意蕴浓厚。灵芝现被赋予祥瑞意蕴，献灵芝、呈祥瑞皆与现实政治紧密结合。有宋一代，君主面对灵芝祥瑞，主要用以彰显功德、政绩，又有理性辨析，甚至明令禁行。在宋帝摇摆心态影响下，灵芝进献虽禁不止，成为北宋政治中的常态。臣民借进献灵芝祥瑞获取封赏、做官升迁、进呈谏言。受高宗对灵芝祥瑞态度的影响，南宋时期，灵芝祥瑞逐渐从政治中淡出。承续瑞草意蕴，在宋朝祭祀仪制中，灵芝或以符号或以实物作为祭祀道具，并成为皇家日常生活中的重要符号。在宋代，灵芝亦有兵兆之说，属于初创，这一说法在灵芝祥瑞笼罩下未被广泛接受。

其二，灵芝意蕴趋向泛化。一方面指灵芝适用对象的泛化。灵芝作为瑞草，在宋以前一般适用于君主，有宋一代则频繁应用于官员，甚至作为中举之兆。文学作品中，灵芝意蕴被广泛应用于各社会群体，意象的适用对象扩大化。另一方面，指灵芝意蕴逐渐笼统化、多样化。由仙草意蕴衍生出长寿之意，由瑞草意蕴衍生出赐福、孝顺等意，诸多意蕴进一步杂糅，又衍生吉祥如意、生活和美等意。在"地宝从来标瑞应，甚新曾、秀出金芝树"[1]"属勤宣室之思，首遴御屏之选。宠分半竹，来访瑞芝"[2]等贺词中，灵芝并非现实生活中真实存在的客体，被借用以抒发情感，从而延伸出生活和美、前程似锦、才华斐然等意蕴。灵芝作为正向情

---

[1]〔宋〕张榘《贺新凉》，唐圭璋编《全宋词》，中华书局，1965年，第2684页。
[2]〔宋〕汤中《贺瑞州游守启》，曾枣庄、刘琳主编《全宋文》卷七八六二，上海辞书出版社、安徽教育出版社，2006年，第2页。

感的载体,演变为"美好"之意的代称。

其三,宋人对灵芝祥瑞认识趋于理性化。在宋代,从帝王到臣民对灵芝祥瑞的态度发生时代性转变。自北宋建朝至真宗朝,国力上升,政治局势逐渐稳定,灵芝祥瑞持续不断。由于帝王推崇并利用灵芝祥瑞,真宗朝时出现进献灵芝高潮。部分有识之士提出劝诫,指出灵芝与现实政治并无联系,方式与言辞皆较为温和。仁宗至神宗朝仍有灵芝祥瑞上报,不过在数量和频率上明显下降。直至徽宗朝,帝王推崇道教,加上借祥瑞之说以稳定政治局势之需,从而出现北宋时期进呈灵芝祥瑞的第二个高峰。靖康乱后,百废待兴的南宋王朝,对灵芝祥瑞抱以谨慎态度。宋高宗不仅毁灵芝以明姿态,还几度对进献祥瑞者进行惩戒[①],指出草木之异不足为瑞。经高宗朝对进献祥瑞的压制,南宋时期几乎再无象征君王政绩或国运的灵芝祥瑞呈报。多位臣僚不以灵芝为祥瑞并拒绝呈报,应对灵芝异象的言行相对激进。不过,这并不意味着对灵芝瑞草意蕴的完全消解,仍有部分臣僚以歌咏治地生芝的方式为官员歌功颂德。即使对灵芝祥瑞持贬斥态度,仅是否定灵芝与现实政治关联,对灵芝长寿、和美等意蕴并不排斥。

宋代灵芝意蕴在发展中不断变化的原因是多方面的。统治者的好恶态度、利用与否是影响灵芝祥瑞升降的重要因素。帝王对祥瑞有需求时,灵芝祥瑞往往出现极夸张的频次。灵芝进献的泛滥,一方面加重民众负担从而引发朝臣批评,另一方面无形中扩大灵芝的影响力,其"瑞草""仙草"意蕴得以强化。北宋中期,政治局势稳定,文学艺术得以发展,灵芝被赋予时人对美好生活

---

① 〔宋〕李心传《建炎以来系年要录》卷一七〇"绍兴二十五年"条,中华书局,1988年,第2795页。原文:"中兴以来。言祥瑞者。类多贬秩罢官。红光有火德之祥。赤芝应建炎之号。禾穟生于枯桔。甘露降于潜邸。此其尤怪诞也。圣谕及此。欲屏绝之也。"

期待的寄托，意蕴进一步泛化。南宋时期，随着统治者对灵芝祥瑞贬斥姿态的出现，灵芝祥瑞进献逐渐消减，呈现从政治领域淡出的趋势。其被赋予的美好意蕴则深入人心，从而与民众日常生活紧密结合，在诗、词、文的运用中得以强化。灵芝得以超脱客体，成为重要的雅俗文学意象。灵芝，演化为一种中国古代独特的文化符号，其主要受众从官僚贵族深入到普罗大众，发生这一转变的关键期在宋代。灵芝意蕴的泛化过程，蕴含民众对美好生活的向往，还包含价值观、生活观的变化，这为其作为食材、药材功用的逐渐回归奠定了基础。宋之后，灵芝医养价值得以强调，其作为寿仙谷药业中最重要的养生药材，具有非常深厚的历史文化渊源。

第六章 传统本草养生文化对寿仙谷的浸润

本章探讨寿仙谷药业在选择、开发以石斛和灵芝为主的草本养生产品时的深层文化机制，并着重阐释中华传统本草养生文化对寿仙谷药业的历史浸润问题。

一、本草与本草养生文化

众所周知，养生就是保养人的生命。具体说来，通过各种方法颐养生命、增强体质、预防疾病，从而达到延年益寿目的的活动皆可称为养生。从古至今，逐渐形成了调神、导引、四时调摄、食养、药养等养生方法，而药养指的主要是本草养生，本草养生是中医养生的重要手段之一。

（一）释"本草"

"本草"一词最早见于《汉书》。一见于《郊祀志》（汉成帝建始二年，公元前31年）："候神方士使者副佐、本草待诏七十余人皆归家。"颜师古注："本草待诏，谓以方药、本草而待诏者。"据颜注，"本草"原义是指方药、草药。"本草待诏"作为官职名，指以方药草药为业的待诏官，"待诏"才是官名，"本草"非官名，而是修饰"待诏"的定语，表明此官从业之类别。二见于《游侠传》："楼护字君卿，齐人。父，世医也。护少随父为医长安，出入贵戚家。护诵医经、本草、方术数十万言，长者咸爱重之。"按，楼护为成帝时人。"本草"一词并列于"医经""方术",并能诵读,即使非真正的书名,但也可肯定是指讲述"本草"内容的医药书,故"本草"当指药草、草药。三见于《平帝纪》(元始五年,公元5年):"征天下通知逸经、古记、天文、历算、钟律、小学、史篇、方术、本草及以《五经》《论语》《孝经》《尔雅》教授者,在所为驾一封轺传,遣诣京师,至者数千人。"所谓"通知……本草(者)"指通晓方药、草药之人。《汉书》所见的"本草"皆指方药与草药,即"药物"(今之"中药")之义,且"本草"一名最迟已见于西汉成帝时的公元前31年。有研究者以为上举"本草待诏"之"本草"是官职名,楼护所诵"本草"与"通知……本草(者)"是书名,笔者以为都是错误的释读。

"本草"后来用作书名。据现存文献,最早以"本草"命名的《神农本草经》有不同书名与略称,藉此也可以探究"本草"与"药"的关系。《神农本草经》或别称为《神农药经》[1]《神药经》[2],或略称为《本草经》[3]《本经》[4]《本草》[5]等。从《神农本草经》别称与略称可以推断出:"本草"即"药"的代名词;"本草"甚至可以以"本"代替,则"本"也是"药"的意思。

因此,今人对"本草"一名主要有两种解释:一是为中药与古代药书名。如《简明中医辞典》"本草":中药的统称或原始之称;我国历史上记载中药的著作所通用的名称,如《神农本草经》《本草纲目》等。[6]二是仅解释为古代药书的省称。如《汉语大词典》

---

[1] 见《证类本草》卷6引《抱朴子》。
[2] 见《艺文类聚》《太平御览》等书所引。今按:此"神药经"殆即"神仙药经"之意。
[3] 见《齐民要术》《艺文类聚》《太平御览》等书所引。
[4] 见《本草经集注·序例》《新修本草经》等书所引。
[5] 见《世说新语》刘注、《艺文类聚》《初学记》等书所引。
[6] 《简明中医辞典》(修订本),人民卫生出版社,1986年,第225—226页。

"本草"："《神农本草经》的省称，古代著名药书。因所记各药以草类为多，故称《本草》。"郝近大与《大词典》的这一观点相近，认为："'本草'之含义应局限于我国古代药物学著作为宜，而绝不应作药物或中药的代称。"①由于晚至东汉的《汉书·艺文志》并未收录以"本草"命名的著作，因此，以"本草"为书名大率是后来才有的事。这样可以肯定，"本草"自古以来就是我国对药物的一个称呼。

那为何将药物称为"本草"呢？《永乐大典·草》"本草"条："韩保昇云：'按药有玉石、草木、虫兽，而直云本草者，谓诸药中草类最多也。'"②韩说看似最为合理地解释了将药物名为"本草"的原因，也为大多数人所信从，但这一解释其实是有问题的。既然诸药中草类最多，称为"草"即可，而称为"本草"则知非一般所说之"草"。这就涉及一个关键问题："本"该作何解？

查阅古今文献后会发现罕见有人解释"本草"之"本"的含义。现见到的解释多据《墨子·贵义》："譬若药然，草之本，天子食之以顺其疾，岂曰一草之本而不食哉？"所谓"草之本"即"草根"，故今人或据此认为"本草"之意即"草之本"，如马继兴认为："所谓'本草'，是由于治病的药物绝大多数都是属于植物药，也即'草'类（古多以'草'或'草木'作为广泛植物界的代称）的缘故，因此又称'草之本'。其产生至少在春秋时代以前。像在《墨子·贵义》篇中就曾以医疗治病的比喻提到用'草之本''以顺其疾'的话。"③李约瑟认为"本草"不是简单的"具

---

① 郝近大《本草今义辨》，《中药通报》1988年第11期。
② 肖源等辑《永乐大典·医药集》，人民卫生出版社，1986年，第718页。
③ 马继兴《中医文献学》，上海科学技术出版社，1990年，第245页。

根植物"而是"草药"①，显然是将"本"看作了"草木之根"。江晓原主编《中国科学技术通史》似乎也采纳了这一释义，认为："如果将'本草'释为'根根草草'，或许才是正解。"②按，这些说法皆以"本"的本义"根"来释"本草"，看似有《墨子》之说为据，较为合理，但依然不是正解。第一，孙诒让《墨子间诂》："吴钞本'本'作'木'，下同。苏云：'草之本上当脱一字。'"③这是说"草之本"也有可能是"草之木"，原可能非"本"字；第二，即使《墨子》原文无误，"草之本"也的确是"草根"的意思，但墨子这是在打比方；常用的药也的确多是草根，但显然不能反过来说草根就是药。同理，"本草（药）"有的是"草之本（草根）"，但却不能说所有"草之本（草根）"都是"本草（药）"。因此，"本草"不能等同于"草之本"。

另外还有一种解释认为："本草即取中药材以植物药为本的意思，历史上对中药以植物药为代表统称'本草'。"④按，此说有悖于事物命名的构词规律，实属强为之说。依此说，则"本草"相当于"以草为本（主）"或"本于草"的略称，但汉语中不见有"以B为A"或"A于B"略称为"AB"后意义相同的构词。例如：

以人为本≠本人　　以文为诗≠诗文　　以日为岁≠岁日
以白为黑≠黑白　　以耳为目≠耳目　　以意为主≠主意

所以，"本草"绝无可能是"以草为本（主）"的略称。如"形

---

① 李约瑟《中国科学技术史》（卷6）"生物学及相关技术"（第1分册"植物学"），科学技术出版社，2006年，第302页。
② 江晓原主编《中国科学技术通史·正午时分》"药物知识与本草学的发展历程"部分，上海交通大学出版社，2015年。
③ 〔清〕孙诒让《墨子间诂》卷12，清光绪三十三年刻本。
④ 杨德颖主编《商业大辞典》，中国财政经济出版社，1990年，第802页。

于色≠形色""敷于散≠(敷散)"等,同理可证"本草"也非"本于草"的略称。

其实,从文字构形可以证明"本"有"药"义。"本"字甲骨文尚未见,最早见于西周金文。其字形及其演变见图一所列。

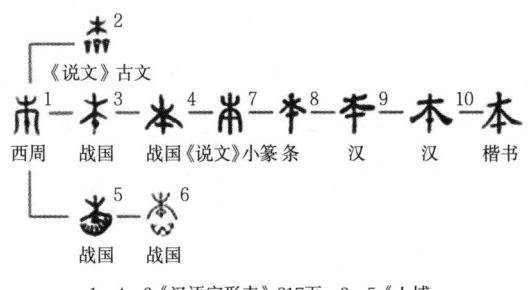

图一 (截图自《字源》)[1]

上图中间一行即"本"字今字形的演变序列,《说文》:"本,木下曰本。从木,一在其下。楍,古文。"所谓"从木,一在其下",是说用一短横标记在"木"的下部,表示其树根之意。"本"的本义是"根"。第一行这一字形见于《说文》古文,于"木"下加平列的倒三角形"ψψψ"。第三行二字见于战国时,皆在"本"下加"曰"。关于"本"的这两种特殊构形,说者或以为"ψψψ"象根,或以为根多窍似口,故从三口。或以为从"曰"与古文同意,象根窍似曰。[2] 或以为:"古者掘地为曰,在此表示树坑。"[3] 这些说法看似合理,其实不然。

---

① 李学勤主编《字源》,天津古籍出版社,2012年,第503页。
② 李圃主编《古文字诂林》(五),上海教育出版社,2002年,第821—822页。
③ 李学勤主编《字源》,天津古籍出版社,2012年,第503页。

先说"本"字从臼之意。无论是"根窍似臼"说,还是"掘地为臼"说,皆难以与实际物象相圆融。所谓"根窍似臼"是说树根拔起后留于土中的孔窍似臼坑。笔者以为,不说二者并无相像之处,即使勉强认为二者相似,也难以解释为何要用树根拔出后在土中留下的孔洞之形来表示根之意。因此,"本"字从臼之意当寻别解。笔者认为,"本"字从臼,臼即舂臼之"臼"。古代舂臼大的用来舂米,小的则用来捣药而称为药臼。草木之根谓之"本",草木之茎也谓之"本",根、茎是植物的主要部分,而药用植物虽然有的整株可用,但根茎是其主体部分。"本"字加"臼",正是为了通过缀加工具,以表现"本"经加工用作"药"之意。

再说"本"字从"ⱳⱳⱳ"之意。所谓木根、根多窍似口之说也不可信。"本"《说文》古文从木从 ⱳⱳⱳ 作"㤅"("㤅"),《玉篇》则从本作"㤅"。如果此"本"作"根"解,则本即是根,则无须再加象根之"ⱳⱳⱳ"符。"ⱳⱳⱳ"虽隶作"皿",也不能认为就是三"口"。我们怀疑,"ⱳⱳⱳ"即"齊"字讹变而来。甲骨文"齊"或作"ⱳⱳⱳ""ⱳⱳⱳ"①,"本"传世古文或作"㤅""㤅"②,二字下部即《说文》古文"㤅"所从之"ⱳⱳⱳ",象禾穗之形的三个符号或平列、或品字形排列,与甲骨文"齊"字正相吻合。因此,说"ⱳⱳⱳ"即"齊"字讹变应该是可以成立的。我们认为,"本"字所加之"齊",读为"剂",是"调和"的意思。方药由数种药调和而成,"本"是药,加上"剂",就是"药剂",即几种调和起来的药。这就是"本"字构形又或加"齊"用作"药"之意。

另外,从药的起源也可以证明"本"有"药"义。既然"本草"是中国古代药物的统称,我们可以先从药物的起源进行考察。《淮

---

① 郭沫若主编《甲骨文合集》,中华书局,1982年,第3195、36806片。
② 〔宋〕夏竦《新集古文四声韵·集古文韵》,中华书局,1983年。

南子·修务训》:"于是神农乃始教民播植五谷。……尝百草之滋味、水泉之甘苦,令民知所避就。当此之时,一日而遇七十毒。"司马贞《补史记三皇本纪》也有神农"始尝百草,始有医药"之说。中国历来有"农医同源"之说,在神话传说中,神农也尊为农神,将药物的起源归于神农的"尝百草",也就合情合理了。神农"始尝百草,始有医药"虽为传说,却间接地揭示了我国古代将药物称为"本草"的原因。因为要知道草木的药性,不亲自尝一尝,就无法品其"滋味""甘苦";不反复尝试各种草木,也就无法知其治病的不同药性。"本"本义为名词"草木之根",泛指一切"根本"之物,又引申为动词"根据、探知、品察"等义。例如《汉书·艺文志》:"经方者,本草石之寒温,量疾病之浅深,假药味之滋,因气感之宜,辩五苦六辛,致水火之齐,以通闭解结,反之于平。"这里6句并列,"本""量""假""因""辩""致"都是动词,"本草石之寒温"就是"根据已探知的草石药物的寒温特性"之意。所以"本草"的"本"也可以理解为动词,"本草"就是经过尝试已知药性且可入药的草木,当然可以泛指所有药物。"本草"即"药草",已不同于一般的草,故以"本"以区别之。

综上所论,"本草"之"本"义为"药",也含有经过尝试探知加工而入药之意。"本草"即"药草",引申而泛指一切药物。所以古代图录药物之书既可以命名为"本草经",也可以是"本经",当然更可以是"药经"。自《神农本草经》之后,历代以"本草"命名之中药书得以大兴,延续至今,这反映了我国古代药物学的繁荣。

需要指出的是,今天人们在使用"本草"这一名称时,往往指的是药草,使用的正是它最初的字面意义。本书后文在使用"本草"一词时,也主要指药草,即植物类药。

（二）释"养生"

与现代医学、医药相比，传统中医药的本质可以说是养生而非仅仅治病，传统中医药学说就是广义上的养生学。为了说明这点，我们先从"生"与"养"二字说起。

"生"字甲骨文作 ψ，从中（指草木）、从一（指地面），以土地里长出草木的形象来会生出、生长之意。甲骨文又作中竖加缀点之形的 ψ 字①，后来缀点延作横画而演变为小篆"ψ"字，形成现在的"生"字之形。《说文》："生，进也。象草木生出土上。""进"即"长进、生出"的意思，所以"生"的本义"生出、生长"，对植物而言是"长出"，对人与动物而言是"生育"，对事物而言是"产生、发生"，这些都是本义。凡事物处于生长中即是"活"与"生存"，凡处在生长过程之中的活的事物即是"生物"与"生命"，这些都是"生长"这一本义的直接引申。养生之"生"指的就是生命、生存、生长。

"养"字初文作"羖"，甲骨文字作"羖""羖"等形②，从攴、从一羊或多羊；"羊"代表牲畜，整字构形是以牧养羊（牲畜）会意；但"羊"也是声符，所以"羖"是一个会意兼形声之字。"羖"在甲骨文中又用作"牧"，故后来又造了"養"字。《说文》："養，供养也。从食、羊声。羖，古文養。"据甲骨文字形，可以认为"养"的本义是牧养饲养牲畜即使牲畜生存，引申用于人即为"供养"（《说文》以此为本义），进一步引申为"保养、调养、辅养"等义。养生之"养"指的是保养、调养、补养。

综合以上"养""生"二字的本初意义，可以知道养生就是

---

① "生"的甲骨文字形分别见于《小屯南地甲骨》3852、《甲骨文合集》13924。
② "羖"的甲骨文字形分别见于《小屯南地甲骨》643、《英国所藏甲骨集》2674 正。

保养生命、调养生存、辅养生长。中国人很早便已具有东方人独特的养生精神。《周易·系辞下》："天地之大德曰生。"意思是说天地的弘大德泽，在于使万物生生不息。又《象》："大哉乾元！万物资始，乃统天。云行雨施，品物流行。……至哉坤元！万物资生，乃顺承天。坤厚载物，德合无疆。"意思是天是万物的创生者。正是天"云行雨施"才致使"品物流行"，即创生万物与使万物生长，天是生命的原动力。地是天所创生的承载者。大地顺应天的创生意志，以"坤厚载物"的品性充当孕育生命的子宫，护育生命的成长，故而"德合无疆"，意思是大地孕育生命的功德在时间和空间上永无止境。可见，天地存在的意义在于"生生不息"的生命。人作为天地自然而生的万物之一，也只能是顺应自然的生命意志，遵行其生命原则，开辟生机，保养生命，并延续生命。但不同于其他生命仅是本能地为适应自然并维持生存的生命过程，人的生活是人类有意识地认识和改造世界，能动地从事物质与精神生产的生命活动，体现为一种创造性地超越本能的生命自觉。因此，虽然人类个体的生命是有尽头的，最后都会走向终结，但每一个热爱生活的人，却都希望在有生之年能够健康长寿，希望走到生命的尽头之时能够无病而终。这种积极的生命精神思想，正是中国人自古以来所具有的养生观。无论是儒家、道家、佛家，还是一般平民大众，"养生"永远是一个人人坚持、不言放弃的话题。

在这种生命精神与养生思想的影响下，中国远古医学在萌生伊始便有了"治未病"的意识和做法。《黄帝内经·素问·四气调神大论篇》："是故圣人不治已病治未病，不治已乱治未乱，此之谓也。"第一次提出并强调了"治未病"的思想。所谓"治未病"即防病于未然，包括防止疾病的发生、发展与传变三方面。唐代医家孙思邈《备急千金要方》卷一："古人善为医者……上医医未病之病，中医医欲病之病，下医医已病之病。若不加心用意，于事混淆，即病者难以救矣。"将能"医未病之病"的医者列为上医，这是特别强调防重于治，强调医家的最高境界是教会患者摄养身心，让人不会得病，这实际上就是提倡积极养生，反对仅着眼于疾病的被动治疗。国医大师陆广莘认为："中医学是发现和发展人的生生之气的'生生之道'，中医药是助人生生之气的'生生之具'，中医学的目标追求是天人合德生态共演的'生生之效'。"[1] 这正是对中医药学振聋发聩的精辟之论，从这一点来说，强调养生就是中国传统中医药的本质，甚至可以说，中医药学就是广义上的养生学。

此外有意思的是，上举甲骨文中，"生"字构形以草木长出地面来会意，"养"字与放牧牲畜的"敩（牧）"字本为一字，而放牧的牲畜又是以草木为食，因此二字皆可归结到草木即植物这一共同点上。植物作为能进行光合作用，能将无机物转化为有机物的一类自养型生物，无疑是自然界最基础、最庞大的生命形式，植物不仅给包括人类在内的动物提供了生存必需的氧气，还提供了食物与能量，本草类植物也提供了治病与养生的生命精华。虽然不能简单地推断我们的祖先选择以草木来构形"养""生"二字有什么特别的深意，但中国自古以来所形成的重视本草养生的思想，特别是传统中医药强调养生的思想的生成，我们自然是可以通过"养""生"二字所呈现出来的构形思想，来探寻其产生的文化土壤与文化内核。

（三）《神农本草经》与本草养生文化的形成

《神农本草经》（以下简称《本经》）是我国首部成系统的本草学（药物学）著作，最早著录于《隋书·经籍志》，原书早

---

[1] 陆广莘《中医学之道——陆广莘论医集》，人民卫生出版社，2001年，第69页。

已亡佚,现在能够读到的《本经》文本大致有"陶前本"和"陶后本"。"陶后本"指南朝道士、医药学家陶弘景整理的《本草经》文字,历代主流本草中所收录或引用的,多是这类版本。"陶前本"指后人根据各种文献辑录的陶弘景以前流行的《本经》文本。现在人们用得最多的是"陶后本"。

《本经·序录》:

> 上药一百二十种为君,主养命,以应天。无毒,多服、久服不伤人。欲轻身益气,不老延年者,本上经。中药一百二十种为臣,主养性,以应人。无毒、有毒,斟酌其宜。欲遏病补虚羸者,本中经。下药一百二十五种为佐使,主治病,以应地。多毒,不可久服。欲除寒热邪气,破积聚,愈疾者,本下经。三品合三百六十五种,法三百六十五度,一度应一日,以成一岁。①

简言之,《本经》把药物分为"上药""中药""下药"三品,它们担任的角色分别是"君""臣""佐使",所起的作用分别是养命、养性、治病。所谓"养命"也就是我们今天所说的养生。《本经》认为,"凡欲治病,先察其源,候其病机。五脏未虚,六腑未竭,血脉未乱,精神未散,服药必活。若病已成,可得半愈。病势已过,命将难全"。② 可以发现,中医药这一"治未病"的养生思想,其源头正在于《本经》。据程志立统计,《本经》中养生类药达211种,约占《本经》全部药物的58%,其养生方药以性平之药为主,其中上品药物中养生类方药达101种。《本经》中植物药252种,动物药67种、矿物药46种,而养生方中

---

① 马继兴主编《神农本草经辑注》,人民卫生出版社,1995年,第2—7页。
② 见《神农本草经辑注》,第26页。

植物药达150种。程志立还分析了《本经》的养生方药在气味、药性、品类、功能四个方面的不同构成，认为这些方药构成分别体现了中医气机条畅的养生思想、阴阳平衡的养生理念、道法自然的和谐养生观和对精神调养的重视。[1]可见，植物类药是养生方药的主要构成药类，本草养生的源头正是来自《本经》，经2000多年的不断发展完善，渐渐形成了中国人独特的本草养生文化。

本草养生指的就是药养，即通过服药以求得平衡阴阳、补益五脏而达到祛病保健、延年益寿的人生目的。有人将本草养生的特点归纳为"补肝肾，延年益寿""调脾胃，养生防病"与"脏腑虚衰，补通结合"三项[2]，我们认为这一归纳完全符合养生实际，这可以从灵芝、石斛的养生机理得以证明。

二、灵芝与本草养生

灵芝古有"芝""苬""三秀""芝草""灵草""芝英""仙草""瑶草""瑞草""神芝""玉芝"等名称，古人视之为仙药、长生药，故多称作"灵芝"，还有"还阳草""菌灵草""木灵芝""万年蕈"等称，皆含长生之意。宋玉《高唐赋》："我，帝之季女，名曰瑶姬。未行而亡，封于巫山之台。精魂为草，寔曰灵芝。"[3]这是现在能够见到的最早的"灵芝"一词。史载秦始皇于三十二

---

[1] 程志立等《〈神农本草经〉养生方药构成及思考》，《北京中医药大学学报》2009年第12期。
[2] 邓小英《〈本草纲目〉的养生思想研究》，《江西中医学院学报》2007年第2期。
[3] 〔梁〕萧统编《文选》，中华书局，1977年，第238页。此见于江淹《别赋》李善注引《高唐赋》，今本《高唐赋》无此句，应为佚文。

年（前219）在碣石派遣燕人卢生求仙人，又派韩终等人求仙人不死之药。卢生一无所获，在三十五年（前212）劝秦始皇说："臣等求芝奇药，仙者常弗遇，类物有害之者。"（《史记·秦始皇本纪》）奉皇命"入海求神异物"的徐市，则声称自己在蓬莱山目睹了"芝成宫阙"（《史记·淮南衡山列传》）。这里"芝""奇药"与"仙者""宫阙"并列，可见其为仙药。东汉张衡《思玄赋》："留瀛洲而采芝兮，聊且以乎长生。"① 这是说芝为长生不老之药。

灵芝在《本经》中列为上品，分为"六芝"，即"赤芝、黑芝、青芝、白芝、黄芝、紫芝"六色之芝，已入药典的主要是赤芝与紫芝。《本经》谓：

> 赤芝，一名丹芝。味苦，平，无毒。治胸中结，益心气，补中，增智慧，不忘。久食轻身，不老，延年，神仙。生山谷。
> 紫芝，一名木芝。味甘，温，无毒。主耳聋，利关节，保神，益精气，坚筋骨，好颜色。久服轻身，不老，延年。生山谷。②

其余四芝皆具"轻身、不老、延年"之养生功效，可见灵芝是本草养生的重要药品。

古人认为灵芝是仙草，是长生不老之药，汉武帝也曾在元封二年（前109）"遣方士求神怪，采芝药以千数"③，同年六月，甘泉宫殿内生芝九茎，武帝认为是"上帝博临"，于是大赦天下，作《芝房之歌》④。由于已视灵芝为祥瑞，故自汉始，历史上便有了很多采集灵芝与进献灵芝的记载。据芦笛统计，历朝正史中

---

① 〔宋〕朱熹《楚辞集注》，岳麓书社，2013年，第204页。
② 见《神农本草经辑注》，第84—88页。
③ 〔汉〕司马迁《史记》卷十二，中华书局，1982年，第477—479页。
④ 〔汉〕班固《汉书》卷六，中华书局，1962年，第193页。

有关灵芝出产、采集和进献的记录次数为："汉朝9次，南北朝6次，唐五代29次，宋朝279次，金朝8次，元朝21次，明朝13次，清朝2次。"①历史上的这些采献芝记载，尤其以宋代最多，虽然大多是为所谓祥瑞投君王所好而博取个人利益的行为，但与相传灵芝是长生不老之药的观念也不无关系，事实上也造成了民间重视采集灵芝用作养生治病的药品。历代艺文志或经籍志所载有关灵芝类著作就有12部之多：

《汉书·艺文志》"方技略·神仙"录有《黄帝杂子芝菌》18卷。（颜师古注："服饵芝菌之法也。"）

《隋书·经籍志》子部"五行"类录有《芝英图》1卷，"医方"类录有《芝草图》1卷和《种神芝》1卷。

《旧唐书·经籍志》和《新唐书·艺文志》"医术本草""医术"类录有《种芝经》9卷和《芝草图》1卷。

《宋史·艺文志》子类"神仙类"录有《神仙玉芝瑞草图》2卷、《灵宝服食五芝精》1卷、《张真君灵芝集》1卷、《朝元子玉芝书》3卷、《饵芝草黄精经》1卷，"医书类"录有《灵芝记》5卷。

这些著作或归于神仙类，或归于五行类，或归于医术类，显然与道教养生不无关系。如《正统道藏·太乙部》收有《太上灵宝芝草品》1卷，收有"青玉芝、赤玉芝、黄玉芝、白玉芝、黑玉芝、东方芝、南方芝、中央芝、西方芝、北方芝"等127种灵芝，首见五色芝，与《本经》近同。又《洞神部·众术类》收有《种芝草法》1卷，其中谈到四季如何种芝与服食灵芝的方法问题，

---

① 芦笛《古代灵芝文化的形成、社会认同和影响——以正史资料为中心的考察》，《文化遗产》2014年第6期。

也谈及服食后的功用。如其秋季种芝法云：

> 当以立秋之日，于西山之阴，掘地为坑，深六尺，方六尺，以黄金一斤，火洋之，投于坑中，灌以虚山鹤膝草一斤，清酒一斛，浮萍一斛，覆其上，土筑之。六日，有白云来，覆之；六十日，上生黄气如蒸，上连白云；百日，上生黄芝，如苗状。以申、酉日，申、酉时，欲取，日下以白素六尺，禹步，以金刀采之，再拜而去，无复顾还。阴干百日，治服三指撮。芝尽，老者更少，少者华色生，头白者皆黑，齿落复生，奋乎踰地，即能飞入天中。任意取之，亦当有神仙玉女侍从，问以去止投之事也。①

"以黄金一斤"来种芝，代价不菲，然比起服食后"老者更少，少者华色生，头白者皆黑，齿落复生，奋乎踰地，即能飞入天中"的养生及羽化登仙功效，这一代价也不是不能承受。服食灵芝而长生的思想观念，也出现在了古人的诗歌中。如乐府诗《长歌行》："仙人骑白鹿，发短耳何长。导我上太华，揽芝获赤幢。来到主人门，奉药一玉箱。主人服此药，身体日康强，发白复更黑，延年寿命长。"此后，魏晋六朝许多诗人如曹植、张华、郭璞、沈约、江淹、陶弘景等，均有不少涉及采食灵芝的游仙诗。由此可见，从帝王到士民，灵芝已成为我国古代长生不老观念的一个象征符号。

对于采食灵芝能长生不老的思想观念，古人曾有积极探讨其用效药理者，如《本草乘雅半偈》认为：

> 先人云：芝草为仙家服食药之上品上生者也。从山石水

---

① 《道藏》第19册，文物出版社、上海书店、天津古籍出版社，1988年，第336页。

木之灵气，郁蒸所结，亦草亦木，亦石亦土，而非草非木，非石非土，与菌楠夐别。要在名山大川，古木仙境中得者，服之自然灵妙。李濒湖以为可食，涸置菜部，是何异高隐灌园耶？予从固陵山中，获小黄芝，细咀微咽，顷之喉间凉润如云，盘绕五内，信是气钟，非灌溉滋生之比，灵异无根，如优昙一现，宜特尊诸首。又云：神农为民疾，遍尝草木，以起天札。芝则可以养性移情，进之于德，如仁慈忠信，和乐勇悍，非草木所能滋益也。感天地氤氲之和，属精神，不属形质，故主治如此耳。

参曰：阴阳合和，地气上为云，天气下为雨，雨霁云彻则芝生。气味凉润，体相旋绕，不假种识，以无成有，故益五藏。有中之无，藏形为有，藏神为无也。如神芝具五色味，则五藏咸入；紫芝赤黑相间，则交通心肾；偏得一色一味，则各从其类矣。与滋培有形者别异，澄彻性灵，久而得仙；设非烟霞静隐之流，外息诸缘，内心无喘，不堪僭服耳。①

以上卢氏之说根据灵芝生长的自然环境、条件而阐明灵芝有益身心的药理及养生机制，认为灵芝生长于仙境古木，阴阳和合，感天地氤氲之气，凝结山石水木之精，故芝成而灵异无根，形近草木而质非草木，成于土石而质非土石。以天地无形的精气成就有形的灵芝仙草，所以服食灵芝有益五脏；有形的灵芝又蕴藏无形的精华，旋绕所成的祥云状外形即为芝的"有"，所蕴藏的精华即为芝的"无"。如同五种颜色五种味道的灵芝，对应滋补五种不同的脏器；赤色黑色相间的紫芝，服食后将有益于心脏与肾脏；其余各色各味之芝，也对应滋补各自的脏器。卢氏针对灵芝

---

① 〔明〕卢之颐撰，刘更生等校注《本草乘雅半偈》，中国中医药出版社，2016年，第4—5页。

不仅作用身体脏器，还作用于人的精神的特质，特别指出灵芝与其他培植滋长的药草不同，服食者要彻底澄心静神，久服才能有仙效；如果不是像吞烟餐霞的隐居者一样外绝一切尘缘、内绝一切心欲的人，是不能够僭越服食灵芝的。这实际上是强调灵芝的安神药效。

现代中医药认为，灵芝具有补气安神、止咳平喘的功效，用于心神不宁、失眠心悸、肺虚咳喘、虚劳短气和不思饮食等症。可以发现，现代认识的灵芝功用与古人的药理阐述是一致的。当然，现代药物检测进一步表明，灵芝最有效的主要成分是灵芝孢子粉、孢子油与菌丝体，这些成分中含有多糖类、三萜类、核苷类、生物碱和有机锗（含量是人参的 4~6 倍）等多种生理活性物质。临床证明，灵芝具有增强机体免疫功能，改善血液循环，提高心、脑供血供气能力，改善细胞和组织的生理机能（如抑制肿瘤细胞生长，促进白细胞介素释放等），以及安神、解惊、解毒等功效。这些发现是现代灵芝药物与养生产品开发的科学基础，灵芝产品开发大有可为。

上文卢氏先人提到他自己在固陵山中采获了一支小黄芝，描述其"细咀微咽"后，"顷之喉间凉润如云，盘绕五内，信是气钟，非灌溉滋生之比"。固陵山即今杭州萧山的越王城山，这说明浙江也是灵芝的出产地之一。浙江的龙泉灵芝，自北宋以来便享有盛名，今天已是中国国家地理标志产品。可以说，灵芝也是浙江的道地药材，今列入"新浙八味"是有根据的，并非仅仅因为是新培育的药材。

三、石斛与本草养生

作为我国传统的名贵本草,"石斛"之名首载于《本经》,列为上药:

> 石斛,一名林兰。味甘,平,无毒。治伤中,除痹,下气,补五藏虚劳羸瘦,强阴。久服厚肠胃,轻身,延年。生山谷,水傍石上。①

后代本草均以"石斛"为正名,其别名众多,除"林兰"外,尚有"禁生、杜兰、石蓫、木斛、麦斛、雀髀斛、金钗、千年润"等别名②。有意思的是,前人对石斛这一上品本草的正名与其部分别名命名来源的考察,恰能揭示其养生治病的机制与功用。

《本草汇言》引王绍隆稿谓石斛:

> 不藉水土,缘石而生。色黄味涩,丛生盘结,亦若筋膜之聚络骨节也。故前古称其功用,能壮筋骨,健脚膝,厚肠胃,主伤中疲弱,五脏虚损,内绝不足,肌肉羸弱诸证,咸宜用之。皆取此清虚纯洁之质,不与粪土卑污、秽腐滋生之物比也。又马氏方有久服却病延年,定神安神,开胃进食,以其有益脾胃,益心肾之功力也。凡物之受,而量满成斛,满而溢,故虚劳可补,羸瘦可充,筋骨脚膝可健。附生于石,故命名以此。③

---

① 见《神农本草经辑注》,第 76 页。
② 赵菊润等《经典名方中石斛的本草考证》,《中国实验方剂学杂志》,2022 年第 10 期。
③〔明〕倪朱谟编著、戴慎等点校《本草汇言》,上海科学技术出版社,2005 年,第 300 页。

这是将石斛的"石"与"斛"分别作比：石斛缘石而生，丛生盘结，如同筋膜聚络骨节，故能壮筋骨、健脚膝；斛是量器，受物而满，满而可溢，如同胃腑受纳谷物出入，故可开胃进食，有益脾胃心肾，补充虚劳羸瘦之功用。明代著名的浙医名家卢之颐在《本草乘雅半偈》中也有类似的解释：

> 先人《博议》云：石止而不动，斛受而量满。黄色、甘味、平气，具土德化，有杜而不止、受而不施、成而不生及遂事之义，故有"杜兰""禁生""石蓬"之名。盖五中之伤，外以形骸之痹，内以伏匿之气，故外消肌肉，而内乏阴精，此能去内外之因，而致内外之益，则五中不伤，是为之补。久之，则中藏既盛，外府自厚矣。
>
> 参曰：不藉水土，缘石而生。一名"禁生"，虽禁犹生也；一名"杜兰"，此以形举，亦处杜塞之境，犹若光风泛兰也。顾山之有石，若人之有骨；盘结之状，亦若筋膜之聚络骨节也。斛，量名，象其能入能出也。故石斛功力，宛如胃府，运化精微。散精于肾，淫气于骨；散精于肝，淫气于筋膜；以及从脾淫肌肉，从心淫血脉，从肺淫皮毛。何莫非水谷之源，次第敷布于神藏，次第满溢于形藏者？设痹塞则中伤，致令胃失所司，不能下精与气，遂成神藏之虚劳，形藏之羸瘦耳。久服则量而满，故肠胃厚满而溢，故虚劳补、羸瘦充。设非强益谷精，安能逐除痹塞以续伤中乎？"禁生""杜兰"，深可味也。[①]

---

① 〔明〕卢之颐撰，刘更生等校注《本草乘雅半偈》，中国中医药出版社，2016年，第59—61页。

这也是将石斛的形态与别称作比,在解释石斛为何又名"禁生""杜兰"的同时,也阐发了服食石斛养生治病的机制与用效。卢氏主要围绕《本经》"(石斛)治伤中,除痹""补五藏虚劳羸瘦""久服厚肠胃"之说,以设比解说。石斛的功用宛如胃腑,能够将服食的营养物质输送到人体的各个器官与组织,化变成生命元素与能量。服食石斛后,石斛所具有的精华到达肾、肝、脾、心、肺五脏,便能宣其功用表征于骨骼、筋膜、肌肉、血液与皮肤毛发。这难道不是如同吃到胃中的食物一样,其营养物质顷刻间作用于人的精神与形体吗?假若因痹症堵塞而中焦受损,致使脾胃丧失功能,不能输送营养精华与下排邪气,就会使人神疲气衰、形体消瘦。若长时间服用石斛,如同斛量一样可以受纳充满谷物,因此肠胃厚实而滋润全身,精神疲惫与体质瘦弱就得以改善。不难发现,与其说服食石斛为治病,不如说服食石斛为养生,即补益肠胃,肠胃为中脏之府,久服以补其后天之效。卢氏解释石斛别称所云:"一名'禁生',虽禁犹生也;一名'杜兰',此以形举,亦处杜塞之境,犹若光风泛兰也。"这是借石斛别名来解释其强大的养生功能。所谓"虽禁犹生"指的是绝地重生之意,而"处杜塞之境,犹若光风泛兰"意指石斛虽然处在闭塞之绝境,却有空谷幽兰般馨香浮泛、摇曳生姿的风致。

总之,古人阐发的石斛功效主要是"治伤中,除痹""补五藏虚劳羸瘦""久服厚肠胃",与今天说石斛具有益胃生津、滋阴清热的功效,临床上主要用于胃阴虚、热病伤津证、肾阴虚证等的表述是一致的。现代的药物技术检测表明,石斛包括多糖类、黄酮类、香豆素类、酚类、萜类、生物碱类、氨基酸类、鞣质等多种化学成分,具有保护胃黏膜、增强免疫力、降血糖、降血脂、抗氧化、抗菌、抗肿瘤、抗肝损伤等多种药理作用。可以发现,现代查明的石斛化学成分与药理作用,与古人及现代中医药所阐明的石斛功效相一致，但古人阐发的石斛功用似乎主要在于养生保健方面，我们更应该注重开发石斛的养生产品。

现在市场最热销的"铁皮石斛"，其名多认为最早见于今人张山雷《本草正义》一书：

> 石斛……古人惟以色黄如金、茎壮如钗者为贵。又曰川产最良。然今市肆中之所通川斛，则细小干枯，最为贱品。金钗斛则躯干较伟，色泽鲜明，能清虚热而养育肺胃阴液者，以此为佳。……若肺胃火炽，津液已耗，舌质深赤干燥，或焦黑嗜饮者，必须鲜斛清热生津，力量尤伟。必以皮色深绿、质地坚实、生嚼之脂膏黏舌、味厚微甘者为上品，名铁皮鲜斛，价亦较贵。其贱者皮作淡黄色，嚼之无脂，味亦淡薄，已不适用。且更有东瀛出口，气味更淡，则完全无效矣。……又有鲜金石斛，支干较伟，即金钗斛之新采于山崖者，浙省全处诸山多有之，亦清胃之上品。①

关联上下文意，可知张氏所谓"铁皮鲜斛"指的是金钗斛鲜品中"皮色深绿、质地坚实"的上品石斛，仍属金钗斛。赵菊润等认为张氏这里所说的"铁皮鲜斛"就是今天的铁皮石斛。今按，此说正确。古代所称之"金钗斛"至少有一部分就是今天的铁皮石斛，张氏这里所说"浙省全处诸山多有之"的"鲜金石斛"即"金钗斛之新采于山崖者"，也是铁皮石斛。另据清张仁锡《药性蒙求》："鲜石斛产浙地，皮如铁色，性寒，清解胃中热毒。"所谓"皮如铁色"即"铁皮石斛"一名的由来，因此可以确认，张氏二人所说的产于浙地的"鲜金石斛"与"鲜石斛"即今之铁

---

① 张山雷著，程东旗点校《本草正义》，福建科学技术出版社，2006年，第335—336页。

皮石斛。另赵燏黄《本草药品实地之观察》记载了日本学者木村康一的一次鉴定结果："（铁皮石斛）据药肆中人云系浙江产品，此亦石斛中鲜品之一。"① 所以，自古以来，产于浙江的石斛，其主要品种就是铁皮石斛，铁皮石斛是浙江的道地药材，浙江是铁皮石斛的优质产区之一。

四、寿仙谷药业与本草养生文化

以上，笔者论述了本草与本草养生的基本问题，阐明了灵芝、石斛是《神农本草经》中的"上药"，是重要的本草养生药品，分析了古人所认识的灵芝、石斛的药理与治病养生机制，还举证了浙江是灵芝、铁皮石斛的主要出产地，灵芝、铁皮石斛是浙江的道地药材。

尽管我们现在已经知道，寿仙谷药业选择灵芝而成为主打产品之一，是因为当时在生产食用菌的基础上衍生的药用菌产品，但却很难清楚地表述寿仙谷药业为何在选择药用菌灵芝之后，又选择药用植物铁皮石斛作为主打产品，这或许与"寿仙谷"名称关乎仙人仙草有莫大关系，或许与"寿仙谷"这一中华老字号的百年传承有关，或许与武义有寿仙谷一地的道地药材有关，或许与寿仙谷药业的创建者的家族记忆有关……原因虽然可以作多向度的推测，但有一点我们可以肯定，寿仙谷药业在选择灵芝之后又选择石斛作为公司的主要产品，最终高举起"寿仙谷"这面旗帜，显然与中国数千年来所形成的本草养生文化有关。因为药业创建者李明焱先生的家族文化传承，赋予了他一个中医药世家固有的

---

① 以上张仁锡、赵燏黄说转引自赵菊润等《经典名方中石斛的本草考证》。

文化基因，尽管李先生创业伊始所选择的并非传统药业，但根植于他心中的这份文化传承与文化基因，深深地受到了传统本草养生文化的浸润。表面上看，寿仙谷药业推出的灵芝、铁皮石斛主打产品，取决于李先生个人的卓越见识与科研能力，但其中的必然性却是影响他做出决策的深层文化根源，是他的父亲让他去掐"吊兰"（铁皮石斛）救治婴儿后所留下的不灭印记，是他从小跟着父亲上山采药，栽种草药，目睹父亲行医治病的过程和情景所留下的深深记忆，如此等等，才是促使他最终擎起了"寿仙谷"大旗，复兴"寿仙谷药号"的未竟事业，先后选择国药名贵药材灵芝、铁皮石斛并形成拳头"仙草"产品的真正原因。

中编

"天地人合"的历史土壤

第一章 武义山水人文与中医药文化

中医药文化是中华民族优秀传统文化的重要组成部分，体现了中医药的本质与特色。中华民族悠悠五千年的文化土壤，孕育了各行各业丰硕的文化成果，中医药文化便是其中最具文化特质的优秀代表之一。它是我国传统医学的精髓，在中华民族长期的历史发展中形成的别具一格的医学系统，经受住历史与现实的种种考验，一直流传至今，依然具有强大的生命力。人类社会进入新的历史发展时期，深入挖掘中医药文化的精髓所在，善用这一优质健康的服务资源，对于中华民族乃至全人类健康事业的发展具有极为深远的现实意义。

武义自然地理环境呈"八山半水分半田"的格局，地形构造属浙中丘陵盆地和浙中南山区交叉地带。地势西南面高，东北部低。境内三面环山，峰峦层叠，连绵不断；中部丘陵蜿蜒起伏，形成了武义和宣平两个河谷盆地。武义属中亚热带季风气候，春夏秋冬四季分明，年平均气温16.9℃，年降水量1445.7毫米，年日照时数1963.7小时，年辐射总量每平方厘米108.3千卡，年无霜期在214至242天之间。

优越而独特的地理条件，温和且适中的气候环境，茂密多样的植被生态，非常适合人类生存。据考古资料表明，至迟在新石器时代，就已经有人类先祖在武义这块土地上繁衍生息。勤劳智慧的武义人，在创造丰富的物质文化的同时，也创造了多彩的精神文化。武义中医药文化就是武义优秀地方文化的重要内容。

一、武义中医药文化的自然生态条件

自然界生物与生物之间，以及生物与环境之间的相互关系与存在状态，有着自在自为的发展规律。人类社会把这种自在自为的发展规律，纳入人类可以改造的范围之内，这就形成了人类文明。中医药文化作为人类文明的典型代表，它的形成与发展受到地理格局和人文环境的影响，武义优渥的自然禀赋、独特的人文环境，是武义中医药文化发展的坚实基础。

（一）适宜人类栖居的盆地构造

武义地处我国东南沿海火山岩地带，境内的岩浆活动、地质构造均受到晚侏罗世酸性、中性火山喷发和早白垩世断陷盆地所制约。盆地出露地层的地质年代较晚，盆地四周为上侏罗统，盆地内部为下白垩统。

域内主要地质构造，为武义—宣平断陷盆地，位于江山—绍兴深大断裂南西段东侧。它与永康断陷盆地同是在侏罗纪大规模火山喷发之后，由区域性挤压发展到松弛阶段所形成的大规模断陷盆地，并接受下白垩纪沉积，而且伴随较弱的火山喷发和喷溢，从而形成夹有少量火山碎屑岩和基性熔岩的红色沉积岩系。

朝川期，武义盆地与永康盆地互相连通。朝川晚期，武义盆地沉降中心西迁，两盆地之间地段相对隆起。方岩期，武义盆地缩小，仅在湖盆西部堆积巨厚的磨拉式建造——砾岩层。盆地中，特别是盆地边缘断裂构造发育，多组断裂切割，使盆地边形成一些断隆或断陷体。

地处盆地的武义，是一块理想的生息之地，其中武义江、熟溪、宣平溪的沿水地域，就是远古先民最早选择的栖居之地。而今，武义人已经在这块盆地上繁衍生息了上万年，地理条件优越，气候温和适中，少有大的自然灾害，民众生活平安和谐。

（二）利于多类型植被生长的土质与气候

武义全县地形西南高、东北低，南部、西部和北部三面环山，峰峦连绵，地势崎岖。境内山脉属浙中山系，包括西南部来自遂昌县界的仙霞岭山脉，东南部来自缙云县界的栝苍山脉，东北部来自义乌和永康的仙霞余脉的八素山脉。全县千米以上山峰已经确定的有102座，县域内的牛头山海拔1560.2米，为浙中最高峰。境内最低处为北部履坦镇的范村，海拔仅有57米。

武义整个地理格局多山丰水，土壤总面积150.8千公顷，占全县土地面积的95.62%；分红壤、黄壤、岩性土、潮土、水稻土5个土类，11个亚类，34个土属，75个土种。

武义地形结构复杂，海拔相差悬殊，既有中亚热带季风气候特色，又有大陆性明显的特点。冬季以西北大陆吹来的气流为主，夏季主要受海洋空气影响。总的特点是四季分明，气温适中，热量丰富，雨量充沛，干湿明显。春季气温回升快，但气温变化不定，春末夏初雨水集中，时有冰雹大风。夏季长而炎热，且雨热同步上升，常有干旱或局部洪涝。秋季凉爽，空气湿润，时间短。冬季晴冷干燥，大气层结构稳定。

县境内高山、丘陵、平川相间的地理环境，丰富多样的天然动植物资源，适合耕作的土壤、气候条件，提供了良好的包含中草药种植在内的农业生产条件。

（三）满足万物生长的丰饶水系

武义中部，丘陵蜿蜒起伏，其间樊岭—大庙岭东西向横贯县境中部,把县境内的水流分成钱塘江、瓯江两大水系。钱塘江水系位于县境北部,主要干支流11条,全长384.4千米,集雨面积900.4平方千米;瓯江水系位于县境南部,主要干支流18条,全长274.6千米,集雨面积676.8平方千米,均为山溪性水系,源短流急,河床比降大,水量丰沛,洪枯水位变化明显。

县境内最大的江河武义江,古称丽阳川,清嘉庆九年(1804)改名永康溪,新中国成立后称武义江,是县境内最大的河流,婺江的主要支流之一。它发源于武义境内泉溪镇董源坑村千丈岩,在夏嘉畈村出武义县,绕经缙云、永康县境而回武义,至履坦镇范村出境,纳入婺江。入境上游集水面积1167.5平方千米,干流长51.6千米;入境后县内集水面积847.8平方千米,县境内干流长35.6千米,河道平均宽约200米。河床卵石夹砂,水深平稳。

熟溪,旧名武阳川,元至正元年(1341)取"溪有水则岁熟"之意,更名为熟溪,是武义江主要支流。熟溪源头主流上游称麻阳港,经县城注入武义江。集水面积42平方千米,主干河道长17.4千米,河道平均宽约100米。河床平缓,多卵石夹砂。宣平溪,旧名畎溪,发源于西联乡东坑,经柳城至三港乡章湾村下出境。县内主流长36千米,集水面积55.5平方千米,河道平均宽约80米。河床两端平缓,多卵石夹砂。此外,还有清溪、白溪、白鹭溪等主要支流。

武义的江河溪流,平时水流较缓,两岸土地肥沃,宜于动植物生长和耕种农作物。

(四)蕴藏丰富的中药材资源

一方水土养一方人,更孕育了千万道地药材。武义得天独厚的山水环境,蕴藏着丰富的动、植、矿物,自古就是中药材的天然宝库。目前已发现野生及常见栽培高等植物251科2343种,其中属国家重点保护野生植物 16 种，国家一级重点保护野生植物有南方红豆杉、莼菜、伯乐树 3 种；有野生脊椎动物 251 种，属国家重点保护的野生动物有 40 种，其中一级有黄腹角雉、白颈长尾雉、穿山甲、黑麂 4 种。主峰海拔高达 1560 米的牛头山，是国家森林公园，总面积 1327.69 公顷，植被覆盖率 99%，查明木本植物 72 科 199 属 439 种、陆生脊椎动物 4 纲 29 目 71 科 265 种，堪称华东原始珍稀生植物库。这些动植物中，许多是珍贵的中药材。典籍记载及田野调查定录较有开发价值的野生中药材品种 200 多种，至今，在寿仙谷、刘秀垅、大红岩等丹霞地貌景区悬崖峭壁上，自古被誉为仙草的野生石斛依稀可见。浙江寿仙谷药业组织的武义县中药资源调查表明，目前已在武义境内发现中药资源 1300 余种，其中具有较高开发价值的道地中药资源有黄连、三叶青、三尖杉、獐牙菜、槲寄生、草珊瑚、千层塔、黄精、玉竹、天门冬、麦冬、白花猕猴桃等 20 多种。

武义民间常用的中草药大多为野生，少量家种为辅。清嘉庆《武义县志》记载的地产药材中，家种的有乌药、红花、薏米、枳壳 4 种。光绪《武川备考》记载了芍药、枸杞子、菊花、三棱、莪术等家种地产药材。民国《宣平县志》记载的 109 种地产药材中，家种有元胡、白菊、红花、芍药。[1] 1990 年《武义县志》"地产药材"记载："传统家种药有芍药、红花、薏苡仁、枳壳、菊花、元胡、枸杞子、三棱、莪术、白术等。"[2]

目前武义民间常用的中草药有七叶一枝花、金银花、天南星、败酱草（俗称"苦叶菜"）、三叶青（俗称"风子"）、黄连、

---

[1] 详参清嘉庆《武义县志》卷三《物产》，清宣统二年石印本；清光绪《武川备考》卷四《食货考》，武义县地方志研究室 2022 年誊印本；何横修、邹家箴纂《宣平县志》卷五《物产》，民国二十三年铅印本。

[2] 武义县志编纂委员会编《武义县志》，浙江人民出版社，1990 年，第 638 页。

丹参（大活血、小活血）、凌霄（俗称"大药"）、半夏、五加皮、草乌、龙胆草、覆盆子、白毛藤、土茯苓、厚朴、六月雪、海金砂、仙鹤草、蓬蒿、艾叶、百合、车前草、灵芝、吊兰等200余种。武义当地可供入药的动物类有山鹿、野猪、野兔、穿山甲、猪、牛、羊、鸡、鸭、鹅、蕲蛇、乌梢蛇、壁虎、蛤蟆、鳖、泥鳅、田螺、蚌、蚯蚓、蚂蟥等30余种。但像穿山甲、蕲蛇、山鹿等动物已较少，且受法律保护不可捕猎。

二、武义中医药文化的人文环境基础

魏晋竹林七贤中阮咸的儿子阮孚、阮瑶，酒仙刘伶的两个女儿均隐居于武义白阳山、明招山，他们不仅把中原文化带到了武义，而且还在当地采集食材，制作风味饮食、酿制醇美香酒、研发养生中医药。唐代集道地药材采集、研发、推广、养生大成的代表人物，寿高105岁的道士叶法善，是盛世五朝御医，少时移居武义。他弘扬的道教养生文化，是非常值得后人挖掘传承的优秀国粹。武义的中医药文化可谓渊源有自。这种文化不只体现在名人名医身上，还表现在民间。下面着重从民间宗教中的中医药文化、节日民俗里的中医药文化、民众日常生活中的中草药情结、武义民间中草药的通常用法与流行验方四个方面，谈谈武义中医药文化的人文环境基础。

（一）民族宗教中的中医药文化

民族成员共同信奉的宗教信仰往往与该民族的民族意识紧密地结合在一起。一方一族崇拜的神灵或者信仰的对象，有时就是本地本族的守护神或传说中的始祖。武义人对中医药的崇拜，几乎上升到了宗教信仰的程度。

清朝道光年间,武义药业界在县城祝宅巷建了一处"药皇庙",把尝百草的神农氏奉为"药皇"供祭拜。咸丰末年,药皇庙毁于太平军的战火。光绪二十三年(1897),药农又在县城大南门内买屋作为公所,并祀药皇。

坐落于城西法云寺以东的"华元化祠",奉祀东汉末年神医华佗。嘉庆邑志载一轶事:"乾隆四十五年,嘉善张云威司训武邑。甫抵任,负病,医无效。遣子归祷其邑之华仙庙,得神方以来,服之即愈。爰作神龛,装仙像于法云寺观音阁东首,并录医方以报恩,且济众也。……远近稍稍闻之,祈祷无虚日。"①

坐落于武义县城东郊的白溪村,有一处建于清代的"镇龙庙"(也叫太祖庙),此庙坐北朝南,三进二井,一进戏台,歇山顶,正殿面阔三间。相传,此庙为纪念名医任公而建造。所在之巷称为太祖殿巷,自古至今一直沿用。

在遍及武义城乡的大小寺庙中,把民间药方作为"签书"的不在少数,如柳城畲族镇的洞主庙、俞源乡俞源村的洞主庙、桃溪镇上江村的天师庙、白洋街道湖塘沿的大通寺、壶山街道的明王寺、熟溪街道郭洞的宝泉寺,等等。人们求得"药签",按签施治;此类药签多起精神疏导作用,往往有一定效果。

(二) 节日民俗里的中医药文化

武义许多的节日民俗,也体现出中医药文化对民间常识的浸润。

春节放爆竹驱邪消毒:唐代炼丹家从炼丹中发现,把硫磺、火硝和木炭混合在一起,能够引起燃烧和爆炸,从而发明了火药,

---

① 〔清〕张营堠修,周家驹纂(嘉庆)《武义县志》卷十二《轶事》,清宣统二年石印本。

并制作了爆竹。在岁暮年首的春节，燃放爆竹是春节民俗中必不可少的环节。武义民间，俗以为燃放爆竹不仅可驱鬼除邪，而且爆竹里的火药有消毒的作用。诚然，火药里的火硝具有利尿泻下、解毒消肿的功效；硫磺能够治疗脾胃虚寒、泻痢以及恶疮疥癣。中药中常将它们作外用药使用。

立夏吃竹笋健脚骨：竹笋具有清热化痰、通肠润便、开胃健脾、提升免疫功能、帮助消食、控制糖尿病、缓解高血压、降血脂等功效。它的营养特点是能量密度比较低，膳食纤维比较丰富。肥胖人群、便秘人群可以经常食用。

武义毛竹资源极为丰富，竹笋是武义民间餐桌上常见的蔬菜，可以清煮、红烧、油焖，还可以腌制、晒干食用。武义民俗认为"立夏吃笋健脚骨"，吃了竹笋，双脚筋骨强健，行动轻便。所以，每年立夏这一天，家家户户都要吃竹笋这道菜。

端午节中医药事项颇多：农历五月初五端午节，武义民间有插艾条、菖蒲、挂香包、驱五毒、喷雄黄酒、吃大蒜、吃鸡蛋、送船逐疫（俗称"推端午船"）等诸多习俗。

插菖蒲、艾条：端午节这一天，武义城乡家家户户都于门上、灶头、栏头及床上插艾条、菖蒲，谓之能驱邪避秽。相传此举为古时神人相授，菖蒲是张天师斩妖之剑，艾条则为驱邪之钢叉，盖因其形似。再加上两物均为民间常用的药草，有去秽气之功效而致。其实，从中医药的角度，菖蒲具有理气活血、醒脾和胃、止咳化痰的作用；菖蒲含挥发性芳香油，可提神通窍杀菌。艾叶具有温经止血、散寒止痛、祛湿止痒等功效，还有驱赶蚊虫的作用。

喷雄黄酒驱五毒：武义各地以蛇、蝎子、蜈蚣、蜘蛛和蛤蟆为"五毒"。俗传，五毒都在端午日午时开始旺生，故民间则于此日午前，要在房前屋后，角角落落阴暗处撒石灰、喷雄黄酒、熏药烟，以灭五毒，杀病菌，驱秽气。雄黄具有抑菌作用，但因其有毒，以外用为多。雄黄酒不宜饮用。

挂香包驱邪避秽：端午日，武义旧俗小孩多挂香包于胸，谓能驱邪避秽。香包，内装中药细辛、白芷等芳香药物以及茶叶、米、冰片等物，外用色布缝成金锁、粽子、鸡心等形状。鸡心与"记性"谐音，寓意读书记性好，有上进心，办事认真，有出息。香包浓香四溢，鲜艳美观，制作精工者，有较高的工艺美术价值。也有用彩色丝线编结，内装樟脑丸者，其形多呈葫芦、长桶及菱角状。还有选整蒲独子大蒜，外用丝线编结的，叫"端午串"，俗谓可避邪。

吃大蒜以隔水气：端午节以后，天气渐暖，雨水偏多，人们常须下水洗澡，在田间干活时被雨水淋湿的概率增大。武义习俗以为，端午吃大蒜可隔水气，下水洗澡或被雨淋湿的水不会渗入肚脐，不易受凉，并且大蒜有预防传染病之功效。

因此，端午日武义每家每户都要吃大蒜，将大蒜剥去外衣，先用清水煮至七八分熟，再与鲜肉、鸡蛋（水煮至熟后剥去蛋壳）合炒，香味扑鼻，味道鲜美。

喝午时茶驱秽气：武义旧俗，端午日要喝午时茶。据嘉庆《武义县志》载："合枳壳、陈皮、厚朴、山楂、麦芽之类，谓之午时茶。"[1] 端午喝了此茶能驱秽气。

采草药以备应急：俗传端午日是白娘娘上昆仑山采药，救活许仙的日子，故此日采的药最灵。武义乡村不少人多于是日上山采药，遇上什么药材都要采集，拿回家去杂晒干，以备应急之用。

六月六吃肉补身：六月六吃肉，是武义民间长期流传的风俗。"六月六要吃肉，不吃肉要生瘤。"这是武义民间的一句俗语。有人说这是迷信，其实不然，这是在补身体。到了六月六，农村

---

[1]〔清〕张营墉修，周家驹纂（嘉庆）《武义县志》卷三《物产》。

逐渐进入农忙季节，农活一天比一天繁重，体力消耗越来越大，在那物质贫乏的农耕文明时代，能吃上一餐鲜猪肉，可谓是"大补"。

同是这一天，民间还要翻晒书籍、衣物，说这一天的日头特别毒，什么都能晒死。衣箱衣柜要放樟脑丸防虫蛀。人要洗澡，洗了身体清健。

七夕节洗头除风虱：农历七月初七这一天，农家妇女要用稻草烧灰滤汤、用乌桕叶或黄金柴叶煮水洗头除风虱。

重阳节插茱萸除恶气御初寒：古时候，人们在重阳节这一天将吴茱萸插在头上，以示除恶气御初寒；还有饮菊花酒、赏菊的习俗。吴茱萸，人称"辟邪翁"，是治疗肾亏遗精的良药；菊花，人称"延寿客"，有清心、明目、降压等功效。

冬至进补：冬季是进补的好时机，武义民间传统习惯从冬至这一天开始，有条件的人要服点人参、鹿茸等补药，以强身健体。

腊八节吃"腊八粥"和胃补脾："腊八粥"由赤豆、绿豆、薏米、小米、白果、桂圆等合煮而成，这些豆谷果品既是日常生活中的食品，又是民间常用的中药，入口清香甜美，具有和胃补脾的作用。

春节前掸尘大扫除：在武义城乡，有一个年底掸尘大扫除的好习俗，保洁卫生。从腊月廿五日开始，家家户户把新竹枝扎在长竹竿上，俗叫"蓬尘帚"，用以掸去屋梁、墙角等高处角角落落中平时够不到的蜘蛛网和灰尘（灰尘俗称"蓬尘"）。掸下高处的蜘蛛网、灰尘，清理低处的角落、杂物，彻底擦洗地面、板壁、家用器物，清除平时堆积在院内的垃圾废土，让整个宅院焕然一新。

民间习俗中的中医药文化，或多或少带有一定的认知局限性，但其中也不无科学性，适时进补、讲究卫生、合理用药等对现代人来说仍有可借鉴之处。

（三）民众日常生活中的中草药情结

武义民众在日常生活中，也与中草药结下了深深的情结。他们称草药为"简、便、廉、验"的农家宝。民间有顺口溜："家藏几味常用药，自己配伍熬'汤头'；方便省钱又灵验，无不夸赞草药好。"此地长久以来形成了人人珍爱中草药、家家备有中草药、个个懂点中草药，小病小痛不求医的民间医养氛围。

武义人家家备有中草药，尤其是广大的农村，常用的中草药一般都是村民自己出门采挖而来。他们有采药的便利，上山下地干活，遇有常用的草药，就地采撷，拍去泥沙，除去杂物，晒干留用。当地有一种叫"猴狲藤根"的野生植物，人们挖取其根，晒干切片，炎炎夏日，泡茶喝下，可以预防中暑。所以在一些乡村，可以说无家不有猴狲藤根，无日不喝猴狲藤根茶。另外，具有清凉解毒功能的"三叶青"（俗称"风子"），也被民间视为珍宝。人们山上采来，遇上小孩发烧，切片加热水泡开，小孩喝下，片时便能退热，体温恢复正常。一些需要鲜草入药的药草，遇见后则熟记于心，及需用时，直接到地里挖取。

当地人对中草药的认知极为普及，农村人更是人人都懂得一些民间常用草药的药效。如：一枝黄花，有疏风清热功效，可治感冒所致发热、头疼、鼻塞流涕等；马齿苋、凤尾草有清热解毒、利湿止泻的功效，可治湿热病毒引起的腹痛、腹泻等；金银花泡茶喝，清热解毒，可降火；青木香、红木香泡茶喝，可防中暑；"风子"泡汤喝，能退烧。如此等等，几乎家喻户晓。

武义人对中医药的珍爱，首先表现在对医者的尊敬。按中医医术的来源与身世，一般将中医生分为儒医、世医两类。此外，还有"店堂倌"出身的时医和学徒出身的中医。对医者的称呼，自古叫"郎中"，郎中原是古代一个比较常见的官名，早在战国时期就有了，其职责为护卫、陪从、随时建议，以备顾问及随时听从差遣。然而，在古代历史上，因为科学技术的不发达，治病救人的医学经常和巫术纠缠在一起，把巫与医合称为"巫医"。到了唐代，一些长期在宫廷为皇室治病的御医却得到了皇帝额外的封赏，人们为了表示尊重，就把有医道的巫医称为郎中或大夫。而"大夫"在古代也和"郎中"一样是个官名，西周以后先秦诸侯国中，在国君之下有卿、大夫、士三级。大夫世袭，有封地。比如春秋战国时期的孔子，就是战国的"大夫"。由此可见，把医者称作"郎中""大夫"本身就已经是一种尊称。但在武义民间，不仅称中医生为"郎中"或"先生"，并且还要在名字后面附加"先"字，尊称"某某先"。

其次，读书人须得学些医术。知识匮乏的古时候，凡是读书人都要学点医术。不懂得医术的识字人，被看作是"跛脚人"。这与我们中华传统文化中所倡导的读书人要懂得"医理、命理、地理"，要求是一致的。

最后，武义人不随意践踏中草药。民间俗语"百草都是药，识得就是宝"。在这样的认知理念下，武义人从小就被父母告诫，到野外不要随地大小便，以免弄脏了草药。否则就会被指责犯了"阴罪"。

（四）武义民间中草药的通常用法与流行验方

长期以来，中草药在武义民间的广泛使用，形成了较有可行性的医用方法和采集药材的习俗，也积累了不少的验方。

根据中草药的药性，武义民间习惯把中草药分成清热解毒、活血化瘀两大类；细分为温补、祛寒、活血、消炎、退肿、利湿、行气、解毒等。按药味分为香、甜、苦、麻、辣五味，香则散、甜则补、苦则寒、麻则毒、辣亦散。按药的颜色，黑补肾、白补肺、红补血、黄补肝。民间中草药药性的判断基本靠祖传的经验口耳相传，据有经验的民间中草药医师介绍，也可以凭草药自身的味道。

关于中草药的采集，专业的药农比一般民众更有章程。他们先认真辨识所需采集的中草药材，进山采药前，先考虑好采药地点，准备好随身携带的砍刀、锄头、竹篓、绳索等工具，准备些干粮。出发前，要焚香祭拜山神土地与药仙。入山后，遵守古训，不说不吉利的话，不随便敲打采药工具。采药时，专挑那些没人走过的地方，攀登高山险路，穿越荆棘丛林。他们有时一天要翻过多座高山，攀爬几十公里的山路，还要提防各种猛兽毒蛇，采药是一项危险的累活。采回的草药，经分类、初步加工处理后，有的会在集市摊子出售，有的供应给药铺，当然也少不了留出家用。

武义民间中草药的传统用法，以新鲜草药入药为多。当地人认为草药带有其生长地的地气、土性才有更好的疗效，故药草采挖得来后，不用水清洗，拍净泥土，除去杂物即可。此外，也有不少草药是按季节采集，经粗加工后晒干入药的。

针对不同的病症，武义民间采用不同疗法来进行治疗，通常有煎服、贴敷、泡酒、涂抹、熏蒸、热灸等传统手法。

煎服，即针对病人的病情，临时采挖新鲜草药或利用平时采制的干草药，配伍分包后交给病人用水煎服。其配制过程，为防配方外传，一般由草药医独自完成。其中步骤包括：将中草药用刀切成薄片，或用剪刀剪成细段；根据各味药的不同剂量配伍组合，包成药包交给病人；嘱咐病人用特制的陶罐或干净的铁锅加清水煎成汤汁服用。每天一贴(剂)，每贴煎服两次(俗称"两汁")，早晚各服一汁。

根据治疗的需要，有的药需加药引或其他辅料。如治疗寒症，要在煎好的汤汁中加生姜、红糖，而热症则加白糖或冰糖；治疗跌打损伤则用黄酒作引；治疗虚症，还会在草药里加入猪蹄、夹心肉等一起煎熬，以增加营养。煎草药的时间不宜过长，煎得过久，药性挥发太多，影响疗效。一般煎沸后过15分钟即可停火。

贴敷，主要用于治疗跌打损伤。武义民间的传统疗法，多选用消肿化瘀、通经活血的新鲜草药，加入糯米饭、酒等，将之置于石臼中捣成黏糊状，贴敷于受伤部位。此法民间俗称"贴药饼"。如果是生了无名肿毒，则选用清凉解毒的草药，拌入糯米饭，一同捣成黏糊状，贴敷于患处。如此，很快就可以退肿散毒。有的把中草药晒干研成粉末，制成"膏药"贴于患处。这种"贴药饼""贴膏药"的治疗方法在民间流传广泛。

泡酒，在武义民间，常有农户自行采集通经活血的中草药，用高度白酒泡制成药酒，用来治疗关节风湿痛、腰膝酸痛、内伤等慢性酸痛疾病。也有村人在每年十月酿年酒时，采集通经活血的中草药煎汤，再将药汤注入蒸好的糯米饭中酿制美酒，第二年开春后便可每天品尝一点。更有所谓"三蛇酒"，指的是用蕲蛇、腹蛇、白节蛇三大毒蛇，和入中草药、高度白酒泡制的蛇药酒，用以治疗风湿关节痛等。

涂抹，民间俗称"搽"，就是采用新鲜中草药捣汁或利用动植物的油等药物，涂抹于病痛患部，以达到一定的治疗效果。这种外涂的方法，往往是采用一些有毒性的草药，确保了使用安全方才为之。用蕲蛇腹内的油脂炼制的蛇油，是民间治疗烫伤的上乘好药；取蕲蛇腹内未腐烂的老鼠烘干研粉，是民间传统的刀口药。猪油、牛油、羊油、蜂蜜以及桐籽油（青油）、菜籽油等均可拌入药粉调制药膏，用以涂抹治疗。

熏蒸，熏蒸有烟熏、气熏两种方法。其一，把草药研成粉末，卷在草纸上点燃，用草药之烟熏患处或相关穴位；其二，把草药煮开，用草药蒸腾的热气来熏，如治疗眼疾，往往就用这种蒸熏的方法。

热灸，即采用艾草或其他草药制成的药条，经点燃后利用其散发出的热量来灸烤患者身体疼痛部位或相关穴位的一种疗法。武义民间最传统的是艾灸，并且还分"文灸"与"武灸"，所谓的文灸，就是将艾条点燃后，选定一个适当的位置与距离，保持基本不动的方法来灸穴位；而武灸，则根据具体需要，将点燃的艾条在所灸的穴位作近距离的来回灸烤。此外，民间还有"隔姜灸"和"隔蒜灸"，即将生姜或大蒜切成薄片，敷于患者疼痛部位或相关穴位上，再用点燃的艾条对牢姜片（蒜片）灸烤。灸烤要仔细控制好热度，以确保不至烫伤。

在长期的生活实践中，很多人掌握了民间常用的一般医术，为自己以及家人提供方便。除了中草药，还有一些比如扭痧、针挑、拔罐、抓筋、灼火、拔鬼箭、退土等医术。这些传统的中医药文化技法，至今仍在武义民间流行。

同时，长期的生活实践，也积累了许多的民间验方。出生于中草药世家的徐斗斋先生，原是武义一中教师，退休后整理了《民间实用中草药验方500例》。李明焱、李振皓主编了《武义单方验方集》，于2022年由中国中医药出版社出版。该书收集单方验方和独创技术共129种，按功效分为内科、外科、眼科、妇产科、肛门科、皮肤科、耳鼻喉科、儿科疾病等，计71个病种。这些单方验方具有鲜明的武义地域特色。

武义民间最常见的中草药验方如：感冒初起时，用家家户户自备的干辣椒，热锅爆炒后熬汤，加入粉干或面条煮透，俗称"辣椒索面汤"，趁热吃下一大碗，闷着棉被睡一觉，逼出一身汗，感冒所引起的发热、恶寒、头疼、鼻塞、流涕、喷嚏等症状即可消退或减轻；或用常备的"一枝黄花"15克，用水煎服，效果明显。再如：腹痛腹泻，采挖新鲜"仙鹤草"（全草）30~50克，加水煎服，可消炎止泻。又如：便秘，粪便干燥坚硬，甚至大便艰难，导致小腹胀急，神倦乏力等，取鲜生何首乌20~30克，切片水煎服，可润肠通便。还有，如果被蚊子、蚂蚁叮咬，以及被蜂、蝎等蜇伤引起局部红肿灼热、瘙痒疼痛，甚至全身红斑，取民间常见的酢浆草或苋菜叶洗净，捣烂绞汁，涂抹患处，或直接将洗净的鲜草，放手心揉搓后擦患处，即可清热解毒，消除肿痛。以上所述单方验方，普遍为人掌握，使用方便，效果显著，因此得以代代相传。

除此之外，武义民间习惯中，有以草药入食的民间特殊疗法，即食疗。食物加草药，既可预防疾病，增强体质，益寿延年，也可以治疗急慢性疾病。如逢年过节炖鸡煮鸭加入中草药；常用药物配以猪蹄，用以治疗四肢关节病痛；治头痛眩晕，则以猪、羊脑配药，炖煮食用；治咳嗽、哮喘用猪心肺；治小儿遗尿则用草药炖猪小肚；治夜盲症则用草药与猪肝或鸡、鸭肝配伍炖食；等等。

三、武义中医药文化的地域特色

一方道地好药，成就一方名医，造福一方百姓，武义中医药文化极具武义地域特色。

（一）名医辈出，世代为医者众

在武义历史上，出现了许多名医。诸如晋镇南将军阮孚的后裔阮葵、唐代叶法善、元代徐元吉、明代韩叔旸、扬云、鲍进、俞镠、郑爆、陈伯辉、清代俞良钿、俞士良、俞祝应、潘震江、廖李旺，民国何葆仁、陈异常、徐春圃、蓝贤翠，等等。他们均以高尚的医德，令人折服的诚信，在中医药发展史上留下了美名。

俞源乡俞源村的俞祝应一家，数代以医药济平民，在当地传为佳话。出生于同治六年（1867）的俞祝应，幼承家学，以医为业。遇富商求诊，收取诊金多至50块大洋，而贫穷的百姓前来求治，则不仅不收分文，还设炉煎药服侍，视同家人。他的儿子俞经康继承父志，也是贫富有别，对外地来的求医者，甚至以茶饭招待。他在当地常常免费为民防病，是最早推广牛痘接种以预防天花的人。俞经康儿子俞栅、长女俞爱菊、小女俞春梅、孙子俞翁非等也传承了祖辈医术和医德，均以其出众的医技行善于民。

（二）崇尚医德，不断精进医术

医德是医者与病人之间、医者与医者之间以及与社会之间关系的行为准则，是医者的道德规范要求。"医乃仁术"是中医学的基本要求，历代医家皆以此作为行医宗旨和医德的基本原则。大传统而外，武义中医药者还有自己地方的小传统。他们奉行诚信为民、仁义施治的信条，用道地药材、精湛医术为百姓除疾去病，凭此树立了优质的口碑。

明清以降，兰溪药业向外扩展，以国药谋生立业者遍及大江南北。民国时期，兰溪药帮以其技术精湛、善于经营管理而独占武义药业市场。统计1934—1935年武义、宣平两县城乡的国药店，数量合计98家，从业人员达232人，大多为兰溪药帮开设。他们在经营中，十分崇尚医德，重视信誉和质量，以药材品种齐全，选料道地，炮制精良，服务周到，批零兼营，赢得百姓的信赖。入驻武义的兰溪药帮以传统的经营方式和职业道德，形成自己的特色和经营理念，为武义医药事业带来活力。

医术是古代中国流传的一种哲学思想，是医者对病人的医治方法和医疗技术，是一种能让病人摆脱病魔的法术。它是医者的本职要求，也是医者获得社会认可的要因。武义历代名医，极为注重医术，力求精益求精，可谓个个医术精湛。

叶法善（616—720），出身道教世家，自幼随父修道习医，广访高道，拜师学医。他的道师韦善俊、万振，皆为当时著名道医。叶法善精擅道医养生，在民间悬壶济世，施惠苍生，被百姓视为华佗再世。因身体羸弱而渴望健身强体的唐高宗，仰崇叶法善的医技，便将他请入京城。自此，叶法善成为历阅五朝皇帝的宫廷道士。

韩叔旸（1392—1435），今王宅镇靖山自然村人。明洪武三十一年（1398），他以武义民间名医被召入京，成为皇家太医。明成祖朱棣从南京迁都北京时，韩叔旸为皇太孙朱瞻基随驾护理，调护有功。宣德元年（1426），朱瞻基登极，即宣宗皇帝，授韩叔旸为太医院判，正六品，协助院使掌管医疗事务。宣德三年，父韩伯器，以子韩叔旸贵，封为承德郎、太医院院判，母王氏封太安人，妻王氏封孺人。宣德四年，太后患鼻疾，韩叔旸以自炼丹药"三仙丹"（又名九厘丹）为之治疗，很快痊愈。宣宗大喜，称赞他良医用药，如大将之用雄兵。韩叔旸回说："圣主爱民，若慈母爱幼子。"宣宗赐给韩叔旸二品官服、真君图，并玺书《元宵诗》："三五良宵乐事同，凤城无处不春风。月如悬镜千门皎，灯若连珠万点红。歌舞戏呈丹阙下，箫韶声遏碧云中。太平气象承天运，佑我邦家国祚隆。"[1]

扬云（1388—1439），俞源乡下杨村进士、龙图阁学士扬迈之九世孙，出生名医世家。曾任县医学训科之职，名噪于时，驰誉浙东。宣德九年（1434）冬，韩叔旸将扬云推荐给朝廷。宣宗皇帝问叔旸："扬云人品，与尔孰优？"叔旸答："人品虽不及，而医术则过之。"宣德十年正月，扬云奉召至京，皇上屡次诏试他的医道，多著异效。八月，擢升为太医院御医，令侍左右，并

---

[1] 朱连法《武义通史》，浙江古籍出版社，2017年，第385页。

赐予御酒、玉盏及四方所贡珍异之物。是年，扬云治愈太子朱祁镇的疾病。朱祁镇登基为英宗皇帝，待扬云如恩师。正统二年（1437），"圣躬弗豫"，扬云开方进药，立效。皇上欲升其为太医院使，扬云稽颡谢曰："臣先世军役，愿乞恩优免，升职非臣所愿也。"皇上遂诏兵部从之，仍赐彩缎、鞍马、钞贯。在明代，院使是太医院的最高医官，官阶正五品。正统四年（1439）正月廿四日，扬云忽然感到身得急疾，自切其脉后对家人说："吾疾必不能起矣，可即办后事。"遂不再服药，廿八日逝世。有司给舟送柩还乡，葬武义城南溪里之原。朝官梁栗、林琚、谢济、陈学等有挽诗，林琚《挽御医扬云》一诗，对其医术做了总结："曾与真人海上逢，许多奇术妙神功。卫生举世谈思邈，垂老令人慕葛洪。参术长年空药圃，松楸镇日锁堂封。古来医道成仙道，精爽应陪紫府中。"①

居武义县治西北隅的鲍进，积学有声，却屡举不第，遂从医。正德七年（1512），倭寇侵犯三衢，郡伯刘茞承檄征剿，鲍进以良医选召随军。兵屯龙翔寺僻坞时，发生病疫。鲍进配制药汤，供兵士饮用防治，药效良好，活者甚众。既而，主药紫苏缺货，鲍进在寺畔采集到数百丛，用以应急，疫情得以控制。众人啧啧称奇，视之为神医。

名医何葆仁（1871—1948），武义城郊南湖村人，民国初年迁居县城。16岁中秀才，宣统二年（1910）为岁贡。曾任塾师，执教之余，自学医书，30岁时辞教从医。1934年迁居县城石板巷8号，这是民国时建的四合院，成为"同吉谦"国药店坐堂医师。他擅长内科、妇科诸症。为人治病，诊断仔细，用药恰当，疗效显著。既精于治疗病人的生理病症，又善于排解病人的心理困扰。

---

① 朱连法《武义通史》，浙江古籍出版社，2017年，第385页。

对贫困病人不计较酬金,且乐助药费,医名日振。处、婺、衢三府各县,登门求医者纷沓而至。民间有"葆仁先的方,王储春的药""吃过他的药,死了也无悔"之说。据传当时宣平、金华一带有女嫁人后病死的,娘家必定要追究是否曾到何葆仁处就医,若去医过则相安无事,否则就不善罢甘休。1943年,日军侵占县城,何葆仁避居南乡平塔村,采用草药为农民治病。

(三)博施广济,热心社会公益

武义历代名医中,热心公益、善济平民者大有人在。不限于以医术救治病人,不局于以医药赈济百姓,武义医药者秉承恪守诚信仁义、扶弱济困、轻利重义的传统,造福一地之民。

晋镇南将军阮孚的后裔阮葵(1142—1219),隐居武义清溪,饱读书,习中医,为邻里看病施药,扶贫济困,为当地兴修水利、筑路,利用荒地种桑,排解里人争执,宣讲"义利之辨"。

武义西普宁寺僧牧牛和尚,将药草投入寺边灵泉井中,用泉水治疗乡民疾疴。明嘉靖武义邑志记其"严戒行,通经律,尤善医术,富者授以方,贫者济以药,不望报答"[①]。溪里村《贺氏宗谱》载有《溪市十景》,其一"药池秋水"即指此景,有诗云:"丹砂飞去药池空,玉甃寒潭橘井通。方牧道人流泽远,至今犹可活疲癃。"[②]

明嘉靖年间,县东小白溪上修筑了一条长28丈、石砌高3.2尺的项圳。据童庐村《童氏家谱·项圳志略》载:"我里之有项圳,得小溪之灌溉,始于明嘉靖年间,四世祖会川公遗迹也。公本儒生,精于医术,当世之士大夫皆以明医目之。会世宗(嘉靖帝)及某公主有疾,朝廷选医,蒙荐入都,有和、缓、扁鹊之号。命之爵,

---

① 〔清〕张营堠修,周家驹纂(嘉庆)《武义县志》卷八《仙释》。
② 贺金旺主修《武阳贺氏宗谱》,木活字本,1915年。

赐之禄，公坚辞不受，为当时名人所器重。或问公所愿，公曰：'家居穷陬，世业耕读，是吾志也。但吾乡土地多硗，日旸忧旱，欲开圳得某溪之水利，而费甚钜。吾屡欲兴斯举，每有志而未逮。'或以其事白诸当道，亦以为此实国家农政之要务，水利当急兴也，乃奏其事。诏下，县令给予工役，而斯圳以成。至今子孙世世沾其利，不失耕读之业而乐丰年者。岂非公之生平务本，富贵不以易其志，得有斯圳之利也欤。"[①] 项圳修成后，丁前、白溪、童庐等村的六七百亩农田得到灌溉，受益至今。项圳也称项坝，因为是官府修筑，又称"官坝"，当地村民至今仍这样称呼。

赵宅人徐春圃（1879—1943），自幼从父学医，业成后悬壶于县城永丰门。临诊善用金石、虫类之品，喜以麝香八将散治疗疮痈疖，多取桃花散疗刀枪金伤。1934年，受聘为县救济院施医所外科医师。平素常配制金创药，施布贫民，县长赠予"矜恤疴瘵"匾额。

种子源村畲族女医蓝贤翠（1898—1981），聪颖善歌。15岁登婚嫁歌堂对歌，鲜有人难倒她。她深知畲民患病求医困难，就自学医术，通过不断摸索、提高医术，逐步积累临床医学经验，尤其擅长妇科和儿科，治疗某些疑难杂症亦颇多奇效。治病多用草药、针灸、拔火罐等。病人求诊，无论是天晴下雨、凌晨黄昏、路途远近，她总是有求必应，从来不计较报酬，有时还免费招待求医者食宿。行医近60年，治愈妇女儿童各种重症疾病难以数计，成功处理难产数百例，被誉为"畲家救命婆"。

1929年，兰溪武义药帮店主王秉金在药店门首竖"乐善好施"大石碑，作为药店宗旨。因其出资出力，乐于支持社会公益事业，在百姓中名望骤增。药店重乡谊，凡讲兰溪方言的来客，都待以

[①] 朱连法《武义通史》，第348页。

二餐一宿，若盘缠困难的则予资助解决。

（四）著书流芳，重视总结传承

历代武义名医，善于总结完善医术，重视医术的传承发展。他们撰著的不少医书、秘方得以代代相传，福泽乡里百姓。

明代，武义医著层出，遗泽后世。俞源村俞镠精习岐黄，著有医书《杏林捷径》，知县梁铺为之作序；鲍进儿子鲍叔鼎，承接父业，施医屡著奇效，著有医书《医方约说》《脉证类议》行世；流寓宣邑的江右临川人陈伯辉，善岐黄，尤精伤寒，著有《伤寒秘诀》及《一贯指南》等篇，"后之业医者，半资其衣钵"[①]。近代仍有医书问世，如俞士熙精通医理，得上海道尹赠"妙手回春"匾，著有《伤寒易知录》；名医何葆仁著有《医学易知》4卷、《医案手稿》12册等；徐春圃，诊病之余常录临床心得，有手稿两卷传世；何玉璁（1904—1978）著有医书《验方诗话》《改编汤头歌诀》《时方歌括》等。

韩叔旸不慕显贵，乞归故里，获准回乡后重操旧业，炼丹施医，普济乡民。临终时，他将治疗疮毒的灵药"三仙丹"秘方及炼丹术，传授给其子韩康寿，并嘱"唯嫡而授"。迄今近600年，相传不衰。现传至第55代孙90余岁老翁韩宗琦。因宗琦年事已高，今已由第57代孙韩世忠炼制。历代相传中，丹药不断得到改进，现分为"三仙丹"和"三仙散"，丹内服，散外敷，对治疗疮毒有特效。

扬云后裔多从医，长子扬文乾，克承父志，精通医术，任职本邑医学训科；次子扬文贵，谦恭有礼，隐德不仕，以医术精良而闻名两浙。扬云有孙男五人，其中：扬华，任职本县医学训科。扬煜，为金华名医，征至京师为太医院医官，成化二十一年（1485）封国医，二十三年以母老辞归，各部赠有诗文，户部尚书李敏撰

[①] 〔清〕皮锡瑞纂修（光绪）《宣平县志》卷十一《方技》，清光绪四年铅印本。

有《赠国医扬荣九南还省亲序》；弘治年间曾以捐粮赈灾而冠带荣身。扬爃，太学生，天资明敏，尤精医术，救治重症全活居多，南京国子助教分别为其撰有《赠太学生扬一清归省序》《望云思亲卷序》；扬熨，以文鸣世。后裔中，还有扬昆，任职本县医学训科；扬伯芬，好问学，详物理，精于医道，治病不泥于方书，注重联系气候；时任御史的武义人严继先，以诗"报功人植千株杏，生意心含万斛春"① 赞其医道。

结语

　　武义地处盆地，土质肥沃，水系众多，气候温和，适宜人类生息繁衍，更是蕴藏了极为难得的药材资源。在得天独厚的人文、自然环境下，形成了武义独具地方特色的中医药文化。这些文化特质体现于风俗习惯中、彰显于日用生活中，其特点主要有世代为医者众、儒医济人者众、著医书以传后世者众。此外，推崇博施广济、讲求诚信仁义也是武义中医药文化的特点。

　　优渥的自然山水禀赋，是武义人赖以生存的坚实基础。勤劳智慧的武义人，在创造丰富的物质文化的同时，也创造了包括中医药文化在内，带有鲜明地域特色的精神文化。宝贵的武义中医药文化，是历代武义先贤留下的弥足珍贵的精神财富，是中华中医药国粹文化的重要组成部分，它的传承与发展，事关人们的身体健康，事关中华优秀传统文化的弘扬光大。

---

① 朱连法《武义通史》，第387页。

第二章　叶法善在武义的史迹与文化影响

《浙江文化史》："唐代浙江道教中的著名人物，首推叶法善。"[①] 叶法善从小在武义修道，一生致力弘扬道学，匡国辅主，济度众生，留下若干遗址胜迹。他作为帝师和一代鹤寿道士、道医，对武义的道教文化、中医药文化、养生文化产生了积极而深远的影响；尤其是依顺自然、天人合一的养生思想，求真务实、精益求精的医药科学精神，是一份珍贵的文化遗产，在以寿仙谷药业为代表的武义当代康养文化创新发展中得到了良好承传。

一、叶法善的生平事迹与历史传说

（一）叶法善的生平事迹

叶法善（616—720），字道元，十二岁时来到白马山，以石室为家。[②] 这一年不幸父母双亡，合葬于不远处瓯溪之畔。叶法

[①] 沈善洪《浙江文化史》，浙江大学出版社，2009年，第93页。
[②] 叶法善《叶氏古谱源流序》："志立根源，究流宗派，始南阳者，梁公也，显汉朝者，尤公也，迁句容者，望公也，居括苍者，俭公也。"南阳在唐时为郡，爱好画龙的沈诸梁号称叶公，是叶姓的肇基祖，其后代叶俭始迁江南括苍。隋开皇九年（589）分松阳东乡置括苍县，唐大历十四年（779）改括苍县为丽水县。叶俭第十七世裔孙叶法善在隋大业十二年（616）出生于松阳，唐贞观元年（627）随父母迁居白马山、全塘口村，直至开元八年（720）逝世这一时段，全塘口村前后隶属括苍县、丽水县；而丽水县在明景泰三年（1452）析置宣平县，宣平县又于1958年并入武义县。可见叶法善的籍地是清楚的，以现在的行政区划来说，他生在松阳，十二岁时移居武义，并与父母一样终葬在武义。

善移居全塘口村外婆家，次年开始云游名山，寻师学道。游学修道过程中，得到许多高道指点，成为著名的道医。

显庆二年（657），唐高宗得知叶法善道法高强，想得其养生长寿之术，征召其入京，加爵不受，留为内道场道士。自此，叶法善相继侍奉五朝皇帝，前后长达一甲有余，其间常到民间并回故乡活动。

叶法善的百年人生，可归结为"弘道惠民"四字。他的宗教与社会活动内容甚为丰富，如传道、讲经、授箓、修斋、设醮、济贫、疗疾，还有研著道经、舍宅建观、封山投简，以及魔幻技法表演等，为振兴道教、匡国济民，付出毕生心力。自显庆年间算起，他所莅临、驻足的道教胜地，仅以史籍记录的，就有宫禁内道场、东都凌空观、嵩山、岱岳、茅山、姑苏、天目、天台、栝苍、罗浮、青城、广州龙兴观、南岳衡岳观、西京元都观、洪州宗华观、谯郡玄元庙、会稽山禹穴龙瑞宫、景龙观、大涤山天柱观、松阳清溪观、栝苍宣阳观等，五岳登临其四，踪迹涉及现在的陕、豫、晋、鲁、江、浙、赣、湘、粤、陕、川等省市。即使在年近百岁的暮年，他仍竭尽所能，行走各地传经布教。

开元五年（717）三月，叶法善在老家完成建观立碑、告慰先灵的大事后，依依不舍地辞别家人乡亲；开元八年（720）六月三日在京都景龙观仙逝。弟子在其坐处收得留诗和遗书，呈给皇上。唐玄宗阅后亲幸丧所，次日颁布制书追赠叶法善为"越州都督"，下诏敕葬故土。按照叶法善归根故土的遗嘱，唐玄宗将时任润州司马的叶法善侄子叶仲容，敕度为东都圣真观道士，让他与中使一起护送叶法善灵柩回乡。唐玄宗还诏令浙江栝州、衢州、婺州三府协助操办叶法善葬礼，供给所需钱物；这三个州地缘相邻，当时都属浙西观察使管辖，一起参与治丧，可见葬礼规模相当大，丧葬礼遇在中国道教史上罕见。

叶法善仙逝19年之后，即开元二十七年（739），已经创造开元盛世的唐玄宗，依然深深怀念他，于二月二十六日亲撰《故金紫光禄大夫鸿胪卿越国公景龙观主赠越州都督叶尊师碑铭并序》，全面介绍、评价叶法善的生平与业绩，表达对帝师深切悼念之情，盛赞其不朽功业。

（二）叶法善的历史传说

叶法善仙逝不久即成为羽流信众崇祀之神，乡邻邑人置观塑像，礼祠不绝。他的业绩被代代相传，演绎成许多仙话故事；传说中叶法善的主体形象，是"道仙""寿仙"。

唐玄宗御撰的《叶尊师碑铭并序》，为颂扬叶法善精深的道术，运用传奇文学语言和对叶法善法术的想象，大篇幅地表述叶法善的神异之术，如"或潜泳水府，或飞步火房，或剖腹濯肠，勿药自复。或刳睛抉膜，投符有嘉。或聚合毒药，服之自若。或征召鬼物，使之立至，呵叱群鬼，奔走众神，若陪隶也"[1]，这些描述成为叶法善传说的源头，被后人无限延伸、扩充，使叶法善成为神奇的道仙。

叶法善传说的主要源流，一是源自正史，如《四库全书》辑入的《册府元龟·叶法善》《旧唐书·叶法善传》《新唐书·方技传·叶法善传》《太平广记·叶法善传》；二是源自野史和志怪小说，如唐大历年间刘谷神的《叶法善传》，南宋淳祐年间冲真观道士张道统组织撰写的《唐叶真人传》，还有《纪闻》《仙传拾遗》《朝野佥载》《广德神异录》《广异记》《玄怪录》等；

---

[1] 转引自李丹、王陈亮《叶法善家族三碑考》，西泠印社出版社，2008年，第35页。

三是源自民间传说，有大量相关民间传说流传。①

李震《叶法善传说研究》对宋代之后叶法善传说的变迁做了专门探讨，他认为近现代中国社会的转型与巨变，使得国家公共空间中的叶法善记忆不断流失，叶法善传说除了保存在一些文人小说、道教经典之外，在公共社会中的影响力已渐趋式微。但在叶法善的故乡，其传说内容仍然十分丰富，类别有道教传说、文物传说、艺术传说、医药传说、物产传说、地名传说等。②

随着传统文化的复兴和康养产业的发展，叶法善崇仰再度成为武义的热点，"叶法善传说"于2009年被列入第三批省级非物质文化遗产名录。当下在武义流传的叶法善传说主要有《叶法善游月宫》《叶法善之铜钟》《唐代叶法善医药传奇》《叶法善出世》《募建冲真观》《追魂碑》《叶法善入朝》《唐明皇扬州观灯》《月宫巧会杨贵妃》《传诗会贵妃》《扬州赎玉扇》《巧破蕃弩计》《真人墓之谜》等。它们以民间文学叙事的形式传扬着叶法善不凡的功迹与道术。

许淳熙认为，叶法善传说所蕴含的特色，一是体现了爱憎分明的情感，抑恶扬善的思想；二是浸润着法术的神奇想象，散发着引人入胜的魅力；三是充溢着仙境般的美妙画面，反映出人们对美的事物的追求。③群众喜闻乐见的传说故事，必定有着感染力，会产生寓教于乐的教化作用。因而，叶法善传说故事与其真实事

---

① 许淳熙《叶法善传说故事的特色与价值》，《2010中国武义·养生旅游高峰论坛叶法善道家养生文化研讨会论文集——道家养生文化研究》，上海人民出版社，第146页。

② 李震《从公共性到地方性：宋代之后叶法善传说的变迁》，《2010中国武义·养生旅游高峰论坛叶法善道家养生文化研讨会论文集——道家养生文化研究》，第122页。

③ 许淳熙《叶法善传说故事的特色与价值》，第146页。

迹一起，对于武义文化产生着一定的积极影响。

二、叶法善在武义的活动史迹

（一）叶法善在武义的修道、传道活动

1. 修道白马山石室

叶法善的家族，高祖叶乾昱是精通道义的隐士，曾祖叶道兴是天师派道士，祖父叶国重是精究道学的道士，父亲叶慧明是清心寡欲的乡间道士。《旧唐书》说叶法善"自曾祖三代为道士，皆有摄养占卜之术"①。受道教世家的熏染，叶法善在童年走上从道之路，《唐叶真人传》称他："好古学文，十一诵诗书，十二学礼乐。研究《周易》，耽昧老庄，河洛图纬，悉皆详览。志愿修道，栖迟林泉。"②

父亲叶慧明曾带着叶法善，隐遁卯山修炼，樵苏自给，对儿子尽传寻形、选胜、占星、候气等家传道法，并传授类似气功方术的"飞符役使"。贞观元年（627），带着叶法善寻访灵虚福地，来到距松阳卯山约60里的白马山。

白马山位于今武义县柳城镇的西南郊。叶氏父子发现此山悬崖形似一群腾蹄起尘的骏马，半山腰有一处天然石室，便在此落脚。对此，光绪《宣平县志》卷二《山川》载："白马山，在县西南五里，上有石室，中巨石屹立，击之铿然，叶法善常隐此。"③

---

① 〔后晋〕刘昫等撰《旧唐书》第16册，中华书局，1975年，第5107页。
② 转引自吴真《为神性加注——唐宋叶法善崇拜的造成史》，中国社会科学出版社，2012年，第298页。
③ 〔清〕皮锡瑞纂（光绪）《宣平县志》卷二《山川》，清光绪四年铅印本。

《明一统志》也载："白马山，在宣平县西五里，有瀑布石室。室中有巨石屹立，击之铿然。相传叶法善尝栖于此。"①到清代，白马山列为宣平县"宣阳八景"之一，雅称"白马超尘"；山麓的村落即称白马下村。

《唐叶真人传》对白马山的环境有详述："其有欧冶铸剑溪，欧溪有神女化冢、石门岭、仙人曳履岭，其山势并括苍仙都洞天，连延天台四明，近金华长山赤松洞，黄初平叱石羊之处相去不远。中有白马山瀑布水，青溪万仞，古号仙居，林泉葱倩，于是真人隐焉。"②上述"欧溪"即全塘口村边的小溪，白马山瀑布就在今柳城镇边。

据《太平广记》卷二六《叶法善》记载，叶法善在石室时，三位穿锦衣、戴宝冠的神人对他说，我奉太上的命令，把密旨告诉你，你本来是太极宫紫微殿左仙卿，因为校录不勤，被谪贬到人世上来；你应该赶快立功，济世救人，辅佐国家，功满之后，就会恢复旧职；太上还让我把"正一三五"的法术传授给你；你还要勤于修行，帮助众生，好好地勉励自己吧。神人说完便离去了。③丁煌认为，石室相会的神人其实是道士，是叶法善正式入道誓诚时监度证盟的道师。④

2. 寻师学道，往来山中

叶法善先天聪颖，加上家学熏染和后天勤习，少年成才，气宇轩昂，显示出与众不同的气质。迁居白马山石室，正是学识快速增长之时。然而，就在移居石室这一年父母离世，合葬于全塘

---

① 〔明〕李贤等纂《明一统志》卷四十四，《文渊阁四库全书》影印本第472册，台湾商务印书馆，2008年，第1047页。
② 转引自吴真《为神性加注——唐宋叶法善崇拜的造成史》，第299页。
③ 转引自吴真《为神性加注——唐宋叶法善崇拜的造成史》，第277页。
④ 丁煌《汉唐道教论集》，中华书局，2009年，第171页。

口附近的瓯溪之畔,叶法善搬到全塘口外婆家居住。

道教以道、经、师为"三宝",认为道无经不传,经无师不明。少年叶法善初懂这些道理,思虑"不遇名师,将何度世"[1],于是贞观二年(628)从全塘口出发,开始云游道教名山,寻师学道。《唐叶真人传》对此记载:"是时岁方十三,从括苍山入天台、四明、金华、会稽,涉江浙,北入天柱、天目、姑苏洞庭、勾曲、衡山、霍山,南游剑水,登赤城,至罗浮等处,凡名山胜地,自江汉之南,无不经历。"[2]

叶法善得到多名高道的传授,道术精进,并擅长道医,行医乡间,被百姓视为华佗再世。显庆二年(657),身弱而渴望高寿的高宗皇帝,将叶法善请进京城,自此成为侍奉五朝皇帝的宫廷道士,施道行医。

叶法善离开全塘口后是否曾回武义活动,行踪籍载阙如,难以考证。可供推测的是《新唐书·叶法善传》的记载,称叶法善"历高、中二宗朝五十年,往来山中,时时召入禁内"[3]。他经常"往来山中",而作为山区的全塘口,有外婆一家亲友在,有胞弟叶道感在,有父母之墓在,极重孝道的叶法善往来武义修道、传道并探亲,应属情理之事。

离全塘口、白马山不远的牛头山,位于武义、松阳、遂昌、金华县界,相传是当年叶法善经常采药炼丹的地方。清雍正《处州府志》载有怀念叶法善的《牛头山》诗:"翠屏云九叠,丹壑树纵横。……分山传试剑,摄魄为题铭。钵里呼龙出,林边跨虎行。

---

[1] 转引自吴真《为神性加注——唐宋叶法善崇拜的造成史》,第299页。
[2] 转引自吴真《为神性加注——唐宋叶法善崇拜的造成史》,第299页。
[3] 〔宋〕欧阳修,宋祁撰《新唐书》第18册,中华书局,1975年,第5805页。

应知仙不死，能证理无生。愧我吞腥客，徒深访古情。"①上述传说和诗歌虽不能作为实证，却也依稀可见叶法善曾在牛头山活动的影子；牛头山是其高祖叶乾昱隐居、安葬地。清光绪《处州府志》收录叶法善在牛头山创庵、后人建天师庙、刻天师像的传说；明代《括苍汇纪》记明代中期牛头山之巅仍存叶天师庙，应与叶法善曾在牛头山一带修道、传道活动相关。

（二）武义有关叶法善的遗址胜迹

叶法善仙逝后，其故乡以宣阳观、淳和观为中心形成了民间崇拜。到了宋代，处州崇拜规模扩展到十几个道观祠庙，并延伸到周边的奉化、杭州和江西抚州等地。直到今天，一些道教胜地崇祀叶法善的香火依然绵延不绝。俞源、郭洞这两个中国历史文化名村的古戏台的太师壁上，绘有叶法善陪伴唐明皇的壁画。武义县境内有关叶法善的遗址胜迹主要有以下一些。

1. 宣阳观（冲真观）

作为叶氏道教世家传人的叶法善，考虑到老家叶氏道教事业延传的大事，将丰厚家产转变为道观，使叶氏家族的道教崇拜拥有固定的宗教场所，是实现延传愿望最有效的措施。开元五年（717），年届102岁的叶法善请建道观，朝廷允准，将全塘口故居辟为道观，命名为"宣阳观"。《唐叶真人传》有载："请回赠先君，并舍括苍山门故居，奏请置宣阳观一所，凡道场供养珍奇宝物，并是锡赐尽归山门。"②

宣阳观后来成为武义一带主要的道教场所。唐乾符年间，道士丁存古募资重修，因黄巢兵变冲击而搁置，进士祝颙续修，留

---

① 〔清〕曹抡彬修，朱肇济纂（雍正）《处州府志》卷十九《牛头山》，清雍正十一年刊本。
② 转引自吴真《为神性加注——唐宋叶法善崇拜的造成史》，第304页。

有《重修宣阳宫大殿记》碑文。北宋治平年间易名为"冲真观"。

北宋道士吴慧淳在冲真观土藏中搜寻到叶法善留下的石碑、簪履和剑器,政和六年(1116)正月以冲真观原为叶法善故居为由,带着这些遗物到开封请求朝廷加封,获得下诏封叶法善为"致虚见素法师",1120年再封"灵虚见素真人"。

宣和四年(1122)冲真观大修,主持潘宗元邀处州地方官间丘若冲撰写了《重修冲真观碑记》。南宋嘉熙四年(1240),冲真观观主张道统组织撰写了《唐叶真人传》,邀时任处州知州的武义人马光祖作序;此传既有关于叶法善的神话传说,也有史实,被收入《正统道藏》洞神部谱录类。

清嘉庆年间观主邱明净重建了冲真观前后殿,宣平县知事汤金策撰《重兴冲真观碑记》。此碑今存武义延福寺。邱明净还在观边的大溪上募筑一座六拱石桥,取名"尚义桥",留存至今。

在清咸丰十一年(1861)太平军战乱中,冲真观成为一片废墟,只剩一座铜钟。同治八年(1869)复建殿宇。时逢盛世,乡人自2007年起重新修建了宏伟的冲真观。

2. 大历铜钟

钟是道教的圣物,是道官与神灵沟通的重要法器。唐大历十二年(777)正月二十五日,宣阳观铸成一尊大铜钟。此钟外形匀称端庄,厚实稳重,自上而下有七匝箍径,拦腰环束七线宽带,中有葵状锤脐,加上多道垂竖径线,形成块状框栏。总体上细线经纬,质地光润细腻,工艺精湛,具有道家素雅超俗而又不失高贵的风格。

铜钟体表所镌钟款,至今仍清晰可辨,有叶法善封爵衔名,主要记录铸钟捐赠的情况,列有三十八名道众的姓名。清代宣平岁贡撰有《大历钟》诗,民间流传有叶法善与大历钟的神奇故事。此钟被列为县级保护文物,现存武义县博物馆。

3. 丁丁碑

叶法善在舍宅建宣阳观并为父亲叶慧明立碑的同时,也为祖父叶国重设立了《唐故叶有道先生神道碑》,置于酉山的祖墓前。碑文记载叶国重及祖乾昱、父道兴、子慧明、孙法善的生平与宗教活动,末尾记述晚年叶法善功成名就、荣归故里的盛况,充分流露了叶法善立碑以光宗耀祖的孝道之心。由于后来出现叶法善"摄魂书碑"的传说,此碑又被称为"追魂碑""丁丁碑"。

此碑原有碑石无存,清代以前的重刻碑也都不知去向。武义延福寺中现存有一块丁丁碑,上呈半圆形,上部正中刻八卦符,碑文楷字阴文竖刻,专家考证认为是清代重刻的石碑。

4. 螺山天师庙

桃溪镇上江村螺山天师庙是武义现存古代奉祀叶法善的代表性场所,庙内存有分别立于清道光十一年(1831)、二十九年(1849)的二通《天师庙碑》,上载此庙始创于南宋庆元二年(1196)。此庙最大的特色是使用药方签,大多是养生指导方和调养药方。

这里选示数签。第一签:来症可无忧,安心善调理;守过二三句,勿药亦有喜。第三十一签:当归与百芍,酒苓并甘草;同煎三两服,此病即可消。第七十签:人身有大丹,何不自寻觅;今来问我方,指君好调息。第一百签:桑椹捣碎滤过汁,微火熬之二三刻;添加蜂蜜来调和,煎成膏状酒送服。

形成药方签书的缘由,或为叶法善是道医,擅长运用其精深的道术和医术为乡民服务。

5. 牛头山天师殿

宋人张贵谟有《牛头庵石棋子赋》载:"平昌牛头山,世传天师叶法善跨虎之地。"[1] 其时不仅有牛头庵,更有天师幻化之说。

---

[1] 〔清〕潘绍诒修,周荣椿纂(光绪)《处州府志》卷二十八《牛头庵石棋子赋》,清光绪三年刊本。

据明代《括苍汇纪》记载，牛头山叶天师庙在明代中期仍存，并说"至今水旱，祷之有应"。[①]2010年在牛头山蜡烛台重修了天师殿，主祀叶法善；殿匾由叶法善裔孙、时年近百岁的艺术家叶一苇题。此外，柳城至牛头山途中的乌坛下村有一奉祀叶法善的小天师殿，桃溪清修寺前的八仙岩天然岩洞立有叶法善神像。

6. 叶法善墓

叶法善安葬于宣阳观近山，与其父母亲墓地同一座山，今属柳城镇下圩村上河自然村。清光绪《宣平县志》载："唐赠歙州刺史叶慧明墓，在县东欧溪。唐越国公真人叶法善墓，在东隅二里。"[②]叶法善墓，用三合土筑成坟包，墓前一米开外设有两只巨大的赑屃，各驮着一块石碑，碑高各三米左右；墓前有水塘，后靠雪底山和门前山，前朝白马山。惜于20世纪70年代"农业学大寨"改田造地时被夷平。叶氏乡民将一方墓碑、两只石赑屃及一块墓门基石，运至十多里外的火烧地口自然村边，砌起一座临时的叶法善墓。原墓址已于2014年重建叶法善陵墓。

7. 叶慧明墓及碑文

开元四年（716）叶法善回乡修祖茔，为父亲叶慧明墓立神道碑。次年，请括州刺史李邕为先父撰成《大唐赠歙州刺史叶公神道碑并序》，请国子监太学生韩择木书丹与题额，苏州张玉宾镌刻。《道家金石略》收录这一碑文，隶书，篆额题"唐歙州故叶府君之碑"。

关于叶慧明碑的后续，清代名臣阮元记载："右碑在宣平县

---

① 〔明〕熊子臣修，何镗纂（万历）《括苍汇纪》卷七《地理纪》，明万历七年刻本。

② 〔清〕皮锡瑞纂（光绪）《宣平县志》卷八《坟墓》。

治冲真观。原石久佚，所存重刻本字多讹错。"①清乾隆《宣平县志》记载当时冲真观的状况是："今丹井、旧碑尚存""歙州碑，旧竖剑履庵侧。庵倾，碑亦摧折。前令移至幕厅，缝合如故。厅毁，碑零落不全。今存儒学，尚有数百字可揭。"②在清光绪四年《宣平县志》凡例中，宣平知县皮树棠说"歙州碑今亦无存"。据上述文献推测，叶慧明碑的碑石或佚于清嘉庆、道光年间。上海书画出版社1986年版《篆隶》丛帖，收录有《叶慧明碑》；天津古籍书店1989年出版有《唐叶慧明碑》。

8. 存留邑志的仙迹

自叶法善"羽化成仙"以来，武义县一些山水在历史进程中融入其神奇的色彩，相关的遗址胜迹现成为旅游文化资源。清顺治、乾隆、光绪和民国年间修纂的《宣平县志》，都记载着许多大体相同的叶法善仙迹。下列为民国二十年所修《宣平县志》部分内容选录。

符箓岩，在县东七十里赤坑，俗传叶法善埋符箓于此，俗名天师楼，又名大螺坛。（卷一《舆地志·山川》）

牛头冢，在县北八十里，相传叶法善升天处。有徒求随在地展拜，周围方丈草木不生。遇旱祷多验。据传叶法善形解于景龙观，此亦俗传也。

剑履庵，在县东隅二里，按唐书载，法善开元八年卒，《道藏·叶真人传》云：法善在景龙观托疾，潜服神丹，化剑为尸，敕葬括苍山未一年，棺椁忽开，惟剑履存焉。今县东有剑履

---

① 〔清〕阮元纂《两浙金石志》卷二《唐赠歙州刺史叶慧明碑》，清道光四年李坛刻本。
② 〔清〕陈加儒修，祝复礼纂（乾隆）《宣平县志》卷十一《寺观》《古迹》，清乾隆十八年刻本。

庵遗址，后为虚冢岩，上有天师遗像。王隽有《剑履庵》诗一首："剑履犹存岁已遥，真人骑鹤去难招。千年马鬣封还在，三尺龙泉气未消。紫电夜腾惊羽客，白虹朝现泣山妖。只今博物无雷焕，空使光芒彻九霄。"

丹井，在冲真观，世传法善炼丹尝用此水，今涸。

铜钟，旧《志》云：相传法善所铸，命其徒曰：吾去三日后，尔方可鸣。师去弥日，徒窃扣之，其声震地，居人惊骇。师遂还，以剑划之，少止，及其所至之地而已。民又云：以草鞋击之遂止，钟上剑痕鞋印犹存。

试剑石，在县东南梁村渥山桥东，相传叶法善试剑于此，上锐下圆，中半裂，周环空缝，可丈许。

石大门，在县南十里……相传为唐真人叶法善炼丹之处，上有丹鼎在焉，年湮莫考，旁有仙游寺。山下对溪即马迹坛，游其地者，如登天台焉。石门丹鼎为石门川八景之一。

通天蜡烛，在县西五十里，与牛头相对峙，高五十余丈，大可数十围，四面凌空，直冲霄汉，其形俨肖。相传唐真人叶法善炼丹于此。（以上录自卷二《舆地志·寺观》）

此外，《名胜志》载："遂昌县牛头山，唐叶法善尝与道侣对弈于此。局终，掷棋子于地，化为石。后人于其地每得一卷石，中有小石棋子，圆滑绀白，初出土尚温软，可擘取薪。"[1]

---

[1] 〔清〕李卫修，沈翼机纂（雍正）《浙江通志》卷一百零七《物产》，清文渊阁四库全书本。

三、叶法善对武义中医药文化的影响

武义是叶法善从小生活的地方，也是其与父母"落叶归根"之地，留有许多文化遗产，积极影响武义的文化发展。这种文化影响在唐代达到高峰，自宋以降逐渐衰减，而到当代则随着养生旅游开发而再度趋强，出现一个新的高峰。一千多年来其对武义文化的影响是多方面的，大体可以从道教、中医药和养生三方面来探讨。

（一）对道教文化的影响

在唐代，道教得到朝廷的尊崇而几乎成为国教，空前兴盛；武义由于高道叶法善的影响，道教也进入繁荣时期。武义在唐五代时期始创的佛教寺院30多座，其中西南部原宣平县区域仅延福寺、普照寺二座，此时武义形成东北部区域以信奉佛教为主、西南部区域以信奉道教为主的格局，这与叶法善及其宣阳观在西南部区域的强大影响力是分不开的。或受其影响，唐末仓部侍郎徐懿致仕后，在老家东皋村丁姑桥之南创建了一座道教宫观，称崇玄观。

宋代武义盛行庙观祈雨，城隍庙、三元庙都有相关记载，这同宣阳观的示范作用有关。宣阳观供奉叶法善，缘于叶法善曾在开元年间奉诏乞雨解秦中大旱，世传宣阳观祈雨颇为灵验。北宋咸平二年（999），处州遭遇大旱，知州杨亿到宣阳观祈雨，"是用备菲薄之奠，陈危苦之辞，愿以一介之躯，少赎百姓之命"[①]。

---

① 〔宋〕杨亿撰《武夷新集》卷二十《宣阳观赛雨文》，清嘉庆十六年留香室祝氏刻本。

州官亲赴宣阳观祈雨,这一活动的本身极具示范意义。

宋徽宗两度敕封叶法善,表达了宋代政府对其圣人地位的承认与肯定,冲真观由此得到立观以来最大的官方支持——"给度牒三十,又为之岁度一人"①。"岁度一人"即给以每年一名入道名额,这在当时是一种殊荣。"度牒三十"是政府批给道观的有偿入道名额,当时每个道士度牒 220 贯,冲真观 30 个名额可收入 6600 贯左右。冲真观的财力因而得到较大的提增,观田多达六顷。南宋绍兴三年(1133),处州府的天庆观铸钟,冲真观捐了 14800 足陌(宋时计钱单位,80 钱为 1 足陌),一般道观只捐 1000~8500 足陌不等,可见冲真观当时的经济实力很强,对地方道教文化发展极具影响力②。

明代以降,道教在整体上逐渐走向衰落,而在武义仍然保持一定的发展势头。嘉靖《武义县志》录载武义县域新出现的道教信仰活动场所 30 多座(另有道释共存的 14 座)。在清代,武义大多道教场所奉祀由民间俗神转化的道教神,光绪年间有道观 11 座,道释共存的活动场所 56 处,道教信仰依然兴盛。

民国时期,战乱频发,武义道教渐衰,道观趋废。新中国成立以来,武义县道教经历着由衰而兴的变迁,尤其是在实施改革开放后,叶法善对武义道教文化的积极影响步入新的高峰期。祀奉叶法善的牛头山天师殿于 2010 年 7 月 16 日隆重开光后,是年 11 月举行了国际性的叶法善道家养生文化研讨会,闭幕式发布《道家养生武义共识》,央视网对本次论坛进行了全程直播;学术论文 50 余篇结集为《道家养生》一书出版发行。

---

① 北宋《重修冲真观碑》,转引自《为神性加注——唐宋叶法善崇拜的造成史》,第 272 页。

② 吴真《唐宋时期道士叶法善崇拜发展研究》,香港中文大学 2006 年博士学位论文,第 162、170 页。

2016年10月16日,武义县以"弘扬叶法善道教文化,共建和谐美好家园"为主题,在冲真观举办了叶法善诞辰1400周年纪念大会,这应当是他逝世以来最为盛大的纪念庆典活动。同时,县政府和浙江大学等单位再次举行叶法善养生文化研讨会,闭幕式发布了《叶法善养生文化武义共识》,学术论文在会后结集出版。这些大型活动有力地推动了新时期武义道教文化的发展。

自2015年起,牛头山国家森林公园利用叶法善资源,每年秋季举办道教文化节,以传承道教文化,祈愿国泰民安。其中的第二届道教文化节,中国道教协会副会长黄信阳道长到会宣布开幕,开幕式上演《仙山道谷》《黄冠朝元》《问道》《大象无形》《八段锦》《宫廷群芳》《天师炼丹》《霓裳羽衣》等道教主题文艺节目,向民众传播道教文化的独特魅力。

2022年6月武义县道教协会成立,武义县委常委、统战部部长潘祖洪在会上强调指出,武义道教有悠久历史,叶法善道士一生弘道,成为侍奉五朝君王的帝师和道教的宗师,留下了宝贵的道教养生文化,道教协会应当提升这张武义"金名片"的作用,在"康养武义"建设中贡献道教力量。可见,叶法善对于当代武义道教文化的发展,仍有非同一般的影响力。

(二)医药科学精神的垂范

葛洪和陶弘景在强调行气治病的同时,都反对巫祝祈祷、占卜祭祀等非科学治病术,表现了道医的科学精神。叶法善也是如此,其最为典型的事例,是道教史上著名的"叶法善阻炼黄白"。

高宗体质弱,迷恋金丹驻寿,同武则天频频到嵩山访求高道异人,寻求能长生不老的灵丹妙药,并广召术士在宫中炼丹。叶法善曾经长时间研炼外丹,然而,外丹发展的可畏历程,让他感悟到服食它的害处。他开始持谨慎态度,后来身体力行内丹术。

显庆二年（657）七月，他力劝迷恋金丹的高宗停止冶炼和滥服丹药。

《旧唐书》载："时高宗令广征诸方道术之士，合炼黄白。法善上言：'金丹难就，徒费财物，有亏政理，请核其真伪。'帝然其言，因令法善试之，由是乃出九十余人，因一切罢之。"[①] 高宗觉得叶法善劝谏有理，便让他去检验，果然无人炼出真丹，于是将90余名炼丹术士逐出皇宫，终止了炼服金丹之举。

作为道士，叶法善能正告皇帝弄清方士的真假，不要被他们的炼丹成仙谎言所蒙蔽，这在当时科技水平与认知程度的情况下，诚属极其难能可贵。叶法善的劝谏，不仅反映出其在养生修炼方面的精深造诣，更体现出其对待道教医学具有超前的科学精神。唐太宗李世民在历史上赫赫有名，因服食金丹断送性命；服丹直接致死的唐朝皇帝还有穆宗、武宗、宣宗。种种悲剧证明了叶法善"金丹难就"的科学性。

叶法善对于医药的科学精神，对后世业界影响重大。尽管后来叶法善被推上了神坛，人们往往从传说中认识他，仍然不影响他作为道医的科学精神的传承，上江天师殿指导民众医养保健的药方签是一种实在的反映。明代武义涌现扬云、韩叔旸等御医，是他们在医药上讲究科学、精益求精的结果。当今武义最为信奉叶法善的药企寿仙谷药业，以"寿仙有道，天地人和"的理念，研制出大量高科技的医养产品，可谓承传其医药科学精神的一个典范。

（三）悬壶济世医德的垂范

叶法善从小确立济世救人之志，把医学看作是"道"的追求，同葛洪、孙思邈一样，不仅达到很深的医学造诣，而且具有高尚

[①] 〔后晋〕刘昫等撰《旧唐书》第16册，第5107页。

的医德。

"悬壶济世"是古代颂誉有仁德之心的医家,以医技普济众生,救人于病痛。叶法善就是这样一位道医。他行道施医,既活跃于宫廷,也常游走于民间,以医药接济贫苦百姓。《唐叶真人传》记他:"帝及皇后、诸王、公主、朝士以下亲受道法,百官子弟、京城及诸州道士从真人受经法者,前后计数千余人。王公布施,塞道盈衢,随其所得,舍入观宇,修饰尊像及救困穷。每日炊米十余硕,以供贫病,来者悉无选择。"①

"硕"古时同"石",是容量单位,唐代一石合53公斤;上述记文所说"十余硕"相当于数百公斤。叶法善将布道治病中的"随其所得",用于道观的救济平民,每日用这么多米做饭,来者不拒地施赈给贫病者,其善举多么感人。

对于叶法善的善举,史籍还有不少记载,如《太平广记》载:"(叶法善)所得金帛,并修宫观,恤孤贫,无爱惜。……远近礼敬,舍施丰多,尽修观宇焉。"②《唐叶真人传》说:"人强与钱,则乞诸贫病。"③

叶法善虽然身怀绝技,却不以此谋取私利。他在遗诗中说:"适向人间世,时复济苍生。度人初行满,辅国亦功成。"④诗言志,更何况是以105岁的非凡经历凝聚而成的诗句,足见他一生所践履的志向,是以道学、道医造福众生。

唐玄宗在御撰《叶尊师碑》中说叶法善:"可谓德博而施,

---

① 〔宋〕张道统撰《唐鸿胪卿越国公灵虚见素真人传》,《道藏》第18册,上海书店,1988年,第81页。
② 〔宋〕李昉辑《太平广记》卷二十六《叶法善传》,明嘉靖四十五年谈恺刻本。
③ 转引自吴真《为神性加注——唐宋叶法善崇拜的造成史》,第300页。
④ 〔清〕彭定求纂《全唐诗》卷八百六十《留诗》,清康熙四十四至四十六年刻本。

道尊而光者也。"[1]在叶法善呈送的《真人乞归乡上表》上批示说他:"迹虽系于人间,神自超于物累。"[2]赞扬其至高境界。难怪元代高道张天雨品评历代羽流人物的《玄品录》,将叶法善载入"优良道品"之列。

叶法善这种高尚医德的榜样作用是无限的。武义历史上产生过若干医德优秀的人,如民国时期的俞葆初、何葆仁、潘璜、俞祝应、徐春圃,新中国成立后的徐志荣、何子珩、叶鹤林、谢正夫等名医。不能说这些后来者的医药品行都与叶法善有密切关联,但同样不能说他们之间没有绍承。仍以信奉叶法善的寿仙谷药业为当代范例,"重德觅上药,诚善济世人"的经营宗旨,明确表明了千年文脉的衔接,该企业践行宗旨的实例不胜枚举。

(四)中医药与摄养术的延传

医家与道家有许多共通之处,华佗、李时珍等著名医学大家都对道教养生有精深的研究;道教养生中含有许多科学的医学知识,有"道医同源"之说。道医,就是道教文化与传统中医文化相结合而产生的独特的医疗流派,鼎盛于唐宋。叶法善和葛洪、孙思邈、朱丹溪等,都是古代著名的道医。叶法善出身于道教世家,不仅自幼随父修道习医,所拜之师韦善俊、万振都是皇家重用的名道医。

武则天见比她年长八岁的叶法善身强体健,始终一副道骨仙风,很相信他的祛病延寿之术,令叶法善在遍祷名山时,为之采集延年益寿珍草。《唐叶真人传》载:"岁辛丑,则天皇后征真

---

[1] 〔清〕董诰辑《全唐文》卷四十一《故金紫光禄大夫鸿胪卿越国公景龙观主赠越州都督叶尊师碑铭》,清嘉庆十九年武英殿刻本。

[2] 周伟华《叶法善考论》,浙江工商大学出版社,2015年,第153页。

人投龙采药，遍祷名山大川，风轩飘飘，驷骑络绎。"①武则天享年八十二岁，成为唐代最长寿的皇帝，与道医叶法善的医药支持是分不开的。

中医学自古有"药食同源"理论，叶法善对此有着深刻的认识，研发了具有强身健体、延年益寿功效的药膳，广泛流传于民间的有乌精饭、青草腐、煨盐鸡等药膳，宫廷秘藏的有端午茶药饮。②

叶法善未留下亲撰的医书，但有一些托名道书。如《上清隐书骨髓灵文》，《道藏》记其为叶法善的传世道法，元妙宗在书首按语中称此书是唐叶法善天师所传。南宋道教学者曾慥编纂的《道枢》，对南宋以前的道教炼养方术作了系统总结，其中的《九仙篇》由叶法善等三人作注，详述医药摄养之术。

叶法善疗疾药方是否有传存？目前未见研究成果，浙江网络图书馆（www.zjelib.cn）的两条相关讯息可资参考：

观音大士大悲救苦神膏，相传为叶法善所遗传，附有民国时期本神膏药方的广告图片。该广告为单棉纸，纸色泛黄，油印，楷体，版存松江秬文墨斋刻字店。上称："此方系唐天师叶真人诚心济世，往求大士，赐以良方。曰：以三十六天罡攻，以外菩提水一杯，应之于内，万病皆除矣。菩提水即甘草汤也，能实心济世，历久不变，祸福自无涯矣。"③所列药方较长，此不录载。

《叶真人传世内外各科秘本》又称《叶氏秘本种子金丹》，一卷，清代孙奇逢编。已成孤本，现珍藏于山东中医药大学图

---

① 转引自吴真《为神性加注——唐宋叶法善崇拜的造成史》，第300页。
② 南木子《天人相应：叶法善医道兼修的生态观照》，《2016江南养生旅游高峰论坛论文集——叶法善养生生文化》，上海人民出版社，2017年，第87页。
③ 洛阳市文物管理局、洛阳民俗博物馆编《故纸拾遗》第3卷，三秦出版社，2008年，第322页。

书馆。①

据柳城医家沈子愆研究认为，有叶法善摄养方存传。唐开元元年（713），叶法善曾向玄宗呈献铁皮石斛、天山雪莲、三两人参、百廿年首乌、花甲茯苓、深山灵芝、海底珍珠、苁蓉、冬虫夏草九大仙草图及功用，被录进道教经典《大开元道藏》，成为宫廷御用珍贵药物；明正统十年（1455）被冠以"中华九大仙草"，记入明刻本《正统道藏》。叶法善曾炼制"乾坤九灵丹""金钗膏"，所遗古方被谢正夫、林文辉、钟樟春等宣邑老中医长期使用，无不灵验神效。寿仙谷药业按所遗古方，成功开发出"寿仙谷铁皮枫斗浸膏"②。

叶法善第62代族裔叶儒章，长期研究叶法善的医养方药，认为叶法善遗留的治疗肝病、肾病、胃病及疑难杂症的各种药方，以及保健酒、保健茶、端午茶，一直在家乡一带民间流传，武义叶宅叶氏天师房嫡系中还流传着叶法善的诸多养生方剂。他本人创办浙江叶法善生物科技有限公司，按照古传秘方研制出"叶法善养生酒"③。

（五）对养生文化的影响

当代人对叶法善的兴趣，不仅在于他是传奇式的道教宗师，更在于他是稀有寿星；在人均寿命不到60岁的唐代，以百余岁终其天年，其生命奇迹为当代人追求健康高寿带来典型的示范作用和深刻的启迪意义。

---

① 王瑞祥主编《中国古医籍书目提要》，中医古籍出版社，2009年，第866页。
② 沈子愆《叶法善道教医学研究》，《2016江南养生旅游高峰论坛论文集——叶法善养生生文化》，第105页。
③ 刘莉《叶法善道家养生长寿之道》，《2016江南养生旅游高峰论坛论文集——叶法善养生生文化》，第110页。

1. 叶氏道教世家是高寿家族

在数千年的历史长河中，中国养生的探索者形成了道家、儒家、佛家、医家四大学派，各有特点。儒家着眼于入世，重视人伦，主张修身齐家、治国平天下；释家着眼于出世，倾心般若，主张在自觉、自度后觉他、度他，以普度众生，同达西方极乐世界；道家则重人贵生，崇尚自然，珍惜生命，着眼于强身养生，通过修身养性达到健康长寿。作为道教世家的叶法善家族，涌现诸多高寿者，可以说是道教养生的经典案例。

叶法善享 105 岁高龄，是中国历史人物中罕见的高寿典范。在叶法善的前辈中，高祖叶乾昱是道行高尚的隐士，谢绝朝廷多次召请，坚持在武义牛头山深处修道养生，逝后与夫人周氏合葬于隐居地，族谱中绘有墓图，史籍记其"庆祚克开，眉寿维永"，是一位道家寿星[①]。

祖父叶国重（叶有道），享有近百岁寿龄。李邕所撰的《叶有道碑》写到其暮年时说："天不持久，人将复归，颓年迫于期颐，远志屈于摧落。"[②] 这里的"迫于期颐"，是逼近百岁的意思。

叔祖叶静能，翰林学士、国子祭酒、著名道士，出生时间未见记载，但死亡年龄是确实无误的，即在公元 710 年的宫廷政变中被诛，这一年叶法善年满 95 岁，按推算，同朝侍立的叔祖叶静能或已逾百岁。

姐姐叶氏，寿逾期颐。开元二年（714）叶法善已 98 岁，奉旨回浙江主持"会稽龙瑞宫投龙仪"，顺便回家探亲时还曾面见姐姐。唐开元四年（716）叶法善在《乞归乡上表》中写道："前岁，天恩赐归乡里，残魂假息，获拜先茔，聚族联党，不胜悲庆。

[①] 叶平《寿圣叶法善养生之道辨析》，《叶法善与养生文化探寻》，西泠印社出版社，2013 年，第 64 页。

[②] 转引自吴真《叶法善家族三碑考》，第 2 页。

属亲姐暮年,百余三岁,见臣还丘壑,载喜载悲,才逾一旬,奄忽先逝。"① 可知其姐寿龄达 103 岁。

一个家族在相近的一段时期出现四五位百岁老人,足见其家族承传卓绝的养生之道。

2. 叶法善留给我们的养生启示

2010 年和 2016 年,在江南养生旅游文化研究院组织的两次叶法善养生文化专题研讨会上,众多专家对叶法善养生之道作了深度探析,提出各种见解。由西泠印社出版的论文集《叶法善与养生文化探寻》一书,则作了专门探讨。笔者以《叶法善传略》中的记述为基础,汲取各家观点,认为叶法善的高寿因素及留给我们的养生启示,可归纳为下列方面;这些"由养而寿,由寿而仙"的康养之道,能够积极地影响当代人的养生选择,增长养生智慧。

(1) 潜心道行,宁静修养

叶法善自小建立对"修道养生"的信仰与兴趣,从信道、学道开始,继而潜心务道、修道。《唐叶真人传》载:叶法善在弱冠之年时,曾有一"神人"告诫他说:"……但是三洞上清上法上真,须精进修习,晨夕无替,及长存五千文,统理人道,明察天地。勿致轻泄,道当自成。"② 于是,叶法善俯伏感谢,表示将恭承教旨,精意奉行。"三洞"指道教最高尊神三清所传的三洞三十六部真经,"五千文"指老子的《道德经》,叶法善修习这些经典所阐扬的教理教义,因而能够做到潜心道行、宁静修养。

《道德经》说的"清静为天下正",其"清静"是与"浊动"对应和互化的,意为通过修炼,由浊返清,由静生动,使人的生命原动力得到育养。叶法善一生忠实地践行了道教这一"清静"

---

① 周伟华《叶法善考论》,第 153 页。
② 转引自吴真《为神性加注——唐宋叶法善崇拜的造成史》,第 300 页。

教义。

叶法善为《真龙虎九仙经》所作的注解,也体现了"修心养性"的思想。他指出:"凡修长生久视者,先忘意,无七件事,方始得成,故曰先须静意。"他所说的"无七件事"是:无散乱、无烦怒、无执着、无妄想、无贪爱、无邪淫、无放逸。叶法善本人就是做到"静意",不存杂念,达到了修心养性、延年益寿之目的。

(2)少私寡欲,守柔而强

叶法善的生活记录是:佣耕畎亩,日旰不休;樵苏自给;涧饮木食,枯槁自居;面对皇帝封官,他"无荣于世""保黄冠而不拔,加紫绶以非荣";身为皇宫内道场道士,依然安贫食素、不求名利,终生坚定不移地实践《道德经》指出的见素抱朴、少私寡欲,做到"守中"有度。

李德贵所著的《叶法善传奇》[①]写道:叶法善年轻时,在天台山遇一白须老人,对饮而谈,言及功名,叶说:细思之,那争名的,因名丧体;夺利的,为利亡身;受爵的,抱虎而眠;承恩的,袖蛇而走。算起来,还不如当道士,云游林泽,寻访云泉,水秀山青,逍遥自在;甘淡泊,随缘而过,不求名利,无荣无辱无烦恼。且不说上述细节是否确有其事,叶法善却的确仕途不求,一生清静寡欲,守柔而强。老子在《道德经》中所说的"守柔曰强",就是叶法善的品性特点;唐玄宗在碑铭中也说叶法善"和顺柔爱"。

自高宗显庆中至玄宗登基期间,朝中为统治权的争斗异常激烈,局势诡谲多变,不少宗室亲贵、官宦及大内术人卷入政治旋涡而遭杀身之祸,叶法善叔祖叶静能就是其中一例。而叶法善身历五朝,虽时常出入宫禁,因心怀淡泊之志,能神超物累,并能机察不测,善于进退自处,适时以道士身份参与政治,扶助正道。

---

① 详参朱连法《叶法善传略》,上海人民出版社,2012年,第146页。

辅佐有功,皇帝嘉奖,但叶法善不愿为臣,不肯接受赏赐给他的卿大夫的官位爵禄,始终坚守着《道德经》所说的"致虚静,守虚笃",不为名利诱惑,保持人格的自尊。

叶法善不以名累,不以利累,不以物累,不以私欲累,一生轻松自在,自然身健寿高。

(3)依顺自然,寄情山水

道教崇尚自然,其本质是主张天人和谐。作为道教世家传人的叶法善,向往没有世俗纷争的三清仙境,讲究顺应自然,乐于置身山水。

叶法善的养生理念是"祖传"的。祖父叶有道遍游五岳之后,匿迹隐居在深山,韬光于溪谷林间,犹如闲云野鹤,达到心态和顺、心无杂念、凝神安适的静境。父亲叶慧明有着老子所言的自然无为品质,逍遥自在地放歌于风生云游的山谷,漫步或弹琴在月下山林之间,乐于依顺生命的自然去养生。

叶法善承祖而胜于祖。《叶尊师碑》说他"先生养神太和,观妙玄牝",大体意思是叶法善保养身心,保合阴阳会和、阴阳冲和的元气,观看神妙于溪谷。这是唐玄宗对叶法善养生方法的明确记述,认为叶法善善于保养身心,深谙道家养生之道,把握了阴阳平衡、顺乎自然的养生本质。

叶法善青少年时期的游历,事实上也是一种寄情山水。在交通条件不发达、人烟稀少的古代,叶法善为求名师,历尽险阻,徒步跋涉几乎半个中国的名山大川。被征召入京成为内道场道士后,仍然经常行走于山水之间,或奉旨祭岳封山投简,或云游各地传道讲经,或奔波民间治病救人。

叶法善一生依顺自然,寄情山水,耐苦求真,既磨炼了意志,也强健了筋骨,身心得到双养。

（4）修炼调摄，择宜而行

《道德经》第五十九章指出："深根固柢，长生久视之道也。"身心养护、保生延年有多种方法，择宜而行、综合养生才能"深根固柢"。叶法善年轻时，曾向豫章万法师学习炼丹、辟谷、导引、胎息之法，在日后漫长人生中，他用这些道家理气自强的养生功法服务于人，也用以自我养生。

叶法善会炼外丹，但在实践中发现服食外丹无助养生，选择以内丹术保健延年，集服气、存思、辟谷、静功等养生功法及中医脏腑经络学说于一体。《唐叶真人传》说他"熊经鸟伸，吐故纳新"，李邕在《叶有道碑》中说他"常以理气自强，登老益壮"，说明他注重理气自强，获得"登老益壮"的养生效果。

叶法善深谙辟谷之道，辟谷可以清理肠胃，保持身体内环境、内空间的清洁，促进各脏腑功能，提高免疫能力。胎息是练功高度入静时的一种特殊呼吸状态，叶法善深通胎息之三昧，达到了"临目而万八千神，咽胎而千二百息"[1]的极高境界。

《旧唐书·方伎传·叶法善传》记他"有摄养之术"。道教的摄养，主要指日常生活中各个方面进行调理摄养的养生方法，包括四时调摄、起居与睡眠调摄、饮食调摄等。合理膳食，少荤多素，也是道家养生顺乎自然的一个方面。叶法善"自小不茹荤""樵苏自给""餐松茹术"。他自小远荤近素的饮食习惯，可能是受父辈的影响，而调摄护养之术则是他在继承基础上的完善。

可见，择宜修炼、调摄养生，体现于叶法善的生活细节当中，渗透于他漫长人生的每时每刻。这种细碎、经常、全面的养生积累，如同一砖一瓦的垒砌，构筑起百岁生命大厦。

---

[1]〔清〕董诰辑《全唐文》卷四十一《故金紫光禄大夫鸿胪卿越国公景龙观主赠越州都督叶尊师碑铭》。

（5）老当益壮，不息追求

人们常说的"生命在于运动"，通常理解是"运动有益于生命"，其实也包含生命不息、追求不止的内容。一个人一直保持对理想生活目标的追求状态，不言放弃和懈怠，使精神充实，脑力与体力活动适当，对健康长寿最为有益。叶法善在表面上是一个与世无争的虔诚道士，其实并非消极避世，独善其身，而是胸怀睿智，关心国事，悉心匡国辅主，充分体现了他蔑视天命、变革现实、老当益壮的积极进取精神。

叶法善守道敬业的晚年生活片段：

仪凤三年（678），63岁：以"大洞三景法师"身份，奉敕赴泰山岱岳观，修斋、设河图大醮。

弘道元年（683），68岁：奉旨代表帝室，祭封南岳衡山。

长安元年（701），86岁：《太平广记·叶法善》载："则天征（叶法善）至神都，请于诸名岳投奠龙璧。"[①]

景龙四年（710），95岁：扶助帝王制胜叛逆，平定战乱，使国家走上安定兴盛之路，为创"开元盛世"立下不朽功勋。

景云二年（711），96岁：奉旨持绣像幡花，至南岳夫人魏夫人仙坛，行醮祭法事，并于坛西修建洞灵观，度女道士7人。

开元元年（713），98岁：以国教道士的身份，奉敕前往西岳华山祭拜，封华岳神为金天王。

开元二年（714），99岁：奉旨从京城赴浙江绍兴，主持会稽龙瑞宫投龙仪，再到余杭大涤山讲经授道。

开元五年（717），102岁：奏请朝廷恩准，将松阳祖宅改为淳和观，括苍故居辟为宣阳观；请李邕为祖父、父亲撰文，立碑敬祖，躬行孝道。在老家了却建观立碑、告慰先灵的心愿后，期

---

① 〔宋〕李昉辑《太平广记》卷二十六《叶法善传》。

颐之年的他不畏跋涉艰险，再赴遥远的京城。

开元七年（719），104岁：奉诏乞雨，解秦中大旱。

真可谓是生命不息、运动不止、追求不止；在名道辈出的唐代，恐怕找不出第二例。在不息追求中，叶法善完善与充实了自我，保持身心健康，使全身气血调和而得高寿。

（6）以术济民，捧心孝亲

善心是道教精神调养的重要内容之一，具有慈爱之心，对家庭、民族、国家的普遍大爱的人，才会是一个心灵美好、精神健康的人；而这样的人，心灵才会趋于宁静和自由，才有高寿的基础。叶法善就是这样的人。

身为道门领袖的叶法善，常以所精医术治病救人；所得到的金银丝帛，全都用来修缮道教宫观，救济孤寡穷人。他救人无数，却一般不受诊费。当"人强与钱"时，他也"乞诸贫病"，扶弱济困，可见医德之高。

开元二年（714），99岁的叶法善在余杭大涤洞讲道时说，惟语济恤孤贫，感愧覆载，忠君孝亲，重人生命，净身心，绝奢侈，即为道之根绪者。可见，以善心善待生命，是叶法善养生思想的核心。

一生谨行善心的叶法善，孝心也甚笃。716年，年逾百岁的叶法善思乡心切，向唐玄宗呈上《乞归乡上表》。但玄宗舍不得他离开，未予准许。两天后，叶法善又呈上《乞归乡修祖茔表》，以孝为理由提出请求，终于感动推行"以孝治天下"的唐玄宗。

现代心理学也认为，一个人有善良的德行、淡泊的心境，就会维持良好的心态，保持心理平衡，有利于健康长寿。反之，如果一个人贪欲难填，就会得陇望蜀，想入非非，甚至损人利己，最终坠入罪恶深渊，导致终日神不守舍、因心理负担过重而损害健康[①]。叶法善以术济民、捧心孝亲、修功累德,就是养德的集中体现。济民孝亲,善待别人,也等于善待自己,叶法善得高寿就是最好的例证。唐明皇在《叶尊师碑》中称叶法善"其生也,年长而色若孺子,其化也,委蜕而神则默仙"[②],可以想象当年叶法善鹤发童颜的仙容,其神态、气色,犹如孩童。

综观上述六方面,我们探析叶法善养生,不局限于服丹、辟谷、导引、胎息等道教法术,而是从道教养生"法于阴阳,和于术数"的总纲,顺应自然、性命双修、身心两养的视野,去剖析叶法善养生思想与方法上留给我们的启示;从这种宏观的角度去观照叶法善的一生,基本把握了其修道养生的真谛。而从这种意义上看,叶法善留给我们的养生思想,正好契合寿仙谷药业提出的企业文化宗旨"寿生有道,天地人和"。

结语

从小生活并归宿于武义的叶法善,在武义境域的修道传道活动留下了许多遗址胜迹。他以百岁人生的传奇经历,以道教宗师、帝师和著名道医的不凡业迹,以顺应自然、平衡阴阳、不以物累的康养实践,给后人遗赠一座养生文化思想的宝库,千百年来积极助推了武义文化和医药科学的进步。而寿仙谷药业秉承叶法善的高尚品德与敬业精神,拓创"重德觅上药,诚善济世人"的企业文化,是叶法善思想在新时期的典型脉承,既体现出叶法善思想的强大生命力,也体现出寿仙谷药业的时代担当。

---

① 沈志权《叶法善道家养生文化及其现代价值》,《2010 中国武义·养生旅游高峰论坛叶法善道家养生文化研讨会论文集——道家养生文化研究》,第 169 页。
② 〔清〕董诰辑《全唐文》卷四十一《故金紫光禄大夫鸿胪卿越国公景龙观主赠越州都督叶尊师碑铭》。

第三章　朱丹溪滋阴学说在武义的传承

元代医学家朱丹溪，义乌赤岸人。因赤岸与武义县茭道仅一山之隔，地缘相近，人缘相亲，他创建的"滋阴学说"对明、清以来武义中医学、养生学、滋阴药品的运用和炮制技艺的发展均有影响。弄清武义滋阴学派名医的主要医学思想、临证经验以及对后世的影响，理清"滋阴学说"流传脉络，能够促进武义滋阴学派的传承与发展。研究武义滋阴学派名医所创方剂在临床的实践应用，特别是研究他们的方剂对现代疾病治疗当中的作用和机制，对于武义中医事业的发展具有现实意义。研究"滋阴摄养"养生学说在武义民间传承发展，特别是研究滋阴学派"治未病"和"清补养生"的思想，能为"养生武义""康养武义"建设提供实践参考和理论支撑。在探索朱丹溪滋阴学派及在武义传人的方药基础上，培育种植滋阴中药，研制开发滋阴药品，对进一步促进武义健康产业发展更具有不可低估的作用。研究朱丹溪"滋阴学说"在武义的传承发展，对武义医药健康产业发展和"养生武义"建设具有十分重要的意义。

一、朱丹溪的生平

朱丹溪（1281—1358），名震亨，字彦修，号丹溪。元代婺州义乌（今浙江省义乌市）赤岸人，著名医家，滋阴学派的创始人。后世将其与刘完素、张从正、李东垣并称"金元四大家"。著有《格致余论》《局方发挥》《伤寒论辨》《外科精要发挥》《丹溪心法》《金匮钩玄》《素问纠略》《本草衍义补遗》等。朱丹溪医德高尚，学术精湛，学养丰富；先师从名儒许谦学习理学，后师从刘河间之再传弟子罗知悌，尽得真传。其援理入医，提出"阳有余阴不足论"和"相火论"，批评滥用《局方》之弊；倡导辨证论治，将"气血痰郁"作为临床辨证的纲领。同时，朱丹溪为金元四大家中最晚出者，其好友戴良在《丹溪翁传》中谈道："乃以三家（刘、李、张）之论，去其短而用其长。"[①] 朱丹溪之后受众者甚广，形成了丹溪学派，并尊其为滋阴派的创始人。其医学理论和临床经验经久而不衰，不仅对明清医学的发展产生了深刻影响，而且促进了日本江户时代汉医后世派的形成与发展。

二、朱丹溪医学理论

（一）阳有余阴不足论

从哲学角度而言，"阳常有余，阴常不足"的观点最早源于北宋程颢、程颐。朱丹溪受二程影响并将其引入医学，提出人身之"阳有余阴不足论"。其说云："人受天地之气以生，天之阳气为气，地之阴气为血。故气常有余，血常不足。"[②] 并阐明诸病多由"阳有余，阴不足"所致，主张以"滋阴降火"法治疗。[③] "阳有余阴不足论"是朱丹溪对人体阴阳盛衰的基本认识，朱丹溪医

---

① 〔元〕朱丹溪著，李倩等主编《朱丹溪医学全书》，山西科学技术出版社，2020年，第279页。
② 〔元〕朱丹溪著，李倩等主编《朱丹溪医学全书》，第40页。
③ 〔元〕朱丹溪著，李倩等主编《朱丹溪医学全书》，第40页。

学思想的很多内容都是这一观点的具体体现。

（二）相火论

朱丹溪的"相火论"，是受宋代周敦颐《太极图说》的启发，结合《内经》"少火""壮火"之论，在李东垣之阳火说、刘河间之"火热论"的基础上，总结人体生命活动及其病变的规律而提出的。

（三）重视察病情，强调辨病机

批评《局方》制方以俟病是理法、方药脱节，痛斥当时社会不研求医理，墨守《局方》、滥用成药的风气；推崇仲景因病以制方的圆机活法。

（四）"气血痰郁"学说

朱丹溪认为，"郁"是很多疾病产生的一个重要原因，"气血冲和，万病不生，一有怫郁，诸病生焉。故人身诸病多生于郁"[1]。朱氏将人身之郁证分为六种，即气郁、血郁、湿郁、痰郁、火郁、食郁。其中，又以气郁最为关键。朱氏创立了越鞠丸以统治六郁，方中用香附治气，川芎治血，栀子清火，苍术治痰湿，神曲治食，而其中香附又为主要者。对于痰症的治疗，朱丹溪提出"治痰法，实脾土，燥脾湿，是治其本"，"善治痰者，不治痰而治气"[2]的基本法则，并针对痰的不同性质，病症的不同部位，结合体质的盛衰，加减化裁。如湿痰者加用苍白术，热痰者加用青黛、黄连、黄芩，食积成痰者加用神曲、麦芽、山楂，风痰者加用南星、白附子、僵蚕；老痰者加用海石、半夏、瓜蒌、香附等。

---

[1] 〔元〕朱丹溪著，李倩等主编《朱丹溪医学全书》，第 395 页。
[2] 〔元〕朱丹溪著，李倩等主编《朱丹溪医学全书》，第 153 页。

(五)养生理论

朱丹溪不仅是内伤杂病论治的大家,同时也是颇有建树的养生学家,其滋阴养生、茹淡、房中摄养等独特的养生思想在养生学领域也具有相当的影响。例如:朱丹溪提出:"与其求疗于有病之后,不若摄养于无疾之先……未病而先治,所以明摄生之理。"[①] 由此可见他对养生保健的高度重视。其所述养生理论中,以养阴抑阳、去欲主静为基本原则。朱丹溪的"阳有余阴不足论",强调人体在正常情况下即存在阳易亢、阴易亏的趋势。此论提出的目的,旨在教人注意顾护阴精,使得"阴平阳秘",才能达到身体健康、颐养天年的目的。而朱丹溪的养生理论即是其"阳有余阴不足论"在养生方面的具体运用。理学之"存天理,灭人欲"的思想影响到医学,是朱丹溪开风气之先,因而提出养生宜"主静"的原则,把养阴抑阳作为贯穿于生命过程的主要摄生原则。《格致余论》中的许多篇章,如"饮食色欲箴序""茹淡论""房中补益论""养老论""慈幼论"等,都论述了养阴与摄生的密切关系,并谆谆告诫人们对阴气要"善于摄养",要时时以保护人体阴精为要。

三、滋阴学说在武义的传承

(一)滋阴学说在武义医界的传承

朱丹溪门人众多,他对明清医学家影响之深广,金元诸大家皆难比肩。

---

① 〔元〕朱丹溪著,李倩等主编《朱丹溪医学全书》,第65页。

朱丹溪63岁时,浦江赵良仁、戴思恭、戴尧、赵良本等同日拜入门下。其他如金华赵道震,江苏王安道、刘叔渊,绍兴徐彦纯,丽水楼厘,义乌虞诚斋等,亦先后前来就学。

除以上弟子外,尚有私淑弟子。其中如慈溪的王纶、义乌华溪的虞抟、安徽祁门的汪机等,均对丹溪学说有发挥和补充。

后世医家在养阴、治火、治痰、解郁等方面的成就,与丹溪的启发是分不开的。明代武义出现了韩叔旸、扬云、扬煜等数位御医以及鲍进、鲍叔鼎父子等一批名医。他们是朱丹溪"滋阴学说"忠实的传播者,把武义医学引向了一个历史高峰。清代以后,以云溪医学世家潘耀波、"王储春"国药店坐堂中医叶鹤林等为代表的一批朱丹溪"滋阴学说"崇拜者,继续传承朱丹溪的中医药文化精神,并以他们的医学名望,在地方形成广泛影响。

1. 御医韩叔旸

韩叔旸(1392—1435),武义靖山(今属王宅镇)人。关于韩氏生平事迹,《浙江通志》《金华府志》、武义地方志、明人郑晓的笔记《今言》均有记载。《武川备考》记载:"戴元礼,金华人。学于丹溪朱彦修。仕御医,拜太医院使。王宾者,吴中高士,愿受元礼方。元礼索宾拜:'师事我,我与方。'宾不肯。一日,诣元礼,值他出,有书八册案上,宾袖去。元礼归,惊叹自失。宾不娶,临终以其书授盛启东[①]、韩叔旸。"[②] 这里说,御医戴元礼是朱丹溪的学生,吴中高士王宾想得到戴元礼的方书又不肯拜其为师,一日,趁戴元礼外出,王宾偷拿了戴元礼书桌上的八册方书。因不娶,无子,王宾临终前将医书传给了外姓人盛启东、韩叔旸。可见,韩叔旸的医学源自朱丹溪。其传承关系是,

---

[①] 盛寅,字启东,明朝御医。
[②] 〔清〕何德润撰《武川备考》卷一二,见陈玉兰主编《武义文献丛编·何德润卷》,中华书局,2019年,第1825页。

朱丹溪传戴元礼，戴元礼传王宾，王宾传韩叔旸。也就是说，韩叔旸是朱丹溪的三传弟子。

韩叔旸医术精湛，名声远扬，被征召入京城担任太医院判。因调护皇太孙，即后来的明宣宗朱瞻基有功，接着又治好太后之疾，被赐二品官服、书画真君图、玺书御制元宵诗等。武义地方志中还收录了明宣宗《赐韩叔阳》诗："三五元宵乐事同，凤城无处不春风。月如悬镜千门皎，灯若连珠万点红。歌舞戏呈丹阙下，萧韶声遏碧云中。太平有象承天运，佑我邦家祚国隆。"①

1990年版《武义县志》又载："韩叔旸不慕显贵，乞归故里，获准。回乡重操旧业，炼丹施医，普济乡民。临终前，将治疗疮毒的灵药'三仙丹'秘方和炼丹技术传其子韩康寿。迄今550余年，历代相传不衰。"②该志明确记载了他的滋阴疗毒妙药传给后代的情况。

2. 御医扬云及扬氏医学世家

扬云一家是名扬八婺的医学世家。扬家原姓"杨"，其祖先扬迈，登南宋嘉泰二年（1202）进士，官至龙图阁直学士、正议大夫。扬迈在理宗朝奉敕编《名贤墨迹》，宋理宗御书"杨"字时，把偏旁"木"写成挑手，后代子孙遂改用扬姓③。

扬云出生于名医世家，生卒不详。据《武川备考》记载："扬云曾大父名进者，好学善医，仕元，辞御史职，请敕敕云游采医方。至东海，遇乡人仕宦者，遂将所采秘方一册、指甲一枚，并

---

① 〔清〕何德润撰《武川备考》卷九，见陈玉兰主编《武义文献丛编·何德润卷》，第1083页。
② 武义县志编纂委员会编《武义县志》，浙江人民出版社，1990年，第761—762页。
③ 〔清〕何德润撰《武川备考》卷五，见陈玉兰主编《武义文献丛编·何德润卷》，第912页。

家书寄归,且为永诀。其子景希奉而行之,为鸣世医。景希子恭领荐赴京,宿太医院廨中。即夜院廨火,恭谪戍广西,遗云家居,精父术业,名动一时。宣德乙卯,召至京师,入对称旨,超授御医。适英宗弗怡,乐进有效,特升太医院使,赏赉甚厚。云入谢,陈情辞职,乞恩除父恭戍籍。特赐俞允,宠遇与杨少师等,名动朝野。旧名荣,英宗以其与杨尚书荣同名不便宣诏,故赐名云。"[1]这段话概括了扬氏医学世家五代人的传承,以及扬云精湛的医术受到明宣宗、英宗信任宠爱的情况。扬云曾祖父扬进辞官云游采医方,祖父扬景希任南京太医院医官,父亲扬恭被推举赴京入太医院,留宿在院中,因太医院廨火灾,谪戍广西。扬云从小耳濡目染学得医术,父亲谪戍时独留他居家,深究祖传医术,名噪一时。宣德十年(1435),扬云奉召入京为明宣宗朱瞻基的御医。因治愈太子朱祁镇(即位后为明英宗)之疾,升太医院使,赏赐丰厚。英宗待之如师,待遇与少师杨士奇对等。扬云原名扬荣,因为与内阁首辅杨荣同名,所以英宗赐名"云"。

《武川备考》并没有明确记载扬云与朱丹溪及弟子的师承关系,扬云的曾祖父扬进与朱丹溪是同时代人,他辞官云游采医方,有没有与朱丹溪及弟子接触也未有记载。但武义《扬氏宗谱》却有扬云医学世家与朱丹溪师承关系的蛛丝马迹。一是该谱记载了一则扬云成为御医的故事:"宣宗皇帝一日问御医韩叔旸曰:'医无过于卿者?'叔旸对曰:'臣有表弟扬伯懋(扬云,字伯懋),用药与臣无异,察脉比臣尤高。'"[2]这里说,韩叔旸与扬云是表兄弟,韩叔旸向英宗皇帝推荐表弟扬云"用药与臣无异",可知扬云与韩叔旸医法用药同源,与韩叔旸一样继承了朱丹溪学说。

---

[1] 〔清〕何德润撰《武川备考》卷八,见陈玉兰主编《武义文献丛编·何德润卷》,第912页。
[2] 《扬氏宗谱》卷二《行传》,光绪二十六年(1900)刻本,于斯坑藏本。

二是扬云的弟弟扬伯芬,"好问学,详物理,尤精于医道。治病不泥于方书,而按于气候。曾说:'人有风寒暑湿之疾,药有君臣佐使之宜,医为人之司命,苟执见异方,必致误人。'"①与朱丹溪批评《局方》之弊,竭力反对"操古方以治今病"②的观点是相同的。三是其孙子扬煜也是御医。扬煜"名闻朝野,望重缙绅,乃若方伯、都司、都帅皆以先生称之。成化二十一年,钦取至京,以母老辞归。越弘治七年,兵部王公至永康,得疾请医弗效,召一明(扬煜)至,治之,不俟终日遂瘳"。③兵部王公,即王崇(1496—1571),字仲德,号麓泉,永康紫微人。曾任兵部侍郎兼湖广川贵总督。王崇非常推崇朱丹溪,他为鲍叔鼎的《医方说约》作序,在序中道:"柁(舵)以望斗,针以指南……东垣、仲景、河涧、丹溪四子犹夫针也,柁也。"④王崇把朱丹溪看成医学上的"船舵"和"指南针",得疾请扬煜也许就是看中其传承的是丹溪学说。从中可见扬云和其家族与朱丹溪医学的关系,至于是受业朱丹溪的传承弟子还是敬仰并传承朱丹溪学术的私淑传承弟子还待进一步考证。

3. 名医鲍进、鲍叔鼎父子

鲍进、鲍叔鼎父子事迹,《武川备考》有简略的记载⑤,说明父子俩医术高明,但没有点明其医术师承。武义其他地方史志中也没有更多的记载。鲍叔鼎的两部著作,《脉证类拟》已经亡

---

① 《扬氏宗谱》卷二《行传》,光绪二十六年(1900)刻本,于斯坑藏本。
② 〔元〕戴良《丹溪翁传》,《朱丹溪医学全书》,第279页。
③ 《扬氏宗谱》卷二《行传》,光绪二十六年(1900)刻本,于斯坑藏本。
④ 〔明〕王崇《医方约说序》,鲍叔鼎《医方约说》,中国中医药出版社,2015年,第1页。
⑤ 详参〔清〕何德润撰《武川备考》卷八,陈玉兰主编《武义文献丛编·何德润卷》,第912页。

佚，刊刻于明嘉靖三十八年（1559）的《医方约说》得以保存。《医方约说》，现国内仅收藏于上海中医药大学图书馆，2009年入选第二批"国家珍贵古籍目录"，2015年12月由中国中医药出版社重版。

在鲍叔鼎《医方约说·自序》（以下简称"自序"）中，可以看到他们父子的一些简略的资料。鲍叔鼎在《自序》中说："予家世业儒，流传医道，厥有原自祖医，系籍京师，予今叨授斯职。先君恒斋翁，邑庠弟子员，受业大参节斋王公，益张是道。予少事举业，数奇病繁，尤究方《素》《难》，恍有以得其要领者，著《脉证类拟》。我师少宰松溪程公序诸首梓行矣，或谓予曰：'子之《类拟》，人皆爱之。若夫方书简便，诚医家入门之径也。惜未有遍及诸证之方。盍更发明之，则人咸跻仁寿而嘉惠无穷矣。'予曰：'然。'夫方书自张刘李朱戴王之后，作者纷纭，执见论证，漫无归一。嗟夫！以人之命而试人之言，岌岌乎殆哉！于是恫瘝厥心，视为职分。复究先哲论治，会融玄妙。钩摘精要，编次成帙，名曰《约说》。词虽简而会归有元，说虽粗而向趋甚正，兹固步武遗踪，间亦窃附己意，皆素所亲试而多中者，可以按方治病。同志之士或有取焉，尚俟他日奏闻，道同一原，庶不负我高祖设教，司人之命之寄也。"[①]

综合《武川备考》和《自序》所述，鲍进，字恒斋，祖上是京师的医生，他家世代习儒，传承医道。家住县城西北隅，是武义邑庠生，因为屡次参加科举不第，于是弃儒从医。他是丹溪学派著名医家王纶的弟子。王纶字汝言，号节斋，浙江慈溪人，官至右副都御史，巡抚湖广。鲍叔鼎小时候从事举子业，他的儒学成就已不得而知，因其身体上"数奇病繁"，故"尤究方书"，

---

① 〔明〕鲍叔鼎撰，刘巨海校注《医方约说》，中国中医药出版社，2015年，第1页。

走上由儒而医之路。鲍叔鼎师从当时著名的教育家程文德（字舜敷，号松溪，浙江永康人。明世宗嘉靖八年榜眼）。《自序》中还点明了著《医方约说》的三方面缘由。一是作者看到当时朱丹溪学说在临床治疗中发挥了重要作用，迫切需要有可以学习推广的普及读物以广其说；二是总结行医实践，把朱丹溪的观点会通于理论，使人更容易接受；三是作者所处年代医理纷纭，执见论证，漫无归一。其振臂一呼，故著文有醒世之意。

鲍叔鼎对丹溪学说极为推崇，他赞同王纶提出"外感法仲景，内伤法东垣，热病用河间，杂病用丹溪"[1]的"四子"之说。他在《医方约说》的《凡例》中对书名称"约说"作出了解释："此书宗丹溪主意，效节斋治例，发其微，约其博，故名约说。"[2]该书对具体病证而言，常以丹溪、节斋之说开篇或结语，多汇通四子的学术见解。对此，王崇赞扬"鲍子之《医方约说》，读（四子之书）而通者也"[3]。例如在《中风》篇中，作者论述如下："夫风者，乃天地之噫气也。其性刚劲，挠诸万物而能鸣，应时在春，中人曰风，故曰中风，以为百病之首。东垣论中血脉、中腑、中脏甚详，子和加以三法主治可用，若果真中风邪者宜矣。然地有不同，天倾西北，地不满于东南，故西北多风而外中者有之，东南多湿而病此者甚少。故丹溪谓：东南人只是湿土生痰、痰生热、热生风，极是。又昔人言风、河间言火、东垣言气、丹溪言湿，四者之说，举不出乎丹溪范围之内也，要须申辩明白，则当从真中风邪治之。"[4]文中首先归纳总结《内经》中风邪致病特点，

---

[1] 王伟著《经典视觉下的明医解读——朱丹溪》，中国中医药出版社，2020年，第1页。
[2] 〔明〕鲍叔鼎撰，刘巨海校注《医方约说》，第1页。
[3] 〔明〕鲍叔鼎撰，刘巨海校注《医方约说》，第1页。
[4] 〔明〕鲍叔鼎撰，刘巨海校注《医方约说》，第1页。

次列李东垣、张子和相关辨治特色,再以丹溪学说按地域区分病机,最后总结各家之说,将其归纳于丹溪学派的观点之中。由此可见,作者论治中风,源于《内经》,钩摘四子诊治精要,辨析疑似,最终融汇到丹溪学派观点之内,可谓会融各家玄妙,钩摘四子精要。其他病证的辨治常同此例。

《医方约说》几乎篇篇俱引丹溪之说,同时作者也在书中加入学习丹溪学说的心得。如《哮》中"丹溪专主于痰,多用吐法。愚以施于初起之时,禀受壮者可行而愈,恐久者或不能取效也,虽用吐法暂得一时之快,复来依然如旧矣,必须淡食薄味,行气消痰,庶或见效"①。《肿胀》篇中"丹溪论治之详,其曰补中行湿利小便,固治之常法,愚谓'补中'二字恐未合病情……不若'和中',斯无背驰矣"②。作者以丹溪学说为本,集诸家学术经验,并参以他个人心得,推求阐发丹溪未竟之意。

4. 清以后"滋阴学说"在武义的流传

清至民国三百多年内,少见武义地区传承朱丹溪学说的资料,但这并不能说明传承的终止。缺乏记载的原因是多方面的:名医诊务繁忙,不一定有时间坐下来著书立说;即使写了书,也因为医学秘密传承的传统习惯而不能广为传播;加上受印刷之限,印数甚少,即使有也未能保存而亡佚了。但不可否认,朱丹溪滋阴学说仍在武义薪火相传。

潘耀波(1884—1970),字洛,世居云华乡溪口。"从小即学医学,擅治中医内妇科诸症。辨症处方审慎,尤精脉理。……业医50余年,尤学朱丹溪之学。常曰:义乌丹溪,地处婺州,

---

① 〔明〕鲍叔鼎撰,刘巨海校注《医方约说》,第29页。
② 〔明〕鲍叔鼎撰,刘巨海校注《医方约说》,第48页。

物候与本郡大同小异,其法可取也。一部《丹溪心法》爱不释手。"[1]

潘耀波为云溪潘氏中医第三代传人,生于清晚期,跨越了清、民国和中华人民共和国三个时代,平生深受丹溪之学浸润。

据潘耀波儿子潘瑞鹏回忆,父亲曾拿出上辈保存下来的木刻版朱丹溪著作数册,取出《格致余论》,翻到其中"胎妇转胞病论"一则医案时提道,当年丹溪遇一孕妇不能排尿,腹胀如鼓,危在旦夕。经详细诊断,应是从脉系血少气多,中焦不清有痰饮。遂用参术四物汤加二陈汤与服,后用探吐法排除胃中痰饮。待其症情缓解,又与一帖。为了观察治疗,他留宿病家。第二天早晨如法炮制,病情大好。接着又与八帖而安。后来,丹溪有言"后又历用数人亦效"[2],可知他是第一次运用此法。朱丹溪对本案印象深刻,所以在其《格致余论》中加以记载。此外,潘耀波更赞赏的是,丹溪面对如此危重大症时,勇于担当的精神。如果治疗失败,将一尸两命,但他却不顾个人声誉,急病人所急。朱丹溪临危不惧,剑胆琴心的高超医术,以及高尚的医德,皆是从医者的典范。在潘耀波的引导下,潘瑞鹏阅读了大量朱丹溪的医案,管窥这位行走在田野阡陌、翻山越岭、出入农舍、不辞劳苦为苍生服务的大医风范。在随父当学徒侍诊中,他的父亲经常传教丹溪辨证论治之法。后辈在临床中也经常运用朱丹溪所创之方,诸如大补阴丸、越鞠丸、六郁汤、痛风汤等。取效甚佳,影响深远。可惜的是,这些上代流传下来的木刻医籍在"文革"中作为"四旧"被付之一炬。

叶鹤林(1893—1975),武义壶山镇人,曾为"王储春"国药店坐堂中医,1963年被授予浙江省名中医。"叶鹤林自幼从父

---

[1] 武义县卫生局编印《武义县卫生志》,浙江省地质测绘印刷厂印刷,1992年,第233页。

[2] 〔元〕朱丹溪著,李倩等主编《朱丹溪医学全书》,第51页。

习研岐黄，崇丹溪养阴之说，重存阴精，忌动相火，擅用滋阴之品，从无泥隔阻脾之弊，力避辛温燥热之品，唯恐伤津耗液太过，即是选用补中益气汤，也多删减柴胡等辛温之味。"[1]叶鹤林崇丹溪养阴之说，擅用滋阴之品，是清末民国以来武义中医界的杰出代表。

武义医者推崇、实践、创新发展朱丹溪医学理论的事迹，一部分见于武义地方史志，但大部分深藏在宗谱以及医者的医学笔记、医案等医学著作中，其中许多已亡佚。从以上仅存的资料，我们可以窥见朱丹溪"滋阴学说"在武义长盛不衰、代有其人的情况。至今，朱丹溪的学术思想与临床应用，仍在武义中医界盛行，显示出丹溪学派的深厚底蕴和发展前景。

（二）滋阴摄养理念在武义民间扎根发芽

朱丹溪是中医学史上著名的医学家，也是名副其实的养生家。他不但在医学理论上作出了很大贡献，在养生学上也颇有建树。

朱丹溪活到78岁，无病而终，这在元代算是高寿。有人问朱丹溪如何能使身体如此健壮。丹溪道："好酒腻肉，湿面油汁，烧炙煨炒，辛辣甜滑，皆在所忌。"[2]600多年前，朱丹溪就道出了如今广为流传的清淡饮食的养生准则。朱丹溪还认识到情志的"郁"是百病的内在原因，也就导出了心理健康在养生中的重要意义。这些内容都是如今正在推广的养生理念。

朱丹溪的茹淡养生观点集中体现在《格致余论》中的"茹淡论"。他还倡导恒动说，在《相火论》中首先提出生命之所以能够延续皆由于动，曰："天主生物，故恒于动；人有此生，亦恒

---

[1] 武义县卫生局编印《武义县卫生志》，第232—233页。
[2] 〔元〕朱丹溪著，李倩等主编《朱丹溪医学全书》，第42页。

于动。"①

朱丹溪的医学理论在武义盛行后，他的摄养理念也在武义民间广泛流传。数百年来，武义形成了一系列养生谚语，如"多吃落粪缸，少吃身健康""要想人人都长寿，多吃豆腐少吃肉""鱼生火，肉生痰，青菜萝卜保平安"。它们就是朱丹溪"茹淡论"的民间阐释。"做做出力，歇歇病出""食食嬉嬉要生病，天天劳动人有劲""小时练得一身劲，老来健壮少生病""早晨动动腰，一天身体好"②等，可谓是朱丹溪"恒动说"的通俗说法。

在武义地方文献上，不难找到长寿者的踪影。《武川备考》记载，明代隆庆至万历年间（1567—1620），武义曾有3位乡民"年百岁，上司优礼给冠带"，分别是106岁的何十一、百岁的张世名、王良十四③。据康熙《武义县志》载："何十一，文定公后，年一百零六岁，屡请乡宾。县令何公锐亲造其庐，题其柱曰：身经百余年光景，眼见六七代儿孙。百岁时缙绅携酒为寿，何方牧羊山顶。招之，穿林而来，步履如飞④。""张世名，年百岁，神完气泰，见者不知其为百岁人，守道龚公勉赐匾，给冠带。"⑤

21世纪以来，武义更是频繁出现百岁以上的寿星。据初步统计，2006年到2013年，武义百岁老人超过40位。至2013年4月底，健在的百岁老人仍有13人⑥。这些人长寿的原因各不相同，

---

① 〔元〕朱丹溪著，李倩等主编《朱丹溪医学全书》，第60页。
② 包剑萍著《武义长寿之乡探秘》，上海人民出版社，2013年，第217—222页。
③ 〔清〕何德润撰《武川备考》卷七，见陈玉兰主编《武义文献丛编·何德润卷》，第873页。
④ 江留篇修，程撰、徐俟召等纂《武义县志》卷八《选举志·赐爵》，康熙三十七年刻本。
⑤ 江留篇修，程撰、徐俟召等纂《武义县志》卷八《选举志·赐爵》，康熙三十七年刻本。
⑥ 包剑萍著《武义长寿之乡探秘》，第10—11页。

受多种因素影响，但大多符合朱丹溪"茹淡论"和"恒动说"。109岁的应朝盈"常动筋骨，终生无毛病"，104岁的徐翠芳"喜食五谷杂粮、山间野菜，一日三餐只吃八分饱"，103岁的汤樟溪"一天没活干，身体就不舒服"，102岁的郑余进"什么都能吃，喜欢食杂粮、土菜野果，饮点自酿的红曲酒"①，等等。

（三）滋阴学说下的武义滋阴药材发展

朱丹溪倡导"滋阴学说"，在诸多滋阴药材中，首推铁皮石斛，并称其为"滋阴圣品"。

铁皮石斛早在《神农本草经》中就有记载，其功效"主伤中，除痹，下气补五脏虚劳羸瘦，强阴，久服厚肠胃"②。历代医家都奉其为养阴珍品。在朱丹溪生活的年代，石斛还属于珍贵药品，并不普及。朱丹溪将人工培植的麦冬、白芍、生地、知母运用于临床，还将动物龟鳖甲、猪髓作为养阴药物。随着朱丹溪滋阴理论的传承，武义的中药群体不断寻求对症的药物，石斛开始在当地中药中崭露头角。由于需求旺盛，在武义县坦洪乡的群山坞嵘中有一个叫木栾的畲族小山村，形成祖辈以采集野生石斛为职业，逐渐成为石斛采集的专业村。村民肩背粗大的麻索，出入深山老林溪涧，攀登悬崖峭壁，足迹遍及江西、福建。因石斛生长的环境条件非常特殊，又无法人工种植，其产量很低。在明朝武义宣平开始人工栽培铁皮石斛的实践，据明崇祯九年（1636）版《宣平县志》记载："石斛，俗名吊兰……人有取来，以砂石栽之或以物盛挂檐下，经年不死，俗名为千年润。"③直至清代瘟疫流行时，

---

① 包剑萍著《武义长寿之乡探秘》，第119—194页。
② 〔清〕张志聪、叶天士、陈修图注，叶磊、高亚慧点校《神农本草经 本草三家合注》，河南科学技术出版社，2017年，第38页。
③ 〔明〕王在镐修《宣平县志》卷三《土产·药之属》，崇祯九年本。

温病学家发现石斛有强大的养阴效能，石斛成为温病学家手中养阴药物的排头兵。因为医疗的大量需求，新中国成立后，石斛资源已极度枯竭，被国家列入一级保护名录，同时被世界自然保护联盟列入濒危物种红色名录。

在清末民国时期，中药店在武义城乡如雨后春笋般地出现。一些资金比较充裕的中药店还有中成药加工场，自制自销一些丸、散、膏、丹、锭、露之类的中成药，除在当地销售外，还远销到丽水、金华等地。1909年，李明焱祖父李金祖在县城下街大桥巷创立"寿仙谷药号"。李金祖不仅对祖传中药炮制技艺颇有研究，还经常拜访当地的名老中医，潜心收集整理当地民间的单方、验方以及叶法善、韩叔旸、扬云、鲍进父子所流传下来的中药养生秘方，探索总结出多种栽培、加工炮制名贵中药材的新技艺，发明和完善了武义李氏仿野生盆栽法、枫斗加工法、三叶青研磨法、鲜石斛隔水煎法、铁皮石斛浸膏炼制法等技法[①]。他借鉴叶法善、韩叔旸的炼丹术，金元时期李东垣、朱丹溪关于药物炮制前后的不同应用及炮制辅料作用的总结，以明代雷公炮炙十七法等医药学理论和古法炮制原则为依据，结合药物特性和临床实践，创制了养颜膏、明目丸、安神膏、长春丹等滋阴养生的中成药，销往金华、杭州等地。

李明焱出生于中医世家，深受祖父李金祖、父亲李海洪的影响，在滋阴学说的指引下，投身铁皮石斛人工栽培技术的研究与开发利用。历经20多年的艰苦奋斗，终于开花结果。李明焱在生产实践中，逐步领会了"治未病"和"清补养生"的意义。他在全国范围内，第一个创造性地提出了"有机国药，清补养生"的理念，并破译古代清补养生秘方和炮制技艺，运用现代科技成

---

① 李明焱、徐子贵编著，褚子育总编《武义寿仙谷中药炮制技艺》，浙江摄影出版社，2019年，第116—117页。

果自主研究开发的破壁、去壁灵芝孢子粉、铁皮枫斗灵芝浸膏、铁皮枫斗颗粒、西红花铁皮枫斗浸膏等系列产品。这些产品对生活不规律、劳累过度、夜生活多、用眼用脑过度、声音嘶哑等均有明显的改善作用，特别适用于亚健康状态的人群，同时对肺病、冠心病、肾病、阳痿、高血压、高血脂、糖尿病、慢性胃病等具有较好的调整康复和保健效果。

朱丹溪的滋阴学说对武义中医药和养生的发展产生深远影响，认真研究朱丹溪滋阴学说在武义的传承具有深刻的现实意义。如今，武义"寿仙谷"药业，在全国范围内第一个提出"有机国药，清补养生"的理念，并研发出系列清补养生产品。"寿仙谷"倡导"清补养生"的理念不仅获得业内人士普遍认同，而且获得了广大消费者的认可。显然，这是适应当代生活状态，适合现代人体质的养生方式，具有特别重要的推广价值。武义"寿仙谷"的医养理念，在朱丹溪滋阴学说的长期浸润、影响下，落地生根、滋养壮大，必将不断适应当下，从而开拓一片更加广大的新天地。

第四章　清末民国武义中医药业的发展

武义县于三国吴赤乌八年（245）置县，至今有1800多年的历史[①]。在此之前，吴国向南扩张，已有部分从医者随着北方民族南迁，进入武义等地。而宋以前，关于武义的中医药史记载却很少，明代的方志、家谱中有了少量记载。到清末民国，武义中医药业随着我国中医药业的发展，也呈现新的时代特点。

潘林义《武义传统国药养生文化的现代意义》一文指出，明清和民国时期是武义国药养生文化的传承发展时期[②]。这一时期，武义医养文化趋向繁荣。原因颇多，一方面是对历代医药人士注重理气、养生，以医药救济乡民、尽其所能、广行善事之传统的继承。以民国时期而言，武义民间医生和国药店店主秉承医德医风，以德行医、精通药理，一时名医辈出，出现了最负盛名的"民国二葆"，即武义的何葆仁、宣平的俞葆初。另一方面是不同地域医药文化的推动，以"兰溪药帮"为主。清末民国以来，兰溪国药业勃兴，文化底蕴丰厚，以诸葛氏族为主的"兰溪药帮"在武义、宣平城乡开设药铺，形成"兰溪药帮"。民国时期兰溪人独揽武义药业，给武义带来了先进的经营文化，也给武义国药文化注入了新的活力。武义本地以草药为主的古老制药方法，在新的助力推动下，有丸、散、膏、丹、露、锭、药酒等剂型应市。道光元年（1821），兰溪人创立王储春国药店，就是延福堂的前身。

[①] 古梁《论武义始置县应在吴赤乌八年即公元245年》，《今日武义》2009年5月6日。

[②] 潘林义《武义传统国药养生文化的现代意义》，国际养生旅游文化研究院编《养生旅游》，上海人民出版社，2010年，第306页。

"兰溪药帮"不仅配方卖药,而且挖掘武义药材资源,拓展国药物流,推动不同地域国药文化的交流,从而促进了武义国药的发展[①]。

一、武义药政的起源及历代名医

武义历代医政资料欠缺,除明代有一条记载外,直到民国才有零星资料可稽。据《武义县卫生志》对武义医药大事记的勾稽,民国五年(1916),宣平柳城耶稣堂附设牛痘局;民国十九年(1930),武义县国药业同业公会成立;次年,武义县救济施医所成立;民国二十七年(1938),武义中医公会成立。民国初期,武义县药政由警察局兼管,直到民国二十八年开始,才由县卫生院负责。[②]

除了记载医政大事外,《武义县卫生志》对武义历代名医也进行了"扫描":

南宋时期,中医汤畯名扬遐迩,据志载曾为婺州太守之女医除一怪胎。明代御医韩叔旸医术精湛,宣德皇帝称其为"良医用药如大将之用雄兵",授太医院院判职。清代世医潘震江熟诸医技,精通药理,阐有生半夏、生南星"症言者服之则哑,哑者服之能言"之论,救治中风不语者多人。民国中医何葆仁精医理、工妇科、擅内科,临证治病详询原由、

[①] 潘林义《武义传统国药养生文化的现代意义》,国际养生旅游文化研究院编《养生旅游》,上海:上海人民出版社,2010年,第306页。
[②] 武义县卫生局编印《武义县卫生志》,浙江省地质测绘印刷厂印刷,1992年,第5—14页。

细测察微、审因论治,时人誉之"葆仁先的方,王储者的药",医名显及婺、处、衢。俞源中医俞祝印的种痘术,县施医所徐春圃的外科,在民间也颇有影响。民国十一年(1922),桃溪中医邹邦华毕业于兰溪中医专门学校,是全县第一个从中医专门学校毕业出来的中医。继其后到1949年止,宣平、武义先后有9人分别毕业于兰溪中医专门学校、南京中央国医馆训练班、上海恽铁樵中医函授班和天津国医专修学院。民国二十年(1931),谢正夫是领有浙江省民政厅核发的中医证书的第一人[①]。

粗略扫描后,试着再按时间次序,着重推介武义一系列名医。

(一)唐宋至明代的武义名医

由于史料的缺乏,可寻的唐宋两代武义中医只有两位。其一是以长寿著称的叶法善(616—720),作为唐代著名道士,一生访道、修道、行道,练丹业医,为民治病驱邪。其二是前文提及的汤畯,生卒年不详,岭下汤人。少读书,累举不第,改志行医。

至明代,武义出现不少名医,有的是四代业医。韩叔旸(1392—1435),字文晔,武义靖山人,明永乐年间(1403—1424),以名医受召入京为太医[②]。

扬云,生卒年不详,出生于名医世家,曾祖父扬进,好学善医,曾辑《秘方》一册。其长子文乾,次子文贵,孙子扬华、扬煜、扬广,

---

① 武义县卫生局编印《武义县卫生志》,浙江省地质测绘印刷厂印刷,1992年,第39页。

② 武义县卫生局编印《武义县卫生志》,浙江省地质测绘印刷厂印刷,1992年,第227页。

尤精医术。另有后人扬伯芬，治病不泥于方书[①]。

鲍进、鲍叔鼎，生卒年不详，乃兄弟从医，及鲍进之子叔鼎，承父业医。

另有陈文新、俞钉，生卒年不详，皆精习医术[②]。

（二）清代到民国初的武义名医

从清代以来，武义中医迅猛发展，出现了不少名医和爱国中医。

祝万隆，生卒年不详，字永清。清廪生，柳城祝村人。祝家三世业医，而以万隆为精。他四诊细心，用药精确。对待病人，无论贫富贵贱均一视同仁。丸、散药饵必亲自炮制。病人愈后，往往添加药费，万隆均按药计值，分文不予多收。

俞承浩，生卒年不详，字希圣，清代柳城曹门人。以业儒不遂，移志于医。分家时两兄欺其软弱，给产甚薄，承浩愤而离家，游于平昌，行医数载，家境渐裕。及返故里，长兄嫂已亡，仲兄双目失明，衣食无着，迁居城外。承浩不计前嫌，迎兄嫂入居己屋，钱粮接济不绝。兄死，以礼厚葬，乡里广为美传。

潘震江（1787—1858），字国佐，号文川。世居上坦，精通医术，下药每能随手见效。一中风者，手足拘挛，口不能言。潘以大剂量生半夏生南星下药。由此他医以为轻率不可，病者家人亦有疑，震江释之曰："能言者食之哑，哑者服之则能言。要在配伍，何

[①] 武义县卫生局编印《武义县卫生志》，浙江省地质测绘印刷厂印刷，1992年，第228页。

[②] 刘连法、王时成编《武义县第二人民医院院志》，内部资料，2000年，第266页。

患之有？"[1] 依言服三剂，果能言语起坐。

廖李旺（1843—1910），岩坑人。有东阳木匠来岩坑，两人结为挚友，木匠将祖传治伤草药传给李旺。后一凤阳人，贫病交困，流落岩坑，经李旺延医护理病除，凤阳人感恩，将整治骨折医术和草药相传。从此，整骨手法技巧日臻娴熟，到岩坑求医者日增。李旺采药接骨本为行善，年事已高，就将伤药和医术传给两子。自此"岩坑伤科"远近闻名，并相传至今。

俞祝印（1867—1938），字宪臣，俞源人。幼承家学，以医为业。民国六年（1917）改施牛痘术，从医数十载，著有《伤科萃要》。

徐春圃（1879—1943），字李芳，赵宅人。自幼从父学医。民国二十三年（1934）受聘为县救济院施医所外科医生。徐氏视医书如命根，战乱时不舍医书，诊病之余，将临床心得笔录于纸，至今后人还藏其手稿2卷。

俞葆初（1879—1944），号元甫，柳城人。临证遣方味少量重，善治时令杂病。外出巡诊，屡奏奇效。

徐志荣（1886—1949），祖籍兰溪。自幼随父在柳城开设"义和堂"药店，亦医亦药。擅治妇、儿诸症，兼涉外伤科。

潘璜（1890—1949），又名昌周，字迁文，号佩声，上坦村人。擅长外科，工精外科。1911年毕业于杭州广济医学专门学校，1941年与人创设兰溪瀫祥医院，兰溪民众感其德，赠其"医国治人，功侔良相；针盲砭痼，道济生民"联句。去世后归葬上坦[2]。

清末的一些武义中医，继承前代医术，并不断总结医疗经验。到了民国初，武义又涌现了不少名医，有名可查的有郑丝阁、叶

---

[1] 武义县卫生局编印《武义县卫生志》，浙江省地质测绘印刷厂印刷，1992年，第299页。

[2] 武义县卫生局编印《武义县卫生志》，浙江省地质测绘印刷厂印刷，1992年，第232页。

鹤林、谢正夫、潘耀波、王子如、蓝贤翠、胡起、罗伦、陈玉露、何子珩、陈起福、徐铭新、廖紫金、梅增德、陈伯雄、郑家声、黄永松、沈澄川、俞士熙、俞士良、俞祝印、徐志荣、蓝贤翠、钟樟春、何子珩、徐益章等[①]。尚有一些民间中草药医生,如被誉为"十三先"的白姆村人就未列入。

(三) 民国时期的武义名医

何葆仁(1871—1948),字思诚,一字静者,号静斋,是武义现代诗人和名医。出生于武义县城南郊南湖村,该村是武义何姓聚居地,这支何姓分派于武义县城石城何氏。南湖村灵秀钟文,人文荟聚。何氏从清初迁此,至近现代涌现不少人才。何德润出类拔萃,道德文章八婺声振;何葆仁、何玉骢父子习文业医,推为双璧。晚清武义方志学家何德润是何葆仁的从堂叔,浙江现当代教育名家何玉骢又是何葆仁的儿子。何家在不到百年间,出了三个杰出人物,令人称羡。何葆仁有关资料大多已丧失,但在《石城何氏宗谱》中还保存部分文献资料,可以了解大概生平。

何葆仁七世祖何邵兴,幼读书,壮服贾经商,游历中原、关中。康熙末年从县城迁居南湖,或耕或商,沿袭读书家风不变。何邵兴先后三世为乡饮宾,武义县令任文翼赠匾"铎振淳风"。传至第四世何志瑞为国学生。

从第五世开始,何家以医为业。何葆仁祖父何廷连字中三,号惟元,别号协华。读书颖悟异常,由于父亲早逝,弃儒为商。

[①] 武义县志编纂委员会编《武义县志》,浙江人民出版社,1990年,第799页;《武义第一人民医院院志》,内部资料,1999年,第22页;《武义中医院院志》,内部资料,2000年,第215页;《武义第二人民医院院志》,内部资料,2000年,第268页;武义县卫生局编《武义县卫生志》,浙江省地质测绘印刷厂印刷,1992年,第231页。

成年后患足疾十年，痊愈后日习方书，朝夕精研，寒暑不懈，于是精通岐黄，远近就诊者踵门屡满。何廷连生平嗜读书，通文理，凡稗官野史旁及星相堪舆诸艺俱领大略。何廷连晚年失明，他口授方剂，令儿子代钞，治病救人，被称为良医。

何葆仁父亲何殿钦，字蔚文，监生。何殿钦自幼聪慧，"七岁入塾，能日诵四子书二十余行，塾师奇之"①。何殿钦小小年纪，在私塾跟着家族诸兄握管作文，辄拔类而出，整个家族都对他"以大器相期"。何殿钦读书非常勤奋，他白天在私塾，夜晚则就母亲纺织灯下苦读，寒暑不间断。此后逢太平天国洪杨之乱，波及武义。自咸丰辛酉（1861）至同治癸亥（1863），一家流离颠沛，避乱山中。于是家道中落，他只得舍读书学稼穑。但耕稼作息之暇，仍温习旧课，同治戊辰（1868）进入县学，但他已无意科举。同治辛未年（1871）禀父亲的指令，随父诊病，父亲口授方剂，他代开药方，加上日夜精研，医术日进，终成名医。

同治辛未年（1871），何葆仁出生。这个家道中落的家庭，在祖、父两人业医、稼穑齐心努力下，积有盈余，开始恢复往日的生机。光绪庚辰（1880），何葆仁入私塾读书，一年熟《四书》，三年通《五经》，其天资和勤奋得到塾师的垂青，逢人夸奖。光绪壬午（1882），他祖父母相继去世，家庭再次陷入困境，医药、丧葬、读书各种费用，欠款累累，债台高筑，甚至典质衣物过日。他祖父临终遗言："令孙读书，毋得中辍。"②尽管家境困顿，但父亲对他读书的费用毫不吝啬，每每加倍供给老师灯油、束脩等各种费用。何葆仁不负期望，光绪丙戌年（1886），虚龄16岁的他参加童试，补博士弟子员（生员，俗称秀才）。武义知县罗子森在其试卷上批注"有如龙点睛，定当破壁飞去"的评语，瞿学

---

① 《武川石城何氏宗谱》残本，1947年，现藏武义泉溪镇姆山前村何荣华家。
② 何葆仁《雍三百三十八公行状》，《武川石城何氏宗谱》残本。

使（瞿鸿禨，时任浙江学政，晚清重臣，曾任军机大臣）按临院试，对他的才学大加赞赏。金华知府奇其才，题扇头诗。光绪庚子年（1900）岁试，补廪膳生。宣统庚戌（1910）乡试，入选岁贡。

清政府颁诏废除科举，何葆仁自以为无分科名，遂弃八股治医。在从医之前，他有过一段塾师经历。在考取秀才后，为贴补家用，他先后在自己家族和西乡做过塾师，在执教之余，凭借渊源家学，自学医书，无师自通。他纵览医书，取百家之长而撷其菁华，医术精进。他为人治病，诊断仔细，用药得当，疗效显著。既精于治疗病人的生理病症，又善于排解病人的心理困扰。对贫困病人，不计较酬金，且乐助药费，名声日振。当时，嵊县人郭汰公对他医术精进的情况进行了描述："医逾年而邑之人信之，再逾年而金属六邑人仰之，更逾年而三衢远方之人虽昏暮必叩之。"[①] 登门求医者纷至沓来，时人有"何葆仁的方，王储春（县城最早的中药店）的药"之说。民国甲戌年（1934），何葆仁迁居县城，为"同吉谦"中药店坐堂医师，擅长内科、妇科诸症。

何葆仁好学多艺，才气横溢，著有大量诗篇，主要有诗集《人境庐吟草》3卷、《水部居诗抄》上下2卷、《水部居诗续稿》1卷，共计诗词1968首。其《医案手稿》12卷，记载中医验方学理，稿藏南湖，被日军烧毁。另有《方言》3卷，以诗章描绘武义山川之美，记叙社会动态，感情真切，洗练而蕴藉，多属抒情寄思之作。

何葆仁一生为人正直，热心公益。每年二三月间，里中缺粮，常以谷贷与，不计息。1942年，日寇入侵武义后，大肆掠夺萤石资源，拆毁熟溪桥桥屋，铺设铁轨，使熟溪桥遭到严重破坏。1947年，在国民党武义县党部，县参议会、县商会支持下，社会各界人士出钱出力重修熟溪桥，何葆仁当时已经77岁高龄。在

[①] 郭三太公《静斋世伯老先生暨德配邵太夫人七旬双寿序》，《武川石城何氏宗谱》残本。

熟溪桥竣工后，按照风俗要请一位德高望重的老人游桥，但武义民间有"游桥折寿"的说法，老人多不愿意游桥。何葆仁慨然道："人生自古谁无死，真要有这种祸事，就由我来承担吧。"[1] 遂带头游桥，并撰有《重修熟溪桥记》碑文。

武义的中医从唐宋至明清及民国时代，呈现从弱到强的发展趋势。尤其是清末民国时期，出现众多以德行医的著名中医师。这一批中医师推动了武义中医业的发展，为促进武义民间健康事业的发展作出了重大贡献。

二、武义中药的文献记载

中药是中医防治疾病的物质基础之一，自古以来形成了独特理论和使用经验。我国分布着种类繁多、产量丰富的中药资源，仅典籍记载，达数千种。这些药物中一般分为植物、动物、矿物三大类，其中植物药占绝大多数，运用也最普遍，故古代将药物称为"本草"。由于中医药物的运用有着完整的理论体系和独特的应用形式，故把它称为"中药"，而"本草学"也相应地称为"中药学"[2]。

中药应用的载体，就是历代遍布城乡的中药店或草药摊。

（一）明代及明以前武义的中药

明代以前的唐宋元时代由于文史资料的缺失，没有武义中药的记载。嘉靖《武义县志·贡赋》记载，作为贡品的中药有13种；嘉靖《武义县志·物产》记载，中药材有30种。嘉靖《武义县

---

[1] 古梁《武义历史钩沉》，中国国际文艺出版社，2014年，第223页。
[2] 成都中医学院编《中药学》，湖南科学技术出版社，1985年，第1页。

志·土产》记载，植物类药材有 50 种。

(二) 清至民初的本地中药

康熙十二年（1673）《武义县志·物产》记载，植物类药材 61 种。康熙三十七年（1698）《武义县志·物产》记载，植物类药材 85 种。嘉庆九年（1804）《武义县志·物产》记载，植物类药材 68 种。光绪二十七年（1901）《武川备考》记载，植物类药材 78 种。顺治《宣平县志·物产》记载，植物类药材 38 种。乾隆《宣平县志·物产》记载，植物类药材 46 种。道光《宣平县志·物产》记载，植物类药材 108 种。光绪《宣平县志·物产》记载，植物类药材 109 种。民国十五年（1926）《宣平县志》记载，植物类药材 110 种。

在清道光至光绪及民国时期，除了以上野生中药材外，武义各地还出产农户种植的中药材，如芍药、红花、薏苡仁、枳壳、菊花、元胡、枸杞子、三棱、莪术、白术、乌药、薄荷、紫苏等。

道光、光绪、民国《宣平县志》均记载了名贵中药石斛的产出。"石斛，俗名吊兰，丛生高山崖石上，根结甚繁。其茎叶生皆青色，干则黄色。开白花，节上自生根须。人有取来，以砂石栽之，或以物盛挂檐下，经年不死，谷民千年润。"① 除此外，尚有动物药材 100 种，矿物类药 9 种②。在这些文献中缺载灵芝的产出情况。

清末民国时期，中药材由药店自收自用，部分外销。清宣统年间"寿仙谷药号"曾将采集和自种的药材销往杭州。1945 年，兰溪药商王兆炎在武义城内开设首家地产药材购销专门药栈——王兆记药栈，年收购百担以上的药材有乌药、奇良、香附、山棱

---

① （民国）何横修，邹家箴纂（民国）《宣平县志》卷五《物产》，民国二十三年铅印本。

② 武义县志编纂委员会编《武义县志》，浙江人民出版社，1990 年，第 638 页。

等,其中乌药最多时年收购千余担,从水路销往外地。在武义的"兰溪药帮"各大中药店也自收中药材,并将药材远销上海、天津、营口、沈阳等地。宣平县兼营药材收购的有陶村济生堂药店和一些民间药商,将地产药材加工后投售给武义王兆记、九德堂等,并以货易货,换取外地药材[1]。

（三）清末民初的中药业

武义的中药业发轫于"兰溪药帮",以王储春药店为代表。该店创始于道光元年（1821）,是武义享誉最高、规模最大、历史最久（持续100多年）的中药店,位于武义县城北上街[2]。然而关于王储春药店的创始人姓名,说法不一。1990年版《武义县志》只有简述[3]。《武义县卫生志》认为,"创始人姓名,据现有资料尚无从查考"。《兰溪县医药志》认为,创始人是王慕享、王慕培[4]。2007年7月18日,武义县药品食品监督局召开"兰溪药帮"后裔12个员工座谈会,一致认为创始人是王慕高、王慕培[5]。综上所述,武义"兰溪药帮"后裔的回忆较公允。

"兰溪药帮"一度影响了几乎半个中国中药业的发展,对武义中药业发展的影响,十分巨大。据《兰溪医药志》记载,"明、清以来,兰溪药业向外扩展,谋生立业者遍及大江南北,兰溪人在外地开设的药店不下500家,从业人数多达5000以上,远及陕西、山东、江苏、香港、广州等地,近则福建、安徽、江西及

---

[1] 源于2007年7月18日,武义县药品食品监督局召开的"兰溪药帮"老职工座谈会的回忆资料。

[2] 武义县卫生局编印《武义县卫生志》,浙江省地质测绘印刷厂印刷,1992年,第201页。

[3] 武义县志编纂委员会编《武义县志》,第637页。

[4] 兰溪医药志编委会编《兰溪医药志》,浙江人民出版社,1993年,第76页。

[5] 倪庆荣《武义的"兰溪药帮"》,《今日武义》2007年8月10日。

本省的温州、丽水、衢州、杭州、金华的所属各县。他们师徒相带、亲邻相带、父子相承、代代相传，形成'兰溪药帮'"①。之所以形成这种药商局面，与兰溪水路交通方便密切相关。浙中药材多集散于此，因此各地所需药材都仰给于兰溪②。

中药亦称国药。1941年以前，武义中药基本上为兰溪药商私人经营。药材来源以地产药材为主，少量来自金华、杭州、上海等地。王储春药店是兰溪人最早在武义开设的中药店，100多年来，在武义城乡享有很高声誉。店主是兰溪双牌人，合股经营，创办时资金2万银圆，分10股，其中王姓8股、徐姓2股。自创始人王慕高、王慕培后，第二代以后负责人为王慕行、王秉金、王锡康、王槐庭、蔡济民、王岳松、徐士康，后有王华康、王华升共8代，一直沿袭到解放初期。王储春药店在经营药业中十分重视信誉和药材质量，而且药材品种齐全，选料道地，炮制精良，服务周到，批零兼营，因而生意十分兴隆。民国十八年（1929），店主王秉金在药店门前树立石碑一块，其上镌刻"乐善好施"4字，作为药店经营宗旨。以后又增设王储春分号、春裕堂、同仁堂三家分店，鼎盛时职工达35人，其中中药材饮片加工有6人，中成药制剂3人，中药配方8人，保管1人，半作2人，学徒2人。清末民初，兴盛全鹿大补丸。王储春药店曾于民国八年（1919）在店后办养鹿场，以1000余银圆从金华明德堂等大药房购进梅花鹿4头，至民国十六年（1927）养鹿发展到34头，多用于制全鹿丸。每逢杀鹿制药之际，店员扛抬活鹿，串街走巷，四乡张贴广告，而后于空旷处高筑坛台，当众用白绫细绢绞杀活鹿，以

---

① 兰溪医药志编委会编《兰溪医药志》，浙江人民出版社，1993年，第46页。
② 兰溪医药志编委会编《兰溪医药志》，浙江人民出版社，1993年，第48页。

此来显示药店用药道地,招徕顾客①。

20世纪20年代以后,"兰溪药帮"独占武义药业。据1934—1935年调查,武义、宣平两县有国药店98家,遍及乡隅,从业人员达2322人。

表一 1934—1935年兰溪人在武义开设药店统计表②

地 址	商店名称	地 址	商店名称
武义县城下街	明德堂	岭下汤	齐生堂
武义县城中街	生生堂	武义县城县前	泰山堂
武义县城中街	同余堂	武义县城县前	三益堂
武义县城中街	王储春	武义县城大桥巷口	德元堂
武义县城县前	王裕春	武义县城大桥巷口	德裕堂
武义城内十字街口	春生堂	武义县城内上街	同仁堂
武义城内中街	存仁堂	武义县十字街口	同吉谦
武义城内上街	春裕堂	武义城内	济仁堂
下杨	仁德裕	下杨	葆生美
下杨	资生信	下杨	资生昌
俞源	万生堂	墈头	义生堂
王船头	夏德裕	白姆	吴聚和
王船头	致和堂	白姆	何成春
松树下	恒茂堂	水阁	韦仁和
要巨	翁长春	要巨	祝万春
三角店	仁寿堂	履坦	童义和

---

① 详参倪庆荣《武义的"兰溪药帮"》;《武义县志》1990年版,第637页;《兰溪医药志》,第201页。
② 倪庆荣《武义的"兰溪药帮"》。

续表

地　址	商店名称	地　址	商店名称
履坦	保和堂	履坦	童义丰
朱村	周天和	泉溪	仁和堂
泉溪	济生堂	泉溪	同济堂
东皋	王福生	东皋	仁和堂
东皋	济吉堂	白溪	德寿堂
白溪	广生堂	古竹	裕春信
白溪	同济堂	古竹	瑞成堂
岭下汤	万春堂	马昂	义丰

表二　1934—1935年兰溪人在宣平开设药店统计表[①]

地　址	商店名称	地　址	商店名称
柳城镇县后	种德堂	泽村	益寿堂
柳城镇县后	陈仁德祥	内河洋	义丰堂
柳城镇县后	仁德堂	上陶	纪生堂
柳城镇县前	益生堂	上坦	同仁堂
柳城镇太平坊	天生堂	上坦	瑞生堂
柳城镇太平坊	益生堂	俞源	广生堂
柳城镇太平坊	恒寿堂	俞源	济生堂
柳城镇太平坊	德和堂	大莱	济生堂
双溪乡	益寿堂	大莱	万春堂
曳岭脚	蔡乾美	溪口	瑞春波记
曳岭脚	蔡饮和	溪口	瑞春润记

① 倪庆荣《武义的"兰溪药帮"》。

续表

地　　址	商店名称	地　　址	商店名称
老竹村	江公和	溪口	寿生堂
老竹村	陈采芝堂	华塘	保仁堂
丁公村	潘寿堂	少妃	益寿堂
渠溪	林源记	少妃	育生堂
渠溪	林集庆	少妃	济仁堂
渠溪	林余庆	隐甫乡	九如堂
梁村	范保生	小陶村	潘义生
梁村	梁太生	小陶村	潘德生
横塘	姜延寿	张口塘	刘永生
周坦	郑大生	张口塘	李新贤
周坦	戴益和	高田	李进才
陶村	福生堂	高田	邹良才
陶村	寿人堂	马村	方德和
陶村	惠民堂	吴宅	姜荣德
陶村	济寿堂		

除王储春药店外，武义县城的同吉谦、宣平的仁德堂、履坦的童义丰、东皋的仁和堂都由"兰溪药帮"于清末开设。

1942年5月13日，日军轰炸武义县城，城内17家药店中有5家药店被炸毁，包括泰山堂、三益堂、王裕春、太和春、明德堂。武义沦陷后，王储春总店养鹿场被洗劫一空，34只梅花鹿被杀30只，城内所有药店被迫迁往山区农村，其中三益堂、春生堂、王储春分号、德裕堂相继倒闭。日军投降后，外迁的药店迁回城内。至此，武义、宣平两县共有药店56家。

表三　1945 年以后"兰溪药帮"在武义开设的药店[①]

店　名	店主	开设地址	店主原籍地址	备注
种福堂	王庆兰	武义柳城县后	兰溪双牌	
种福云记	王庆云	武义柳城县后	兰溪双牌	
天生堂	诸葛载宝	武义柳城太平坊	兰溪诸葛	
福生堂	徐凤岳	武义陶村	兰溪古塘	
益寿堂	徐振业	武义泽村	兰溪古塘	
义丰堂	徐振德	武义内河洋	兰溪古塘	
保仁堂	徐卸妹	武义华塘	兰溪古塘	
泰山堂	王纪寿	武义县城县前	兰溪双牌	被日寇炸毁
三益堂	胡毓秀	武义县城县前	兰溪孟湖后伦胡	被日寇炸毁
太和堂	金锡宝经理陈济元	武义县城下街	兰溪诸葛长乐	被日寇炸毁
德元堂	何礼薇 何子玠	武义县城大桥巷口	兰溪西何	
德裕堂	王锡华 王锡荣	武义县城大桥巷口	兰溪双牌	倒闭
同仁堂	王振纲	武义县城上街	兰溪双牌王储春分店	倒闭
同吉谦	胡锡尧	武义县城十字街口	兰溪孟湖后胡	
资生昌	徐振声	武义下杨	兰溪诸葛下徐	
成德堂	童彩能	武义县城	兰溪黄泥塘	
王裕春	王葆臣	武义县城县府对面	兰溪双牌	被日寇炸毁

① 倪庆荣《武义的"兰溪药帮"》。

续表

店　名	店主	开设地址	店主原籍地址	备注
王兆记	王兆炎	武义县城五圣堂弄	兰溪双牌	
王恒庆	王仕荣	武义县城	兰溪双牌	
王余庆	王子卿	武义县城狮子巷口	兰溪双牌	
聚和堂	吴云章	武义白姆	兰溪永昌社峰	
成春堂	何城涛	武义白姆	兰溪西何	
万春堂	祝樟仁	武义要巨	兰溪太平祝	
童义和	童庆棠	武义履坦	兰溪孟湖溪童	
童义丰	童庆康	武义履坦	兰溪孟湖溪童	
仁和堂	吴锤杰	武义泉溪	兰溪永昌社峰	
仁和堂	吴招莞	武义东皋	兰溪永昌社峰	
裕春信	王保卿	武义古竹	兰溪双牌	
荣德堂	姚步青	武义吴宅	兰溪诸葛	
明德堂	诸金生	武义县城下街	兰溪水亭午塘桥	被日寇炸毁
生生堂	王宝琛	武义县城上街	兰溪双牌	
同余庆	蒋宝源	武义县城中街	兰溪双牌上蒋	
王储春	王锡康	武义县城中街	兰溪双牌	毛松岳曾任经理
春生堂	翁宝炎	武义县城十字路口	兰溪诸葛翁家	倒闭
存仁堂	徐山焕 徐宝生	武义县城中街口	兰溪水亭古塘	沦陷后回乡
春裕堂	王锡康	武义县城上街	兰溪双牌	
保寿堂	胡志诚	武义王宅	兰溪厚伦湖	
九德堂	徐樟荣	下王宅	兰溪	

续表

店　名	店主	开设地址	店主原籍地址	备注
资生信	徐振云	武义县城上街	兰溪诸葛下徐	
万生堂	诸葛瑞梅	武义俞源	兰溪诸葛	
德裕堂	夏志清	武义王船头	兰溪双牌	倒闭
致和堂	诸葛宝贤	武义王船头	兰溪诸葛	
长春堂	翁宝炎	武义要巨	兰溪诸葛翁家	
仁寿堂	祝绍发	武义三角店	兰溪孟湖太平祝	
广生堂	王根福	武义白溪	兰溪双牌	
万春堂	祝寿祺	武义岭下汤	兰溪孟湖太平祝	
保和堂	吴德基	武义履坦	兰溪永昌社峰	
天和堂	周振全	武义朱村	兰溪双牌周村	
福生堂	王家灵	武义东皋	兰溪双牌	
王如春	王子如	武义县城五圣堂弄	兰溪双牌王备	
童义春	童庆熙	武义履坦	兰溪孟湖溪童	
汪福庆	汪福庆	武义上茭道	兰溪诸葛	
王寿春	王寿赓	武义溪里	兰溪双牌	
华明药铺	郭华明	武义上茭道	兰溪（永康籍）	
志荣药铺	姜志荣	武义岭下汤	兰溪西姜	
柏根药铺	王柏根	武义乌门	兰溪双牌	

表四　《兰溪医药志》所载兰溪人在武义开设的药店统计表[①]

店名	店主	开设时间	开设地址	原籍地址
种德堂	王庆兰		武义柳城县后	兰溪双牌

---

① 兰溪医药志编委会编《兰溪医药志》，杭州：浙江人民出版社，1993年，第62页。

续表

店　名	店主	开设时间	开设地址	原籍地址
种德云记	王庆云		武义柳城县后	兰溪双牌
天生堂	诸葛丽生		武义柳城太平坊	兰溪诸葛
福生堂	徐凤岳		武义陶村	兰溪诸葛下徐
益寿堂	徐根土		武义泽村	兰溪诸葛下徐
义丰堂	徐振德		武义内河泽	兰溪诸葛下徐
保仁堂	徐卸妹		武义华塘	兰溪诸葛上徐
泰山堂	王纪寿		武义壶山镇县前	兰溪双牌
三益堂	胡毓秀		武义壶山镇县前	兰溪孟湖后伦胡
太和堂	金锡宝		武义壶山下街	兰溪诸葛长乐
德元堂	何子衍		武义壶山大桥巷口	兰溪何西
德裕堂	王锡华		武义壶山大桥巷口	兰溪双牌
同仁堂	王振纲		武义县城上街	兰溪双牌
吉谦堂	胡锡尧		武义县城十字路口	兰溪孟湖后伦胡
资生昌	徐振声		武义下杨	兰溪诸葛下徐
聚和堂	吴云章		武义白姆	兰溪永昌社峰
成春堂	何城涛		武义白姆	兰溪
万春堂	祝樟仁		武义要巨	兰溪
义和堂	童庆棠		武义履坦	兰溪孟湖溪童
义丰堂	童庆康		武义履坦	兰溪孟湖溪童
仁和堂	吴锤杰		武义泉溪	兰溪永昌社峰
仁和堂	吴招莞		武义东干	兰溪永昌社峰
裕春信	王保卿		武义古竹	兰溪双牌
荣德堂	姚步青		武义吴宅	兰溪
明德堂	诸金生		武义壶山镇下街	兰溪水亭午塘桥
生生堂	王宝琛		武义壶山镇下街	兰溪双牌

续表

店 名	店主	开设时间	开设地址	原籍地址
同余庆	蒋宝元		武义壶山镇中街	兰溪双牌上蒋
王储春	王汝金		武义壶山镇中街	兰溪双牌
春生堂	翁宝炎		武义县城十字路口	兰溪诸葛翁家
存仁堂	徐宝生		武义县城中街口	兰溪水亭古塘
兰溪双牌	王锡康		武义县城上街	兰溪双牌
资生信	徐振云		武义县城上街	兰溪诸葛下徐
万生堂	诸葛瑞梅		武义俞源	兰溪诸葛
德裕堂	夏志青		武义王船头	兰溪
致和堂	诸葛宝贤		武义王船头	兰溪诸葛
长春堂	翁宝炎		武义要巨	兰溪诸葛翁家
仁寿堂	祝绍发		武义三角店	兰溪孟湖太平祝
广生堂	祝福根		武义白溪	兰溪孟湖太平祝
万春堂	祝寿祺		武义岭下汤	兰溪孟湖太平祝
保和堂	吴德基		武义履坦	兰溪永昌社峰
天和堂	周振全		武义朱村	兰溪
福生堂	王家灵		武义东干	兰溪双牌

清末民国时代，武义中药业的发展由"兰溪药帮"兴起而走向兴盛。直到今天，武义民间还口口相传"兰溪药帮"的故事。这些中药业能在武义立足发展，和药店的经营模式密不可分。这些药店既零售配方，也带批发，又做物与药的拆兑收购，经营灵活。店堂常备烟茶座椅招待顾客，多数店主是医生，兼营药，也有聘医生坐堂，患者看病买药都很方便。不断开创私营药业发展新模式，是武义药业在清末民国时期发展的重要表现。

三、清末民国时期的"寿仙谷药号"

金华寿仙谷药业有限公司是由清末民国时期的"寿仙谷药号"发展而来,该公司董事长李明焱先生是"寿仙谷药号"第四代传承人。

"寿仙谷药号"已经历 100 多年的发展。在这百余年中,武义县经历了许多波澜起伏的历史事件和社会剧烈的变革,大部分历史细节陷入模糊不清的状态,甚至在 1945 年抗战胜利后创设于武义上街的"王如春"药店,至今也几乎无人知晓了。"寿仙谷药号"也经历了这样的历史境遇。"寿仙谷药号"开在武义县城什么地方,他的创始人是谁,又在什么时候停业,要梳理这个老药号的发展史,实属不易。

据 1999 年重版的《陇西郡李氏宗谱》记载,明代李氏一世祖九郎公从福建上四府迁江西建昌府南丰县东坊牌,清乾隆年间,第三世宾生公率四个儿子从江西迁居金华府武义县南乡杨思岭定居。第六世志尚是李明焱曾祖父。志尚生金祖,金祖生四子,即最小的儿子海鸿(谱名,常用名为"海洪"),李明焱之父。李金祖 25 岁时,从杨思岭迁居车苏村[①]。

李氏家族居福建上四府时,就有采草药行医之传。至李明焱祖父李金祖(1869—1945)时,李家专精岐黄之术的声名远播四方,求药问医者络绎不绝。于是宣统元年(1909)李金祖在武义下街开了一爿"寿仙谷药号",药号以出售中草药为主,兼做一

[①] 李正总编纂,李明焱主编《世界李氏族谱全书·陇西郡李氏宗谱》,寿仙谷药业公司档案室藏,1999 年,第 152—158 页。

些替人看病的生意。当时杭州的胡庆余堂、方回春堂经常派人到该药号进货。直到李明焱父亲李海洪（1924—2013）接手药号后，杭州几家药店仍然到"寿仙谷药号"进药材，时方回春堂副经理孙炳耀每年都有好几次到药号进药材，孙炳耀的女儿孙芝玲到现在对其父进药的事仍有印象。

2017年8月23日，李明焱母亲邹梅珍年已90，依然耳聪目明，手脚灵便。她记性甚佳，就在十几天前，还向刚回家的小儿子李明林口述了十几个中草药单方和验方。据她回忆，其两岁时随父母从高山深处的黄长岗迁居到佐溪马山坞村，18岁时嫁给22岁的李海洪。海洪的父亲金祖，年轻时在武义城里大桥巷与人合股开办了"寿仙谷药号"药店，共3间店面。两间用来储藏中药，一间用于草药出售和病人诊治。店面本是租来的，日本人来后店铺关张，后来合股人退出，药店也就散了。当初生意好时，许多外地人到此进购药材，于是李金祖在车苏岭村里也种了许多中药材。邹梅珍一人照顾9个孩子，家里忙得团团转，还要顾及地里的药材。至今想起，邹梅珍依然感慨万分。

2017年9月7日，武义县城下街江家巷4号住着83岁的江汝成先生。据他回忆，曾祖父江芳有两处房产，一处是他现住的五间头，另一处是三间店面，在大桥巷。江芳开了一间生烟店，后来他爷爷江李银和人合股开了药店，一间是草药店，其他两间是中药铺，也替人看病。李金祖向他租了一间门店，创办了"寿仙谷药号"。药店原有一块匾，后来店铺关门，匾也遗失了。他如今住的五间头，曾经也是药店。

据武义政协文史委1986年12月编撰的《武义文史资料》第一册记载（以下简称资料），1941年5月17日上午10时许，日军飞机轰炸武义县城，"在下街南北两廊的商店，自县前下首起，至皂角殿巷止，长达一百三十余米，原街道宽度四米左右的两廊店面同时燃烧，火势蔓延迅速、凶猛，成为一片火海。……北下街皂角殿巷下所幸是一块大菜园，终于自然切断火路"[1]。1942年5月以后，日军占领了武义县城，强行把县城东门脚至大桥巷、大南门、沿城脚周围的一片民房划为"华中矿业公司武义矿业所"的驻地[2]。另据历史调查，江汝成家成了治军马的兽医所，家门前的空阔菜地成了养马场，千家驹故居成了马厩。1945年抗战胜利后，县城市场转为繁荣，光药店就开了15家[3]。其时"寿仙谷药号"在大桥巷重新开张。后公私合营，多家私人商店停业合并，"寿仙谷药号"也告停业。

李海洪回家以后，继续采药行医。20世纪80年代，永康塘栖一位叫王寿康的患心脏病的病人，慕名来到车苏村李海洪家，住在李的家里疗病，吃了一个月的中草药，终于把病治好，临去时李海洪还给他一袋中草药，嘱咐继续饮服。后来这位病人带了肥鹅等礼品到李海洪家，提议将女儿嫁给李海洪儿子李明焱，由于李明焱不同意，才作罢。

2013年10月，李海洪以90岁的高龄离开了人世。在他的遗物中，有20余种古代医药书，其中有《验方新编》8册，16卷，是光绪四年（1878）新增重刊本。《本草从新》，是光绪庚辰（1880）版，共6册。《全图医宗金鉴》原版为乾隆七年（1742）太医院刊版，共74卷。《张仲景伤寒论原文笺注》《闽长乐陈念祖集注》若干卷。余书大多散落。

---

[1] 中国人民政治协商会议浙江省武义县委员会文史资料研究委员会编《武义文史资料》第一辑，内部资料，1986年，第57页。

[2] 中国人民政治协商会议浙江省武义县委员会文史资料研究委员会编《武义文史资料》第一辑，内部资料，1986年，第39页。

[3] 中国人民政治协商会议浙江省武义县委员会文史资料研究委员会编《武义文史资料》第一辑，内部资料，1986年，第67页。

武义李氏，自李志尚为第一代采药行医始，到第二代李金祖开设"寿仙谷药号"，到第三代李海洪继承发扬祖先医药事业，直到今天李明焱传承了先祖医药事业，可谓医药世家。从生物食用菌起步，到创立金华寿仙谷药业有限公司，到公司获批为中华老字号和国家级非遗项目保护单位，成为上市股份有限公司，李明焱一步步将百年老字号药业真正做大做强了，也终于实现了祖辈的遗愿[①]。

结语

从清末到民国，武义的中医药业迅速发展，尤其民国时期，武义中药业在"兰溪药帮"的推动下，达到了一个巅峰，药业市场也空前繁荣，同时还出现了像何葆仁这样的爱国儒医。虽然在民国初，全国发生过多次废止中医的运动。尤其是1933年，汪精卫拒不执行立法院拟定的"国医条例"（草案），公然诬蔑中医"科学上无根据"，中药"治病效能渺茫"，并提出了"凡属中医不许执业，全国药店，限令歇业"的主张。这些倒行逆施的主张和措施，在中医药界和全国人民反对、抗争之下，未能真正实行，但客观上阻碍了中医药事业的发展[②]。废止中医运动最终是失败了，民国时期的中医药学，依然继续向前发展。武义中医药业史就是一个非常好的历史例证。

武义的中医药业从唐宋到清末民国时期的发展，清晰地展示了中医药业保障民生健康的历史脉络，也促进了武义养生文化的发展。中药业在"兰溪药帮"的推动下，开拓了广阔的药业市场，

[①] 古梁、潘国文《清末民初时期的"寿仙谷药号"》，《今日武义》2017年9月18日。

[②] 傅维康《中药学史》，巴蜀书社，1993年，第295页。

影响至今。武义的中医业也在漫长的历史中得到了长足进步，出现了不少著名的中医生。尤其是寿仙谷药业，从一个本土化的中药业，经过100多年的4代传承，成了今天著名的上市公司。寿仙谷药业生产的灵芝孢子粉、石斛、西红花等名贵药材，更加促进了武义中医药业发展，推动了武义药业养生文化的繁荣。

第五章　李氏家族文化对寿仙谷文化的影响

企业文化是社会文化的一个有机组成部分，我国作为一个以家庭为本位的国家，文化几乎都从家族观念上筑起。但是，短短几百年的西方企业制度本身并没有将这种家族文化合理吸收，更多的是要求淡化这种文化的痕迹，而中国的文化传统决定了这几乎是不可能的，因此，西方制度不可能提供充分有效的解决方案。

寿仙谷李氏以至高无上的家族荣誉感、使命感、责任感，经过数代人的努力，创立百年老字号"寿仙谷"。李明焱继承祖业，创立浙江寿仙谷医药股份有限公司，提出"打造有机国药第一品"的奋斗目标。至今，寿仙谷有了突破性全方位的发展，在开发有机国药、中药标准制定和产品药理疗效研究等方面走在了全国的前列，真正实现了祖训"重德觅上药，诚善济世人"的愿望。寿仙谷的崛起，正是源自这种经久不衰的家族文化和家族精神。寿仙谷在中国式管理模式与西方现代企业制度的矛盾冲突中，不一味借鉴西方理论，而是结合李氏家族文化传统和企业实际情况，探寻一套适合中国企业发展的企业文化方案。

一、寿仙谷（车苏）李氏家族及世系源流

《世界李氏族谱全书·陇西郡李氏宗谱》[1]（以下简称新谱）

---

[1] 李正总编纂，李明焱主编《世界李氏族谱全书·陇西郡李氏宗谱》，陇西郡李氏宗谱续修理事会编印，2008年，寿仙谷医药股份有限公司档案室藏。

是在武义车苏《陇西郡李氏宗谱》（以下简称旧谱）的基础上编修完成的。旧谱肇修于清光绪二年（1876），分别于1920年和1935年进行了重修。重修宗谱除了完善车苏《陇西郡李氏宗谱》外，还吸收了几十年来李氏文化的研究成果，并作为《世界李氏族谱全书》第一部刊印。《闽杭李氏火德公重修族谱》[1]（以下简称闽杭谱）初修于明朝永乐九年（1411），此后重修了6次，分别为正统十一年（1446）、景泰四年（1453）、雍正三年（1725）、道光十年（1830）、光绪六年（1880）、民国四年（1915）。通过两部宗谱，基本可以窥见寿仙谷（车苏）李氏家族及其世系源流的情况。

（一）寿仙谷（车苏）李氏家族

寿仙谷（车苏）李氏是医药世家。据旧谱记载："今观李氏之祖九郎公，自明朝年间从迁江西建昌府南丰县东方牌为始祖，再至第三世孙谓宾生公，长子有万、幼子百万二公自清年间出金华府武义县杨思岭，观其山环水秀，遂卜筑而居焉，勤俭成家，子孙繁衍。"[2] 寿仙谷（车苏）李氏来自江西省南丰县，始祖为九郎公。其中有三点存疑。一是李宾生为九郎公的第几代孙？据李正《火德公裔孙九郎公世系考略》[3]所述，九郎公生于明正德丙寅年（1506），宾生公生于清康熙庚子年（1719），两者相差200多年。按20年为一代，当有10世，即李宾生不可能是九郎

---

[1] 《闽杭李氏火德公重修族谱》，现藏寿仙谷医药股份有限公司档案室，1915年重修。

[2] 李正总编纂，李明焱主编《世界李氏族谱全书·陇西郡李氏宗谱》，陇西郡李氏宗谱续修理事会编印，2008年，寿仙谷医药股份有限公司档案室藏。第4页。

[3] 李正总编纂，李明焱主编《世界李氏族谱全书·陇西郡李氏宗谱》，陇西郡李氏宗谱续修理事会编印，2008年，寿仙谷医药股份有限公司档案室藏。第23—24页。

中编 "天地人合"的历史土壤

公第三世孙,而可能是第九世孙。车苏李氏在江西南丰有老谱,但"兵燹后老谱被毁"①,九郎公之后六世在其《行传》中空缺,直到第八世李可明,也就是李宾生的父亲,才在《行传》中出现。李明焱在编写新谱时,在《行传》中用"注"的方式,补充了九郎公之后六代人的世系,形成了九郎公世系的完整链条。二是李宾生长子有万、幼子百万二公迁武义杨思岭的具体时间。根据新谱《行传》"礼一公四子,行智四,讳百万,字安龙,生于乾隆乙亥年(1755)"②,百万生于18世纪中叶,有万、百万二公迁武义应该在18世纪晚期,至今仅有200多年的历史。三是"观其山环水秀,遂卜筑而居焉",是否描述的是当时的真实情况?据李明焱父亲李海洪回忆,他父亲李金祖曾告诉他,自九郎公后,李氏代代传承医药,皆略知岐黄之术,李家祖先逃荒来到杨思岭,一路上就是靠采药治病才没有挨饿。这在《浙江省武义县地名志》中得到了印证。该书泉溪乡"杨思岭"条记述:"先祖李姓,从江西到此拔山络麻为生,后定居发展成村。"③山络麻是一种常见中药材,具有健脾益气、祛风除湿、固精止带的作用。有万、百万二公来到杨思岭,靠采药卖药为生,可信。

李家在武义定居后,除了采药卖药,还兼给乡民治病。不过,真正行医治病是从百万的第四世孙李志尚开始。李志尚在传承祖上采药的基础上,专门为乡民行医治病,很快声名鹊起,成为武

---

① 李正总编纂,李明焱主编《世界李氏族谱全书·陇西郡李氏宗谱》,陇西郡李氏宗谱续修理事会编印,2008年,寿仙谷医药股份有限公司档案室藏。第5页。
② 李正总编纂,李明焱主编《世界李氏族谱全书·陇西郡李氏宗谱》,陇西郡李氏宗谱续修理事会编印,2008年,寿仙谷医药股份有限公司档案室藏。第169页。
③ 武义县地名志办公室撰《浙江省武义县地名志》,内部资料,1986年,第123页。

义当地知名的草药郎中。清道光元年（1821），兰溪药帮在武义县城石水缸创办了武义规模最大的中药店——王储春药店。咸丰以来，县城的同吉谦、宣平的仁德品、履坦的童义丰、东皋的仁和堂、王船头的夏德裕等国药店在武义城乡涌现①，激起了李志尚、李金祖这对父子重振中医药业的雄心。为了更好地发挥李氏传统中医药技艺服务乡人的作用，李志尚曾多次与其子李金祖商量，想在县城租屋开一家药铺。

1893年，李志尚壮年去世，开药铺的愿望未能实现。到"光绪二十三年，药农买屋于大南门，内为公所"②。药农集资抢在车苏李氏之前，在县城开出药店。

清宣统元年（1909），为方便给老百姓治病，同时也为完成父亲的遗愿，李金祖在武义县城下街大桥巷与人合开了"寿仙谷"药铺，以收购、炮制加工和出售中草药为主，从而完成了由草药郎中到坐堂医生的转变。

李金祖四子李海洪，自幼受到良好教育，从小耳濡目染，加上扎实的文化功底和自身的践行积累，年轻时熟记药名、药效与配方，关注父亲炮制药物和坐堂问诊卖药。20世纪40年代初，他参与"寿仙谷药号"经营，小小年纪便在药号坐诊看病。

1942年，日军侵占武义，"寿仙谷药号"为避乱而歇业。1945年，22岁的李海洪正式接过父亲"寿仙谷药号"掌门之位，"寿仙谷药号"在大桥巷重新开张。在恢复本地经营的同时，他又把采集的铁皮石斛和灵芝加工成铁皮枫斗、灵芝丹等中药，供应给省城几家大药号。其时，杭州方回春堂副经理孙炳耀每年几次到"寿

---

① 武义县卫生局编印《武义县卫生志》，浙江省地质测绘印刷厂印刷，1992年，第201页。
② 〔清〕何德润撰《武川备考》卷五，见陈玉兰主编《武义文献丛编·何德润卷》，中华书局，2019年，第794页。

仙谷药号"进药材,其女儿孙芝玲对父亲进药的情景记忆深刻。据李海洪妻子邹梅珍回忆,外地很多人来"寿仙谷药号"进药材,当时车苏、杨思岭村里种了许多中药材,仅靠一个人忙不过来。正当李海洪发扬光大其父亲创立的药号之时,"寿仙谷药号"因战乱被迫关门歇业。1956年,李海洪回乡务农,成为一名半耕半医的乡村郎中[①]。

(二)寿仙谷(车苏)李氏源流

李明焱父亲李海洪常说,他的李氏家族是陇西望族、李唐贵胄。那么寿仙谷(车苏)李氏源自何处呢?根据新谱和闽杭谱对李氏源流的叙述,结合《新唐书》卷七〇《宗室世系表上》、邓名世《古今姓氏书辨证》卷二一《李部》、《通志》卷二八《氏族略第四·以官为氏》等史志资料,寿仙谷(武义车苏)李氏的发源及脉络,得以清晰呈现。

李耳,在唐代被追认为李姓始祖。李耳第九代孙李昙,生四子,崇、辨、昭、玑,长子崇被秦任命为陇西郡守,李崇之子李瑶为狄道侯,李瑶之子李信为狄道侯、大将军,封陇西侯。李昙因为李崇子孙在此繁衍为"陇西李",陇西狄道就成为李氏的发祥地,李崇即为陇西李氏始祖。至唐朝,李姓成为国姓,"陇西"成为皇姓郡望,陇西李氏的发展进入辉煌时期。"故言李者称陇西"随现"天下李氏出陇西"[②]之风。正如李白诗云:"我李百万叶,

---

① 古梁、潘国文《清末民国时期的"寿仙谷药号"》,《今日武义》2017年9月18日。
② 〔宋〕郑樵撰《通志》卷二八《氏族略第四·以官为氏》,中华书局,1987年,第469页。

柯条布中州。天开青云器，日为苍生忧。"[1]陇西李氏名望日甚一日，天下李姓多说自己是"陇西李"，李姓宗室及赐李姓的功臣将相，都称"陇西李"。"陇西堂"也成为陇西李氏名扬天下的堂号。

唐亡后，哀帝幼子熙照被堂叔李开来救出，逃回原籍福建邵武。于是熙照认开来为义父，作为唐室苗裔被保存了下来[2]。熙照第九代孙李纲，字伯纪，年三十登徽宗政和二年（1112）进士。历仕徽、钦、高三朝，累官至观文殿大学士，封陇西郡开国公。高宗绍兴十年（1140）春正月卒于福建福州，赠少师，谥忠定，时年58岁。

李纲第四世孙李孟始迁河南归德州，再迁赣州石城渡（今江西省赣州市石城县）。当时，宋金连年开战，时局混乱，李孟又带着儿子李珠，到汀州宁化石壁（今福建省三明市宁化县石壁镇）开基。李珠生五子，金德、木德、水德、火德、土德。宝庆二年（1226）丙戌，火德公同兄木德公由汀州宁化石壁徙居上杭胜运里丰朗（今福建省龙岩市上杭县稔田镇丰朗村）。"厥后子姓蕃衍，散居各省州郡，皆尊我公为闽杭始祖云。"[3]

李火德生三子，三一郎、三二郎、三三郎。长子三一郎迁往胜运里大坪湖(今稔田镇大湖村)，三一郎四子千三郎迁至永定金丰里大溪乡荷岭头葫芦场莒溪坎下（今龙岩市永定区大溪乡莒溪村）。千三郎次子三五郎，由莒溪移至湖山（今永定区湖山乡）土名岭下。"历三五郎、五三郎、千五郎，既经三代始生大六郎，

---

① 〔唐〕李白撰《李太白全集》卷九《赠清漳明府侄聿》，中华书局，1977年，第497页。

② 李正总编纂，李明焱主编《世界李氏族谱全书·陇西郡李氏宗谱》，陇西郡李氏宗谱续修理事会编印，2008年，寿仙谷医药股份有限公司档案室藏。第14—22页。

③ 《闽杭李氏火德公族谱》卷二《正编·祖派·火德公》，1915年重修。

大六郎生五子长曰积玉，次曰得玉，三曰实，四曰梅轩，五曰孝子。"① 孝子（又作"孝梓"）为李火德八世孙，嗣裔徙居漳泉二府②。

孝梓生四子，分别为诠、诚、谊、谕。长子诠公移至晋江雁塔山开基。明成化年间，诠公长子君远，迁永康居，经常由永康居溯流而至江西南丰等地垦荒或经商，九郎公汝经与兄长汝缉（八郎公）、弟汝纬（十郎公）兄弟三人也常随父到南丰经商。为方便两地往来，由九郎公娶南丰本地江氏女，始居南丰盱江之畔东方牌。③

九郎公为火德公十一世孙，武义车苏李氏始祖李宾生为火德公十九世孙。

二、寿仙谷（车苏）李氏家族文化的内涵

李氏家族的新谱、闽杭谱两部宗（族）谱构成了李氏宗谱链，完整地记录了李氏从起源、迁徙、定居、繁衍等一系列重要信息。这一系列家族资料，书写了丰富的家族文化，承载着生生不息的家族精神。

（一）塑造"勤劳俭朴、坚韧不拔、开拓进取"的品格

唐亡后，李氏家族先后迁徙福建邵武，江苏无锡、宜兴，江

---

① 《闽杭李氏火德公族谱》卷一《三一郎公房积玉公派谱古庐记》。
② 《闽杭李氏火德公族谱》卷四《正编·祖派·奕孝》。
③ 李正总编纂，李明焱主编《世界李氏族谱全书·陇西郡李氏宗谱》，陇西郡李氏宗谱续修事会编印，2008年，寿仙谷医药股份有限公司档案室藏。第23—24页。

西石城，福建宁化、上杭、永定、晋江、永定，江西南丰，浙江武义等地，迁徙地多达15处以上。李氏家族的迁徙皆因战乱和灾荒，为避难被迫在南方偏僻山区落户。他们开山垦地，建造家园，凭借勤劳和俭朴坚强生存、繁衍生息，并在不断迁徙中发展、壮大。

李火德的祖父李孟迁赣州石城渡。南宋王朝财政空虚，竟逼百姓预先交3年田租，再加上其他征税，民不聊生，纷纷逃迁[①]。李孟带着儿子李珠，到汀州宁化石壁开基。

李珠在石壁定居，时值宋末，天下大乱，南迁人流不断。李珠坚守父亲李孟创下的基业，生下金德、木德、水德、火德、土德五个儿子。由于石壁人多地少，遂动员金、木、水、火四德外迁。宝庆二年（1226），火德公同兄木德公由汀州宁化石壁徙居上杭胜运里丰朗村。哥哥木德继续外迁，火德便在此定居下来，成了福建李氏入闽的先祖。

"火翁年六十而乏嗣，娶陈氏六年而生三子"[②]。火德"享寿八十七，葬闽杭胜运里丰朗岗金蟹游江形"[③]。"金蟹游江"虽属风水传言，但其后裔信奉并遵行，从第二代开始就向外迁转。他们寻"湖"找"水"，遵循游外必发达的生存发展规律。长子三一郎迁往胜运里大坪湖，开李火德后裔"游江"之先河。孝梓后裔迁徙至闽南、江西，因为"夫始焉，宅广而人稀，今则人稠而地窄，若不别图，则容身无地矣"[④]。人口膨胀，超过土地承载能力，被迫迁徙，向外地发展，开辟出一条活路。

[①] 李正总编纂，李明焱主编《世界李氏族谱全书·陇西郡李氏宗谱》，陇西郡李氏宗谱续修理事会编印，2008年，寿仙谷医药股份有限公司档案室藏。第14—22页。

[②] 《闽杭李氏火德公重修族谱》卷一《闽杭三修族谱序》。

[③] 《闽杭李氏火德公族谱》卷二《正编·祖派》。

[④] 《闽杭李氏火德公重修族谱》卷一《三一郎公房积玉公派谱古庐记》。

九郎公之后，李氏在南丰历九世，至第十世有万、百万二公行程上千里来到武义南乡杨思岭。南丰县位于江西省东南部，东面与福建相邻，明末清初连遭百年战乱。据李正《火德公裔孙九郎公世系考略》转引《南丰县志》记载："顺治二年，清军与驻丰明军大战，战况惨烈，百姓皆尽离乡。第二年又半年不雨，颗粒不收。从顺治二年南丰属地尽皆灾荒，十一年冬天又严寒大冻，桔、柚、橙、柑之类尽槁，民具皆背乡远徙。雍正四年、乾隆十三年、十五年遭三次大水，南丰城民房尽皆损毁，这期间又遭六次大旱。"[1]因此，有万、百万二公被迫迁徙浙江。当时，大量江西、福建移民迁至浙江中南部的武义、宣平两县。武义县山区廖姓、邓姓、邹姓、赖姓、谢姓居民，大多在康熙至乾隆年间从福建、江西迁来。全县李姓村庄有种子源、洪潭、车苏、陈上弄、梵天寺、曳坑等，其先民皆来自江西南丰县。从南丰迁入武义的还有金山尖吴氏、章湾范氏等[2]。据民国《宣平县志》记载："大抵宣平山多田少，山居之民多种苞米，夏种冬收，可作正粮。又宜麻靛，麻始江右人，靛始于闽人。二省侨宣者十有其七。"[3]侨居宣平县的江西和福建移民占宣平县人口的十分之七。

　　李氏家族在李火德"金蟹游江"之说的指引下，不断外迁。他们远离祖地，在异地他乡艰苦创业，接受各种生存条件的挑战，寻求新的谋生方式，在追寻发展与成功的道路上，不断开辟新的生存空间。每到一地，他们必须花大量精力，去完成与当地同化

---

[1] 李正总编纂，李明焱主编《世界李氏族谱全书·陇西郡李氏宗谱》，第23—24页。

[2] 包宏斌主编《武义县志（1986—2005）》，方志出版社，2010年，第263—276页。

[3] （民国）何横等修，邹家箴纂《宣平县志》卷四《风俗志·农事》，1934年，第50页。

的过程,从而锤炼出李氏家族勤劳朴实的品格、坚韧不拔的意志、勇于开拓的精神。虽然他们被迫失去故土,被迫离开家乡,历经辗转迁徙,却锤炼了李氏家族不凡的精神品格。

（二）强化儒家"人文精神"

陇西皇室强者血统和中原贵胄文化教养的遗传,给李氏后裔的发展奠定了基础。李氏家族深受儒家思想文化的教育熏陶,"人文精神"深入骨髓。这种传承,并没有因历史和环境的变迁而消逝,反而在千百年来祖祖辈辈所经历的苦难和流移转徙的艰苦生活境遇中,更加强化了。他们在生存竞争中融合各种异体文化,不仅将民族传统文化意识中有价值的东西继承下来,也将各种异体文化意识中有价值的东西吸收过来,逐渐形成既带有浓厚理想主义色彩,又富于求实精神的文化。

闽杭谱中的李火德,是一介平民,生于宋开禧二年（1206）,"为人直谅,温和有孝弟忠信之行,凡其所居之乡,人无问老少减爱慕而就之",家庭殷富,乐善好施。"殷于资,不啬施赏,遇贫乏者必再三慰谕而诱掖之,使之勤爱土物,又常捐所有以给之。"他同情劳苦大众,时不时接济乡民。"遇岁歉,人或匿粟高价,以为肥家计。火德翁曰:'今谷价腾涌,若积而闭之,其如乡人之菜色何？'独发粟而沽以常价。贫不能籴者贷之,不能偿者缓之。凡于婚丧患难之不给者,随所遇以济之。若是久而不倦。"于是"乡里父老见其乐善好施,群相推许,而'天子嘉宾'之额遂焜耀于中堂矣"。他看重夫妇之人伦,忠贞地守着夫人伍氏,过着两人世界的寂寥生活,到60岁无后。在三妻四妾风行的年代,彰显了品格。"惟是夫妻年跻六十尚乏嗣,息居常相与叹惋,然以命之所限亦若将终身焉。"遵守了夫妇的人伦,却违反了"不孝有三,无后为大"的孝道。这个矛盾难以调和,李火德未免叹息，感叹人生的不圆满。伍氏夫人生于嘉定元年（1208）戊辰，比丈夫小两岁，她深知自己不能完成丈夫的心愿，于是愿意为夫君纳妾。"一日，伍孺人为翁谋再娶，聘同乡陈氏女，陈亦不之拒，年甫十九，真淑有仪，仅六载而生三子。"陈氏生于宋淳祐十年（1250）庚戌，她19岁时，李火德已是63岁的老人了。陈氏嫁给李火德后，六年内接连生下三子二女。"子三，官懋、宦懋、赏懋俱陈出；女二，长贵英适杨、次淑英适邱，俱陈出。"①

李火德儿子官懋（三一公）、宦懋（三二公）、赏懋（三三公），"三公者能以火公之心为心，即能以火公之德为德。彼其亲受庭训二十余年，所闻其父之言无非德言，所见父之行无非德行"②，他们传承了李火德为人做事的准则。

后裔频繁迁徙，背井离乡，在应对各种生存条件的挑战中，形成了以"忠、孝、节、义""仁、信、礼、智"等思想为基础，结合李氏家族生活实际并加以具体化的《李氏家训十六条》③。《李氏家训十六条》从日常行为举止到立志为民报国，事无巨细地做了详细的阐述与规定，包括孝亲敬长、敦族睦邻、敬贤重义、务勤崇俭、戒赌自律等内容，体现了儒家的"人文精神"。

受中原传统文化的影响，李氏家族还形成了热爱文化知识的共识，使其后代受到教育。读书才能识理、明志，才能有出息，成为李氏家族共识。"子孙不必都聪明俊秀才让读书，虽愚也不

---

① 《闽杭火德公李氏族谱》卷一《火德公传》。
② 《闽杭火德公李氏族谱》卷一《三一郎公兄弟合传》。
③ 李正总编纂，李明焱主编《世界李氏族谱全书·陇西郡李氏宗谱》，陇西郡李氏宗谱续修理事会编印，2008年，寿仙谷医药股份有限公司档案室藏。第64—65页。

|寿仙谷文化综论

可不读,聪明的固然可望成才,愚者读书不至属于下流"[1]。李氏族人在迁徙流离中,文化知识成为他们谋生的主要手段。不止如此,他们认为耕田、做工只是"卖死力",只有经商执艺才能发家致富。"如不经商交易定必为穷,穷则家道不昌,族事艰难,姑富必经商"[2]。即使家庭再困难,也要让孩子学会打算盘,会记账写信。无论九郎公迁江西南丰是随父到南丰贸易,还是有万、百万兄弟从江西南丰迁居武义车苏杨思岭后,代代都为草药医,如果没有文化是不可想象的事。秉承贤人崇拜意识,"敬贤,乃我族人之重望也。贤者为人之师,其学有所传,礼有所学,不重贤是人之愚昧,不得为人也"[3]。在不断迁移过程中始终重视接受教育这一发展立身之本,李氏家族将血缘源于陇西、文化来自中原的观念牢记于心。

(三)深化道家"天人合一""道法自然"的思想

辗转南迁的李氏先祖从中原来到江南,万里迢迢,历经艰辛,来到新的迁徙地,环境陌生,生存条件艰难,特别需要精神支持。李氏先祖不忘唐朝国姓的荣尚,尊奉李氏文化始祖老子及其哲学思想。

老子著《道德经》五千言,以"道"解释宇宙万物的演变,以为"道生一,一生二,二生三,三生万物","道"乃"夫莫之命(命令)而常自然",因而"人法地,地法天,天法道,道

---

[1] 李正总编纂,李明焱主编《世界李氏族谱全书·陇西郡李氏宗谱》,陇西郡李氏宗谱续修理事会编印,2008年,寿仙谷医药股份有限公司档案室藏。第64页。
[2] 李正总编纂,李明焱主编《世界李氏族谱全书·陇西郡李氏宗谱》,陇西郡李氏宗谱续修理事会编印,2008年,寿仙谷医药股份有限公司档案室藏。第64页。
[3] 李正总编纂,李明焱主编《世界李氏族谱全书·陇西郡李氏宗谱》,陇西郡李氏宗谱续修理事会编印,2008年,寿仙谷医药股份有限公司档案室藏。第65页。

法自然"。他提出"一阴一阳为之道"的辩证法和"天人合一"的系统论。其"有无相生""无为而无不为""柔弱胜刚强"的辩证法思想,在某种意义上为弱小同类转弱为强、争取胜利,提供了思想武器。

李火德父亲李珠五子,分别以"金、木、水、火、土"取名,体现了"五行相生"的观点。李火德留给后人有很多故事,其中两个故事很能说明他及后人尊奉"天人合一""道法自然"的生活态度。李火德63岁娶陈氏,连生三子二女,"后翁疾,陈以药进,翁却之曰:'迩来寇贼蜂滋,人之歌《兔爰》、赋《葛藟》者比比也。今幸育三子,我又获终寝室,是荷天赐也。虽死之日,犹生之年,又何以药为?'不日竟卒。"[1] 人在病中,李火德十分清楚自己的大限已至,此时已无欲无求,不赞成以人的"有为"去影响事物的自然进程,而是让事物按照自然的规则发展。在上杭县稔田镇还流传着一则故事。李火德去世后,子孙扶榇还山。送葬队伍走到丰朗岗头时,原本晴好的天空,突然间乌云翻滚电闪雷鸣,刹那间狂风大作,暴雨倾盆,送葬之人停棺避雨。暴雨过后,云开日现,然而,却不见棺柩,停棺之处自陷成坑。风水先生打开罗盘,形峦风水后认为,此地大吉大利,天赐"金蟹游江"福地,就此培土建坟,既合乎天意,又顺乎祖先。"游"者即向外迁也,他日子孙外迁,越迁越发达,越迁越兴旺。李家人听从风水先生的建议,就地造墓。伍氏夫人墓在火德墓上侧数丈远,在"丰朗岗头,凤形",陈氏夫人墓在"丰朗溪背田陇里,乌鸦落洋形,丙山壬向"[2]。

李氏先人以丰朗村为根据地,不断地寻找适合他们安身立命的立足之地。一旦找到合适的地方就休养生息积蓄力量,并继续

---

[1] 《闽杭火德公李氏族谱》卷一《火德公传》。
[2] 《闽杭李氏火德公族谱》卷二《正编·祖派》。

向外播迁发展。为了求得生存,他们首先要解决的就是求得一块好地方安家,合理选造屋场,实现风水宜人、协调共生的良好愿望。但李氏家族生活的闽赣山区,地处偏僻,林密谷深,地形复杂,虫蛇出没,要找一块地来安家实属不易。正像李火德十四世孙李恒先在写永定湖山旧居的那样,"语云择里,诗咏迁乔,则里居之重昔固然矣。不知择处在人,得处在天,谋虽创于前人,福实垂于后裔,自有冥冥主者在,非智力所能为也"[1]。在祈求平安、福荫后代的潜意识下,风水文化便在李氏家族中生根、发芽、结果。

  李氏先人十分注意为死者选择墓葬地。在他们看来,生者都是在先辈亡灵庇护下生存的,于是千方百计为祖宗寻找好的安葬地,似乎把先辈的躯体灵魂安葬到风水佳地,就可以保佑其子孙逢凶化吉,福禄康寿,永受其益。这种现象在闽杭谱中,有充分体现。祖先的人物行传通常包括世系、名讳、谥号、功名、生卒时间、寿年、墓葬、配偶(姓氏、生卒)、生平、行谊、子嗣。关于死后的墓葬记载得尤其详细,除了埋葬的地点,坟墓的方位、朝向以及风水地形(客家人通常称之为"喝形",即山水取象之义)也都一一详明,显示对坟墓风水非同一般的重视。如三一郎官懋"葬胜运里大坪湖林七坑口,张天海螺形,巽山乾向"[2],千三郎宗尉"葬上杭胜运里官田大坪湖山坳上大窝里,猛虎咬尾形,丙山壬向"[3],三五郎功菖"葬本村背隔坳,虎形,巳山亥向"[4]。女性死后所葬的坟墓风水亦是族谱的一个重要内容。在闽杭谱中,对于女性祖先,虽然其姓名、生平的记载不甚其详,然而对于坟墓风水却是言之凿凿。如三五郎功菖夫人"江氏葬本村狮子石,

---

[1]《闽杭李氏火德公重修族谱》卷一《三一郎公房积玉公派谱古庐记》。
[2]《闽杭李氏火德公族谱》卷二《正编·祖派》。
[3]《闽杭李氏火德公族谱》卷二《正编·祖派》。
[4]《闽杭李氏火德公族谱》卷三《正编·祖派》。

仙人献掌形,巳山亥向"①;千五郎诗沛夫人"郑氏三娘,葬湖山山下祠前圹墩,龟形,左肩穴,丑山未向"②,"继朱氏三娘,葬赤砵隔大路下,猫儿洗面形,巽乾兼辰戌"③,"继何氏九娘,葬南溪山口路下田心瑕,乌鸦落洋形,甲山庚向"④。

于是,李氏后人无师自通懂得许多"另类"知识,运用于红白喜事,风水,命运,星象,神鬼。虽上不得台面,但在当时的农村,还是很实用,很在乎的。这种乡土"文化"一直传至李明焱的父亲李海洪。"晚年,李海洪基本上不看病了,兴趣转移到《周易》研究上。我们来到他家时,只见桌子上摆着《万年历》等书。他一有空就坐在桌前看。如今婚丧嫁娶造房迁居,找他挑日子的人也很多。"⑤2010年《今日武义》记者采访李海洪时,他也自我作了评价,嗜读书,通文理,会医术,凡稗官野史旁及星相堪舆诸艺俱领大略。

三、李氏家族文化在企业文化建设中的传承创新

(一)开拓进取的奋斗精神

如上文所述,有万、百万二公逃荒至武义车苏杨思岭,勤俭成家,子孙繁衍。李氏经过四代人的胼手胝足,艰苦创业,终于

---

① 《闽杭李氏火德公族谱》卷三《正编·祖派》。
② 《闽杭李氏火德公族谱》卷四《正编·祖派》。
③ 《闽杭李氏火德公族谱》卷四《正编·祖派》。
④ 《闽杭李氏火德公族谱》卷四《正编·祖派》。
⑤ 何成明、何生英著《仙草人生:李明焱与寿仙谷》,中国工商出版社,2014年,第7页。

荒岭变成了村庄，又经过李志尚、李金祖父子的努力，终于"寿仙谷药号"得以创立。"寿仙谷药号"在李海洪手中歇业，他念念不忘重兴祖业，恢复"寿仙谷药号"。2003年，李明焱创立金华寿仙谷药业有限公司，正式"恢复寿仙谷"药号。李明焱把这种"开拓进取、坚忍不拔"的李氏家族文化带入企业，制定了"诚信、敬业、创新、高效、和谐、奉献"的企业精神，提出"公司每个人都是平凡的，我们这些平凡的人组成了一个非凡的团队。在这个团队里我们人人守规章、齐心协力、通力合作、和睦热情、奋力拼搏"[①]的企业经营理念。他带领寿仙谷团队锁定企业发展目标，坚定不移地一步步走下去。由食用菌领域而跨入药用菌领域，再跨入珍稀植物药领域，研究领域不断扩展。从名贵珍稀药材的新品种培育、种植技术的探索，到有机国药基地的建设；从中药炮制和精深加工工艺的研发、中药标准的制定、产品的药理药效研究和临床试验，到健康产业园开发建设，凭着一股钻劲，成就了寿仙谷这家上市公司。至今，寿仙谷有了突破性全方位的发展，在开发有机国药、中药标准制定和药理疗效研究等方面走在了全国的前列，同时又把武义打造成闻名全国的有机国药之乡。

（二）海纳百川的包容精神

由于善于学习，善于融合，李氏家族养成了兼收并蓄取其长、和衷共济讲忠恕的家风。

李明焱是自学成才的专家。通过持续学习和不断实践，李明焱由农艺师到高级农艺师、副研究员、高级研究员，直至入选国家"万人计划"领军人才，其科研成就和水平得到广泛认可。好学成就了李明焱，好学精神成就了寿仙谷。在李明焱的引领下，

---

① 参见寿仙谷《员工手册》前言《公司介绍》，2018年12月8日《关于新版〈员工手册〉发布执行的通知》（浙寿字〔2018〕第45号），2018年修订。

寿仙谷业务学习蔚然成风。李明焱最不喜欢的是不思上进、无所作为的人。他常对员工说，你们不要认为来寿仙谷仅仅是打工挣钱的，其实，更重要的是学习，学技能、学知识、学做人，这些对你们的成长是很有利的。李明焱认为，每个人的潜能是巨大的，企业应尽力创造出让每个员工成长的空间。他同员工除了谈工作以外，还愿谈人生、理想。他希望大家都往正路上走，都要有所成就。

人才是企业发展的动力所在。寿仙谷采取系列爱才惜才措施，形成尊重人才的浓厚氛围。在企业内部实行包括绩效考核评优评先、股权激励、晋级自荐等系列激励措施和"四鹰"培养计划，鼓励人才脱颖而出。寿仙谷采取多种形式，引进大批优秀人才。与北京大学医学部、北京302医院、北京广安门医院、浙江大学药学院、浙江中医药大学、上海中医药大学等权威研究机构进行合作，并与波兰弗罗茨瓦夫医院、欧洲精准医疗平台、美国加州大学洛杉矶分校、美国国家肿瘤中心、美国梅奥医学中心联合进行灵芝孢子粉药理药效、分子机理、提高免疫抗肿瘤、治疗脑血管功能障碍等研究。公司汇聚了一支由掌握尖端高科技的专家和学者组成的强大科研队伍。以"张伯礼智慧健康创新实验室"和"寿仙谷院士专家工作站"为核心，组建了"一室一站二联盟二院六中心"等多个科研创新平台。孙燕、李玉、黄璐琦、张伯礼四位中国工程院院士，严世芸、程翼宇、王志安、何伯伟、张劲松、周建龙、郭兰萍、林志彬、张叔人、杨宝学、严伟琪、熊继柏等知名教授专家相继加盟寿仙谷省级院士专家工作站。

李明焱认为，企业生产和发展，不是靠一个人或几个人能担当的，需要靠全体员工的精诚合作。员工是企业生产产品、创造财富的主体。因而尊重员工、友爱员工、服务员工，让员工能享受到企业发展的成果，是天经地义的事情。作为企业创办者，就应创造条件,搭建好让员工发挥自己才干的平台,让员工带着一个好心情在企业工作。公司建立民主管理工作制度、沟通协调机制、职工权益保障机制等,形成了企业与职工"协商共事、机制共建、效益共创、利益共享"的良好局面,营造团结协作、积极进取、奋发向上的工作氛围。

(三)诚善济世的家国情怀

李家世代采药、行医,作为其安身立命之本,也是行善积德于乡里的追求。"重德觅上药,诚善济世人"的祖训,是李氏家族留给后代的宝贵财富。李志尚、李金祖、李海洪在当地都称为"先",一方面说明他们医术高超,另一方面也说明积善乡里,赢得人们的尊敬。"先",是旧时代武义人对知识分子和有一定身份的成年男子的尊称。据《武川备考》记述:"绅衿称以先,平民称以哥。"[1]这反映了近代武义的风俗:武义人尊称地方上的体面人为"先"。李志尚、李金祖、李海洪被称为"志尚先""金祖先""海洪先",足见他们在医药方面的造诣以及在乡民中的声望。

李明焱从小就受到父亲的耳提面命。企业发展后,寿仙谷以"悬壶济世、弘扬中华药食文化,以有机产品为载体,倡导绿色消费,为民众的健康、美丽和长寿作出应有贡献"为企业使命;把"传承南极仙翁普济众生的善行,关爱生命,护佑健康,使民众远离疾苦,使人生美丽幸福"作为企业的责任;以"将'寿仙谷'打造为有机国药第一品牌,树百年'寿仙谷'"作为企业愿景。寿仙谷革故鼎新,创新了铁皮石斛、灵芝等传统栽培方法和炮制膏、丹、丸、散、酒等养性延命上品药传统技艺,实现了寿

---

[1] 〔清〕何德润撰《武川备考》卷四,见陈玉兰主编《武义文献丛编·何德润卷》,中华书局,2019年,第737页。

仙谷中医药文化传承、优良品种选育、仿野生有机栽培、古代养生秘方攻关、传统中药有效成分提取、中医临床应用等一整套的独特完整的寿仙谷中药产业链。其手法、工艺流程的继承和革新，使原有的寿仙谷道地珍稀中药炮制技艺达到了一个更地道、精准、有效、稳定、可控的高度。

在企业快速健康发展的同时，还十分注重自觉履行社会责任。多年来积极开展科技扶贫，推进农民科技致富，无偿推广食用菌栽培技术，将选育成功的"武香1号"高温型香菇、808香菇品种和配套栽培技术无偿提供给菇农，并给予免费技术辅导。公司持续推动有机国药"三代"基础设施建设，在土地租赁费、雇工工资等方面明显向农民倾斜，通过土地流转，承租农田建设有机国药基地，承租费用同比高出百分之三四十，此外，公司积极推动精细农业发展，为种植基地周边农户提供了大量的工作岗位。

在做大做强企业，促进地方经济发展的同时，寿仙谷以爱心善举，积极举办、承办、协办、冠名各类文化体育及行业论坛、交流等各项活动，推动企业社会责任担当，提升自身社会价值。每年捐款100余万元用于美丽新农村建设和老年人节日慰问、贫困山区困难学生结对等。至2019年6月，捐款总额达到1200多万元。设立和参加各种基金会10多个，出资总额2000万元以上。2020年，寿仙谷为抗击新冠疫情，捐赠1000万元的产品和物资，用实际行动诠释自身的社会价值。

（四）"天人合一"的哲学思想

李海洪多次对子女说过，当初他父亲李金祖把药店命名为"寿仙谷"，是因为"寿仙谷"是一个健康长寿的符号，对应的是天、地、人：寿，代表人——人人都有对长生不老的渴望；仙，代表天——天仙无所不能，可以长生不老，可以满足人们的各种愿望；

谷，代表地——谷地厚德载物，是一个让人健康快乐生活的理想乐园。有了天、地、人三和，就有了天地之间的阴阳平衡，就有了人类的健康长寿，幸福快乐。李金祖将药号取名为"寿仙谷"正是基于对"天地人三和"这种理想境界的向往与追求。在完成了知识、技术和资金积累后，李明焱在注册成立药业企业时即把公司字号定为"寿仙谷"，用意是让老字号推陈出新，发扬光大。李明焱的愿景是，通过自己和团队全体成员的努力，用真心，做好药，治病救人，为民众的健康、美丽和长寿服务[1]。

武义寿仙谷中药炮制技艺，来自李氏家族世代积累，尤其是李志尚、李金祖在继承祖传中草药治疗技艺的基础上，收集武义本地唐朝道医叶法善，滋阴学说倡导者朱丹溪的传人——明代御医韩叔旸、扬云以及名医鲍进、鲍叔鼎父子的医药医方和药物的炮制办法，如养颜膏、明目丸、安神膏、长春丹等，形成了独具特色的李家医药。李明焱在生产实践中，逐步领会了"治未病"和"清补养生"的意义。在与一批批老中医交往中，更坚定了倡导这种养生的理念。

寿仙谷在全国范围内率先提出"有机国药，清补养生"的理念，并研发出系列清补养生产品。中医的"清补养生法"指先清解后补益，先清除体内毒素、油腻，再补五脏之虚劳。寿仙谷在研究大量中医药典籍之后发现，"清补养生"是适应当代生活状态下的现代人体质的养生方式：现代人营养条件普遍较好，体内积累过多的油腻，导致很多"富贵病"的发生，且现代生活环境中，无论是饮水、空气还是蔬菜、瓜果都难免存在有毒有害物质，人体摄入后如不能及时清理，就会危害健康，这就需要"清"；而现代人的生活习惯是在大量耗"阴"，如熬夜、大量饮酒、吸烟、

---

[1] 李明焱、徐子贵编著，褚子育总主编《武义寿仙谷中药炮制技艺》，浙江摄影出版社，2019年，第21页。

大吃大喝、大量流汗等，亚健康的出现多与此相关，此需"补"，滋阴清补类的中草药恰好对症施治。李明焱团队倡导"清补养生"的理念获得业内人士普遍认同，国医大师何任先生亲手题字以兹鼓励。公司还聘请多位国家级名中医，经数年倾心研究，破译叶法善的祖传秘籍，开发出一系列具有原生态、药用价值高等特点的清补养生产品，消费者服用效果明显，口碑甚佳。

寿仙谷结合行业特色，把"阴阳五行"学说运用到职工队伍和党组织建设上。借鉴《尚书·洪范》"五行：一曰水，二曰火，三曰木，四曰金、五曰土。水曰润下，火曰炎上，木曰曲直，金曰从革，土爱稼穑"这一理论，独创"五行共建法"：鼓励职工努力通过各方面的修养，实现全面发展。像树木吸收营养一样吸收知识，不断壮大自己的能力；像火焰一样充满激情，积极向上；像流水一样滋润社会，宁静清澈；像土壤一样爱人爱物，孕育生化；像金石一样坚定信心，创新变革。在党建工作中，形成金木水火土"五行"党建工作法：（一）木（成长培养法）。"木曰曲直"，具有生长、升发的特性。党总支推行"两培养两推选"培养法，将企业管理人员、技术骨干培养成为党员；将优秀党员人才推选到中层管理岗位和企业决策层。（二）火（先锋争创法）。"火曰炎上"，具有发热、向上的特性。党总支引导并鼓励党员骨干和青工立足岗位创先争优，组织开展"党员先锋岗""青年先锋岗"争创活动，党员、团员挂牌上岗，做出争创承诺并在岗位上亮出公示牌。（三）土（文化培育法）。"土爱稼穑"，具有孕育、生化的特性。党总支将培育、引领寿仙谷文化建设作为中心工作，倡导"重德觅上药，诚善济世人"的寿仙谷理念，在工作学习及理论实践中，通过选树榜样励人心，文化活动聚人心，思想工作暖人心，不断提升员工的整体职业素养和文化品质，打造以党建为内核的具有寿仙谷特色的企业文化，促进企业健康发展。（四）

金(创新示范法)。"金曰从革",具有变革、创新的特性。党总支组织党员开展技术、营销和管理创新活动,要求党员针对企业发展过程中遇到的困难和问题,根据不同部门的特点,进行技术革新、工艺改进、营销模式探索及企业管理创新等方面课题的调研,提出创新项目,推动企业转型升级提质增效,健康快速发展。
(五)水(联系群众法)。"水曰润下",具有滋润、下行的特性。党总支实行党员思想政治工作责任区制度,积极化解企业管理经营中的各种内部矛盾,加强对工会、共青团等群团组织的领导,教育和引导职工群众凝心聚力,为推动企业发展和促进劳动关系和谐做贡献[1]。

结语

企业文化的兴起有着漫长的孕育过程,受到众多因素的影响。企业传统注入管理者的风格,汇聚成企业文化。李氏家族文化与寿仙谷企业文化具有相关性,分析李氏家族文化内涵,提取其精髓,可以更好地促进企业文化建设。李氏家族文化是在数次大迁徙中形成的,以中国传统文化为基础,包含儒家文化、道家文化的精神特质,又融入迁入地的文化精华,最终形成自身具有深刻内涵与传统意义的文化特质。寿仙谷掌门人李明焱深受家族文化的浸润,在寿仙谷发展过程中将李氏家族优秀的人文精神融入企业文化建设之中,体现在企业精神、企业经营理念、企业价值观、企业宗旨、企业使命、企业责任等方方面面,成为推动企业持续协调发展的原动力。

---

[1] 徐陈挺《寿仙谷:"五行法"创新党建工作》,《今日武义》2016年3月28日。

第六章　中医学术的现代转型和寿仙谷的传承发展

中医学术的现代转型,是一个具有百余年历史的重大话题。将成长于同一时代的百年老字号寿仙谷的传承发展史置于这一宏大叙事背景之下加以考察和思考,或许对如何实现中医药现代转型这一历史命题不无启示意义。

一、清末民国中医学术现代转型之论争

清末,中国遭受了两次鸦片战争和中日甲午战争的侵略,西方列强以坚船利炮轰开清政府的闭关锁国,西方思想文化和科学技术也随之涌入。中国知识分子精英也开始探寻革故鼎新、救亡图存之路。整个清末乃至民国,中国进入由封建社会向半封建、半殖民地社会转变的激烈动荡时期。有学者指出,"在1898年百日维新前夕,中国的思想和体制都刻板地遵从中国人特有的源于中国古代的原理。仅仅12年之后,到了1910年,中国人的思想和政府体制,由于外国的影响,已经起了根本性的变化"[1]。

的确,受到日本明治维新成功实现富强的影响的刺激,中国人重新思考国有文化的价值与走向,中国清末民初产生了国学、国语、国医、国术(技)等用以区别西学的国字号概念,并促成了国字号事物现代转型的论争和实践。在这一时代背景之下,作

---

[1] [美]任达著,李仲贤译《新政革命与日本:中国,1898—1912》,江苏人民出版社,1998年,第215页。

为中国传统文化重要组成部分的国医（中医）[①]，也不可避免地卷入了中西文化纠葛的历史旋涡之中。

（一）西学东渐背景下的西医冲击和中医抗争

近代中医存废之争起源于清末著名学者俞樾提出的"医可废，药不可尽废"的主张，在1895年甲午战争清政府惨败之后形成气候。这场败战促使中华民族开始了具有群体意义的觉醒，维新派和革命派几乎同时登上历史舞台，通过日本这个"西学东渐"的管道，学习西方的工业文明。当时的日本通过明治维新，仿效欧美实行科技强国，废除汉医汉字，推崇西医，其改革发展成就几乎成了东方文明看西洋文化的"橱窗"。20世纪头十年，中国出国留学的青年学生90%留学日本。于是，西学东渐之风日盛，用西方之"新"革东方之"旧"成了最流行的主张，包括中医药理论在内的中国传统思想文化被纳入"旧学"之列遭到批判。新文化运动的先锋陈独秀、鲁迅、胡适、傅斯年、梁启超、梁漱溟等，在反思与批判传统文化时，也都对中医理论及中医实践中的庸医与迷信现象进行了不同程度的质疑和批判。至民国初年，甚至发生了著名的"教育系统漏列中医案"和"废止中医案"。

1912年，北洋政府以中西医"致难兼采"为由，在新颁布的学制及各类学校条例中只提倡医学专门学校（西医）而没有涉及中医，完全把中医药排斥在教育系统之外。1922年3月，北洋政府内务部还颁布了打压中医的《管理医士暂行规则》。在遭全国各地民众纷纷集会、通电、抗议和中医药界组织"医药救亡请愿团"进京请愿的压力后，政府一面虚与委蛇，说废除中医药政策

[①] "中医"称谓，实际上始于西医传入之后，人们为了将掌握两种不同医学之人及两种不同医学本身加以区分，便逐渐有了中医与西医之人与术的不同称谓。参见李经纬《中医史》（修订版），海南出版社，2022年，第11页。

不会实施，一面仍拒绝将中医列入医学教育规划，内务部被迫宣布暂缓实施《医士规则》。中医药界"似胜非胜"，围绕中医药存废的斗争并未终止。[①]1929年2月，南京国民政府卫生部召开第一届中央卫生委员会，通过了《废止旧医以扫除医事卫生之障碍案》，再次激起全国民众和中医药界的抗争。"在海内外中医界的强大压力下，国民政府主席蒋介石不得不下令：撤销教、卫两部的命令，以示维护。至此，中医界之抗争应当说取得了胜利，然而教、卫两部在对具体问题的处理上，仍我行我素，或不断刁难，或违背《国民政府文官处公函》所申述的蒋介石手谕。实际上，再次请愿的胜利，又一次被逐渐淡化，并再次化为泡影。"[②]中西医之争已由学术之争泛化为意识形态之争和政治论辩，上升为政府行为。整个"20世纪前50年，确是中医发展史上的一个黑暗时期"，"西医在朝，中医在野"[③]，是其基本形态。中医只能在西医和反中医派挤压的夹缝中艰难生存。

（二）中医学术现代转型的论争

面对西学思潮和现代工业文明的冲击，中医界也进行了深刻的反思，在思辨和争论中形成了"中医科学化"的思潮，并进行了中医近代转型的实践。坚持传统医学的一方认为，中医是基于中国传统哲学文化的自成一体的综合性的学术体系，不能以西医的科学理论和标准来解释和规范。主张"中医科学化"者则对西医的医疗器械等物质文明进步、统计学和物理化学分析运用等持接纳和正面学习的态度。"概言之，器具与解剖、生理形质，是

[①] 李经纬《中医史》（修订版），海南出版社，2022年，第436页。
[②] 李经纬《中医史》（修订版），海南出版社，2022年，第439页。
[③] 李经纬《中医史》（修订版），海南出版社，2022年，第441页。

国医可以也应该改进的部分，否则不能与时俱进，融入世界。"①经中医界不懈努力取得国民政府同意于1931年3月成立的中央国医馆，在推动中医科学化，进行中医近代转型与再造方面，也进行了不少努力。他们制定了《中央国医馆整理国医药学术标准大纲》，但在具体实施中不仅屡受反中医派的责难，而且在涉及"统一病名"等实项时往往内部争论不休，莫衷一是。此前清末至民国20年代的"中西医汇通派"，也试图通过他们的研究，来说明中医内容是如何符合西医的理论和技术，从而证明中医的科学性。但是，历史没有给予国医科学化过多的褒扬，因为在国医追求科学的路途中，必须面对西医（或反中医者）与自身学术圈内的两方面压力，这也是"二重现代性难题"②。国医的科学化运动是一次"失败的'成功'转型"——完全、成熟的科学化进程是失败的，而暂时通过被废的关卡，保留珍贵的传统与未来发展的一线生机，仍可谓不折不扣的成功。③

事实上，近代中医转型之争，亦是在中国由封建社会进入半封建半殖民地社会的千年大变局时期发生的。中国向何处去，中国如何型塑"现代国家"，是实行"改良"还是实行"革命"，一直有不同的争论和实践探索。所以，中医转型之争持续了整个民国时期，中医发展举步维艰。中医现代转型怎么转、转什么的争论，甚至一直沿续至今。

---

① 桑兵、关晓红《近代国字号事物的命运》，上海人民出版社，2020年，第276页。
② 桑兵、关晓红《近代国字号事物的命运》，上海人民出版社，2020年，第286页。
③ 桑兵、关晓红《近代国字号事物的命运》，上海人民出版社，2020年，第308页。

二、改革开放前的中医发展方针政策和现状

中华人民共和国成立后,中国传统医药的地位得以肯定,国家采取一系列政策,扶持中医药事业得到较快的恢复和发展。但毋庸置疑的是,西医为主,中医为辅,西医挤压中医的局面,并未得到根本性的改善;中医现代转型这一百年话题,仍在论辩和传承创新实践中。

(一)改革开放前的中医发展方针政策和机构设置

新中国成立以后,党和政府高度重视中医药事业发展,制定了一系列保护、扶持、促进中医药发展的方针政策。

1950年,毛泽东主席为第一届全国卫生工作会议题词:"团结新老中医各部分医药卫生人员,组成巩固的统一战线,为开展伟大的人民卫生工作而奋斗。"会议制定了"面向工农兵""预防为主""团结中西医"三大卫生工作方针。①

1952年,中央卫生研究院下设植物药系、中国医药研究所,研究所下设有医史研究室,部直属单位还有针灸疗法实验所。

1954年,毛泽东强调:"重视中医,学习中医,对中医加以研究整理,并发扬光大,这将是我们祖国对全人类贡献中的伟大事业之一。"②

1955年12月,卫生部中医研究院(现中国中医科学院前身)成立。

1956年,毛泽东又指出,把中医中药知识和西医西药知识结

---

① 李经纬《中医史》(修订版),海南出版社,2022年,第446页。
② 李经纬《中医史》(修订版),海南出版社,2022年,第461—462页。

合起来,创造中国统一的新医学、新药学。[①]

1958年,毛泽东在对卫生部党组《关于组织西医离职学习中医班总结报告》的批示中指出:"中国医药学是一个伟大的宝库,应当努力发掘,加以提高。"[②]

1964年,国家科委成立"中医药组"。

1974年,卫生部建立中西医结合办公室(1978年撤销,恢复中医司)。

1982年12月,《中华人民共和国宪法》第二十一条明确规定:"国家发展医疗卫生事业,发展现代医药和我国传统医药,鼓励和支持农村集体经济组织、国家企业事业组织和街道组织举办各种医疗卫生设施,开展群众性的卫生活动,保护人民健康。"

根据李经纬的研究,20世纪的后50年,党的中医政策可概括为以下基本要点:第一,团结中西医,坚持中西医并重;第二,努力推动、发掘整理、提高祖国医药学;第三,团结和依靠中医,发展和提高中医,更好地发挥中医的作用;第四,坚持中西医结合;第五,保持中医特色,发挥优势,逐步实现中医中药现代化。[③]

(二)改革开放前中医发展现状及其成因

新中国成立至改革开放前,由于毛泽东主席的一再强调和政府重视,我国的卫生事业发生根本变化。中医从民国时期濒临废止的地位转变为中西医并重,"团结中西医"成为国家的大政方针。国家逐步建立中医管理机构及其科研机构,中医教育事业也得到重视和发展。至20世纪七八十年代,多数县都建立了中医院,县级以上综合性医院都设有中医科室,县以下区、乡(镇)、行

[①] 李经纬《中医史》(修订版),海南出版社,2022年,第462页。
[②] 《建国以来毛泽东文稿》第七册,中央文献出版社,1992年,第451页。
[③] 李经纬《中医史》(修订版),海南出版社,2022年,第462页。

政村也大多设有卫生院、诊所和合作医疗站。中医药在基层医疗和防疫卫生服务中发挥了重要作用。"文化大革命"的十年，还产生了"赤脚医生"这一伟大事物。中医在自身传承发展方面，取得了一系列令世界瞩目的成就，如中西结合医治疗急腹症，中西医结合针拨套出白内障，针灸医学和理论研究，中西医结合治疗骨折，抗疟新药青蒿素研制，抗癌、活血化瘀法研究等，针灸和青蒿素成为世界公认和共享的中医药成果。

上述变化在武义县域卫生事业变革中同样显著。据1992年版《武义县卫生志》记载：武义县第一人民医院的前身于1949年10月设立，1978年5月改称现名。其中医科1955年7月设立，于60年代开展乙型脑炎、功能性子宫出血、小儿麻疹、破伤风等的研究治疗，其乙脑治疗经验还在金华专区乙脑防治会上作交流。1974年分设针灸科，针刺麻醉用于甲状腺瘤手术。武义县第二人民医院前身宣平县人民政府卫生院于1950年设立，1958年6月改称现名(是年武义、宣平合并为武义县)。其中医科开设于1954年，1980年中医科增设针灸、推拿项目，1981年开始将针灸和中医药物结合治疗外伤性截瘫、中风后遗症、小儿麻痹症。武义县中医院的前身城关镇中西医联合诊所，于1955年5月由9位社会个体医发起设立，1969年改称武义县壶山镇卫生院，1982年9月改建为武义县中医院，设有中医内科、中医外科、中医妇科、中医儿科、中医伤科和推拿、针灸等科室及中药房（库），是一家以中医为主、中西医结合的医院。武义县制药厂于70年代建成，生产镇咳素、六味地黄丸等中成药17种，治伤软膏曾获浙江省新产品奖。中草药广泛应用于治病和防疫。区、乡（镇）等医疗单位，解放初按"个人投资，自愿结合，民主管理，单独核算，自负盈亏"的原则，由社会个体开业医药人员为主，自带资金、药品、器械、家具等作价创办联合诊所，于五六十年代先后建成区卫生院。1978年全县34个公社卫生所统一改称人民公社卫生所，由社办集体单位转为县属大集体，由县卫生局主管，职工工资的60%及基建资金由国家财政拨款补助，医疗器械无偿调拨。村级卫生组织，于1952年开始陆续培训农业保健员，至1956年全县已有农业保健员720人，并开始建立农业社保健站。1968年，农村保健员改称赤脚医生，其部分为民间中医。1969年开始在农村全面推广实施合作医疗制度，要求每个生产大队办有合作医疗站，配备一至二名赤脚医生。至1977年，全县93%的大队建有合作医疗站，有赤脚医生1075名。同时，学校、工矿企业和农场的卫生所（室）也陆续建成。各基层医疗单位和广大赤脚医生在疾病防治、防疫、卫生，特别是在血吸虫病防治中发挥了重大作用。

　　毫无疑问，改革开放前的中医发展取得长足进展。但也不能不看到，中医被西医挤压，中医发展缓慢，中医现代转型跟不上社会变革和时代发展需求的困境和局面，并未得到根本改变。究其原因，其大者无外乎这样几个方面：其一，解放初"废止中医"的思潮仍较强大，卫生部在贯彻党和国家发展中医药方针政策中如算盘珠，不拨不动，加上战争（抗美援朝）和其后社会变革、政治运动、恢复和发展国民经济，卫生工作有一定的边缘化倾向。其二，对如何继承和发扬祖国医学遗产，进行中医现代转型，中医发展如何融入西医学理，以及中西医结合的模式研究，中医界仍在艰难探索，理论和标准仍难统一，中医教育照搬西医教育，中医临床、科研照搬西医临床、科研。其三，西医因其科学严谨、有效性明显、管理规范且有全球化的教育、科研背景支撑，而被国人接受并成为主流医疗模式，市场迅速扩张；而中医因其自身的局限性，中药材培育、采集、炮制的特殊性，使其在与西医的市场与经济效益竞争中处于劣势，导致许多中医优秀理论和经典实践成果失传且因得不到知识产权保护而被外国窃取和利用。由于以上主因，尽管有国家大政方针指引和政策扶持，中医的发展数十年来仍然是江河日下。

综上所述，中医学说和中医事业发展缓慢，固然有受西医冲击层面的因素，但从内部原因分析，则是由于我们对中国传统文化的继承、创新做得不够。"中华传统学术与中医的复兴应以自己传统的核心价值为根本，以西医为主的域外医学为养料，借鉴、运用其理论、运行机制、教育制度和先进科技手段来发展、壮大自己。"[①]

因此，中医学的现代转型，中医事业的复兴，道路仍然漫长。

三、寿仙谷的医养传承实践

寿仙谷源于1909年开设于武义县城的"寿仙谷药号"。其时正是西学东渐，西医大举进入东方市场，中医濒于被"废止"的艰难时期。然而，此种情势对地处浙中山区一隅的武义县中医药行业却无多大伤害。据上述《武义县卫生志》记载，直至民国十年（1921），武义始有设在县城南上街的一家私立西药房——华立药房，民国三十一年（1942）武义、宣平两县有西药房5家；而民国二十三年（1934），宣平县已有中药店49家，民国二十四年（1935）武义有中药店47家，从业人员达232人，民国三十年（1941）武义有中药店66家。中药店多设在县城或农村集镇人口比较稠密的地区，一些资金比较充裕的中药店还有中

---

① 周生春《中华传统学术的现代转型——以中医为例》"序"，浙江大学出版社，2017年，第2页。

成药加工场，自制自销一些丸、散、膏、丹、锭、露之类的中成药。其后日寇入侵，1941年4月，日军飞机轰炸县城，1942年5月，武义县城沦陷，多数中药店被迫关停或迁至农村山区。民国三十四年（1945），华立药房经营的药品千余种，日配药50余人次，其他4家西药房品种种类不多，业务比较清淡。至1949年全国解放前夕，武义县城中药店已恢复至13家。由此可见，此一时期，中医药仍是武义、宣平两个山区县医药行业的主流。"寿仙谷药号"在日军侵犯期间亦曾停业，在1943年5月日军撤离武义后得以恢复。寿仙谷的先辈们和其他中药店主一样，仍在此期间秉承古训，修药行医，治一方百姓病痛。

新中国成立初期，人民政府对私营工商业采取一系列保护和扶持措施，武义县的中药行业得以复振，1954年武义、宣平两县有私营中药店53家、38家，从业人员共172人。1956年，人民政府开始对私营工商业实行公私合营，中医药行业成立"公私合营武义县国药商店"。此后全县私营中药店至60年代初全部消亡，直到80年代初实行改革开放后，武义县于1983年5月始开放个体经营药店。1990年，全县有个体中药店8家。1985年，县医药公司经营的中西药品种2758种（包括器械、化学试剂等），其中中药（包括中成药）1000种，尚与西药品种旗鼓相当。

在新中国成立初期，国家对私营企业实行社会主义改造的大背景下，武义县的私营中医药行业虽然趋于消亡，但其世代传承并未终止。"寿仙谷药号"于1956年停业后，其第三代掌门人李海洪回乡边务农边行医，言传身教，守正创新，将祖传理念与传统技艺传授给第四代掌门人李明焱，为传统药号迈向现代中医药高新企业的转型积聚能量。

（一）传统医学的现代传承

中医源远流长。"神农尝百草，始有医药"，至西周时期，中医学已有高度发展，中医系统理论巨著《黄帝内经》《黄帝外经》即成书于此时。[①] 秦汉时期我国医药学取得重大发现，张仲景《伤寒杂病论》是我国第一部从理论到实践确立辨证论治的医学专著。医学教育自南北朝设太医署至隋唐而臻完善，唐时并有我国历史上第一部临床医学百科全书——孙思邈之《备急千金要方》《千金翼方》问世。两宋时期医学全面大发展。起自宋代、发展在明代的医籍整理和医史研究，对后世影响颇大。李时珍的划时代巨著《本草纲目》，成为明代最伟大的科学成就。清时由于实行闭关锁国，医学发展缓慢。一部中医发展史，就是我国人民在生存、发展中不断积累、总结、创造医学文化的历史，中医学无疑是世界上最光辉灿烂的世代传承且仍在创新发展的文化遗产。

中医药文化的传承，除了国家通过"太医署"这类官方机构推动，主要是通过师徒授受、父子相传得以赓续。故有"医不三世，不服其药"之说。在民间，唯父子代代相传大凡三代以上而成大家、名家，方称医之"世家"。而传承首先是"守正"，"正"者核心又是《黄帝内经》《道德经》等所论之天人之道、天地人合、以人为本、医德医风，其次才是治病养生的理、法、方、药。用现代术语来说，首先要传承中医的"遗传基因"。

武义县域的中医传承同样体现了这一历史路径。据浙江和本县地方志等资料查证，生于松阳、长于武义宣平的唐代道教宗师叶法善，不仅自幼随父修道习医，而且广访高道，拜师学医，其道师韦善俊和万振都是当时著名的道医。叶法善精擅道医养生，悬壶济世，曾为唐高宗、中宗、睿宗、武后、玄宗五代帝王的宫

[①] 李经纬《中医史》（修订版），海南出版社，2022年，第36页。

廷御医，105岁仙逝，当地百姓建天师殿祭祀。其治病养生方法流传悠远，今武义县桃溪镇上江村天师殿内的签书，全都是药方签或养生签①；自元至明，有元朝"滋阴学派"创始人朱丹溪的传人、太医韩叔旸，其治疗疮毒的灵药"三仙丹"秘方及炼丹技术代传至今；云游遍采医方的医学世家——以扬云为核心的扬氏医学世家，自元至明传承300多年；明嘉靖年间还有"儒医"鲍进、鲍叔鼎父子。清代有"兰溪药帮"传承，到20世纪20年代后独占了武义药业。"至清嘉庆年间（1796—1820），武义县设有医药司，清代宣平县也设有阴阳学医学。"②

武义李氏医药世家的传承脉络亦十分清晰。据《陇西郡李氏家谱》记载，武义陇西李氏为唐太宗李世民、宋代抗金名将李纲之后，其131世李宾生"幼得父传，善医，有奇术，尤长滋阴健脾"，于清乾隆年间（1736—1795）带四个儿子自江西南丰县一路采药行医北迁至武义南十七庄杨思岭定居，为武义李氏之始祖。李宾生之后第四世李志尚搜集整理中药炮制技艺传予其子李金祖，父子两人都是当地著名的郎中。1909年李金祖创办"寿仙谷药号"，是为"寿仙谷"的第二代传人，传至其子李海洪、其孙李明焱、曾孙李振皓、李振宇兄弟，已至五代。传承方式是耳提面命，言传身教，耳濡目染。传承内容，据李明焱回忆和总结，主要是以下4点。

第一，天地人合、道法自然的宇宙观，为中医学文化的哲学基础。李明焱之父李海洪多次对他阐释"寿仙谷"名号的含义，说寿仙谷是个健康长寿的符号，对应的是天、地、人：寿，代表人，人人都有长生不老的渴望；仙，代表天，天仙无所不能，可以满

---

① 参见青浦诸君子辑，张慧芳点校《寿世编》，《珍本医籍丛刊》，中医古籍出版社，1986年版。

② 朱德明《浙江医药通史》（古代卷），浙江人民出版社，2013年，第247页。

足人们的各种愿望；谷，代表地，谷地厚德载物，是一个让人健康快乐生活的乐园。唯有天、地、人三和，才有天地之间的阴阳平衡，才有人类的健康长寿、幸福快乐。这些朴素的解释，正是基于对中医哲学思想结合行医实践的深刻理解。

第二，以人为本、人为贵的理念和医者仁心。"天覆地载，万物悉备，莫贵于人。"① "人命至重，有贵千金，一方济之，德愈于此。"② "凡大医治病，必当安神定志，无欲无求，先发大慈恻隐之心，誓愿普救含灵之苦。若有疾厄来求救者，不得问其贵贱贫富，长幼妍媸，怨亲善友，华夷愚智，普同一等，皆如至亲之想；亦不得瞻前顾后，自虑凶吉……昼夜寒暑、饥渴疲劳，一心赴救……如此可为苍生大医，反此则是含灵巨贼。"③ 古人的这些教导训戒，在寿仙谷化为"重德觅上药，诚善济世人"的祖训，传至李明焱父辈李海洪，因其医术精湛，善治"风眩"（高血压）、风湿痛等疑难杂症，对贫苦患者常常是免费诊治还赠送药品。他经常告诫子孙要秉承祖训医德，常说医道是"至精至微之事"，习医之人必须"博及医源，精勤不倦"，更要有"见彼苦恼，若己有之"感同身受的心，策发"大慈恻隐之心"，进而发愿立誓"精益求精，治病救人"，不得不学无术、庸医误人。他常告诫李明焱："医道最不易学，亦不可不学。庸医误人，更甚于杀人。"李明焱对此心领神会，在建造寿仙谷中医药文化馆时，特意将祖训镌刻在红木屏风的后壁，并告诫家人和公司高管，祖训主要是给我们自己看的，所以布置在后壁，为的是提醒我们时时牢记祖训，不忘初心。

第三，忠孝、勤俭、诚善的家风家教。车苏李家传至金祖一

---

① （隋）杨上善《黄帝内经太素存》卷十九，清光绪十六至二十四年丛刻本。
② 〔唐〕孙思邈《备急千金要方》"序"，清光绪四年影刻本。
③ 〔唐〕孙思邈《备急千金要方》卷一《大医精诚第二》。

辈，已是村中大户，全靠勤俭起家。李海洪在县城读至高小毕业，受的是传统教育。成年后夫妇共同养育9个子女，在农村集体化靠挣工分吃饭的年代实属不易，其勤劳能干在当地有口皆碑。李海洪对子女的家教十分严格，《三字经》《千字文》《朱子家训》中的名言警句和经典故事常常融汇于日常生活。父母的勤俭善良的品格对李明焱的性格成长影响很大，成年后他将自己的人生格言诗"天理本为人之德，忠孝则自古留名。酒色素误事之因，量大者福禄弥深"镌刻在大衣柜门扇上，并贯穿到人生旅途，就连"烟酒"二字警戒也完全做到了。李氏家风、家教涵养成的吃苦耐劳、敢闯争先、诚信善良的精神特质，在李明焱学习食药用菌栽培及以后的创业创新中都有充分体现。正如《车苏村志》在陈述李氏家族史后指出："李明焱由一个普通农民的孩子，成长为一个有作为的企业家，一个有突出贡献的科学家，从幼年时期就种下了健康成长的种子。"

第四，传统医药技艺。中医治疗注重理、法、方、药的契合，采药、制药是其基本功。虽然自宋代始，医和药开始逐步分离，药物炮制逐渐转由药店药师进行，医药分家已成不可逆转之势，但在民间，采药、制药大多不分，且多有基于实践经验积累的药物炮制秘技，并恪守业内约定行规。李金祖创立"寿仙谷药号"后，采药、制药、坐堂行医，遍访兰溪药帮同行，提升自家的医药技艺。1945年，22岁的李海洪接掌"寿仙谷药号"，所采制的铁皮枫斗、灵芝丹等中药除自用外还供应杭州方回春堂等大药号。1986年李明焱结婚时，李海洪送给儿媳朱惠照的礼物是一本古医书，并嘱附她：看一些医书，懂点中草药，把家传的医药业传下去。2013年10月，李海洪以90岁高龄辞世，留下的遗物是20余种古代医书。其中有《验方新编》八册，16卷，为光绪四年（1878）2月1日新增重刊本；《本草从新》六册，光绪庚辰（1880）版；《全图医宗金鉴》共74卷，原版为乾隆七年（1742）12月刊本，太医院版本；《张仲景伤寒论原文笺注 闽长乐陈金祖集注》若干卷等。李金祖、李海洪父子生前虽未留下医药专著，但他们在当地的口碑却在实实在在地印证着中医药的疗效。正是他们善于以中医药原创性理论体系和原创性思维为引领，对传统中医药的继承和发展作出了基础性贡献。

李明焱认为，寿仙谷百年不衰，真正深入普通百姓的人心，靠的就是"真心、善心"，只有真心才会有"真药"，只有善心才会把医药当作最大的"慈善"来做，而不是仅仅作为自身的事业。"君子以厚德载物"，只有道德高尚者才能为社会作出重大贡献。而做药与做任何事情一样，都必须遵循"天理"，即自然法则。这是他从祖辈手中承继的最宝贵的精神财富。

（二）技进乎道的实践追求

中国古代工匠（当然包括医工）对其技艺的追求，凡成大者，几乎都有"由技至道"的特性。对此，学者已多有研究。王前在其论文《"由技至道"——中国传统的技术哲学理念》中提出："'由技至道'这一理念源自《庄子》中'庖丁解牛'的典故。""尽管这个故事意在阐释如何'养生'，但它体现的'由技至道'的思想特征，在从古至今很多杰出工匠、医生和技术专家身上，都可以看到。这些人身怀绝技，悟性超群，注重追求'技'之上的'道'。'庖丁解牛'的魅力创造了一个充分体现'技'与'道'关系的典型形象，据此可以分析中国传统技术活动的基本特点。"[①]

武义车苏李氏祖孙五代在医药技艺传承中，也实践了"技进

[①] 王前《"由技至道"——中国传统的技术哲学理念》，《繁荣·和谐·振兴——辽宁哲学社会科学首届学术年会获奖成果文集》，东北大学出版社，2007年，第260页。

乎道"的追求。李金祖不但对祖传医药技艺颇有研究,还潜心收集整理武义民间的单方验方,尤其是古代名医流传下来的名方,叶法善的养生秘方就成了寿仙谷开发以灵芝、铁皮石斛为君药的养生健体主打产品的宝贵财富。李海洪在读高小时已会背诵《汤头歌诀》,帮助父亲采药制药。成年后虽然回乡务农,没有了坐堂行医的环境和条件,但始终不辍对医道的追求。他擅长利用中草药治疗"风眩"(高血压)、风湿痛等疑难杂症,对治疗毒蛇咬伤、小儿高烧惊厥也颇有心得。晚年甚至醉心于研究《易经》,试图通晓阴阳五行、风水堪舆,掌握取类比象的中医学习方法,以融汇于治病养生。李明焱不忘儿时父亲对制药的"古板",比如蒸制黑豆、首乌时要哪里产的何首乌、哪里产的黑豆,蒸的时候要用多少水,武火、文火各蒸多长时间等,都容不得半点差池。虽然当时很难理解,但还是在祖、父辈的严厉教导下记住了"纯正道地"对好药的重要性。李氏家族对医药技艺的追求,尤其体现在其对中药炮制技艺的精到并形成了寿仙谷中药炮制技艺。

寿仙谷中药炮制技艺,是以传统中药炮制技术为基础,以唐代道医叶法善的炼丹术,金元时期李东垣、朱丹溪关于药物炮制前后不同应用及炮制辅料作用的总结,以及明代雷敩"雷公炮炙十七法"等药学原理和炮制原则为依据,结合药物特性和行医实践,不断丰富、创新和完善的独具特色的传承技艺。其整理成文的内容主要是制药工具、炮制方法和部分饮片、药品炮制技法三大部分。制药工具主要是手工操作工具,有切药刀、片刀、特殊用途刀具(如麦冬刀)、锉、劈药斧、铁钻、药刨、碾船、乳钵、舂钵、石臼、石磨、风选车、竹匾、三脚药架、药锅、铁铲、风炉、木桶、木盆、瓷缸、蒸笼、蒸药甑、烘笼、筛子、箩盖、刷帚、簸席、撮斗等附件,现代也使用铡刀式切药机、中药提取设备等机械。炮制方法,主要有选、洗、浸、泡、漂、淘、润、飞、晒、切、锉、研、烘、炮、煅、煨、炒、炙、蒸、煮、藏等20余种。"选"是凭借药工经验对药材进行鉴别挑选，以得到优质药材。"洗、浸、泡、漂"是水制法。"淘"是以水去除药物中的泥沙杂质。"润"是使药材湿润变软，是炮制的关键之一，寿仙谷有"七分润，三分切"之说。"飞"是带有神秘色彩的水飞法，运用于矿石和贝类不易溶解于水的药物的水制研粉技艺。"晒"是药材干燥法，又分曝晒、晾晒。"切、锉、研"是切制，"烘、炮、煅、煨、炒、炙"为传统火制法，每种手法又有多种细分。"蒸、煮"属水火共制。"藏"是中药饮片的贮存技术。部分中药饮片、药品的炮制技法，主要有铁皮枫斗古法炮制、首乌九蒸九焖制法、黄精九蒸九晒制法、盐水杜仲炮制法、三叶青研磨法、铁皮枫斗灵芝浸膏炮制法、寿仙养颜膏熬制法、铁皮枫斗颗粒炮制法、杞菊明目丸炮制法、寿仙安神膏炮制法、鲜铁皮石斛退烧饮炮制法、寿仙伤湿膏药炮制法等17种。

寿仙谷中药炮制技艺的传承与发展大约可分为四个时期：1851—1893年是炮制技艺的起始和形成时期，代表人物为李志尚；1894—1938年是炮制技艺的形成与完善时期，代表人物为李金祖；1939—1977年是炮制品种和技艺的应用时期，代表人物为李海洪；1978年以后是炮制技艺的振兴、扩大、发展时期，代表人物为李明焱、李振皓。[1]

寿仙谷中药炮制技艺的基本特征有四：一是在原料选用及制作上对道地药材有硬性要求，对中药炮制器具以及工艺的把握有独特要求；二是在炮制中药饮片时强调"因药制宜""依法炮制"，即技术、工艺与药性和规范相结合，根据药性和用药归经采用不同的辅料、方法和不同的炮制程度，以达到不同临床应用的要求；

---

[1] 李明焱、徐子贵编著《武义寿仙谷中药炮制技艺》，浙江摄影出版社，2019年，第110页。

三是以人命为重，注重安全高效，选材、技术、工艺与临床应用结合；四是在传承保护古法的基础上，不忘创新发展，倡导"有机国药，清补养生"，增加现代优良品种选育、仿野生有机栽培、适时采收、精华提取、产品精深加工等高新技术，实现了传统加工技艺与现代技术的融合并存。

寿仙谷中药炮制技艺深受美国、日本等地国际友人的关注，享有较高的声誉，其核心技术"灵芝孢子粉破壁去壁精制技术及其在癌症预防治疗和增强免疫力中的应用"获第46届日内瓦国际发明奖金奖，成为中国中药当代国际交流科技合作以及中医药科学文化交流中独具特色的优势之一。2014年12月，"武义寿仙谷中药炮制技艺"被列为全国第四批非物质文化遗产。

中国传统的医和药是同源于医疗实践经验和哲学思想的共生发展的统一体。医药临证经验印证时代哲学思想，而每个时代的哲学思想又为医学理论体系和实践提供理论支撑，从而实现中医药发展的不断提升。即便是地处浙中山区小县的武义李氏医药世家这一民间中医的传承，也同样印证了传统中医药传承发展的这一路径。即便在因社会变革而失去制药行医的环境与条件的年代，李海洪、李明焱父子仍不辍其医药传承，以他们在地方"有口皆碑"的声誉来印证他们对医药"技进乎道"的追求。这也说明，传统医学的遗传基因早已融入血脉，故能世代相传。李明焱在农闲时节从事"钉秤"副业时因偶然听到一则中央人民广播电台的新闻而毅然决定从事食药用菌栽培，进而进军中医药行业，成长为有突出贡献的科学家、企业家和慈善家、社会活动家，寿仙谷成为综合性现代化中药国家高新技术企业和行业标杆、中医药国际标准的领衔制定者，其"偶然"亦蕴含着家传基因促成的"必然"。

总之，自西学东渐、中医危机至改革开放前，已过一百余年。

寿仙谷在这一时期诞生、成长和传承。寿仙谷的先辈们和广大民间中医一样，也许无缘参与中医"现代转型"之争，也许不能"科学"地解释中医药之"道"，但他们懂得，学医的目的，就是解除求医者生命过程中的痛苦，万事但以疗效说话。因此他们一辈子、数代人孜孜以求的就是如何采好药、做好药、用好方，救治更多的病人，并教人如何"治未病"而得健康长寿。他们对于医药之"道"的追求，是他们对中医药原创性优势的最基础的贡献。这也是中医不死，且必在经济社会、环境气候、人类病谱都发生极大变化的新时代仍能发挥其更大优势的生命力所在。中医药的现代转型，要传承传统基因，唯"守正"才能创新，这在寿仙谷的传承、创新和发展中得到了生动的体现。

下编

"和合共进"的文化创新

第一章 从儒医济世到天人和合：中医文化精神的现代传承

优秀传统文化是一个国家、一个民族传承和发展的根本。作为中华优秀传统文化的重要组成部分，中医文化在其数千年的传承发展中，汲取中华优秀传统文化的精华，逐步熔铸成富有中国原创性的医学理论体系，充分体现了大医精诚、医乃仁术、济世救人、天人和合的整体医学观，蕴含着中华民族深邃的哲学思想、高尚的道德情怀和博大的生命智慧，为中华民族的繁衍生息和文明进步作出了巨大的贡献，对世界文明的发展产生了积极影响。在实施健康中国战略的当下，积极探索研究中华医学整体观，传承弘扬中医文化精神，提高民族文化自觉与文化自信，振兴发展中医药事业，助推健康中国建设，为民生谋福祉、提高人民生活品质，具有重要的现实指导意义。

一、儒者习医与儒医济世

儒医，顾名思义，即习儒术者兼通医术，悬壶以济世救人。它植根于中华儒家文化的母体之中，是我国中医文化史上一种特有的社会现象，其起源、命名与发展已经历了几千年的历史。

中华医学文化可一直追溯到传说中的神农尝百草、伏羲制九针、黄帝写医典，相传黄帝与岐伯曾一起讨论医理而成中华医学元典《黄帝内经》，因此中医奉黄帝、岐伯为医家始祖，中华医术又称"岐黄之术"。而习儒者兼习医术,于正史有明文记载的则始于西汉初年的淳于意。淳于意,西汉临淄(今山东淄博)人,曾任齐太仓令,人称"仓公"。他先从公孙光学医,又从公乘阳庆学黄帝、扁鹊《脉经》,医术精湛,活人甚众。后因不愿为权贵当家医,隐姓埋名行医四方,被人诬告获罪当刑,其小女缇萦上书汉文帝,愿以身代父受刑,得免。《史记》载有他二十五例医案,称之为"诊籍",是中国现存最早的病史记录。司马迁《史记·扁鹊仓公列传》载:仓公蒙其师公孙光推荐受业于公乘阳庆,"光又属意于殷曰:'意好数,公必谨遇之,其人圣儒。'即为书以意属阳庆,以故知庆。"[1]殷是公乘阳庆的儿子,公孙光嘱咐殷要善待淳于意,称赞淳于意心怀儒德,是一位追慕圣人之道的儒士。

人称"医圣"的东汉张仲景,同样是一位饱学儒士,汉灵帝时举孝廉,官至长沙太守。为官期间,他经常深入民间,体察民情,留意各种疾病,收集民间方剂,与地方名医探讨医理,博采众家之长,融理、法、方、药于一炉,撰成《伤寒杂病论》十六卷,流芳千古。被后世誉为"药王"的唐代孙思邈,更是自幼博涉经史百家之学,人称"圣童","隋文帝辅政,征为国子博士,称疾不起"[2],后遁入终南山,潜心医学,撰写《备急千金要方》《千金翼方》《摄生真录》等医学典籍。唐朝建立后,他应召与朝廷合作开展医学活动,完成了世界上第一部国家药典《唐新本草》,

---

[1] 〔汉〕司马迁《史记》卷一〇五《扁鹊仓公列传》,中华书局,1959年,第9册,第2816页。
[2] 〔五代〕刘昫等撰《旧唐书》卷一九一《列传第一百四十一·方伎》,中华书局,1975年,第16册,第5096页。

标程百代。其他如曾"游学徐土，兼通数经"①的汉末神医华佗；魏晋时期"竹林七贤"精神领袖、思想家、文学家、我国中医养生史上第一部养生专论《养生论》的作者嵇康；"博综典籍百家之言……时人谓之'书淫'"②的晋代名医皇甫谧，"夜辄写书诵习，遂以儒学知名"③的葛洪；"读书万余卷……尤明阴阳五行，风角星算，山川地理，方图产物，医术本草"④的南北朝名医、"山中宰相"陶弘景；唐太仆令、以《补注黄帝内经素问》《玄珠密语》名传至今的王冰等，均为儒学修养极深又精通医术之士，且均有医著传世，对中华医学的发展作出过很大贡献。然在宋代之前，尚无"儒医"这一概念，医家的地位卑微，为上层儒士阶层所不屑："巫医、乐师、百工之人，君子不齿"⑤，"朝野士庶咸耻医术之名"⑥。正史为医家立传，亦多与卜、星、相者合为一传，并称"方技"。

到了宋代，中医文化出现了空前繁荣的发展态势，儒学与医学被明确地紧密联系在一起，"儒医"命名正式出现："朝廷兴建医学，教养士类，使习儒术者通《黄素》，明诊疗，而施与疾病，

---

① （西晋）陈寿撰，裴松之注《三国志》卷二九《魏书·方技传第二十九》，中华书局，1959年，第3册，第799页。
② 〔唐〕房玄龄等《晋书》卷五一《列传第二十一·皇甫谧》，中华书局，1974年，第5册，第1409—1410页。
③ 〔唐〕房玄龄等《晋书》卷七二《列传第四十二·葛洪》，中华书局，1974年，第6册，第1911页。
④ 〔唐〕姚思廉《梁书》卷五一《列传第四十五·处士》，中华书局，1973年，第3册，第742—743页。
⑤ 张伯行选编，肖瑞峰点校《唐宋八大家文钞》卷三《韩文公文·师说》，上海古籍出版社，2019年，第67页。
⑥ 〔唐〕孙思邈著，王斌、吴剑坤主编《千金方·作者原序》，江苏凤凰科学技术出版社，2019年，第1页。

谓之儒医。"[①]宋王朝建立之后，推行"崇文抑武""休养生息"之国策，带来了经济、科技空前繁荣、人民生活富裕、文人地位提高的新局面。受儒家济世救人的医德思想影响，宋朝历代皇帝高度重视医学与摄养之学，宋太祖赵匡胤即懂医道，曾亲自为其弟太宗赵炅灼艾治病："太宗尝病亟，帝往视之，亲为灼艾，太宗觉痛，帝亦取艾自灸"[②]；宋太宗赵炅亦喜医术，在潜邸时曾收集名方千余首，登基后又于太平兴国三年（978）下诏命王怀隐、王祐等人征集汇录两汉以来迄于宋初各代应验药方，历时十四年而成官修方书巨著《太平圣惠方》。朝廷屡次颁布医学诏令并制定律令，推行医学，禁止巫觋，专设翰林医官院（后改翰林医官局），创办社会慈善与医疗机构，改革与普及医学教育，完善医学教育制度，医学从太常寺析出归属国子监，并纳入儒学教育体系，通过考试选拔儒生学医，医官职位参用武阶（后改用文阶），朝廷还曾多次组织医家与文臣编撰修订中医药典籍，营造了浓郁的社会重医风气，极大地提高了儒医的社会地位与经济地位，学医一途也便成了许多儒生实现人生价值的理想路径之一。随着范仲淹"不为良相，则为良医"思想的传播，儒而知医在宋代文人中成为一种时尚。

宋代文人士大夫大多涉足医学领域，通晓医理，注重养生。他们或参与朝廷组织的医著修订，或收集精选医方编撰方书，或以"格物致知"的理学"穷理"精神研讨医理，或在笔记杂著中记录医家小传、医林箴言、医方药理、中医养生等医学史料。如翰林学士卢多逊、李昉奉朝廷之命组织儒、道、释三家合作撰写

---

① 徐松《宋会要辑稿·崇儒三》，国学典籍网 http://ab.newdu.com/book/ms106423.html，2023年1月10日。
② 〔元〕脱脱等撰《宋史》卷三《太祖本纪》，中华书局，1977年，第1册，第50页。

新药典，校正包括《伤寒杂病论》《金匮要略方论》《黄帝内经素问》《脉经》《针灸甲乙经》《备急千金要方》《千金翼方》等在内的中医经典，实现了各流派传承的重要医籍正典化；大儒科学家沈括致力于医药学研究，其《梦溪笔谈》之《药议》诸篇对采药、用药、辨药、制药均有阐述，并著有《良方》《灵苑方》；北宋文坛领袖苏轼颇具医学素养，著有《求医诊脉》《苏学士方》，后人将《苏学士方》与沈括的《良方》合并，称之为《苏沈良方》，流传至今；端明殿学士洪迈著《夷坚志》，对疾病症状、单方验方、方剂来源等中医药内容多有阐述，《容斋随笔》亦有专篇论述医学；南宋词人周密《志雅堂杂钞》记载了30余则医治溺死、喉痛、暴聋等各种疾病的实用方药；爱国诗人陆游晚年退居山阴，精心研读《周易》《本草》《黄帝内经》，自己采药、种药、制药，行医乡里，广泛收集医方，撰成《陆氏续集验方》。其他如司马光著《医问》、郑樵撰《本草成书》《本草外类》、文彦博有《节要本草图》《药准》、洪遵编《洪氏集验方》、蒲虔贯辑《保生要录》，凡此等等，足见宋代文人通晓医学，几乎到了"无儒不通医"的境地。而曾为翰林学士的许叔微，因不满当时朝政，更是弃官归隐乡里，由儒入医，精研医学，救人无数，著有《伤寒百证歌》《伤寒发微论》《伤寒九十论》《普济本事方》《普济本事方后集》等，终成一代伤寒之圣手，为历代儒医之典范。

国家对儒医的重视，文人士大夫的广泛参与医学实践，社会各界对医道的推崇，极大地推动了宋代儒医文化的发展。自此以降，"儒"与"医"更加紧密结合，"医为儒者之一事"诸论迭出，如戴良之"医以活人为务，与我儒道最切近"[1]、朱丹溪之

---

[1] 〔明〕王绍隆传，潘楫辑注《医灯续焰》卷二十《医范》，中医古籍出版社，2015年，第376页。

"古人以医为吾儒格物致知之一事"①，龚廷贤之"二通儒道，儒医世宝，道理贵明，群书当考"②。"医"字之前冠一"儒"字，凸显了医者的学养、医德与境界，"儒医"之谓成为"上医"的代名词，成为从医者的无上荣光与追求目标，同时也为文人由医达政、以医明志奠定了思想基础。即便在元代，统治者把人们的职业分成一官、二吏、三僧、四道、五医、六工、七匠、八娼、九儒、十丐十个等级，儒家的地位从"独尊"骤降至娼妓之下，医家的地位远高于儒家，但仍未能改变汉民族意识中根深蒂固的医、儒不可分的观念，儒者知医、医者述儒的社会风气仍在延续，并出现了儒学素养深厚的刘河间、张从正、李东垣、朱丹溪等四位著名医学家，被明代开国第一文臣宋濂称为"金元四大家"，对儒医文化的发展产生了积极的影响。

儒医之所以能成为一种社会现象在我国历史上出现，除了国家倡导、文人参与、社会推崇等外部因素外，还与儒、医两者本身的内在因素有着密切关联。儒与医有着相同的普世人文价值观和济世道德情怀，自古以来，习儒者以"格物、致知、诚意、正心、修身、齐家、治国、平天下"③为修身之道与奋斗目标，而习医者则以"上医医国"作为人生终极追求。"医"，古为官职，职能是治国兼治病，《国语·晋语》载有春秋时期晋国大夫赵文子

---

① 李倩、孙艳丽、张晓苗主编《朱丹溪医学全书·格致余论》，中国中医药出版社，2020年，第39页。
② 龚廷贤撰，彭荣琛、齐玲玲点评《万病回春》卷八《云林暇笔·医家十要》，中国医药科技出版社，2020年，第561页。
③ 见陈戍国点校《四书五经·大学》，岳麓书社，1991年，上册，第1页。此为"古之欲明明德于天下者，先治其国。欲治其国者，先齐其家。欲齐其家者，先修其身。欲修其身者，先正其心。欲正其心者，先诚其意。欲诚其意者，先致其知。致知在格物"之化用。

与秦国名医和的一段对话:"文子曰:'医及国家乎?'对曰:'上医医国,其次疾人,固医官也。'"①可见,当时医官的职责不仅仅是治病救人,而且还要协助君王治理国家。班固《汉书·艺文志》亦云:"方技者,皆生生之具,王官之一守也。太古有岐伯、俞拊,中世有扁鹊、秦和,盖论病以及国,原诊以知政。"②医者论述病情而推及国情,探究诊治医理而推知国之政事,同样说明医者的最高目标是协助君王治国理政。正因为医者与儒者都有着相同的治国理政济世活人的理念,因此两者才能如此紧密结合。

儒医有着良好的儒学根底,他们自幼饱读圣贤之书,长期受儒家思想的浸淫,怀揣"学而优则仕"、仕则辅助君王治国理政以济天下苍生黎民的理想抱负。由儒入医后,他们初心未改,加上医者血脉中流淌着"上医医国"的传统基因,因此,儒医以期另辟一途实现"济世救人"的人生理想。儒家通过入仕治国理政拯救天下苍生于水火之中,医家则通过行医四方诊治疾病拯救世间黎民于生死之间,两者殊途同归,最终达到"惠民济世"之目的。为此,儒医汲取并践行儒家思想,型塑医家道德标准。首先,儒医倡导"大医精诚""医乃仁术",践行儒家"仁者爱人"普济众生的思想。据《医灯续焰》载,"医乃仁术"一语最早出自唐代名相陆贽之口:"陆宣公论云:医以活人为心,故曰医者仁术。"③纵观历代儒医,不论著书立说,还是行医治病,无不推许并践行"仁

---

① 〔先秦〕左丘明著,张建欣主编《国语·晋语八·医和视平公疾》,漓江出版社,2022年,第284—285页。
② 〔汉〕班固撰,颜师古注《汉书》卷三〇《艺文志》,中华书局,1962年,第6册,第1780页。
③ 〔明〕王绍隆传,潘楫辑注《医灯续焰》卷二十《医范》,中医古籍出版社,2015年,第377页。

者爱人""医者仁术"这一宗旨,如龚廷贤《万病回春》记载医家首要:"一存仁心,乃是良箴,博施济众,惠泽斯深"①,王绍隆《医灯续焰》:"有疾而求疗,不啻求救焚溺于水火也。医乃仁慈之术,须披发攖冠而往救之可也。"②孙思邈《备急千金要方·大医精诚》:"见彼苦恼,若己有之,深心凄怆。勿避险巇、昼夜寒暑、饥渴疲劳,一心赴救,无作功夫形迹之心。如此可为苍生大医。"③儒医以仁爱之心施医者仁术,医治患者普济众生,将仁心传播天下,使百姓家庭幸福,人伦有序,从而达到社会安定天下太平,实现他们的济世理想。"上以治民,下以治身,使百姓无病,上下和亲,德泽下流"④,正斯之谓也。

其次,儒医主张知医事亲,推己及人,践行儒家"忠君孝亲"的思想。儒者研习医术,既可以保身长年,又可以事亲以尽孝道,还可以由己及人推而广之,实现救济天下苍生的理想。程颐有言:"病卧于床,委之庸医,比之不慈不孝。事亲者亦不可不知医。"⑤孙思邈云:"余缅寻圣人设教,欲使家家自学,人人自晓。君亲有疾不能疗,非忠孝也。"⑥戴葆元亦云:"为人子者,不可以

---

① 龚廷贤撰、彭荣琛、齐玲玲点评《万病回春》卷八《云林暇笔·医家十要》,中国医药科技出版社,2020年,第561页。

② 〔明〕王绍隆传,潘楫辑注《医灯续焰》卷二十《医范》,中医古籍出版社,2015年,第377页。

③ 辛丽静主编《千金方》卷一《序例·大医精诚第二》,中医古籍出版社,2022年,第1册,第2页。

④ 杨建宇、李杨、祁烁主编《黄帝内经灵枢》卷六《师传第二十九》,中原农民出版社,2022年5月,第78页。

⑤ 〔宋〕叶采集解,程水龙校注《近思录集解》卷六《家道》,中华书局,2017年,第187页。

⑥ 〔唐〕孙思邈著,王斌、吴剑坤主编《千金方·作者原序》,江苏凤凰科学技术出版社,2019年,第1页。

不知医。"① 儒家倡导忠君孝亲的道德观,而儒医则以医药侍奉双亲践行之,如金元四大家之一张从正就把自己的医学专著取名《儒门事亲》,标榜唯儒者方能明理,而事亲者理当知医,以表明自己的心迹。在我国医学史上,因事亲而学医者实属不少,如北齐的李元忠、唐代王焘、宋代许叔微、明代王伦等,无不如此。儒而习医、业医者无非下列几种情况:一是因自身罹患顽疾久治不愈而学医,二是因至亲患病或病死而发愤学医,三是出身于医学世家为传承家学而学医,四是因科举或仕途不顺而由儒入医。除却最后一种,其他都出于孝道而学医、行医,如张仲景就曾说过他发愤撰写《伤寒杂病论》的初衷是因为族人因病致亡者众:"余宗族素多,向余二百。建安纪元以来,犹未十稔,其死亡者三分有二,伤寒十居其七。"② 金元医学名家李东垣因母亲患病,延请数名乡医诊治,各断病因各施其药,母亲备尝百药而无济于事,最终不知是因何病症而死,于是立志走上学医之路,终成一代名医。由事亲推己及人,悲悯天下罹患疾病的苍生,于是"活人济世"就成了儒医的行医宗旨。儒医在行医过程中,自觉践行儒家"老吾老,以及人之老,幼吾幼,以及人之幼"③的思想,对病患一视同仁。孙思邈曾言:"若有疾厄来求救者,不得问其贵贱贫富,长幼妍媸,怨亲善友,华夷愚智,普同一等,皆如至亲之想。"④ 王绍隆亦云:"医者当自念云:人身疾苦,与我无异。

---

① 〔清〕戴葆元撰,陆翔等校注《本草纲目易知录》卷首《条目》,中国中医药出版社,2017年,第2页。
② 〔汉〕张仲景著,熙霞子、姚建飞整理《(白云阁本)伤寒杂病论序》卷一《论集》,中国中医药出版社,2019年,第8页。
③ 《四书五经·孟子·梁惠王上》,上册,第66页。
④ 辛丽静主编《千金方》卷一《序例·大医精诚第二》,中医古籍出版社,2022年,第1册,第2页。

凡来请召，急去无迟。或止求药，宜即发付。勿问贵贱，勿择贫富，专以救人为心"[1]。视病人如亲人，急病人之所急，只要有病人求医，无论是谁，普同一等，一心赴救，施仁术以活人，这是历代儒医"活人济世"的生动写照。

第三，儒医倡导舍利取义，以医济世，践行儒家重义轻利的思想。孔子曰："君子喻于义，小人喻于利"[2]，儒家所推崇的重义轻利观，对儒医产生了深刻的影响。利用医术谋利为历代儒医所不齿，面对病人，儒医没有贵贱贫富之分，不存私欲贪念之想，心里只装着病人，务以治病救人为急。孙思邈《备急千金要方》云："凡大医治病，必当安神定志，无欲无求，先发大慈恻隐之心，誓愿普救含灵之苦。"[3] 龚廷贤《万病回春》："十勿重利，当存仁义，贫富虽殊，施药无二。"[4] 王绍隆《医灯续焰》："窃有医者，乘人之急而诈取货财，是则孜孜为利，跖之徒也，岂仁术而然哉！"[5] 这些论说，无不体现了儒医重义轻利、以医济世的情怀与品德。

总之，两千多年来，儒医作为医界一股清流，影响着中华医学的方方面面，他们积极参与医学经典的修订，广泛传播了医学知识；他们研学医典，探求医理，著书立说，推动了医学理论的发展；他们把儒家的仁、孝、义融入医德之中，促进了医学队伍

---

[1] 〔明〕王绍隆传，潘楫辑注《医灯续焰》卷二十《医范》，中医古籍出版社，2015年，第377页。

[2] 《四书五经·论语·里仁》，上册，第23页。

[3] 辛丽静主编《千金方》卷一《序例·大医精诚第二》，中医古籍出版社，2022年，第1册，第2页。

[4] 龚廷贤撰，彭荣琛、齐玲玲点评《万病回春》卷八《云林暇笔·医家十要》，中国医药科技出版社，2020年，第561页。

[5] 〔明〕王绍隆传，潘楫辑注《医灯续焰》卷二十《医范》，中医古籍出版社，2015年，第377页。

素质的明显提高，提升了医家的人文境界，对中华医学产生了重大而深远的影响。

二、天人和合与治病养生

中华医学文化在绵延几千年的发展进程中，不仅融入儒家仁、孝、义等济世思想，型塑了中华传统医德标准，而且还以儒、道均具共识的天人合一、致中达和、阴阳五行等理论为主要内容构建了完整的中华传统医学模式及其防病养生学说。

"天人合一"中的"天"在儒家文化中是指天道、自然界，"天"还包含着"地"，"天人合一"并非仅指"天"与"人"合一，而是指天、地、人"三才"合一。这一观念最早出现在儒家经典《周易》一书，伏羲创设八卦，每卦的卦画由三画即三爻组成，上爻代表天，下爻代表地，中爻代表人，寓意天、地、人三才合一，构成宇宙万物。周文王演《周易》时，以为三爻有"未尽之意"，于是将八经卦两相重叠推演成六十四卦，每卦的卦画由三爻增至六爻，分阴分阳，迭用刚柔，蕴含了天之道、地之道、人之道三才合一之意。以《乾》卦卦画 ䷀ 为例，由下往上数，即初九、九二两爻象征"地"，九三、九四两爻象征"人"，九五、上九两爻象征"天"；六爻之爻位，由下往上数，一、三、五奇数为阳位，二、四、六偶数为阴位，其他卦画依此类推。孔子作《易传》云："《易》之为书也，广大悉备。有天道焉，有人道焉，有地道焉，兼三才而两之，故六。六者非它也，三才之道也。"[1] 又："昔者圣人之作《易》也，将以顺性命之理，是以立天之道曰阴与阳，

---

[1] 《四书五经·周易·系辞下》，上册，第203页。

立地之道曰柔与刚,立人之道曰仁与义,兼三才而两之,故《易》六画而成卦。分阴分阳,迭用刚柔,故《易》六位而成章。"①可见,"《易传》作者是把六爻的来源与性质归结于作《易》者对天道、地道、人道的参照与取舍",也就是说《易经》的作者创设卦画时绝非妙手偶得,而是经过仰观俯察之后的刻意安排与组合,"其中蕴含着沟通天地人、天人合一的思想"②。《周易》还认为,"大哉乾元!万物资始,乃统天"③,"至哉坤元!万物资生,乃顺承天"④,"天地感而万物化生,圣人感人心而天下和平"⑤。意思是说天资始万物,地资生万物,人成就万物,三者和谐相处,构成了自然界的有机统一体。

荀子、孟子、子思继承了这一观点,《荀子·天论》曰:"列星随旋,日月递炤,四时代御,阴阳大化,风雨博施,万物各得其和以生,各得其养以成……皆知其所以成,莫知其无形,夫是之谓天。"⑥认为"天"是四时运行、万物和谐生长的自然界。孟子则认为以"诚"为媒介可实现"天人相通","诚"是天的根本属性,而人通过认识"诚"并达到"诚"这一境界,就是人之道,就能实现天人合一:"诚身有道:不明乎善,不诚其身矣。是故诚者,天之道也;思诚者,人之道也。"⑦子思也认为"诚"是天的本性,是天地万物存在的根本,人只有"诚"才能明理尽

---

① 《四书五经·周易·说卦》,上册,第206页。
② 沈志权《〈周易〉与中国文学的形成》,浙江大学出版社,2009年,第181页。
③ 《四书五经·周易·乾·彖》,上册,第141页。
④ 《四书五经·周易·坤·彖》,上册,第143页。
⑤ 《四书五经·周易·咸·彖》,上册,第168页。
⑥ 王先谦撰,沈啸寰、王星贤整理《荀子集解》卷一一《天论篇第十七》,中华书局,2012年,第302页。
⑦ 《四书五经·孟子·离娄上》,上册,第97页。

性，与天地相参："唯天下至诚，为能尽其性；能尽其性，则能尽人之性；能尽人之性，则能尽物之性；能尽物之性，则可以赞天地之化育；可以赞天地之化育，则可以与天地参矣。""诚者物之始终，不诚无物。"①他倡导人要养成"诚"这一道德修养，以达到天人合一之境界。

西汉大儒董仲舒继承发展了"天人合一"的理论，提出了"天人感应"、天与人"合而为一"的观点："事各顺于名，名各顺于天。天人之际，合而为一。"②"天地人，万物之本也。天生之，地养之，人成之。天生之以孝悌，地养之以衣食，人成之以礼乐。三者相为手足，合以成体，不可一无也。"③

"天人合一"命题的正式提出，则始于宋代理学大家张载，他在《西铭》一文中指出："乾称父，坤称母。予兹藐焉，乃混然中处。故天地之塞，吾其体；天地之帅，吾其性。民吾同胞，物吾与也。"④又《正蒙·乾称》云："天人一物，辄生取舍，可谓知天乎？……儒者则因明致诚，因诚致明，故天人合一。"⑤他不仅继承了儒家"天人合一"的思想，而且还引入了道家元极"混沌"与自然无为的观点，他认为天是父亲，地是母亲，人与万物均为天地所生。充塞于天地之间的元气，构成人与万物的形体；统帅气之变化的本性，就是万物的本性；人民是我的同胞，万物

---

① 《四书五经·中庸》，上册，第 11—12 页。
② 〔汉〕董仲舒撰，张祖伟点校《春秋繁露》卷一〇《深察名号第三十五》，山东人民出版社，2018 年，第 93 页。
③ 〔汉〕董仲舒撰，张祖伟点校《春秋繁露》卷六《立元神第十九》，山东人民出版社，2018 年，第 51 页。
④ 〔清〕王植撰，邱利平点校《正蒙初义》附录一《西铭》，中华书局，2021 年，第 377—380 页。
⑤ 〔清〕李光地撰，张瑞元点校《注解正蒙·乾称篇第十七》，中华书局，2020 年，第 158—159 页。

是我的伙伴。人类只是天地中一物，儒者从感悟"天"的本性中懂得：人与自然是一个统一的整体。

从此以后，"天人合一"说一直成为儒家探究的哲学命题，如程颐、程颢、朱熹、王阳明、王夫之等均有论述。直到20世纪下半叶，中国学界兴起"和合"文化研究热潮，钱穆、张岱年、季羡林、汤一介等大家发其端，张立文总其成，著《和合学概论——21世纪文化战略构想》，标志着"和合学"理论体系的确立。"和合"文化研究者以中华传统文化中的"和"为基础，后加一"合"字，认为不同事物存在着差异性、矛盾多样性的统一，只要以和为贵，寻求最佳的平衡点，就能化解矛盾与差异，通过互济互补，达到统一和谐。于是，近年来又有学者在"天人合一"的基础上提出"天人和合"一说，其根本要旨是人与自然、人与社会、人与人之间要和谐相处，从而达到天地人和谐共生的目的。

"和合"是一种文化基因，是华夏先贤在长期的实践中孕育的智慧，这一价值观影响了人们的处事原则和交往理念。"和合"一词早在春秋战国时期就已出现。墨子云："内之父子兄弟作怨仇，皆有离散之心，不能相和合。"[1]认为父子兄弟之间也有不和睦同心的时候。管子云："畜之以道则民和，养之以德则民合，和合故能谐。"[2]他认为通过畜养道德，就可以使民众和合，和合就能促使步调一致。司马迁则认为通过教育引导可以使上下和谐一致："施教导民，上下和合。"[3]而儒家在提出"天人合一"

---

[1] 〔清〕孙怡让撰，孙启治点校《墨子间诂》卷三《尚同中第十二》，中华书局，2021年，第68页。

[2] 黎翔凤撰，梁运华整理《管子校注》卷六《兵法第十七》，中华书局，2020年，上册，第304页。

[3] 〔汉〕司马迁《史记》卷一一九《循吏列传》，中华书局，1959年，第10册，第3099页。

的同时,也承认有"天人相分"的存在,两者相辅相成,目标是实现"天人和谐"。如荀子就曾明确提出"明于天人之分"与"制天命而用之"的观点:"天行有常,不为尧存,不为桀亡。""天有其时,地有其财,人有其治,夫是之谓能参。舍其所以参而愿其所参,则惑矣。"① 他认为"天"遵循其本身的运行规律而运动,不为任何人所左右,天、地、人各得其所,人只有掌握了自然的变化规律并利用之,才能实现天人和谐,亦即天地人"相参"。

既然人与天地自然、社会时势存在着不和谐的因素,有时甚至会产生矛盾,那么人就要"制天命而用之",通过"施教导民"适时去化解,使之重新达到平衡和谐,实现天人和合。于是儒家提出了"执中权时""致中达和"的中庸思想。这一思想同样发端于儒家经典《周易》:"《蒙》,山下有险,险而止,蒙。'蒙亨',以亨行时中也。"② 这里,"中"是指在天道正中运行,既不为过,又无不及,"时"则指与时势相一致,即指随时应变,这样就会亨通无咎。"乾道变化,各正性命。保合太和,乃利贞。"③ 天道运行变化,使天下万物各依其本性合理化育生长,始终保持、汇聚着伟大的和谐,就有利于进入祥和、稳健和正道的境界。孔子亦持"时中"之说:"君子中庸,小人反中庸。君子之中庸也,君子而时中;小人之中庸也,小人而无忌惮也。"④ 孟子亦云:"子莫执中,执中为近之,执中无权,犹执一也。"⑤ 孟子是说子莫持中庸之道,持中庸之道就接近于正确,但如果执中却不知

---

① 〔清〕王先谦撰,沈啸寰、王星贤整理《荀子集解》卷一一《天论篇第十七》,中华书局,2012年,第300—302页。
② 《四书五经·周易·蒙·象》,上册,第146页。
③ 《四书五经·周易·乾·象》,上册,第141页。
④ 《四书五经·中庸》,上册,第7页。
⑤ 《四书五经·孟子·尽心上》,上册,第129页。

权衡变通,就如同坚持一个极端一样,强调了执中还须适时调整变通,使之符合自然发展规律,才能达到和谐统一。子思则提出了"致中和"说:"喜怒哀乐之未发,谓之中;发而皆中节,谓之和。中也者,天下之大本也;和也者,天下之达道也。致中和,天地位焉,万物育焉。"① 他认为"中"是天下最为根本的,"和"是天下共同遵循的法度。致中达和,天地就会各安其位,万物便化育生长,从而达到天人和合,万物共生。

在"天人合一"这一命题上,道家的观点与儒家基本相近,"天"在道家学说中同样是指天道、自然界。老子主张"道法自然":"有物混成,先天地生。寂兮寥兮,独立不改,周行而不殆,可以为天下母。吾不知其名,强字之曰'道',强为之名曰'大'。大曰逝,逝曰远,远曰反。故道大,天大,地大,人亦大,域中有四大,而人居其一焉。人法地,地法天,天法道,道法自然。"② 他认为天地万物周而复始,运行不息,独立不易,蕴含着一种自然之道。"道"混沌无形,又无时无处不在,它顺应万物的自然而然,道生万物但并不是去主宰万物,而是为了效法自然。所以,只有乐天知命,顺应自然规律,才能达于天人合一之境界。《庄子》云:"有人,天也;有天,亦天也"③,"天地者,万物之父母也"④,"天地与我并生,万物与我为一"⑤,"人与天一也"⑥,认为天就是自然界,天、地、人本就是合一的整体。同时,老子

---

① 《四书五经·中庸》,上册,第7页。
② 陈大明著《老子与道德经·第二十五章》,中国文史出版社,2017年,第81—82页。
③ 方勇、刘涛《庄子译注·山木》,上海古籍出版社,2019年,第331页。
④ 方勇、刘涛《庄子译注·达生》,上海古籍出版社,2019年,第296页。
⑤ 方勇、刘涛《庄子译注·齐物论》,上海古籍出版社,2019年,第32页。
⑥ 方勇、刘涛《庄子译注·山木》,上海古籍出版社,2019年,第331页。

还认为自然界是在对立统一之中运行发展的："道生一，一生二，二生三，三生万物。万物负阴而抱阳，冲气以为和。"[①]他认为大道的衍生规律是道生初始一，一生阴阳二，阴阳二气生三，三然后生万物。阴阳二气互相冲突、交合然后成为一种和谐状态，从而达到新的统一体。因此，人们只要按"道"行事，遵循自然发展规律，就能与自然万物和谐相处，行稳致远。这与《周易·系辞》有异曲同工之妙："一阴一阳谓之道。""是故《易》有太极，是生两仪，两仪生四象，四象生八卦。""是故刚柔相摩，八卦相荡。鼓之以雷霆，润之以风雨；日月运行，一寒一暑。乾道成男，坤道成女。乾知大始，坤作成物。"[②]"道"就是太极，太极是天地未分之前的状态，元气混而为一。太极生阴阳两仪，两仪生少阳、太阳、少阴、太阴四象，四象生乾、坤、震、巽、坎、离、艮、兑八卦，八卦然后化育万物。阴阳八卦相互冲突、激荡然后使万物和谐共生。儒、道两家论"天人合一"的主旨有所不同，前者主要是想从自然法则中寻找到理论根据，构建社会政治秩序，后者则主要是从人与自然的关系中探究生命奥秘，参悟练养成仙之道。然此不属本文论述范围，兹不赘述。

中华传统中医文化汲取了儒、道"天人合一"思想，构建了天地人三才一体的完整医学模式，而这一模式在成书于西汉之际的中华医学元典《黄帝内经》就已基本形成，其主要表现为"天人相应""人与天地相参"的学说。具体而言，一是人与天地同源生于气。天地由混元一气构成，气又有阴阳清浊之分："清阳

---

① 陈大明著《老子与道德经·第二十五章》，中国文史出版社，2017年，第140页。
② 《四书五经·周易·系辞上》，上册，第195—200页。

为天，浊阴为地。"①而人则是通过天地阴阳两气相互激荡交合生成："夫人生于地，悬命于天，天地合气，命之曰人。""人以天地之气生，四时之法成。"②"天之在我者，德也，地之在我者，气也，德流气薄而生者也。"③同时，天地自然界还为人类提供了赖以生存的物质基础："天食人以五气，地食人以五味。五气入鼻，藏于心肺，上使五色修明，音声能彰。五味入口，藏于肠胃，味有所藏，以养五气，气和而生，津液相成，神乃自生。"④天供养人以五气，地供养人以五味，五气由鼻吸入心肺，达于肌表，使面部五色明润，声音洪亮。五味入于口，经肠胃消化吸收，五味精微内注五脏以养五脏之气，使脏腑功能协调，气血旺盛，津液充足，神气自生，这样人体生命才能得以延续，活动才能正常进行。这些理论构成了《黄帝内经》的藏象学说。

二是人与自然有着相同或相似的结构。比如天圆地方、人头圆足方，天有日月、人有双目，地有九州、人有九窍，天有五音、人有五脏，天有六律、人有六腑等，都说明天人具有相似的结构。天下有九州，九州之内有东、西、南、北四海，人体之中则有髓、血、气、水谷四海；天地间的河流注于海，中原有 12 条主要河流，人体也有 12 条经脉与之对应并注于人体四海，这是大地与人体相似的结构。《灵枢·脉度》云："气之不得无行也，如水之流，如日月之行不休，故阴脉荣其藏，阳脉荣其府，如环之无端，莫知其纪，终而复始，其流溢之气，内溉藏府，外濡腠理。"⑤人

---

① 杨建宇、郭海燕、李孝英主编《黄帝内经素问》卷二《阴阳应象大论篇第五》，中原农民出版社，2022 年 5 月，第 11 页。
② 《黄帝内经素问》卷八《宝命全形论篇第二十五》，第 59 页。
③ 《黄帝内经灵枢》卷二《本神第八》，第 26 页。
④ 《黄帝内经素问》卷三《六节脏象论篇第九》，第 22 页。
⑤ 《黄帝内经灵枢》卷四《脉度第十七》，第 55 页。

体脉气的运行是不能停息的，就像水的流动、日月天体的运行一样，永无休止。因此阴脉运行于五脏，阳脉运行于六腑，如环无端、终而复始地运行着。其流溢的脉气，在内灌溉五脏六腑，在外濡润肌表皮肤，才能滋养生命。这里，《黄帝内经》是把人体脉气的运行与自然界水的流动、日月运行相类比。《素问·三部九候论》还把人形血气与"天地之至数"相互参照，形成诊脉的三部九候方法，以诊断调理人体疾病："天地之至数，始于一，终于九焉。……故人有三部，部有三候，以决死生，以处百病，以调虚实，而除邪疾。"①

三是人与自然万物之间具有相同的阴阳消长及五行生克制化的规律。《素问·金匮真言论》："故曰：阴中有阴，阳中有阳。平旦至日中，天之阳，阳中之阳也；日中至黄昏，天之阳，阳中之阴也；合夜至鸡鸣，天之阴，阴中之阴也；鸡鸣至平旦，天之阴，阴中之阳也。故人亦应之，夫言人之阴阳，外则为阳，内为阴。"②说明人体具有与自然相应的阴阳消长规律，而《灵枢·通天》则提出了人体五脏与自然界的金木水火土五运互为对应："天地之间，六合之内，不离于五，人亦应之，非徒一阴一阳而已也。"③人与天地万物通过阴阳五行作为媒介相通相应，人体五脏的阴阳属性反映了四时之气的盛衰消长，因此得出"四时五脏阴阳"的理论。自然界的阴阳消长以及五行运行往往会对人体脏腑组织的生理功能产生影响。就季节而言，四时气候的变化会对人体脏腑造成影响，而人体各部对自然气候的变化也有适应性，脉的搏动就会呈现出春弦、夏洪、秋浮、冬沉之象，即所谓"四变之动，

---

① 《黄帝内经素问》卷六《三候九部论篇第二十》，第48页。
② 《黄帝内经素问》卷一《金匮真言论篇第四》，第9页。
③ 《黄帝内经灵枢》卷一〇《通天第七十二》，第154页。

脉与之上下"①。就一天来讲，人体的疾病则会随着昼夜阴阳消长而发生变化："朝则人气始生，病气衰，故旦慧；日中人气长，长则胜邪，故安；夕则人气始衰，邪气始生，故加；夜半人气入藏，邪气独居于身，故甚也。"②这些都反映了人体与天地自然具有同步节律的思想。

正因为"天人相应""人与天地相参"，因此中华传统医学认为，人活在天地之间，"生长壮老已"的生理变化以及疾病的产生与治疗都要受到天地自然规律的影响。如上文所引述的自然界的阴阳消长及五行运行对人体生理功能所造成的影响。又如因时令气候的变化或外感四时六淫之气对人体的影响而引发疾病："求其至也，皆归始春，未至而至，此谓太过，则薄所不胜，而乘所胜也。命曰气淫不分，邪僻内生，工不能禁。至而不至，此谓不及，则所胜妄行，而所生受病，所不胜薄之也，命曰气迫。所谓求其至者，气至之时也。谨候其时，气可与期，失时反候，五治不分，邪僻内生，工不能禁也。"③"气淫"是指时令未到而气先至，属太过之气而造成气候紊乱失常，气候失常就会对人体产生伤害，也就是说邪气超出了人体所适应的调节能力就会生病；"气迫"是指时令已到而气未至，此谓不及，不及则已所胜之气因无制约而妄行，所生之气因无所养而受病，也就是说人体自身调节能力不足也会产生疾病。人体如果不能适应时令的变化，就会受到六淫邪气的侵袭，这是疾病产生的根源："夫百病之生也，皆生于风寒暑湿燥火，以之化之变也。"④还有，自然界阴阳五行是气的运化规律，有其运行的空间位置，对应于人体也各有其位："清

---

① 《黄帝内经素问》卷五《脉要精微论篇第十七》，第37页。
② 《黄帝内经灵枢》卷七《顺气一日分为四时第四十四》，第101页。
③ 《黄帝内经素问》卷三《六节脏象论篇第九》，第22页。
④ 《黄帝内经素问》卷二二《至真要大论篇第七十四》，第204页。

阳为天，浊阴为地……故清阳出上窍，浊阴出下窍；清阳发腠理，浊阴走五藏；清阳实四支，浊阴归六府。"① 阴阳五行空间序位不可违，人体之气不合阴阳五行序位就会生病："清气在下，则生飧泄。浊气在上，则生䐜胀。此阴阳反作，病之逆从也。"② 凡此等等，都说明了人体与自然发展规律相违和就会产生疾病。因此，《黄帝内经》反复强调，对疾病的诊断与治疗要考虑自然界的运化规律，倡导以"天人和合"的医学整体观为指导原则，因时因地制宜辨证施治。为此，还提出了善医者必须通晓天文地理阴阳五行的要求："圣人之治病也，必知天地阴阳，四时经纪，五藏六府，雌雄表里。"③ "故治病者，必明天道地理，阴阳更胜，气之先后，人之寿夭，生化之期，乃可以知人之形气矣。"④

在"天人和合"整体医学观的指导下，中医治病与西医"有病治病"的局部治疗不同，讲究的是对人的整体及人与自然的"和合"度的关注。人与天地同源而生，与天地自然具有相似结构、同步节律，是自然界的组成部分。审视人作为整体的人存在于天地之间，不仅要依赖自然界而生存，而且还要与之相适应，如此才能防止并避免六淫之邪的侵入，达到健康无病。于是，中华传统医学又提出了"治未病"的观点，并由此产生了中医防病养生之道。"治未病"一说最早出现在《黄帝内经》："故阴阳四时者，万物之始终也，死生之本也。逆之则灾害生，从之则苛疾不起，是谓得道……从阴阳则生，逆之则死，从之则治，逆之则乱，反顺为逆，是谓内格。是故圣人不治已病，治未病，不治已乱，

---

① 《黄帝内经素问》卷二《阴阳应象大论篇第五》，第11页。
② 《黄帝内经素问》卷二《阴阳应象大论篇第五》，第11页。
③ 《黄帝内经素问》卷二三《疏五过论篇第七十七》，第212页。
④ 《黄帝内经素问》卷二〇《五常政大论篇第七十》，第168页。

治未乱,此之谓也。"①"治未病"充分体现了古代医家的智慧,开始了从"被动医治"到"主动健康"的根本性转变。"治未病"的宗旨是为了调动自身内在的生命因素,增强人体正气,使人体生命规律符合于自然发展规律,实现"天人和合"的养生之道。

关于养生,中华医学元典《黄帝内经》就有多处论说,概括起来主要有两个方面。一是人类要主动适应自然规律,达于天人和合之境界:"故智者之养生也,必顺四时而适寒暑,和喜怒而安居处,节阴阳而调刚柔。如是则僻邪不至,长生久视。"②二是通过摄养增强人体自身的内在功能,使之顺应自然万物生命发展的根本规律,达到健康长寿。"夫四时阴阳者,万物之根本也,所以圣人春夏养阳,秋冬养阴,以从其根,故与万物沉浮于生长之门。""唯圣人从之,故身无奇病,万物不失,生气不竭。"③同时还强调,保持健康的体质,平时还要注意饮食、起居、劳作有度,懂得外慎风寒,内调情志,做到形神兼修,才能尽其天年:"上古之人,其知道者,法于阴阳,和于术数,食饮有节,起居有常,不妄作劳,故能形与神俱,而尽终其天年,度百岁乃去。"④总之,顺应自然发展规律,注重养生之道,培元固本,扶正祛邪,就能身无疾病,生命常青。

《黄帝内经》之后,"治未病"、防病养生的学说,历代医学名家如张仲景、华佗、孙思邈、钱乙、朱丹溪、李时珍、张景岳、叶天士等多有论述,构成了中华医学的一大特色。限于篇幅,兹不展开论述。

"天人和合"的医学观对中华医学及其养生学说产生了极其

---

① 《黄帝内经素问》卷一《四气调神大论篇第二》,第5页。
② 《黄帝内经灵枢》卷二《本神第八》,第26页。
③ 《黄帝内经素问》卷一《四气调神大论篇第二》,第5—6页。
④ 《黄帝内经素问》卷一《上古天真论篇第一》,第1页。

深远的影响，千百年来，历代医家奉"天人和合"医学观为圭臬，至今仍指导着中医的临床治疗、养生保健实践。同时，"天人和合"观还渗透到了中华医药文化的各个方面，影响着人们的思维模式与价值取向，如"寿仙谷""致和堂""天一堂""致中和"等药号、产品的命名即源出于此。试以中华老字号"寿仙谷"为例，根据浙江寿仙谷药业股份有限公司企业文化的阐释，"寿仙谷"三个字各有指代："寿者人，健康长寿是人类自古以来的追求；仙者天，至高无上，长寿不老，无所不能；谷者地，厚德载物，象征幸福美满的家园。""寿、仙、谷"分别对应人、天、地，寓意"天人和合"，自然万物阴阳平衡，和谐共生。

三、中医文化精神的现代传承

中医文化承载着中华民族的五千年文明，是华夏祖先在长期的实践中探索认识宇宙与生命的智慧结晶，是中华民族的瑰宝，至今闪耀着其特有的璀璨光芒。在推进健康中国建设的当下，如何明确中医文化的定位，提高民族文化自信，大力传承弘扬中医文化精神，振兴发展中医药事业，为广大民众的健康长寿服务，已显得十分迫切，而且具有现实意义。

（一）统一思想，提高认识，明确中医文化的定位

中医药文化是中华优秀传统文化的重要组成部分，也就是说中医文化属于中华优秀传统文化的范畴，两者不可分割。传承弘扬中医文化是传承弘扬中华优秀传统文化的题中之义，传承弘扬中华优秀传统文化如果缺失了中医文化就不完整。因此，传承中医文化不仅仅是中医药行业界人士内部的事，而是事关整个国民

素质提高的大事,事关中华民族文化自信的大事,事关增进民生福祉、提高人民生活品质的大事。

党的总书记习近平同志一直十分重视中医药文化的传承工作,发表了一系列重要讲话。2015年12月,他在致中国中医科学院成立60周年贺信中明确指出:"中医药学是中国古代科学的瑰宝,也是打开中华文明宝库的钥匙。"[1]他在党的十九大和二十大报告中相继提出"传承发展中医药事业","实施健康中国战略"[2]和"促进中医药传承创新发展","推进健康中国建设"[3]的号召。此外,他在相关视察工作、会议、座谈等多种场合充分肯定了中医药文化对中华民族的重大贡献,反复强调中医药是中华民族的瑰宝,一定要传承好、发掘好、发展好和利用好,并从传承中华优秀传统文化、建设健康中国、实现中华民族伟大复兴中国梦的高度,明确了中医药文化的重要定位,为新时期中医文化精神传承创新发展指明了方向,提供了根本遵循。

我们要深刻学习领会习近平同志的重要讲话精神,明确定位,统一思想,坚定信心,理直气壮地做好中医文化精神的传承工作,把它作为建设健康中国、实现中华民族伟大复兴中国梦征程中的

---

[1] 习近平《致中国中医科学院成立六十周年贺信》,新华网,2015年12月22日,http://www.xinhuanet.com/politics/2015-12/22/c_1117546203.htm?from=groupmessage&isappinstalled=0,2023年1月3日。

[2] 习近平《决胜全面建成小康社会 夺取新时代中国特色社会主义伟大胜利——在中国共产党第十九次全国代表大会上的报告》,中华人民共和国中央人民政府网,2017年10月27日,http://www.gov.cn/zhuanti/2017-10/27/content_5234876.htm,2023年1月3日。

[3] 习近平《高举中国特色社会主义伟大旗帜 为全面建设社会主义现代化国家而团结奋斗——在中国共产党第二十次全国代表大会上的报告》,中华人民共和国中央人民政府网,2022年10月25日,http://www.gov.cn/xinwen/2022-10/25/content_5721685.htm,2023年1月3日。

一项美好事业抓到点子，落到实处。

（二）敬畏经典，传承精华，坚持中医文化精神的守正

中医药文化博大精深，意蕴丰富，是一代代中医药人不断探索总结的智慧结晶，是华夏祖先留给子孙后代的精神财富，我们要珍惜这份精神财富，坚定民族文化自信，敬畏中华医学经典，传承中华医学精华，守住中华医学正道。

——守中华医药经典之正。千百年来，中医药典籍方书汗牛充栋，卷帙浩繁，良莠不一，需要去粗存精，激浊扬清。加上古今语言文字及语法有所不同，书籍流传中又出现残简脱字，鲁鱼亥豕莫辨，都给今人阅读理解带来困难。因此，对中医古籍进行搜罗甄别、分类整理、校勘注释、修订出版，使之正典化已迫在眉睫，目前我们切实需要做好这一项利在当下功在千秋的工作。可喜的是，在撰写本文时得悉中国中医科学院正在开展《中华医藏》丛书影印出版项目，并将为2289种历代中医药古籍撰写提要，建设资源库。这是一项功德无量的工程，也是一个守中医药经典之正的典范，值得学习借鉴。

加强中医药人才队伍建设是守中医药经典之正的关键。中医药高等院校是中医药人才培养的重要基地，务必要把学习中医药经典作为培养专业人才的重中之重，使学生通过回归经典、回归文本，真正领悟中医药的真谛，熟练掌握打开中医药宝库的金钥匙，夯实中医药学理论基础。通过培养中医药重点学科及学科带头人，建立院士、国医大师工作站，做好传帮带工作，使中医药学生理论与实践相结合，真正把"学经典、用经方、传经验"的"三经传承"战略落到实处，抓出成效。与此同时，制定出台相关激励政策，稳定中医药人才队伍，加强西医学习中医人才培养，强化名老中医传承工作室建设，加快培养基层中医药骨干人才，

促进中医药文化精神的薪火相传。

深入民间收集挖掘奇方偏方整理出版应验方书、抢救保护中医药文化遗存,是对传承中医药经典的一个必要补充。目前还有很多疗效显著的中医奇方绝技散落民间,大量的中医药文化遗存在中华大地上星罗棋布,如果不善加挖掘整理、抢救保护和充分利用,就会造成难以弥补的损失。因此,我们要加强这方面的工作,积极推进中医药文化的活态传承,为助推健康中国建设发挥积极作用。

——守中医文化价值观之正。大医精诚、医乃仁术、济世救人的道德价值观是中医文化精神的内核,体现的是一种济世情怀和责任担当。历代圣医大医心怀济世救人的抱负,以爱人之心施医者仁术,普济众生于病患危难之中,谱写了许多感人的篇章,神农、伏羲、扁鹊、张仲景、华佗、孙思邈、李时珍等名字在中华民族发展的历史长河中闪耀着永恒的光芒,至今令人景仰。在现实生活中,同样有着这样的感人故事,新冠肺炎疫情暴发后,数以万计的白衣天使逆风而行,义无反顾地奔赴抗疫第一线,无所畏惧抗击病毒,不计得失抢救病人,体现了医者济世救人和忠义担当的情怀。全国劳动模范、五一劳动奖章获得者、浙江寿仙谷药业股份有限公司董事长李明焱及其夫人朱惠照多年呕心沥血研制发明"武香 1 号"高温香菇和"仙芝 1 号"铁皮石斛,连同栽培技术一起无偿奉献社会,前者为社会年增产值千亿元,帮助数以百万计的菇农走上致富路,后者拯救了当时面临严重危机的整个浙江省铁皮石斛医药市场。在新冠肺炎疫情流行期间,他们公司又先后捐出价值 2000 余万元的灵芝破壁孢子粉、铁皮枫斗颗粒等保健品,助力医务工作者抗击新冠肺炎疫情,同样体现了一位中医药科学家惠民济世的情怀与对社会的责任担当。

然而,当今之世,物欲横流,诚信缺失,道德沦丧,世风日下,坑蒙拐骗者有之，唯利是图者有之，危难之际袖手旁观者有之，置仁义道德于不顾，医务人员也不例外。近年来，媒体报道医院与医生的负面新闻时有发生，危急病人没交费用不让入院者有之，手术之前向患者家属索要红包者有之，与商人沆瀣一气开高价药方谋取病人钱财者有之，未病变有病、小病变大病收取病人高额检查费用者有之，医患之间出现了前所未有的矛盾与危机，医院及其医者治病行医以营利为首要目的，"儒医济世""医者仁心"的中医传统美德几乎已丧失殆尽。时代在呼唤大医精诚、医乃仁术的道德标杆，社会需要仁者爱人、普济众生的博大情怀！因此，我们要有传承以仁孝义为核心内容的中华医学道德价值观的紧迫感和责任感，大力传承弘扬中医文化精神，横扫道德沦丧的社会颓靡风气，重树中华民族崇尚"仁义礼智信"的社会风尚。

——守中华医学思维方式之正。中华医学思维方式的核心是天地人三才一体的思维模式，其最大的思维特征是"和合"，既包括形神和合、气血和合、脏腑和合，又包括人与自然和合，人与人和合，人与社会和合，从而实现天地人和谐共生，平衡发展。这一思维方式发轫于中华文化大道之源《周易》，后为儒、道、医所继承并发展，中华医学天人相应的整体观念，五行相贯的藏象学说，阴阳互根的治疗原则、防患于未然的"治未病"思想无不源出于此。

中华医学的这一思维方式，小可治病活人，大可治国理政。人作为"三才"之一存在于天地之间，不仅要依赖自然界而生存，而且还要顺乎自然发展规律，与之相适应，才能防止六淫之邪的侵入，避免疾病的滋生，达到健康长寿。同理，一个国家，乃至全人类，只有自觉遵循自然规律，顺应自然规律发展，实现人与自然和谐共生，人与人、人与社会和谐相处，才能达到天下大治，国泰民安。反之，就会受到严厉反噬，因过分开发造成的山洪暴发、工业污染、大气污染、水资源污染、生活环境污染给人类生存和健康带来的巨大灾难，在历史与现实中举不胜举。"中国式现代化是人与自然和谐共生的现代化。人与自然是生命共同体，无止境地向自然索取甚至破坏自然必然会遭到大自然的报复。"①因此，我们要传承中华医学"天人和合"的思维方式，遵循自然发展规律，保护好自然和生态环境，人与自然和谐共生，努力构建和谐社会，实现中华民族永续发展。

（三）笃实辉光，日新其德，坚持中医文化精神的创新

"不能随百病而为变通，乃欲执一药而埋众病，何可得也？故曰用古方治今病，譬犹拆旧料改新房，不再经匠氏之手，其用可乎？"②明代医学家李中梓这段话形象地说明了中医文化守正与创新的关系。守正是为了传承，创新是为了发展，两者缺一不可。创新需要在守正的基础上，再经今之"匠氏之手"改进发扬才能光大。因此，我们传承中医文化精神，应坚持既要崇尚古人，回归经典，又要与时俱进，创新思维，运用现代文明成果阐释中医药，运用现代科学技术生产中医药，通过中西医结合发挥中医药的更大作用，不断丰富增进中医文化精神新内涵，擦亮中医药文化品牌，为人类健康作出更大贡献。

——创运用现代文明成果阐释中医药之新。中医药药性理论、炮制理论、复方配伍理论、中医辨证理论是经历代医家诊疗实践

---

① 习近平《高举中国特色社会主义伟大旗帜　为全面建设社会主义现代化国家而团结奋斗——在中国共产党第二十次全国代表大会上的报告》，中华人民共和国中央人民政府网，2022年10月25日，http://www.gov.cn/xinwen/2022-10/25/content_5721685.htm，2023年1月3日。
② 李中梓著，付先军等校注《本草通玄》卷下《用药机要》，中国中医药出版社，2015年，第115页。

探索，并以其特有的中华医药学语言（或称医古文）形成的完整中医药学体系，艰深玄妙，我们现代非专业人士很难读懂弄通，更不用说外国人了。如果要想让更多的人认知、认可中医药，就需要借助生物学、医药学、医学检验、统计学、计算机、大数据等现代文明成果阐释中医药学，用全世界人民都能听得懂的语言解释中医药，依据数据、实证讲清说透中医药的药理、药效和疗效，这是中医文化精神创新的首要任务。遗憾的是，检索这方面的文献还很少，即便有也是吉光片羽，语焉不详。

然而，事实证明，运用现代文明成果阐释中医药是可行的。如屠呦呦就是利用现代医药学原理和方法进行分析研究、不断改进提取方法，与团队从中药青蒿中提取到一种分子式为 $C_{15}H_{22}O_5$ 的无色结晶体，一种熔点为 156℃~157℃ 的活性成分，把它命名为青蒿素，研制成功一种具有"高效、速效、低毒"的抗疟创新药。此后，她又与团队为确证青蒿素结构中的羰基，合成了双氢青蒿素，得到全世界的认可。又如我国近十年首个批准的降血糖原创中药新药——桑枝总生物碱片领衔主研者刘玉玲，在讲述探索中药创新发展时说过这样三点体会："一是中药产品也可以做到物质基础明确，标准组分的化学结构清晰，质量可控；二是来源于中草药植物的有效组分，具有发挥多重药理作用的优势；三是可以采用国际公认的降糖疗效金标准，挑战高标准临床评价，用现代科技手段，讲清楚中医药的疗效。"[1] 由此可见，运用现代文明成果阐释中医药，缺的不是实证，而是理论阐述与研究。

因此，广大中医药理论研究工作者不能固步自封，而要开阔视野，拓宽思路，不断探索创新，充分运用现代科学的原理、方

---

[1] 刘喜梅《用现代科技手段 讲清中医药疗效》，人民网 2020 年 11 月 27 日，https://baijiahao.baidu.com/s?id=1684464284604178604&wfr=spider&for=pc，2023 年 1 月 3 日。

法和语言阐释中医药,宣传推广好中医药的药理、药效和疗效,使中医药永葆生机活力,造福于人类。

创运用现代科学技术生产中药材之新。遵循中医药的自身规律,严格把控种植、采挖、加工炮制的质量关,药材好,药才好,疗效才好,这是千百年来中医药人的共识。但由于人类进入现代工业时代后,受工业污染而引发的大气污染、水资源污染和土质污染等原因,原始的道地中药材种植生产已不现实。而传统的手工操作加工炮制方法,又制约了现代中药材的标准化、规模化生产发展。如何利用生物、仿生、智能等现代科学技术生产道地中药材和研制中药品已成为一个亟待解决的现实问题,也将成为未来中医药发展的必然趋势和必由之路,这也是中医文化精神创新的重要物质基础。在这方面,浙江寿仙谷医药股份有限公司作了很好的尝试,并取得良好的经济效益和社会效益,值得学习借鉴。

浙江寿仙谷医药股份有限公司以打造有机国药第一品牌为己任,租用5000余亩远离工业区、气候适宜、环境优良的生产种植基地,并在基地装置可以调节温度、湿度等气候的现代科学设备,从育苗种植、炮制加工到研制产品,充分利用现代仪器设备和科学技术检测生产,形成了优良品种选育→生态有机栽培→现代中药炮制与精深加工→药理药效分析测定→临床应用→标准制定等一整套的中药全产业链标准化模式,每一道工序有检测数据,每一环节有文字记录,全程可追溯。公司及产品也先后通过了 GAP、GMP、GSP 以及中国、美国、日本和欧盟四重有机认证,目前已开发的破壁灵芝孢子粉、铁皮枫斗颗粒、铁皮枫斗灵芝浸膏、西红花铁皮枫斗膏等产品投放市场后,受到行业专家和消费者的广泛认同。公司还因此成为铁皮石斛和灵芝两个珍稀中药材的国际标准制定者,在这一领域掌握了国际话语权。

"治病不可废药，犹治国不可废道也。"[①]中药材是中医药传承创新发展的重要物质基础，优质中药材是中医药高质量发展的重要物质保障，离开了优质中药材谈振兴发展中医药事业就会成为一句空话。因此，我们一定要高度重视道地中药材的生产，政府应制定相关政策与措施，鼓励企业充分利用现代科学技术推进道地中药材标准化、产业化建设，全面提升中药材质量和品牌，为振兴中医药事业提供物质支撑。

创中西医药结合协调发展之新。"中西医结合就是将传统的中医中药知识和方法与西医西药的知识和方法结合起来，形成优势互补，在提高临床疗效的基础上，阐明机理进而获得新的医学认识的一种途径。"[②]由于哲学体系与思维方式不同，中西医药对人体机理的认识不同，在治病的方式和方法上也各有不同。西医采取的是有病治病的方针，西药在医治急性病症、病因明确的疾病方面具有针对性强、疗效显著的特点；而中医走的是培元固本阴阳平衡的路线，中药对慢性疾病、功能性疾病方面具有独特的优势。因此中西医结合，就能发挥各自的优势特长，更利于疾病的控制和治疗。这样的医案在临床实践中经常得到验证，如中西医结合治疗肿瘤疾病，西药的化疗对于杀灭肿瘤细胞效果明显，但同时对肝肾功能损伤也大，造成病人免疫抵抗力的下降，因此在化疗之前中医采用中药对肝肾功能进行养护，在化疗之后又以中药进行调理，有助于患者的身体恢复和疾病的治疗。又如近三年来中西医结合、中西药并用治疗新冠肺炎，大大降低了重症率和死亡率，提高了治愈率和康复率，效果明显，更是有目共睹。

中医药与西医药虽属两个不同的医药科学体系，但两者并不

---

① 李中梓著，付先军等校注《本草通玄·序》，中国中医药出版社，2015年，第1页。

② 袁荣献等《中医（药）在现代的传承发展》，《贵州政协报》2022年3月17日。

是完全绝缘，不可通融，而是可以互为借鉴，共同促进。在实际工作中，中医临床直接面对大量的西医学数理检查及疾病诊断已不可回避，而西医在对某些慢性病的治疗中，也同样要借助中医药的研究成果助益病人增强身体免疫力。"事实上，屠呦呦发现治疗疟疾的青蒿素，陈竺找到治疗白血病的砒霜疗法，都是把中医药和西医药结合起来，既实现了中医药的创造性转化、创新性发展，也推动了现代医学的发展与突破。"[1]

因此，中西医药要坚决摒弃门户之见，树立大健康理念，坚持中西医药相结合，取长补短，充分发挥各自的特长和优势，为中西医药学的共同目标也是终极目标即治病救人而共同努力，为病人带去福音，为健康中国助力，为促进世界现代医学发展贡献"中国处方"。

---

[1] 王君平《擦亮中医文化瑰宝》，《人民日报》2019年8月16日。

第二章　李明焱与寿仙谷文化

企业文化是企业在运作中形成的人与人、人与产品、人与社会的综合关系。企业发展是一个渐进过程，需要时间积淀，企业文化是在企业发展中潜移默化地形成的。一般来说，企业生命越长，其企业文化的积淀就越深厚、特征就越明显。

决定企业文化的因素，主要有时代特征、行业属性、企业所在地的人文环境和企业的创办人（领导班子）的品行。其中，企业的创办人（领导班子）的品行对企业文化起着巨大的作用，特别是非公企业，这种作用更加明显。简单地说，有什么样的企业创办人就会有什么样的企业文化。

寿仙谷药业是一家主要从事名贵珍稀中药材的育种、种植、药品研发和生产的国家高新技术企业。作为现代意义的寿仙谷药业，是由1997年恢复1909年创办的"寿仙谷药号"而来。之所以要让"寿仙谷药号"推陈出新，缘于"寿仙谷药号"的传承人、寿仙谷药业的创办人李明焱振兴中药材的抱负和担当。经过近30年的发展，寿仙谷药业已成为上市公司、成为我国名贵珍稀中药材行业的引领者。目前，寿仙谷药业将其企业文化进行了提炼，表述为：寿生有道，天地人和。透过这八个字探究其内涵，我们可清晰地看到创办"寿仙谷药号"的李氏先人及创办寿仙谷药业的李明焱的影响力，或者说，寿仙谷药业不愧是由李明焱创办的，他个人的品行、专长、追求、担当都深深地烙印在寿仙谷药业文化之中。

一、"寿仙谷药号""天地人合一"的理念

武义地处浙江中部，呈"八山半水分半田"的地理格局。与这样的地形地貌相呼应的是，武义有着丰富的中药材资源。据寿仙谷药业《武义县中草药志》课题组统计，武义境内生长的中草药有1223种，很适合铁皮石斛、灵芝等名贵珍稀药材生长。

在西医西药没有引进之前的中国，治病救人、强身健体靠的是中医中药。郎中识草采药、坐堂问诊，也就自觉地承担起了治病救人的社会责任。诸葛后裔对职业的选择是"不为良相，便为良医"，便是这种社会责任担当的写照。

一方水土养一方人。从影响人的成长角度考察，这一方水土地就是一方文化。在武义，明招文化是这一方文化的代表。

明招文化起源于南北朝时的晋，成熟于南宋。南宋大儒吕祖谦到明招山为亲人守墓，留住时间长，就有一些读书人前来问学。一时间，明招山群英咸集。由此，封闭的武义与外界有了一定的联系。吕祖谦主张"三实"：讲实理，育实材，求实用。这种观念影响着一代代武义人。李氏家族创办"寿仙谷药号"，有着明招文化的痕迹——学会中医药技术，践行治病救人。

1909年，郎中李金祖在武义县城创办了"寿仙谷药号"。李金祖的父亲李志尚，也是一位民间郎中。创办"寿仙谷药号后"，李金祖便和父亲一起坐堂问诊，经营中药材。一时间，"寿仙谷药号"在武义县也有了名气，并且同杭州方回春堂、胡庆余堂等大药号有业务往来。后来，李金祖的儿子李海洪子承父业，"寿仙谷药号"也就传给了他。李海洪是这样解读"寿仙谷"的内涵的——寿是人，仙是天，谷是地，"寿仙谷药号"要体现的是"天、

地、人合一"的经营理念和治病救人的理念。

李氏家族在经营"寿仙谷药号"的过程中,积累了一套中药炮制技艺,反映了清末以来武义当地的中药材种植、加工、炮制技术的发展进程。"寿仙谷药号"加工炮制的中药,因"药材道地,修制精良"而深受当地民众和外地药房的青睐。

1952年因公私合营,"寿仙谷药号"停业。李海洪也从县城回到了老家车苏村务农。业余时间,他就带着二儿子李明焱上山下溪采药,并为四邻八村的人看病。

李海洪擅长用中医药治疗"风眩"(高血压)、风湿痛等一些疑难杂症,对治疗小儿发烧不退和毒蛇咬伤也颇有心得。武义、永康、缙云一带的病人常来车苏村向他求医问诊。等病人病愈,他也只是象征性地收点中药材费。20世纪80年代,永康有一心脏病人来到李海洪家看病,在李家住了一个月,病情大有好转。病人回家,李海洪送给他一袋中草药,嘱咐他继续服用。病愈后,这位病人带了肥鹅等礼品到李海洪家致谢。

李海洪念念不忘"寿仙谷药号",希望有一天能重新开张。随着年龄增大,他已无力达成此事,就把希望寄托在老二李明焱身上。后来,李明焱不负父亲的重托,恢复了"寿仙谷药号",新创办的寿仙谷药业,无论是企业规模、技术实力,还是企业文化,都大大超越了祖辈开的药号。

李氏家族,自李志尚为第一代采药行医始,到第二代李金祖开设"寿仙谷药号",到第三代李海洪继承发扬祖先医药事业,到第四代李明焱恢复壮大了先祖的医药事业,实现了四代人"天、地、人合一"的医药企业的文化传承和赓续。

二、恢复老字号，振兴中药材

中医药是中国的文化瑰宝，是治病救人的依靠。随着西医西药逐渐主导我国医疗市场，中医中药的发展出现了停滞。在20世纪末，中国中医科学院中药研究所的一份调查资料显示，占全世界人口25.22%的中国，医药产业仅占全球的7%，天然药物仅占世界天然药物市场的3%-5%，中药出口额不足国际中草药市场的10%，与我国天然药物大国的地位极不相称。在中药国际市场上，日本汉方抢占了大多数市场，而作为原产地的中国传统中药占比却远不及日本。[①]

造成这种现状的原因主要是：众多野生动植物资源严重短缺，过度开发使宝贵的中药材资源濒临枯竭。大宗中药材品种的栽培管理粗放，单产低，质量差；对道地药材的研究和开发不充分；中药材的病虫害防治和化肥、农药残留污染问题严重，中药材质量的不稳定和品种的混乱，使中药材资源远远没有做到优质供应和可持续利用。

这种现状，引起了李明焱的关注。面对我国中医药的现状，他对自己发问，我能做点什么？我应该做点什么？

此时的李明焱已是国家星火计划的带头人、食用菌专家、武义经济技术开发区实业总公司常务副总经理。由他领衔培育的"武香1号"香菇，解决了香菇无法在高温环境下生长的世界性难题。他在日本研修期间，受到了现代农业观念的洗礼，回国后数年"山

---

① 黎鑫、王敏《张健委员：抢抓机遇，做大做强中医药产业》，红网2016-03-09https://hn.rednet.cn/c/2016/03/09/3929497.htm。

乡播火"的实践和思考,使他具备了现代农业的理念、从事食用菌育种的技能、创办企业的经济基础和管理经验。

经过一段时间的思考,他决定辞去公职下海创业,恢复祖上的"寿仙谷药号",办一家从事名贵、珍稀中药材的育种、种植和产品开发的现代化的高新技术企业。

这样做,一可以实现他少年时就有的中药材的育种梦,二可以为我国的中药行业做一些事情。尽管一个人的力量、一家企业的力量改变不了我国中药行业的现状,然而只要有这份心去努力,总能起到作用的。

1997年3月,浙江寿仙谷医药股份有限公司成立。寿仙谷药业成立伊始,就选定灵芝作为第一个培育、种植和产品开发的中药。灵芝属于菌类,李明焱对菌类育种、种植有经验。这样,企业起步就稳妥一些,发展也顺当一些。另外,灵芝是名贵珍稀药材,有着巨大的开发价值和市场价值。

三、李明焱的优良品行

品行是指人的品格和德行。人人都有品行,但有优劣之分,高下之别。品行优的人往往容易成就事业。李明焱从一个农村后生成长为我国著名的农业专家、知名企业家,优良的品行是他走向成功的通行证。

(一)敦厚务实

微笑着、徐徐地向着你走来,然后伸出双手握着你的手,以徐缓的语调并不大声地对你说:你好,欢迎你来寿仙谷。这个镜头记录的是李明焱接待每位来寿仙谷药业的客人的习惯动作。面对李明焱的表情、动作、语调，客人会有寿仙谷药业的创办者很朴实、平易近人的感觉。李明焱待人接物的做法，无论是年轻时在村里当农民，还是在县里当农技员，还是中年时在武义经济开发区当公司领导，还是如今的上市公司董事长、省政府参事，都一以贯之。

表情不见得能代表本质，但对于本色的人，表情与本质是统一的。李明焱是一位本色的人，只要你同他有一定时间的交谈接触，就能得出这样的结论。他是一个行动先于言辞、行动高于言辞的人。一旦要做事情，他会马上静下心来，并沉浸在做事的氛围中。当年当钉秤师傅是这样，当农村星火带头人搞食用菌栽培是这样，后来当公司老总是这样。

（二）好学好思

李明焱好学，是自学成才的典型。李明焱从一名高中生成长为二级研究员，从一名农村青年成长为享受国务院津贴的专家、国家万人计划人才，靠的是他实实在在做出的成就。取得这些成就靠的是他好学好思。

李明焱好学，学的内容不仅包括书本知识，还有实践技能。他注重在干中学，学中干；在干中悟，在悟后学。经过不断的反复，呈螺旋式上升，使自己的知识水平、理论水平、操作技能不断提高和丰富，成为我国食用菌行业和中药材行业的杰出专家。

李明焱学习的内容紧扣着自己的兴趣志向和社会的迫切需要。高中毕业后，他先学钉秤手艺，只用了半年时间就出师了，随后就开始带徒弟。但做手艺不是他追求的职业，他的理想是当农业专家，带动更多农民种植食用菌致富。由此，他走上了一条科研的道路。为了把科研成果转化成产业，他办起了企业，成了企业家。事业做大后，他锲而不舍，学习内容不断扩大，由科研到企业管理、行业管理，由食用菌行业到中药材行业。

思考是对所学知识的重新审视，通过思考，可以把所学知识转化为自己的知识。同时，思考是创新的前奏和动力。通过对具体事物、现象、知识的思考，能产生自己的看法和观点，进而转化成具体的行动。

李明焱是一位思考者。一路走来，他思考的内容由育种而扩充到中药材行业的发展，由企业的技术研发而扩充到国家级、国际级行业标准的制定，由单一的企业发展而扩充到武义县的乡村振兴、浙江的地方经济发展。

（三）笃志担当

李明焱为人谦和，但内心极有定力，一旦认准的事情，他会不遗余力地去做，并要把它做好。少年时，他就立下一个朴素的志向，一定要掌握一门技艺，赚些钱，替父母减轻操持大家庭的负担，接着为当地的群众致富做贡献。为了改变家庭困难状况，他去学钉秤的手艺。当他了解到种植食用菌能给农民带来不错的收益后，就不当钉秤师傅，到福建古田当种植银耳的学生了。尽管家人并不赞成他的做法，然而他还是毅然前行。从此，他成了带动当地农民致富的县、市、省、国家的星火计划带头人。从为家庭增加收入、替父母减轻操持家庭的负担，到带领一方农民种植食用菌致富，彰显出的是李明焱的责任担当。

因为优秀，20世纪80年代末90年代初，李明焱被县政府相中，先后任武义县食用菌研究所所长、武义经济开发区实业总公司常务副总经理。在那个年代，政府公职人员端的是铁饭碗，一个农村后生能走到这一步是相当不易，也是相当成功了。从事管理和经营工作，无法走进科研实验室，这不是李明焱的职业追求，最终他向组织提出辞职。辞职后的李明焱又干起了老本行，并且扩大了研发领域,由食用菌行业转为名贵珍稀中医材行业。为了把研发成果转化为产品,他恢复了寿仙谷药号、创办了寿仙谷药业,引领着我国名贵珍稀中药行业的发展。

(四)谦逊专业

李明焱在食用菌及中药材领域硕果累累,荣誉满身。面对成绩,李明焱会说,事情是与大家一起做的,我只不过起一个组织者、领头人的作用,成绩属于大家。面对各种荣誉,他总是说,党、国家和社会给他的荣誉太多了。

20世纪80年代初,李明焱在自己做的四门立柜上写了一首言志诗:"天理本为人之德,忠孝则自古留名。酒色素误事之因,量大者福禄弥深。"今天看来,这首诗其实是他人生的座右铭。

四、提炼寿仙谷药业文化

当企业经过了一定年头的发展,达到了一定规模后,文化的力量便显现出来,推动着企业发展。寿仙谷药业提炼出的企业文化是:寿生有道、天地人和。

对非公企业来说,企业掌门人的人品、志趣和格调,直接左右着企业文化,进而影响着员工的人生价值追求。李明焱踏实、执着、严谨的工作作风,如春风化雨,滋润着企业员工,让他们有尊严、有成就感地工作着。因为,寿仙谷药业无论在新产品培育、标准制定,还是生产工艺、产品质量,都走在了全国同行业的前列。

(一)与自然的和合

万物都是自然的儿子。人的生活、生产行为又可以反作用于自然。对于一家从事中药材育种、种植、研发的企业来说，生产的各个环节都要做到尊重自然、敬畏自然、利用自然。

寿仙谷药业继承的是1909年创办的寿仙谷药号，传承着"天、地、人合一"的宗旨，在生产产品的过程中，做到与自然的和合。

寿仙谷药业把灵芝、铁皮石斛、西红花、杭白菊等中药材种植基地选在白姆乡，它三面环山，西靠源口水库。这里的环境呈现原生态，基地的灌溉用水来自源口水库。寿仙谷药业倡导有机栽培，营造仿野生的环境，探索出了全产业链生产模式。由这种方式生产出来的中药材，就合乎天性，属于道地药材。

在中药材的炮制和生产中，寿仙谷药业的工艺也与自然和合。中药的药性与炮制关系很大。作为老字号的寿仙谷药业，遵循古法来炮制药材，李明焱是国家级非遗项目"武义寿仙谷中药炮制技艺"第四代传承人。这项技艺含仿野生盆栽法、枫斗加工法、首乌蒸制法、盐水杜仲炮制法、三叶青研磨法、铁皮石斛浸膏炼制法等上百种中药炮制技法，形成了中药材采集、栽培、炮制、组方、煎制等流程。

就是现代化的灵芝孢子粉的加工，寿仙谷药业也是采用接近自然的新工艺。

灵芝孢子破壁后方能被人体吸收。灵芝孢子破壁一般采用机械振动破壁法，也就是碾轧破壁。灵芝孢子破碎后，其主要功效成分和不饱和油脂，直接暴露在空气中，导致灵芝孢子粉易氧化变质，生产过程中难免会带入金属碎屑等，致使灵芝破壁孢子粉中存在铬、镍等重金属超标，功效成分丧失活性等问题。另外，生物酶法、化学法也能破壁，破壁后的孢子粉容易造成有效成分挥发与氧化变质。寿仙谷药业建立了一条灵芝孢子无污染超音速低温气流破壁、去壁、分油生产线，实现了灵芝孢子的无污染破壁，符合有机产品的加工标准，打破了国际学术界认为超音速气流粉碎机无法实现灵芝孢子高破壁率的定论。

(二)与人和合

这里的与人和合,是指企业与员工的关系。企业运作必定要有人来做具体工作。纯粹从劳动的法律关系上看,企业与员工是甲方与乙方的权利义务对等关系。员工做了具体的工作,企业就要付给员工相应的薪酬。如果企业与员工纯粹是这种关系,那么企业肯定无法长期存在。原因就是企业与人没有和合。企业与员工和合,除了需要权利与义务对等的法律关系的骨骼以外,还需要情感的血肉,文化的滋养,让员工有尊严地工作。企业要为员工营造一个发展空间,让他们能看到自己的工作成就,进而享受到工作带来的成果和荣誉。

寿仙俗药业依法用工,为每位员工创造了良好的工作环境和宽松和谐的人与人之间的关系。员工在企业工作,有一个规范的工作环境,能获得不错的薪酬,享受不低的福利待遇。比如,中饭时间到了,广播就播放《寿仙谷之歌》,员工们踏着歌声到二楼餐厅用餐。员工们吃的饭菜,基本上是公司基地里种植的有机食材。企业内部设立有党组织、团组织、工会、妇联等组织,让员工心有所依、身有所靠。员工每年都享受法定的节假日,每年还有一次旅游。如果员工遇到了困难,企业和这些组织都会伸出手来帮助他。只要员工想努力工作,就可以一门心思地工作;工作出成绩,能够得到相应的嘉奖和职业发展机会。一句话,在寿仙谷药业工作的每一个人,都有体面感、有成就感和发展空间。

(三)与社会和合

企业与社会的关系,是通过产品的生产、流通、使用(或说消费)而形成的。企业与社会的关系可从两个层面来理解:一是企业为社会生产质量合格的产品,二是企业发展后应当有回报社会的善举。

寿仙谷药业十分在意所生产的产品质量。企业制定的《诚善文化》:"凡食品药品,维系民众生命健康,事比天大,不容丝毫轻怠。寿仙谷秉承重德觅上药,诚善济世人之祖训,汲取当今高精尖科技,坚守非上等品不许上市之法则,潜心研究,精心制造,以货真价实、安全、高效之上品,竭诚为民众健康、美丽、长寿服务!"①《诚善文化》成了寿仙谷药业每位员工从事生产的座右铭。这样做,不但是对消费者负责、对社会负责,而且也能使企业获得好名声。寿仙谷药业于2021年获得浙江省人民政府质量奖。

好产品首先要有好的原材料,其次要有好的加工技术和设备。寿仙谷药业于2000年开始构建一条从"中医中药基础科学研究——优良品种选育——仿野生有机栽培——攻关古代养生和方——现代中药炮制有效成分提取——中医药临床应用"完整的中药产业链,实施身份证可追溯制度,构建全程质量控制体系。种植灵芝要木材,寿仙谷药业在武义和丽水建立了芝灵原料林基地。

寿仙谷药业为社会慈善事业的发展、慈善文化的弘扬、和谐社会的构建做出贡献。2015年6月,"慢病防治健康行"国家示范项目浙江站成立,寿仙谷药业承担站长职责,捐款100万元,指导民众采取健康的生活工作方式,提高全民慢病防治的意识。企业先后获评中国医药教育协会建设先进单位、慢病防治健康行突出贡献奖。

寿仙谷药业每年都要拿出100多万元,用于美丽乡村建设、老年人节日慰问、困难学生结对。李明焱个人出资在武义设立"寿

---

① 见《寿仙谷诚善文化》(企业内部资料)。

仙谷杯"德育奖励基金，用于表彰乡村学校教书育人的楷模和品学兼优、家庭困难的学生。

2018年，寿仙谷药业与省内四家企业共同捐资1000万元，发起设立浙商博爱基金，开展健康扶贫。寿仙谷药业捐资100多万元，开展"关爱肿瘤学子"公益活动。

2020年新冠肺炎疫情出现后，寿仙谷药业第一时间捐献产品助力疫情防控，累计向浙江援鄂医疗队、杭州、上海、湖南等一线医疗机构、海外华侨等累计捐赠27批次、总价值超过1000万元的灵芝孢子粉、铁皮枫斗颗粒等产品。①

寿仙谷药业于2019年、2020年两度被中国红十字会总会授予"中国红十字奉献奖章"。

五、寿仙谷药业文化解读

解读企业文化，不妨设定两个视点，一是企业内部，一是企业外部。

（一）审视企业内部

追求利润是企业的主要目标。企业如何逐利，不同的企业创办者在过程和目标上会有不同的利益诉求。先有资本的企业创办者，创办企业的目的很明确，哪个行业能赚钱、能短平快地赚钱，就愿意在哪个行业办企业。至于要不要办成百年企业，并不是他们考虑的事。等到哪个行业的生产企业萧条了，那么他们就会转行再办其他企业。这样的企业创办者不是不讲事业、贡献，他们会把事业、贡献巧妙地体现在赚大钱上。纵观近20年来金华一

---

① 见《寿仙谷2020年度董事会经营评述》（企业内部资料）。

些企业，看到房地产红火，就开办房地产企业。在喝到几口水后，企业发展并不顺畅，有的甚至破产。究其原因，是企业创办者太在意逐利了。

另外一种企业创办者是科研成果的拥有者，办企业是为了把自己的科研成果转化成产业，生产出产品，从而实现自己的抱负。这类企业创办者所走的路是：企业获得了一定利润后，会扩大再生产和加大科研的投入，从而产生更多的科研项目。这些科研成果又可以转化为产业并获得利润。如此循环，就可以把企业办得更专业、更持久、更发展。

寿仙谷药业的发展就属于后者。

首先，做熟做精一门行业，讲经济效益，但不唯经济效益是从；做专业的事，一步一个脚印地让企业稳健发展

李明焱作为著名的农业专家，创办寿仙谷药业的出发点是要把自己的研究成果转化成为产业。恢复寿仙谷老字号至今已近30年，寿仙谷药业一直深耕着中药材这个行业，把灵芝这味中药做得很透、很好，各项工作走在了全国、全世界的前列。在优良品种选育——仿野生有机栽培——现代中药精深加工——药理研究——临床应用——标准制定等全产业链的关键环节，都有着一流的核心技术。随后，寿仙谷药业又开始开发铁皮石斛、西红花等中药，同样把它们做成了全国领先。现在，又对杭白菊、白芨等中药作种苗培育和产品开发。可以说，做好、做强、做精中药材产业，成了寿仙谷药业毫不动摇的理念和行动。

其次，搭建平台，激励员工自觉地努力工作，增强对企业的认同感、归属感和成就感，做到企业与员工事业同步发展

企业是由许多人组成的生产集合体。企业的主体是员工，客体是劳动产品。要使企业能正常运作，就要激发企业员工的主观能动性，让员工形成合力，从而发挥出工作干劲，实现企业的生

产目标。

　　企业与员工的关系有浅层次和深层次之分。浅层次的是雇用与被雇用的关系。企业生产需要设立不同的工作岗位，需要招聘员工在设立的岗位上工作。员工在具体的工作岗位上劳动，为企业生产产品，从而使自己获得报酬。这个层面，企业仅把员工看成雇工，只希望员工在约定的时间内完成相应的工作就行。企业与员工深层次的关系是，企业不只是在使用员工，还在意培养员工，创造条件和氛围，让员工在做人和技能方面都有所提高和发展。员工在企业上班并不单纯是完成约定的工作，还能感受到做人的尊严、工作的成绩、与人相处的快乐和自身发展的空间。

　　在寿仙谷药业，每个员工都在自觉地、努力并快乐地工作着，并把自己的工作和行为当作实现企业目标的一个组成部分，把企业看成是自己利益的共同体和归属。

　　寿仙谷药业要求员工全面对标学习行业先进企业，实施"三强三高二比拼"（指强业务、强执行、强协作，高责任、高质量、高效率，比业绩、比贡献）活动；制定公司高级管理人员能力提升、"四鹰计划"（指雏鹰、飞鹰、精鹰、雄鹰员工培训计划）实施细则，培养"后继有人"第二梯队，以保障公司可持续发展，加强新进员工企业文化知识培养，实行员工转正集体汇报考察谈话机制，员工队伍建设稳定发展。2021年，寿仙谷药业有10人获评初、中、高级职称，一大批新人在公司获得锻炼并成长、成才。[1]

　　再次，寿仙谷药业成了技术专家和劳模先进的摇篮。

　　第一，技术专家的摇篮

　　寿仙谷药业是国家高新技术企业。食用菌、中药材育种和产品开发，离不开理论的指导和技术的应用。现今寿仙谷药业老的

---

[1] 见《寿仙谷2020年度董事会经营评述》（企业内部资料）。

一批技术人员，原来的文化程度并不高。他们来到寿仙谷药业时，专业也不大对口。在李明焱的带领和指导下，他们在业务上都有很大长进。一批员工加入了科研团队，边学边干，干中再学，逐渐成了技术专家。王瑛和朱卫东的成长，堪称是寿仙谷药业是技术专家摇篮的缩影。

1997年，王瑛中专毕业后在一家公司当出纳。后来到寿仙谷药业的前身金星食用菌公司，做商品出口的报关工作。金星食用菌公司转型升级从事中药材生产，她当操作工。王瑛做事认真、负责，也有管理能力。这一点，李明焱看在眼里。半年后，王瑛成了公司生产部的负责人。后来，王瑛加入了科研团队，从事中药材育种、标准制定等工作，被评为副高职称。如今，她担任寿仙谷药业分管技术的副总经理。

从2000年开始，朱卫东在寿仙谷药业国药种植基地从事管理工作，后来加入了育种科研团队，做灵芝新品种培育的观察记录工作。为了取得灵芝在不同温度、湿度环境下的生长情况，他每天早、中、晚三次要观察灵芝的生长情况，并采集数据，做好记录。多年下来，记录数据的本子有20多本。他参与的团队培育出了"仙芝1号"和"仙芝2号"两个灵芝优质品种。朱卫东参与撰写《武义县中草药志》，主要负责中草药的采集和现场拍照。这项工作他做了10年多，目前已收集了武义境内生长的1200多种中草药的资料。如今，朱卫东拥有了高级农艺师职称。

第二，劳模先进的摇篮

2022年，寿仙谷药业副总经理李振皓被评为"金华市十大杰出青年"。而30年前的1992年，李振皓的父亲，时任武义科委干部李明焱获评首届"金华市十大杰出青年"。

2002年，李明焱获"全国五一劳动奖章"，2019年，朱卫东也获得了这个称号。

2005年，李明焱获"全国劳模"称号，2020年，朱卫东也获得了这一殊荣。

在寿仙谷药业，先进、劳模如接力比赛，一棒一棒地由前者传给后者。这种现象是寿仙谷药业优秀文化传承的结果。劳模（先进分子、标兵等）是党和政府对劳动者在社会主义建设事业中取得成绩的肯定和嘉奖，他们是民族的精英、国家的脊梁、社会的中坚和人民的楷模。据不完全统计，寿仙谷药业员工及企业获得的省级以上党委、政府和社会组织授予的劳模先进类荣誉近100项。这些充满着正能量的荣誉，是各级政府、社会组织对寿仙谷药业的充分肯定和褒奖。

最后，富有特色的党建。

寿仙谷药业的许多工作都走在金华市以及浙江省的前面，如党建工作。2017年，寿仙谷药业获得金华市"党建强、发展强"非公企业的称号。2021年7月，寿仙谷药业党委被省委授予"浙江省先进基层党组织"荣誉称号。

寿仙谷药业重视党建工作，结合企业实际，牢固树立以人为本的理念，坚持党建文化助推企业发展的工作思路，将企业党建工作的基本任务与中医五行学说相融合，根据"木曰曲直""火曰炎上""土爱稼穑""金曰从革""水曰润下"的五行特色，开创了寿仙谷药业独有的"五行党建"工作法，以"金"之坚锐促创新示范，以"木"之生机助成长培养，以"水"之柔润建党群关系，以"火"之热烈引先锋争创，以"土"之厚重孕文化培育，从而深化党员教育培养，提升了党员创新能力和服务水平。

寿仙谷药业将"五行党建"工作法转化为"治企、稳企、强企"的坚强支撑和力量源泉。借鉴党组织架构优化企业部门设置，把支部建在了生产基地、加工车间、研发中心，营销中心，确保党建工作与企业经营深度融合，积极发挥党员先锋模范作用，带动职工共同创新创业。通过推行"两培养、两推选"培养法,将企业管理人员、技术骨干培养成为党员,将优秀党员人才推选到中层管理岗位和企业决策层。目前,寿仙谷药业已经有20多名党员、入党积极分子走上企业管理岗位,为企业储备了一批中坚骨干力量,为企业稳健发展注入了强大动力。

(二) 放眼企业外部

企业是社会的一个细胞。社会给予企业生长的土壤,企业也要有社会担当。企业的社会担当可分多个层面:依法生产、经营、纳税、吸纳人就业等是企业社会担当的基本层面;做慈善工作、从事公益活动,是企业担当的良好表现;而推动、引领行业发展是企业社会担当的更高层面。

寿仙谷药业在这三个层面上都有作为,尤其在第三个层面上更是书写着华章。

1. 引领行业发展

寿仙谷药业是我国名贵珍稀中药行业的翘楚,在自身快速发展的同时,引领着行业的发展,具体体现在培育新品种、制定行业标准和探索有机种植模式三方面。

寿仙谷药业从1993年开始,收集铁皮石斛、灵芝、西红花等珍稀中药材种质资源,建起了珍稀中药材种质资源库,收集灵芝种质资源370份;建立了全球最大的灵芝基因库,收集1.2万多个灵芝基因;收集了200个铁皮石斛种质资源,建有15000平方米铁皮石斛等珍稀药用植物组培繁育中心。目前,寿仙谷药业已培育出灵芝、铁皮石斛、西红花、杭白菊等8个新品种。2020年完成"仙斛4号"品种的认定申报工作。

寿仙谷药业被称为灵芝及铁皮石斛行业的"标准专业户"。

目前，寿仙谷已经主导制定国际标准、国家标准、行业标准、地方标准和团体标准92项。其中，《中医药-灵芝》《中医药-铁皮石斛》两项ISO国际标准，已在浙江、安徽、云南、贵州、河北、吉林、江苏及福建等省推广，2015—2019年累计推广应用面积6801.84公顷，产值145.74亿元。

寿仙谷药业在种植中药时，发明了仿野生的有机栽培方法和生态循环种植模式、全产业链模式，为全国食用菌及中药材行业提供了可资借鉴的经验和方法。

2. 推动地方中药产业发展

2019年5月18日，"浙产名药"助力乡村振兴发展大会在武义召开。中国中药协会批准将武义县确认为"浙产名药"产业发展大会永久地址并授牌。武义县能成为"浙产名药"产业发展大会的永久地址，除了武义中药资源丰富（生长的中草药有1223种）外，还得益于寿仙谷药业的作用。多年来，寿仙谷药业一直从事着新浙八味中药材（铁皮石斛、衢枳壳、乌药、三叶青、覆盆子、前胡、灵芝、西红花）中的灵芝、铁皮石斛、西红花、三叶青的育种、栽培和深加工，无论在种植技术、种植面积、产品研发能力等方面，都处在全国领先地位。正是在寿仙谷药业的示范、引领下，武义成为这四味中药材的种植和深加工大县。"浙产名药"产业发展大会永久性会址落户武义，将推进浙江省及武义县中医药事业进一步发展，促进生态有机农业产业和乡村振兴，提高中医药防病治病、健康养生医疗服务水平。

2022年8月24日，"浙江省新型帮扶共同体推进山区26县乡村振兴现场会暨结对帮扶团组长会议"在三门县召开。会上，寿仙谷药业与磐安县政府签订了中药材产业全产业链建设合作协议。磐安是我省重要的中药材产地，寿仙谷药业将充分发挥"链主"企业的技术、资源优势，开展帮扶，在科技创新、产品质量、标准制定等方面为磐安县提供技术咨询和指导。同时，联合产业链上下游、大中小企业科研力量，组建创新联合体，承担战略性重大科技项目，突破关键核心技术，扩大先进适用技术推广应用，增添农业发展新动能。

3. 推动乡村振兴

20世纪80年代后期，李明焱的科研团队培育出了高温香菇新品种——"武香1号"，新品种问世后，李明焱团队就无偿向社会公开，在我国形成了一个有千亿元产值的种植业。香菇种植五六年后，品种就开始退化，需要新的品种来替代。寿仙谷药业虽不从事香菇的种植和加工，但香菇品种的培育工作一直没有停。培育出新品种后，就无偿向社会公开，让农民种植。2006年，寿仙谷药业开发的"铁皮石斛仿野生高效栽培技术"，也无偿公开成果，在全国推广应用，受益种植面积达7万多亩，产值100亿元。

在中药材种植上，寿仙谷药业以"企业+基地+农户"的模式带动当地农民增收、集体增富、企业增效。根据中药材种植和采摘需求，长期聘用白姆村及周边200余名农民在有机国药基地务工，使农村剩余劳动力在家门口就业。农民人均年收入也从原来的不到2万元提升到8万元以上。同时，公司与周边农民专业合作社建立战略合作，免费推广铁皮石斛仿野生有机栽培等先进种植技术。

2022年8月15日，由中共中央党校（国家行政学院）经济学教研部、浙江日报报业集团、浙江广播电视集团共同主办的"高质量发展与共同富裕企业社会责任"论坛在杭州举办。会上，寿仙谷药业、阿里巴巴、格力电器等24家企业，被课题组确定为"共富企业实践观察点"。寿仙谷药业对于浙江省共富建设的做法是：作为中医药企业，以农业为基础，工业为主体，涉及一二三产业。坚持通过科技创新、标准引领、三产融合，来推进共同富裕。

第三章　寿仙谷人巧胜天工的草本培育

中医药适合治未病，在健康养生和防病治病方面发挥着不可替代的作用。进入 21 世纪，我国中药产业呈现良好的发展态势，中药市场日益扩大。

"据国家统计局数据显示，2019 年我国中药材市场成交额 1653 亿元，2016 至 2019 年年均复合增长率为 10.38%。"[①] "2020 年中国中药材行业市场规模约为 1437 亿元，较 2019 年上涨了 5.58%。粗略计算，2021 年上半年中国中药材行业市场规模达到 810 亿元。"[②]

2021 年 1 月，国务院办公厅印发《关于加快中医药特色发展若干政策措施的通知》，提出提高中药产业发展活力、增强中医药发展动力、提高中医药发展效益等 7 方面共计 28 条政策措施，以更好发挥中医药特色和比较优势，推动中医药和西医药相互补充、协调发展。

浙江寿仙谷医药股份有限公司（以下简称寿仙谷药业）是一家从事名贵珍稀中药材品种选育、有机种植和产品研发的企业。寿仙谷药业的产品随着我国中药市场的扩大，其销量节节攀升：2019 年，寿仙谷药业实现营业收入 5.47 亿元，同比增长 6.9%。2019 年实现归母净利润 1.24 亿元，同比增长 15.1%。2020 年度

[①] 中商产业研究院《2021 年中国中药材市场规模数据分析》，2021 年 9 月 25 日，https://www.weihengag.com/home/article/detail/id/11436.html。

[②] 中研网《2021 年上半年中药材行业市场规模达 810 亿元 中药材市场需求趋势及投资前景预测》，2021 年 9 月 8 日，https://www.chinairn.com/news/20210908/15433815.shtml。

实现营业收入 63605.06 万元，同比增长 16.33%；实现归属于上市公司股东的净利润 15171.21 万元，同比增长 22.45%；实现归属于上市公司股东的扣除非经常性损益的净利润 13688.87 万元，同比增长 30.83%。[①]2022 年上半年，实现营业收入 34952.95 万元，同比增长 10.09%；实现归属于上市公司股东的净利润 8201.65 万元，同比增长 49.13%；实现归属于上市公司股东的扣除非经常性损益的净利润 6623.05 万元，同比增长 48.70%。[②]

寿仙谷药业的产品能得到市场认同，缘于产品的优质。市场的眼光永远是敏锐的，只有好产品才不缺消费者。寿仙谷药业的优质产品凭仗的是优质的药材品种，有机仿野生的种植方法，以及古法炮制现代萃取的加工方法。

一、少年滋生育种梦想，光大药号培育良种

寿仙谷药业前身是"寿仙谷药号"，创办于清末，经恢复、光大而至如今规模。光大"寿仙谷药号"的是寿仙谷第四代传人李明焱。青年李明焱是武义县、浙江省乃至全国的"星火计划"带头人、标兵。他指导农民种植香菇，被誉为带领农民致富的"山乡播火"者。当香菇产业在武义、在浙中稳定发展后，李明焱把事业的重心转移到恢复光大"寿仙谷药号"上，于 1997 年 3 月，创办了浙江寿仙谷医药股份有限公司。

李明焱这样做，很大程度是为了实现少年时生发的中药育种的梦想。

[①] 《寿仙谷 2020 年年度董事会经营评述》（企业内部资料）。
[②] 《寿仙谷 2022 年半年度董事会经营评述》（企业内部资料）。

李明焱出生在中医药世家，从小就跟着父亲上山采药，七八岁便认识了几十种草药，也大致知道这些草药的疗效。在采药过程中，灵芝、铁皮石斛等名贵珍稀药材对他触动很大：这些药药效好，只是太稀有了，很难采集到。李明焱觉得，铁皮石斛与草子好有一比，两者都开花，都有叶和茎，并且茎上有结节。草子是紫云英的俗称，在浙江中部，每年秋季，待晚稻抽穗后，便会在稻田里撒草种，等晚稻收割后，它便茁壮成长，到了来年清明时节，便开出一片红色的花来。草子除了当家畜的饲料外，主要是沤田，是早稻的有机肥。要是让铁皮石斛像草子一样成畈生长，像割麦子一样成捆成捆地搬回家该有多好。而灵芝能像雨后春笋一样漫山遍野地生长，像秋天收番薯一样一筐一筐地挑回家，也该有多好。这样就可以让更多的病人药到病除，身体健康。

长大后要当农学家，培育出名贵珍稀中药材的新品种，成了李明焱的梦想。这个梦想一直根植在李明焱的心里，从少年到青年，从青年到中年。

1997年3月，浙江寿仙谷医药股份有限公司成立，李明焱跨出了实现少年育种梦想的一大步。寿仙谷药业成立伊始，就选定灵芝作为第一个育种、种植和产品开发的中药。接着开始对铁皮石斛、西红花、杭白菊等名贵珍稀中药材进行育种、种植和产品开发。经过近30年的努力，目前寿仙谷药业培育出灵芝、铁皮石斛、西红花、杭白菊等8个优质新品种。另外，铁皮石斛"仙斛4号"处在新品种申报审定中。[1]

---

[1]《寿仙谷2022年半年度董事会经营评述》(企业内部资料)。

二、坚守现代农业理念，管理道地药材生产

企业存在的价值是为人类生产出有用的产品，从更高要求来说，就是要为人类生产出有用的高质量的产品。寿仙谷药业的企业宗旨是："秉承重德觅上药、诚善济世人之祖训，汲取当今高精尖科技，坚守非上等品不许上市之法则，潜心研究，精心制造，以货真价实、安全、高效之上品，竭诚为民众健康、美丽、长寿服务！"[①] 从源头、过程、加工、检验等四个环节入手，为人类生产出道地中药材。

（一）好品种孕育药材好品质

中药讲究药材的道地。只有药材好，才会有好药。

道地药材，是指经过中医临床长期应用优选出来的，产在特定地域，与其他地区所产同种中药材相比，品质和疗效更好，质量稳定，且炮制方法独特的中药材。由此可见，道地药材是由品种、生长环境和炮制（加工）方法决定的。

常言道：栽什么树苗结什么果，撒什么种子开什么花。种子既是作物之源，也是作物之根本。好药材要把的第一道关就是种子。李明焱在恢复寿仙谷药号之前，从事食用菌种植和育种。李明焱团队培育出能在高温环境下生长的香菇品种"武香1号"，这是一次食用菌界的种子革命。种子对于作物品质、对于产业发展的重要性，李明焱有着切身的体会。恢复寿仙谷药号后，李明焱给寿仙谷药业的定位是：培育、研发、生产名贵珍稀中药材及产品。

---

① 《寿仙谷诚善文化》（企业内部资料）。

寿仙谷药业是一家国家高新技术企业。在企业内，培养出了一批科研人员；在企业外，聚集着一支以工程院院士和国医大师为核心的科研团队。企业内外两支队伍一合流，就产生了一加一大于二的技术实力和科研能力。寿仙谷药业也就能源源不断地培育出灵芝、铁皮石斛、西红花、杭白菊等中药的优质新品种。

（二）好环境种出中药好原料

橘生淮南为橘，生淮北为枳。一方水土育一方药材、长一方药材、成一方药材。中药材是吸自然之精华而生长的。自然精华由气候、土壤、地形地貌等元素综合作用而形成。不同的自然环境，能孕育出相应的中药材。具体的中药材只有在相应的自然环境里生长，才会有独特的药性。中药材生长对自然环境的依赖性强，对药材品质的形成起的作用大。

随着人类对植物的需求量越来越大，人工种植植物就成了必然。通过整地、施肥、打药、灌溉、排涝等，能种出品相、品质好的植物。人工种植形成后，植物就有了人工种植与纯自然生长的分类，人们习惯把纯自然生长的植物称为野生植物。通常情况下，纯自然环境下生长的中药材，比人工种植中药材的药性更为道地。

1990年3月，作为"全国青年星火带头人"的李明焱随国家科委组织的团队到日本研修农业。日本重视发展有机农业，强调农作物培育、生长、生产过程要与自然相协调。有机产品是在无公害和绿色产品基础上的提升，是国际公认的食品安全最高等级。日本发展有机农业的做法，让李明焱深受启发，中国农业，特别是食用菌及中药材行业也要走有机生产之路。寿仙谷药业成立后，仿野生环境有机栽培中药材的做法，便成了企业生产的一大特点和亮点。

3. 好模式确保中药高质量

当年李明焱从日本研修农业回国，便把日本农业组织的做法运用到武义县的食用菌生产中，建立了以县食用菌研究所和乡镇农技人员为骨干，以菇农为基础的全程服务体系。由李明焱任所长的县食用菌研究所制定种植计划，实现五个统一管理：统一提供品种，统一原材料供应，统一技术指导、统一产品收购加工、统一销售出口。全程服务体系后来在浙江省食用菌行业推广。

寿仙谷药业成立后，李明焱开始探索控制中药产品质量的方法，经过十多年探索，从中药品种选育到原料种植，从基地建设到深加工，从临床研究到产品销售，形成了一套独特的"一链二体三全九化"质量管理体系。

"一链"是："从中医中药基础科学研究→优良品种选育→仿野生有机栽培→传统养生秘方研究与开发→现代中药炮制与有效成分提取工艺研究→中药临床应用"一整套完善的中药产业链。

"二体"是：建立了统一的标准化体系和可追溯体系。标准化体系指的是对药品、保健食品、食品、化妆品等所有产品品类，在育种、研发、种植、加工、销售、客户体验等产品生产全生命周期中，实行标准化的质量保障和服务。可追溯体系指的是通过实施产品身份证可追溯制度，对公司31款主产品进行"浙食链"赋码，让消费者可以扫码追溯产品生产、制造、检验、检测全过程。通过标准化、可追溯"二体"实现了产品全生命周期质量有标准、有保障、可控制、可追溯。

"三全九化"是：为确保产品质量，坚持品种自主化、栽培道地化、炮制创新化，"三化"同行。在企业管理上，坚持生产智能化、管理数据化、销售云端化，"三化"融合。着眼于整个产业，做到技术共享化、标准共促化、药食同源化，"三化"共促。

2021年，寿仙谷药业获得"浙江省人民政府质量奖"。这项奖含金量很高，当年全省只有 10 家企业获此殊荣，金华市只有寿仙谷药业一家得奖。

三、广泛收集种质资源，全面培育优质品种

中药材的品种优劣直接关系到中药材的产量、质量和药效。寿仙谷药业立志把濒危名贵珍稀中药材产业做好做大，第一步就是千方百计、不计成本地培育出优质品种。

寿仙谷药业从 1993 年开始，收集铁皮石斛、灵芝、西红花等珍稀中药材种质资源，建起了珍稀中药材种质资源库，已采集灵芝种质资源 370 份；建立了全球最大的灵芝基因库，收集 1.2 万多个灵芝基因；收集了 200 个铁皮石斛种质资源，建有 15000 平方米铁皮石斛等珍稀药用植物组培繁育中心。寿仙谷药业科研人员熟练掌握了野生驯化、系统选育、诱变、杂交、航天搭载等育种方法和良种繁育技术；掌握配套的标准化组培快繁技术体系，建立了一套完善的中药材优良新品种繁育技术平台，为濒危名贵中药材优良品种选育、快繁及标准化、产业化生产，建立了可持续开发利用的新模式。另一方面，寿仙谷药业利用自己的技术优势，不断地向省、国家有关机构申请育种课题，获得了国家科技型中小企业技术创新基金等众多项目的支持。

寿仙谷药业在种苗培养环节，注重空气、水等环境要素的选择，严格保证培养液（基）、培养瓶、水源等的洁净，防止污染源产生。在接种环节，一线员工需更衣洗手消毒后，方能在接种室超净工台内按无菌操作规程进行生产操作。在栽培和种植环节，严格按照中药材 GAP 认证及有机产品认证、ISO14001 的要求进行作业，不使用化学合成的农药和肥料。

（一）灵芝品种

寿仙谷药业选育的拥有自主知识产权的灵芝新品种有"仙芝1号""仙芝2号""仙芝3号"三个。

"仙芝1号"是一个采用由武义野生灵芝人工驯化方法培育的灵芝新品种，2009年通过浙江省品种审定委员会审定。[①] 新品种取名"仙芝1号"有这样的寓意："仙"字，既指仙草，又指寿仙谷药业；"芝"字，指灵芝；"1号"，既是表示具体的序号，又蕴含着寿仙谷药业育种不止的决心，有了"1号"之后，将会有2号、3号，以至无限。

"仙芝1号"经2002—2005年品比试验，袋料栽培（150袋，0.5公斤/袋）子实体鲜品平均产量为61.21公斤，分别比对照日本红芝、韩芝高12.40%、16.99%；孢子粉平均产量为16.05公斤，分别比对照日本红芝、韩芝高45.30%和44.66%。段木栽培（栽培150段，8.5公斤/段）子实体鲜品平均产量为95.88公斤，分别比对照日本红芝、韩芝高26.17%、21.54%；灵芝孢子粉平均产量为24.66公斤，分别比对照日本红芝、韩芝高61.92%、56.40%。袋料栽培平均折干率为31.49%，分别比对照日本红芝、韩芝高22.60%、19.78%；段木栽培平均折干率为41.64%，比对照韩芝高1.48%。

"仙芝1号"适宜于浙江省栽培应用，袋料栽培适宜1—2月接种，6月下旬采收；段木栽培适宜11—12月接种，9月上旬至10月采收。

寿仙谷药业培育灵芝新品种是持续进行的。2014年，通过航天诱变的方法培育出了"仙芝2号"新品种，并通过浙江省非主

[①] 鄢子和《省专家组通过"仙芝1号"品种认定》，2009年06月19日，武义新闻网，http://www.wynews.cn。

要农作物品种认定委员会认定。① "仙芝 2 号"多糖和三萜含量比"仙芝 1 号"分别提高了 19.67% 和 21.26%；在子实体干品产量方面，比"仙芝 1 号"高 21.6%，多糖、三萜含量分别比日本红芝高 97.85% 和 70.98%，比韩芝高 75.24% 和 56.97%。"仙芝 2 号"经两年多点品比试验，每 100 公斤段木单潮子实体干芝产量 1.98 公斤，分别比"沪农 1 号""仙芝 1 号"高 16.2% 和 6.6%。每 100 公斤段木单潮孢子干粉产量 2.25 公斤，分别比"沪农 1 号""仙芝 1 号"高 31.1% 和 18.7%。该品种属常规种，孢子产量高、饱满度好，子实体厚实、商品性好，适宜在浙江省栽培。

寿仙谷药业科研团队对收集和创制的灵芝种质进行筛选，经组织分离、菌种初筛试验、栽培初筛试验、小区品比试验、两年三地区域试验、品种鉴定、形态鉴定、品质鉴定、特异性鉴定、转基因鉴定等 10 个阶段，于 2019 年选育出了"仙芝 3 号"灵芝新品种。2021 年 3 月，"仙芝 3 号"取得浙江省农作物品种认定委员会的品种认定。"仙芝 3 号"是国内首个高孢子油含量的灵芝优良品种。孢子含油量 30% 以上，甘油三油酸酯含量 9.4%。抗性强，生育期短，外观性状佳，商品性好。

（二）铁皮石斛品种

野生铁皮石斛生长发育较为缓慢，叶面小，光合强度低，对温暖、湿润的气候条件要求十分严格，自然繁殖困难；再加上生态破坏与过度开采，野生铁皮石斛已濒临灭绝。1987 年国务院将它列为国家重点保护植物。

20 世纪 90 年代，寿仙谷药业建立了寿仙谷铁皮石斛种植基地，并通过中国和欧盟国际有机认证和国家 GAP 认证。"武义寿

---

① 宋国斌《寿仙谷"仙芝 2 号"灵芝新品种通过专家组考评》，2014 年 11 月 28 日，武义新闻网，http://www.wynews.cn。

仙谷铁皮石斛"是国内首个获国家地理标志保护的品牌。

寿仙谷药业种植铁皮石斛伊始，就开展育种工作。运用现代分子生物学技术，自主选育出适合浙江省栽培的铁皮石斛新品种"仙斛1号""仙斛2号""仙斛3号"。

2008年2月，取名为"仙斛1号"铁皮石斛新品种通过浙江省农作物品种审定委员会审定，并被认定为优良品种。[①] 寿仙谷药业给铁皮石斛新品种取名的形式同灵芝如法炮制，其寓意也是如灵芝一脉相承。"仙斛1号"成活率好、抗逆性强、多糖含量高达47.1%，是国内首个浸出物、多糖、甘露糖、甘露糖与葡萄糖峰值比，均符合中国药典标准的优良品种。黑节明显，嚼之黏液足，无渣，特别适合鲜食及枫斗加工。

寿仙谷药业采用系统育种方法，从野生铁皮石斛种质资源中选育出高产、优质的铁皮石斛新品种"仙斛2号"，于2011年通过了浙江省非主要农作物品种审定委员会审定。[②] 该品种产量高，商品性好，多糖含量高达58.7%（醇溶性浸出物11.38%、甘露糖含量27.2%、甘露糖与葡萄糖峰面积比值为2.7，符合药典指标要求，多糖超药典标准134%）。

寿仙谷药业在以往研究工作的基础上，选育出铁皮石斛优良品种，经航天诱变、系统选育的方法，选育出国内首个高花产量的铁皮石斛优良品种"仙斛3号"。[③]

目前，寿仙谷药业选育的"仙斛4号"新品种已申报新品种

[①] 《浙江省农业农村厅公告第10号》，2021年3月31日，浙江省农业农村厅官网（//nynct.zj.gov.cn/）。

[②] 鄢子和、钟聪慧、吴维康《"武义铁皮石斛"国家农产品地理标志获颁证》2012年4月20日，武义新闻网。

[③] 吴景阳、王巧锦《"仙斛2号"获浙江省农作物品种审定》，《今日武义》2012年02月27日。

审定，在三个地区的试种实验项目进展顺利。

（三）西红花品种

西红花又名番红花、藏红花，是鸢尾科番红花属球根类草本植物，具有活血化瘀、凉血解毒、解郁安神的作用，是天然的食品色素和高级化妆品的主要原料，被国家中医药管理局列为重点发展的中药材品种。20世纪60年代，浙江成功引种西红花，是全国西红花的主产区。寿仙谷药业是浙江省内较早开展西红花种植、研究的企业，组织并实施了"西红花生态高效栽培技术研究及产业化""西红花防退化技术研究""西红花新品种选育"等省级课题研究；开展西红花种质资源收集、种球快繁和有机栽培技术研究、防退化技术研究与推广、规范化栽培示范基地建设、西红花相关精深加工产品开发等工作。

2014年12月，寿仙谷药业参与、采用地方品种变异株系选方法，培育出了西红花新品种"番红1号"，并经浙江省非主要农作物品种审定委员会审定。[①] 这是国内首个育成的西红花新品种。经浙江省中药研究所有限公司检测，这个品种的西红花苷Ⅰ和西红花苷Ⅱ总含量高达24.69%，超过伊朗西红花的有效成分10.34%，也超过《中国药典》10%的标准。

（四）杭白菊品种

做大做精名贵珍稀中药材后，寿仙谷药业拓宽了中药材种植范围，到了21世纪10年代，开始种植杭白菊、绞股蓝、元胡、贝母、太子参等，育种工作也随之展开。

杭白菊，是我国传统的茶用菊，浙江省八大名药材"老浙八

[①] 陆中华、毛碧增、李明焱、王根法《西红花新品种番红1号的选育研究》，《浙江农业科学》2015年9月。

味"之一。杭白菊花气清香、性寒、味甘、微苦,具有疏散风热、平肝明目、清热解毒的功效。

2021 年 4 月,寿仙谷药业采用由武义县白姆乡"早小洋菊"芽变株经系统方法,选育出了"寿菊 1 号",并经省相关部门认定。[①] 该品种花期早,花瓣较多,产量高,品质佳,抗逆抗病抗虫能力强。绿原酸、木犀草苷、3,5-O-二咖啡酰基奎宁酸含量分别比药典指标高 170%、233% 和 48.57%,适宜在浙江省杭白菊产区种植。

四、建立有机国药基地,科学种植道地药材

怎样才能生产出道地药材?寿仙谷药业的思路非常清晰,先是要具备两个前提:现代农业的理念和优质的药材品种,接着要做的根本大事就是种植,通过建立有机国药基地,用现代的科学方法种出道地药材。

(一)建立有机国药种植基地

武义素有"八山半水分半田"之说,森林覆盖率高达 72%。武义走"生态立县"之路,大力发展有机农业,于 2000 年出台了扶持有机农业发展的政策。2015 年创建首批国家"有机产品认证示范区",有机茶、有机中药材产业已成为全县有机农业的主导产业。

寿仙谷药业是生长在武义的企业,是武义有机农业的倡导者之一。武义有机农业的发展,又促进着寿仙谷药业有机中药材跨上更高的台阶。2003 年,寿仙谷药业建立起 4000 多亩名贵中药材标准化有机栽培基地。中药材生长温度、湿度、pH 值和营养

[①] 《浙江省农业厅公告第 10 号》,2021 年 3 月 30 日。

等都符合具体品种的生物学特性。有机国药种植基地,处在一条山垄里,西靠源口水库。源口水库是武义县城饮用水的水源地。2021年,浙江省公布了77个优质水源地,源口水库是其中之一。2021年第11期(总第179期)《武义县环境监测月报》显示,源口水库水质为Ⅱ类水质①,基地灌溉水就来自源口水库。

  2017年,寿仙谷药业引进农业物联网系统,建起智能灌溉和智慧温室。2018—2019年间,追加建设二期项目。基地建有水肥一体化智能监控系统,涵盖施肥系统、过滤系统、前端灌水器系统、远端控制灌溉系统(包括手机APP和电脑PC端)。这个系统主要以农业环境感知设备为基础,实时监测环境、作物本体及土壤数据(如空气温湿度、土壤温湿度、土壤pH值、茎秆微变等传感器)。采集的数据自动上传至云平台,系统自动分析数据后会下达指令,前端灌水器收到指令就会按照作物所需肥水,准确地输送到作物根部的土壤表面或土层中,实现定时定量灌溉和施肥。在远程实时通过手机APP或网页PC端,查看数据及控制相关设备,也可通过视频监控系统,实时查看大棚内作物的生长情况。

  灵芝智能大棚外墙开始时用塑料薄膜,现在改用玻璃,便于更好地将室内温度控制在33℃以下,提高孢子粉的产量。2020年寿仙谷药业新建灵芝智能化大棚10659平方米,实施3个灵芝基地的智能化改造并通过验收,达成五智(智慧用水、智慧用电、智慧监管、智能控制、智慧追溯)的预期目标。②

  目前,种植基地先后通过中国、欧盟、美国、日本四种有机产品认证。基地内种植的铁皮石斛、西红花、灵芝、绞股蓝、杭白菊等通过国家有机产品认证。

---

① 《武义县环境监测月报》2021年第11期(总第179期)。
② 《寿仙谷2020年年度董事会经营评述》(企业内部资料)。

（二）生态循环种植模式

21世纪初，寿仙谷药业种植基地建立了食用菌——铁皮石斛——有机水稻生态循环种植模式：利用种灵芝和香菇的废料作为铁皮石斛的培养基。铁皮石斛到了第6年开始老化，要连根拔掉。废弃的铁皮石斛培养基，氮、磷、钾的含量很丰富，并且土壤疏松度好，很适合作为有机水稻的肥料。在有机水稻田内养鸭，让鸭吃害虫。铁皮石斛的老根经粉碎后，则成为食用菌基肥；而食用菌的碎片经深加工后，做成饼干。种植基地内，还实现了杭白菊与有机水稻、西红花与有机水稻轮作。米糠和药渣，经烘干后成为鸡鸭猪等的饲料。

这种耕作方法有效解决了种植中药材对田地肥力的损害问题，以及食药用菌产后废料及农林产品下脚料造成的环境污染，也解决了在大田里铺石子栽培铁皮石斛对土地造成的破坏问题。实现中药、粮食、畜禽共生互养；山、林、田、地、水综合利用。实现一业为主，多种发展，增加了种养效益。

3.按标准控制质量

保持药材品质的稳定性、提高作物的产量，其前提是认识、了解药材的品性和生长规律，从而制定出相应的种植标准。寿仙谷药业控制产品质量，就是按标准化管理的。

寿仙谷药业从2011年开始制定中药材种植和产品生产的标准制定工作。目前，已经搭建了"一横一纵"标准化体系，主导或参与制定的标准有91项。其中，国际标准5项，国家标准20项，行业标准4项。内容涉及灵芝、铁皮石斛等名贵珍稀中药材品种选育、种苗繁育、栽培模式、加工炮制和产品质量全产业链。系列标准在浙江、云南等省份推广应用，累计推广应用面积6800公顷，产值145亿元。

2020年,寿仙谷药业标准制订再上台阶。主导制定《干制铁皮石斛花》《干制铁皮石斛叶》省级食品安全地方标准并发布、《灵芝孢子粉水提取物》等3项团体标准并发布;《道地药材标准汇编》正式出版。参与制定的灵芝、杜仲、三七粉3个品种"全国中药炮制规范草案"公示;取得铁皮石斛、鲜石斛、干石斛、蒲公英4个品种"全国炮规"的制定权。浙江省商贸流通标准化良好行为示范企业创建通过评审。①

---

① 《寿仙谷2020年年度董事会经营评述》(企业内部资料)。

第四章　寿仙谷阴阳和合的国药研发

中药是中医理论为指导，有着自身独特的理论体系和应用形式的药物。中药为我国独有，乃我国国药。数千年来中医药遵循其自身规律不断向前发展，护佑着中华民族健康。随着近代西学东渐，中药学面临的发展环境发生了根本变化。现代自然科学及生命科学领域的最新技术成果的应用，促进了化学药品的飞速提高，对传统医药的发展产生了极大的冲击，如何使传统医药充分吸收现代科技并按其自身规律发展，是当代传统医药发展面临的重大课题。寿仙谷作为"国药精做"的笃行者，在李明焱董事长的带领下，走出了一条自己特立独行的国药创新之路。

一、理——基本病机：阴阳失调

李明焱出生于浙江省武义县的一个中医世家，太公李志尚，爷爷李金祖，父亲李海洪，都是当地小有名气的妙手郎中。李明焱从小耳濡目染，深受中医药文化的熏陶，经常跟随父亲四处行医、上山识药采药、炮制加工，打下了扎实的中医药理论知识功底。人为什么会生病？熟读医书的李明焱认为最主要的原因不外乎"阴阳失调""气血失常""正气虚弱"三个方面。

《素问·生气通天论篇第三》有云："凡阴阳之要，阳密乃固，两者不和，若春无秋，若冬无夏，因而和之，是谓圣度。故阳强不能密，阴气乃绝，阴平阳秘，精神乃治，阴阳离决，精气乃绝。"①宋代杨万里说："天地之道，本乎阴阳，夫阴阳之道安在哉？在乎生物而已，天非和不立，物非和不生。"②可见阴阳之道首先是"和"，因为世界本身就是生生不息的大化流行，只有阴阳和合，才能生育万物。阴阳不和即是中医病机的实质。机体阴阳相对平衡遭到破坏，造成体内阴阳偏盛偏衰的结果。为此，调整阴阳，损其偏盛，补其偏衰，恢复阴阳的相对平衡，促进阴平阳秘，是治疗疾病的根本法则。中医的奥秘，就在于调和阴阳，达到"阴阳和合""阴平阳秘"。治病的最高境界，就是"致中和"，即让人体内阴阳平衡，疾病自然没了。

气血失常也是人生病的病机之一。《黄帝内经》曰："血气不和，百病乃变化而生。"③王清任讲："无论外感内伤，所伤人者，无非气血失于协调。"④所以气血足，百病除；气血虚，万邪欺。治疗气血失常就要调和气血。《素问·至真要大论》指出："定其血气，各守其乡，血实宜决之，气虚宜掣引之。"临床上，气虚者，补气；气滞者，行气；气逆者，降气；气陷者，补气升提；气闭者，开窍通气；气脱者，补气固脱；血虚者，补血；血热者，凉血；血瘀者，活血化瘀；出血者，止血涩血。

同样，人生病是正气虚弱又遇上外邪的结果。《素问·刺法论》指出："正气存内，邪不可干。"⑤《素问·评热病论》也指出："邪

---

① 《黄帝内经》，中国医药科技出版社，2013年，第5—6页。
② 〔宋〕杨万里《诚斋易传》卷十七，清道光咸丰间大梁书院清同治七年王儒行等印经苑本。
③ 《黄帝内经》，中国医药科技出版社，2013年，第82页。
④ 〔清〕王清任《医林改错·气血和脉论》，郭霞珍、李晓君主编《中医基础理论名言名句诵读》，科学技术文献出版社，2007年，第230页。
⑤ 《黄帝内经》，中国医药科技出版社，2013年，第131页。

之所凑，其气必虚。"[1]明确说明正气的强弱是疾病发生与否的决定性因素。正邪之争贯穿在疾病发生、发展的始终，决定着疾病的发展与转归。正气是正邪斗争的主导方面，正气盛衰是决定矛盾转化的关键，正气充实就能抵御邪气，免于发病，即使发病，正气也可祛除病邪，使机体康复。若正气虚衰，或邪气太强，正不胜邪，疾病就发生发展。扶正祛邪是中医治病的不二法则，扶正就是调动机体的抗病力，提高机体的免疫功能，增强其稳定性。祛邪就是排除破坏免疫平衡的一切因素。经大量实验研究证明，补气、补血、补阴、补阳等扶助正气药物及方剂均能提高免疫功能，不论是细胞免疫还是体液免疫，不论是特异性免疫还是非特异性免疫均有一定作用，尤其对细胞免疫功能促进更为明显。

　　精、气、血、津液是构成人体和维持生命活动的基本物质，从本质上来讲，也属于阴阳的范畴。气属阳，精、血、津液属阴。因此，气血失常、正气虚弱也是广义的阴阳失调。阴阳失调，是机体阴阳消长失去平衡的统称，机体的阴阳消长失去相对的平衡所出现的阴不制阳、阳不制阴的病理变化。阴阳失调又是脏腑、经络、气血、营卫等相互关系失调，以及表里出入、上下升降等气机运动失常的概括。《素问·阴阳应象大论》说："阴在内，阳之守也；阳在外，阴之使也。"[2]阴气主内，为阳气固守于外的物质基础；阳气主外，为精血津液生成、输布的动力。阴阳和谐，脏腑经络功能正常，气血运行有序，形神相得，则人体保持健康状态。在健康情况下，机体呈现的是一种脏腑燮和、藏泻有度、气血盈畅、升降相因、寒温适宜、燥湿相济的"阴平阳秘"状态。而一旦遇邪气侵扰，在正邪相争的过程中出现了阴阳失去平衡的问题，此即为发病状态。换言之，疾病是正不胜邪、阴阳失衡的

---

[1] 《黄帝内经》，中国医药科技出版社，2013年，第49页。

[2] 《黄帝内经》，中国医药科技出版社，2013年，第9页。

结果。《黄帝内经》中"阴阳应象大论"专门论述阴阳规律与疾病的关系,开篇就指出:"阴阳者,天地之道也,万物之纲纪,变化之父母,生杀之本始,神明之府也。"[①]生命诞生于阴阳平衡环境,换句话说生命是阴阳平衡的产物。阴阳对立消长变化的结果是达到相对平衡。当阴阳的消长正常,就能达到相对平衡,当阴或阳出现偏胜偏衰,就失去平衡。

阴阳失调导致人体很多慢性疾病如肿瘤、代谢性疾病以及妇科疾病等的发生、发展,西医对于慢性疾病总是无能为力。如何发挥中医药的优势,从浩如烟海的中药宝库中挖掘最简单、最安全、最有效的防治手段?这是李明焱一直以来想要攻克的难题,也是他毕生追求的事业。

二、法——治病法则:调整阴阳

李明焱认为,阴阳和合是中医整体观念的最重要的体现,调整阴阳,泻其有余,补其不足,使之维持或恢复协调平衡,是防治疾病的基本原则。结合药物的阴阳属性和作用,选择相应的药物,调整疾病过程中的阴阳失调,从而达到"阴阳和合"的治疗目的。

(一)肿瘤的治法

肿瘤的发生是阴阳失衡的结果。肿瘤发生之初,肿瘤细胞因大量增殖而缺氧坏死,释放大量生长因子、细胞因子和趋化因子,导致炎细胞聚集、浸润,新生血管生成以及肿瘤细胞的进一步增殖和侵袭。具有不断生长、增殖特性的属"阳";具有抑制生长、

[①]《黄帝内经》,中国医药科技出版社,2013年,第7页。

增殖特性的属"阴"。因此，癌基因的属性为阳，抑癌基因为阴，生理情况下两者处于动态的阴阳平衡状态。而肿瘤的出现是两者间阴阳失衡，细胞无限增殖的结果。"法于阴阳，和于术数"，此时及时以中医辨证治疗仍可恢复阴阳平衡。

肿瘤局部微环境阴阳失衡导致肿瘤转移。肿瘤细胞的增殖发展到一定程度后，可通过血管、淋巴管等途径播散。当到达播散组织后，肿瘤细胞破坏其周围环境的平衡状态，导致转移灶出现。中医认为凡是运动、生长的都属于阳，凡是静止、抑制的属阴。因此，肿瘤细胞可归属"阳"，微环境中其他正常组织、细胞可归属"阴"。肿瘤发生初期，肿瘤细胞大量增殖，争夺微环境中的营养供给，即如阴阳变化之"阳愈盛，阴渐衰"；肿瘤细胞增殖发展到一定程度后，肿瘤细胞因营养供给不足而坏死，即如阴阳变化之"阳盛极欲成孤阳之势，阴衰，阴阳处于失衡边缘"；肿瘤细胞释放多种因子，促进炎细胞浸润、血供增多，即如阴阳变化之"阳盛极"，微环境阴阳失衡，机体阴阳发挥平衡调节作用，以机体之阴补充微环境中虚极之阴；若继续进展则发生肿瘤转移，此时正气亏虚，阴积已成，常需要综合西医放化疗、靶向治疗、免疫治疗等多种治疗措施。这些疗法不同程度会影响本已失衡的阴阳，故多配合中医辨证治疗以协调阴阳。

化疗药物属有毒之品，虽能杀伤肿瘤细胞，但同时也会损伤机体正常细胞。患者化疗后常会出现不同程度骨髓抑制，这是"阳"损伤的表现，因阳主生长、升发，阳损日久累及"阴"，出现发热、脱发等阴血虚症状。因此中医辨证治疗时根据化疗时期不同需分辨阳虚、阴虚和阴阳两虚的不同侧重，分别治以温阳、养阴和益气滋阴。

放疗属热毒范畴，常会引起放疗部位的放射性损伤，出现如口干、皮肤干燥脱屑、舌红苔少等阴虚症状。中医因此常以石斛等药物滋阴养血以恢复机体阴阳平衡。

(二)糖尿病的治法

糖尿病在中医中被称为"消渴症"。《素问·奇病论》首先提出消渴之名。消渴病机主要在于阴津亏损,燥热偏盛,阴虚为本,燥热为标。肺、胃、肾为主要病变脏腑,尤以肾为关键。三脏之间,既互相影响又有所偏重。肺为水之上源,敷布津液,燥热伤肺,则津液不能敷布而直趋下行,随小便排出体外,故小便频数量多;肺不布津则口渴多饮。胃主腐熟水谷,脾主运化,为胃行其津液。燥热伤脾胃,胃火炽盛,脾阴不足,则口渴多饮,多食善饥;脾气虚不能转输水谷精微,则水谷精微下流注入小便,则小便味甘。病变脏腑常相互影响,如肺燥津伤,津液敷布失调,可导致脾胃失去濡养,肾精不得滋助;脾胃燥热偏盛,上可灼伤肺津,下可耗伤肾阴;肾阴不足则阴虚火旺,亦可上灼肺胃,终致肺燥胃热肾虚。

消渴病日久,易发生以下病变:一是阴损及阳,导致阴阳俱虚。阴虚为本,燥热为标是消渴基本病机特点,由于阴阳互根,若病程日久,阴损及阳,可致阴阳俱虚,其中以肾阳虚及脾阳虚较为多见。严重者可因阴液极度耗损,虚阳浮越。二是病久入络,血脉瘀滞。消渴病是一种病及多个脏腑的疾病,气血运行失常,阴虚内热,耗伤津液,又可导致血行不畅、血脉瘀滞。

消渴的基本病机是阴虚为本,燥热为标,故清热润燥、养阴生津为本病的基本治疗原则。《医学心悟·三消》曰:"治上消者,宜润其肺,兼清其胃。""治中消者,宜清其胃,兼滋其肾。""治下消者,宜滋其肾,兼补其肺。"[1]可谓深得治疗消渴之要旨。

---

[1] 刘云峣、张云鹏主编《中国历代中医格言大观》,文汇出版社,1992年,第470页。

(三) 月经不调的治法

血液是经血的主要成分，"血者，水谷之精气也，和调于五脏，洒陈于六腑，在妇人上为乳汁，下为月水"[①]。血液的生成方面，心主血，肝藏血，脾为气血生化之源，肾藏精，精化血。血液运行方面，心主血脉，心气能推动血液在经脉内运行，脾具统摄血液、固摄子宫之功，肝主疏泄，使气机调达而血液运行通畅，肺主百脉，调节气血之运行。气血充盛而调达，故"月事以时下"。

月经不调是妇科常见疾病，临床表现主要为月经周期紊乱及月经量异常等。随着现代女性生活节奏的加快，饮食、休息不规律，使月经不调的发生率显著增加。中医学认为，月经是脏腑、经络、天癸和胞宫等共同作用的生理状态。导致女性月经疾病主要以淫邪因素之寒、热、湿及情志因素的怒、思、恐等最为常见，上述原因导致月经周期、经期、经量等发生改变。中医治疗月经不调主要以养血调经、温宫散寒、补气养阴为原则，能有效缓解患者的临床症状。

三、方——精妙配伍：阴阳和合

在众多的中药品种中，找出最具有代表性的安全有效药物，维持或恢复协调机体阴阳平衡，从而防治肿瘤、糖尿病和月经不调等慢性疾病。李明焱经过多年的潜心研究，结合中药四气、五味、升降浮沉的特性，最终将目光聚焦在灵芝、铁皮石斛、西红花三味名贵中药材上。

灵芝是担子菌纲真菌。我国应用灵芝作为药物，已有六千余

[①] 郭霞珍主编《中医基础理论速记》，中国中医药出版社，2009年，第118页。

年历史。灵芝入五经，补益全身五脏之气，无论心、肺、肝、脾、肾脏虚弱，均可服用。历代本草都认为灵芝能"治胸中结，益心气"，使"人心生血，助心充脉"；"安神""保神""益肺气""益脾气""益精气""补肝气"等①，对全身五脏之气，均有补益作用，是补气的要药、扶正培本的珍品。灵芝孢子是灵芝在生长成熟期，从灵芝菌褶中弹射出来的极其微小的卵形生殖细胞，是灵芝的精华，含有多糖、三萜、甾醇、核苷、氨基酸、蛋白、脂肪酸等活性成分。灵芝孢子粉的应用范围非常广泛，其原因就在于其扶正固本，增强免疫功能，提高机体抵抗力的巨大作用，不同于一般药物对某种疾病而起治疗作用，亦不同于一般营养养生食品只对某一方面营养素的不足进行补充和强化，而是在整体上双向调节人体机能平衡，调动机体内部活力，调节人体新陈代谢机能，提高自身免疫能力，促使全部的内脏或器官机能正常化。

铁皮石斛性微寒，味甘，归胃、肾经，因其既能养阴生津止渴，又能清肺胃虚热，所以在古时就被用以清补去热。成书于一千多年前的道家医学经典《道藏》将铁皮石斛列为"中华九大仙草"之首；铁皮石斛的药用价值在诸多中医经典中均有广泛记载。李时珍则在《本草纲目》中评价铁皮石斛"强阴益精，厚肠胃，补内绝不足，平胃气，长肌肉……定志除惊，轻身延年"②。清代名医赵学敏在其传世之作——《本草纲目拾遗》中盛赞铁皮石斛是"滋阴补益之珍品"。

西红花属鸢尾科多年生草本植物，药用部位为其红色花柱，味甘，性平。归心、肝经。西红花是天地造化的灵物，被誉为"植物黄金""红色金子"。在印度被称为"让女人美丽的花"，也

---

① 〔明〕李时珍《本草纲目》卷二十八，景印文渊阁四库全书，第773册，第589页。

② 〔明〕李时珍《本草纲目》卷二十，景印文渊阁四库全书，第773册，第400页。

是欧洲女性健康美丽的重要原因之一。其奇特药效,尤以活血养血而闻名天下,是妇科良药第一花,也是女性活血养颜的佳品。作为一种名贵药材,《本草纲目》上说它具有"活血化瘀、散郁开结"之功。临床常用于血瘀所致的痛经、经闭、月经不调、产后恶露不尽、腰腹疼痛、腹中包块疼痛、跌扑损伤肿痛,可单味煎服,可配伍使用。本品活血之中又有散瘀开结功能,可用于各种痞结之证。

灵芝补气、补阳、扶正,铁皮石斛滋阴清热,西红花凉血活血,三者配伍,对阴阳气血都能扶助,解决人体阴阳失调、气血失常、正气虚弱等病机导致的各类疾病。想通了其中理法方药之间的关系,李明焱立志开发以灵芝(灵芝孢子粉)、铁皮石斛、西红花单用或配伍使用的国药产品。

中药施行之法,旨在以偏治偏。前者之偏,是中药性味之偏;后者之偏,是人体阴阳之偏。中药讲究配伍,"药有个性之专长,方有合群之妙用"[1]。针对不同性质的邪气,有不同的药物来祛除;针对不同性质的正气虚损,也会有不同的药物来补益,这就是中药的用药原则。清代名医徐大椿有云:"用药如用兵。"[2] 主帅、战将、微臣、信使等协同抗敌,才能取胜,这就是中药里的"君臣佐使"理论。

灵芝是上千味中草药中唯一能入五经的上品草药,在人类健康三大瑰宝中:虫草入两经(肺、肾)、人参入三经(肺、脾、心),二者加起来入四经;而灵芝入五经(心、肝、脾、肺、肾)调五脏,因此享有灵芝是百病之药的美誉。灵芝多糖是灵芝的有效成分之一,是灵芝中提高人体免疫功能、扶正固本的主要成分,扮演着"君药"的角色;三萜类化合物包括灵芝醇、灵芝醛和灵芝酸,灵芝

---

[1] 刘静贤编著《本草纲目养生智慧》,中国妇女出版社,2010年,第18页。
[2] 〔清〕徐大椿《医学源流论》卷上《用药如用兵论》,景印文渊阁四库全书,第785册,第665页。

酸具有强烈的药理活性,有止痛、镇静、解毒、保肝、促进血液循环等多种功效,扮演着"臣药"的角色。除此之外,其他的有效成分则扮演起佐、使的作用。所以,一味灵芝即可成方。灵芝药理作用广泛,可入五经,是因为多种成分君臣佐使相互协同的作用。灵芝单味成方,能调节肿瘤人群正气不足、阳气虚弱的表象,起到扶正固本、增强免疫力的作用。在肿瘤病人的治疗过程中,由于放化疗等治疗手段的运用,患者还会出现阴虚、阴阳两虚的特征,用灵芝配伍铁皮石斛,能达到调节气虚阴虚、阴阳双补的作用,在增效减毒、扶正固本,抑制肿瘤生长转移、改善症状、提高生活质量、延长生存期、延缓耐药等方面具有较好作用。

李明焱还独辟蹊径,将灵芝、人参、维生素 E 进行配伍组合,主要原料有灵芝提取物、人参、灵芝超细粉、破壁灵芝孢子粉、维生素 E。具有"调－养－护"三效合一的作用,灵芝主"调",扶正固本、补气安神、止咳平喘;人参主"养",大补元气、复脉固脱、补脾益肺、生津养血、安神益智;维生素 E 主"护",延缓衰老,抗氧化,保护机体细胞,免受自由基的毒害。将传统中医药与西药的知识和方法结合,形成独特的方法和理念,它不是简单的中药加西药,而是有机配合,互相补充,获得更好的效果。

针对现代人需滋阴清补,尤其是糖尿病疾病高发,李明焱在前人的基础上拟定了铁皮石斛、灵芝、西洋参三种中药配伍方。铁皮石斛具有消炎清热、滋阴生津、健脾健胃的功效,还具有滋阴润燥的功效,调节糖尿病人阴虚燥热,可以降低血糖,促进血液循环,降低胆固醇和甘油三酯,是为君药。灵芝具有补气补阳之功效,能协同铁皮石斛提高机体免疫力,同时还能制约铁皮石斛过于寒凉之气,还具有安神的功效。西洋参具有生津止渴、滋阴补肾的作用,可以减轻糖尿病患者口渴、多饮、多尿的症状。西洋参还可以增强免疫力,对体质较弱的糖尿病患者来说具有一定的治疗效果，西洋参还可以降低血脂，降低血液黏稠性，有抗动脉硬化、保护血管等作用，对防治糖尿病合并的大血管病变有意义。铁皮石斛、灵芝、西洋参三者合用，相辅相成，共奏降低血糖之功，达到凉而不寒，滋阴而不抑阳，安神而不抑睡。

六朝御医叶法善为武则天开发了一个不老的秘方，其中以藏红花为主药，铁皮石斛、灵芝二味药辅以藏红花药性。此方具有养血滋阴、益气活血、清补五脏、平衡阴阳、清气血等作用。李明焱受此启发，对该方加以改进，制定了西红花铁皮枫斗膏的配方，以"中药公主"西红花味甘性平为君药，发挥其养血活血化瘀、解郁安神的作用，是淤血祛而心生，血气充盈而经调好颜，精力充沛。以铁皮枫斗为臣药，取其益胃生津、滋阴清热的作用，使阴液充盈，肌肤润养有泽。以益母草、西洋参、茯苓共为佐使之药。三味佐使助君药养血活血、滋阴清热、活血化瘀调经，使西红花铁皮枫斗膏补而不腻，清而不伤胃。诸药配伍，共奏增加正气、祛邪固本、滋养先天之精、滋补阴阳气血、扶正五脏六腑之平衡，使机体气血充盈、阴阳调和、滋补强肾、健脾益肝、活血养血、健体养颜、扶正固本，达到提高机体免疫功能的目的。适用于妇女月经不调、白带异常、痛经闭经、病后虚弱、营养不良、年老体衰、劳累过度、精神不佳、免疫力低下的人群。还可用于女性白领工作压力大、缺少活动、病后虚弱、气血不调、年老体衰、免疫力低下等亚健康人群的调理养生保健。

四、药——潜心制造：打造精品国药

寿仙谷在李明焱的带领下，构建了"中医中药基础科学研究——优良品种选育——仿野生有机栽培——古代养生秘方研究

——高科技精深加工——中医药临床应用"完整的中药全产业链，不仅要做好育种、栽培、炮制加工，李明焱还要把灵芝、铁皮石斛和西红花加工成各类直接服用的保健食品和药品。针对现代人体质特点和不同人群特征，通过科学配伍，开发了灵芝孢子粉、铁皮石斛、西红花系列30余款产品。

（一）中药饮片的开发

俗话说"中药有没有效，炮制才是关键"，传统中药制作对药材炮制技艺有明确的要求，素有"中药不效，炮制不到"的说法，炮制的作用可见一斑。百年来，武义寿仙谷中药炮制技艺以言传身教的方式在武义世代相传，于2014年正式列入第四批国家级非物质文化遗产代表性项目名录。寿仙谷中药炮制技艺含仿野生盆栽法、枫斗加工法、首乌蒸制法、盐水杜仲炮制法、三叶青研磨法、铁皮石斛浸膏炼制法等上百种中药炮制技法，形成了中药材采集、栽培、炮制、组方、煎制等生产流程。技艺、工序众多，对原料、器具以及选、洗、浸、泡、漂、切、烘、煅、煨、炒、蒸、煮、藏等方面的工艺把握及其使用的工具都有独特要求。

李明焱作为武义寿仙谷中药炮制技艺非遗项目第四代传承人，尽心尽力传承弘扬寿仙谷中药炮制技艺，同时又将传统技艺与现代科技有机结合，不断改进完善。灵芝孢子粉破壁方式改进和铁皮枫斗新制作工艺就是在其中传承创新的典范。

采用独创的灵芝孢子粉去壁技术，通过破壁、萃取、提取、浓缩等工艺去除几丁质壁壳，使多糖、三萜等成分含量显著提高，同时也解决了易氧化、重金属超标等问题，显著提高了产品的安全性、有效性、稳定性。破壁灵芝孢子粉系列产品已获浙江省科技新产品鉴定，整体科技水平经院士专家组评定达国际领先水平。

针对市面上灵芝孢子粉普遍采用震动磨破壁法，导致铬、镍等重金属超标、易氧化、安全性差的行业问题。李明焱引进超音速气流技术,通过设备改良研发了"四低一高"的超音速破壁技术,将灵芝孢子的破壁率提高到98%以上,打破了国际学术界认为超音速气流粉碎机无法达到灵芝孢子高破壁率的定论,避免了破壁过程中可能出现的重金属污染,防止氧化变质。这项技术获得浙江省科学技术二等奖,"寿仙谷牌灵芝破壁孢子粉"也获得了全国科技创新成果奖。破壁后孢子壁壳混杂,没有功效作用,且加重肠道负担。2016年李明焱研发出了第三代去壁核心技术——在超音速气流破壁技术的基础上,可去除壁壳等非药用部位,使灵芝孢子粉的活性进一步显著提高。这项技术被誉为"灵芝孢子粉产品开发的一次重大革命",意味着灵芝这一传统药材变身为高科技的现代中药产品。

李明焱针对市场上铁皮枫斗存在卷曲的旋纹个数不一致、美观程度不佳、规范性差、扭力过大茎条损裂、有效成分流失等问题,发明了一种"仙斛系列"铁皮枫斗的加工方法,该方法操作简单、易于掌握、规范性强、效率高,加工所得的铁皮枫斗商品性好,表面黄绿色或略带金黄色,有细纵皱纹,节明显,质坚实,易折断,断面平坦,灰白色至灰绿色,略角质状。气微,味淡,嚼之有黏性。同时发明了一种铁皮石斛超微粉的制备方法,首次在低温下制得的铁皮石斛超微粉的平均粒径能达到10~300纳米,可显著提高其中有效成分的溶出与吸收。

中药炮制技艺的研发与传承创新,是李明焱保护和发展中医药非遗产业的又一个着力点。李明焱开发中药饮片产品,从2007年成立武义寿仙谷中药饮片有限公司以来,共推出灵芝孢子粉(破壁)、灵芝片、灵芝超细粉、铁皮枫斗、石斛超细粉、西红花、三叶青等20余种中药饮片。每种饮片都严选道地产品,精心炮制,确保中药饮片质量。

（二）中药保健食品开发

灵芝孢子壁壳占比高，而有效成分占比很小。李明焱根据灵芝孢子粉的细胞结构特点，针对破壁技术残留且混合在有效成分中的壁壳影响吸收效率、有效成分含量低的问题，自主开发了包括动态循环流动提取、多级分离精制去壁、浓缩液快速干燥等步骤的新型去壁技术和精制工艺，实现了灵芝孢子粉无效成分（壁壳）的分离和有效成分（多糖及三萜等）的富集，通过检测实验表明，精制灵芝孢子粉剂粗多糖含量可达 16.6% 左右（普通产品仅有 1.56%）、总三萜含量可达 7.86% 左右（普通产品仅有 0.96%），有效成分含量较破壁灵芝孢子粉粗多糖提高 10 倍以上，总三萜提高 8 倍以上。去壁技术的突破，造就了寿仙谷第三代去壁灵芝孢子粉保健食品，产品一问世即获得广大用户的青睐，一跃成为公司的主打产品之一。

针对部分用户怕苦，而且出差在外服用不方便的情况，寿仙谷开发了灵芝孢子粉片保健食品，深受上班一族的追捧，也成为寿仙谷明星产品。

李明焱还开发了可防治糖尿病的铁皮枫斗颗粒、铁皮枫斗胶囊、铁皮枫斗灵芝浸膏，还有改善妇女月经不调、活血化瘀的西红花铁皮枫斗膏等 20 余款保健食品。

（三）现代科学研究

1. 安全性研究

《神农本草经》药分三品，即"上药养命""中药养生""下药除病"[①]。"上药 120 种，为君主养命以应天，无毒，多服久

---

① 〔晋〕嵇康《养生论》，见〔梁〕萧统撰，〔唐〕李善注《昭明文选》卷五十三，清嘉庆胡克家重刻宋淳熙本。

服不伤人,欲轻身益气,不老延年者本上经。"[①] 李明焱非常注重产品的安全性,他严守祖训,坚持非上等品不得上市之法则,在全产业链生产的各个环节都注重产品安全性。为了证实产品的安全性,李明焱在 GLP 实验室,对去壁灵芝孢子粉产品开展了全面的、覆盖各类型人群的安全性研究。急性毒性试验、30 天喂养试验和遗传毒性试验、长期毒性试验、幼龄动物毒性试验、生殖毒性、老年动物毒性试验结果表明去壁灵芝孢子粉对 2 岁以上儿童、成人、老年人以及孕妇和哺乳期妇女等特殊人群均没有明显毒副作用!未观察到不良反应剂量(NOAEL)为 4.0g/kg,折算为人用剂量约为 44g/ 天。

2. 药理药效研究

中药作为特殊商品,产品功效是最受关注的。李明焱虽然是一位坚定的中医药支持者,但他从不排斥用现代科学技术开展中医药研究。他常说,中药的"药性""功效""组方"等概念有其独有的内涵,这些都是老祖宗在当时的条件下的智慧的结晶,指导我们中医临证治法、遣药组方。但发展到现在,我们不能只停留在前人那一套经验理论的基础上故步自封,还是要站在前人的肩膀上创新发展,利用现代科学技术,把中药作用的趋势(升降沉浮)、作用的靶点(归经)以及药效活性(功效)等中医药理论,用现代科学理论说清楚,讲明白。李明焱主持开展了去壁灵芝孢子粉系列产品的药理药效与作用机制研究,与北京大学、浙江大学、浙江中医药大学、中国人民解放军三〇二医院、梅奥医学中心、欧洲精准医疗平台、美国韦恩州立大学等国内外知名科研院所合作,证实了产品在调节免疫、抗肿瘤、防治心血管疾病、改善睡眠等方面的确切作用,并阐明了作用机制与作用通路,

---

[①] (魏)吴普等述,〔清〕孙星衍、叔冯翼撰,戴铭等点校《神农本草经》,广西科学技术出版社,2016 年,第 1 页。

取得了令人信服的证据。

3. 临床试验

由于动物实验并不能完全模拟临床疾病，其在治疗效果评价方面不能完全替代人体临床试验。但是目前中药发展面临的主要问题是缺乏中药疗效的高级别证据。李明焱是国内少有的重视中药保健食品和中药饮片临床疗效并坚持身体力行的，他率领科研团队，花费大量人力物力开展产品临床试验，从临床医案收集到真实世界临床研究，从小样本单中心随机对照临床试验到大样本多中心随机对照临床试验，循证医学证据逐步提高。

李明焱最初是从临床医案收集开始临床研究的。临床医案是记录临床诊疗过程，对医疗背景和诊疗信息（如对患者的既往史、家族史、现病史、生活习惯、社会角色和地位、家庭情况、性格、心理、情绪、兼夹症、合并症等）介绍详尽，相对于群体医疗研究而言，临床医案更加贴近临床实际，更加准确而透明地反映某一特定患者的具体情况。寿仙谷每年和名老中医、中医馆合作，收集大量的临床医案。从收集的临床医案情况来看，患者服用灵芝孢子粉后取得较好效果的适应证有：改善睡眠，提高睡眠质量，减轻神经衰弱症状；恢复神经—内分泌—免疫调节紊乱；改善纳差乏力，增强食欲，缓解疲劳；提高免疫力，感染性疾病减少；辅助抗肿瘤，减少抗肿瘤化学药物毒副作用、抑制肿瘤生长转移、改善症状、提高生活质量、延长生存期、延缓耐药；用于肿瘤患者化疗、术后康复，恢复体力，防止复发；恢复肿瘤标志物异常升高；减小甲状腺结节、乳腺小叶增生、子宫肌瘤等赘生物大小。

被称为"中药现代化坚定推行者"的原国家食品药品监督管理局副局长任德权，积极推动中药循证医学研究，亲身体验了寿仙谷灵芝孢子粉的功效后，建议寿仙谷开展去壁灵芝孢子粉联用抗肿瘤药物在增效减毒、扶正固本、提高免疫力、抑制肿瘤生长转移、改善症状、提高生活质量、延长生存期、延缓耐药等方面的临床研究。在他的主持和推动下，寿仙谷和浙江省抗癌协会成立了"中医药肿瘤防治临床科研基金"，和浙江大学成立"浙江大学教育基金"，组织浙江大学医学院附属第一医院、浙江大学医学院附属第二医院、中国科学院大学附属肿瘤医院、浙江省中医院附属第一医院、浙江医院等省内众多三甲医院开展临床研究。

李明焱又将目光瞄准了循证证据级别更高的多中心、大样本、随机对照临床试验，现在已经有两项确证性临床试验正在开展。

一项是与中华中医药学会成立联合攻关项目。为深化中国科协前沿重大科学问题和工程技术难题相关工作的探索与实践，中华中医药学会以灵芝和石斛等相关药物为切入点，针对重大科学问题"调节人体免疫机制的中医药机制是什么"开展研究。中华中医药学会于2022年8月发布《第一批中华中医药学会联合攻关项目指南》，经公开征集、形式审查、专家评选、入选公示，首都医科大学附属北京中医医院杨国旺教授团队的"中药免疫调节剂灵芝孢子粉抗肿瘤效应及机制研究"获得立项支持。该项目包含3项临床研究、1项基础研究。临床研究在北京中医医院、中日友好医院、北京友谊医院、朝阳医院、同仁医院、北京胸科医院、北京大学第一医院、大兴人民医院、河南省肿瘤医院、甘肃省肿瘤医院、郑州大学第一附属医院、浙江医院、浙江大学医学院附属邵逸夫医院、河北北方学院第一附属医院、宁波中医院、河北北方学院第一附属医院、保定市第一中心医院17家医院开展。基础研究在北京中医医院、北京市肝病研究所、伯宇智慧健康研究院（杭州）开展。该项目研究从中药免疫调节剂灵芝孢子粉入手，结合肿瘤手术治疗、化疗、靶向、免疫治疗等研究新理论、新进展，设计精巧及适配的临床试验及基础研究，把中医药学与免疫学结合起来，将中医宏观整体观念与现代科学微观分析方法相结合进行研究,探索去壁灵芝孢子粉抗肿瘤效应,揭示去壁灵芝孢子粉联合系统抗肿瘤治疗的客观效果及其作用机理,阐释去壁灵芝孢子粉调节机体免疫的科学内涵,为去壁灵芝孢子粉临床有效性提供基础研究证据,进一步指导临床科学规范应用,为解释重大科学问题——"中医药调节人体免疫功能机制是什么"提供可靠的研究示范。

另外一项准备开展的多中心、大样本、随机对照临床试验是和中国中医科学院广安门医院合作。在一带一路走出去的合作项目中,寿仙谷和美国梅奥医学中心开展的"灵芝孢子粉对高胆固醇血症引起的心血管功能障碍的疗效研究"取得了较好的研究成果。了解到这一情况的中国中医科学院广安门医院党委书记王笑频亲自联系李明焱,希望开展中医肿瘤临床试验合作,李明焱刚好也在寻找国内顶尖专家合作,大家一拍即合。恰逢中国中医科学院广安门医院正在创建国家中医(肿瘤)医学中心,本研究将作为创建项目之一。该研究计划的开展基于患者报告结局(PRO)相关研究,回归以患者为中心,更加有针对性地检测研究药物对患者的效果,力争将这一项目打造成一个示范项目。

第五章 寿仙谷技与道合的管理范式

寿仙谷作为一家知名的上市企业,不但追求企业自身的经济利益,而且十分注重企业的社会担当和公益效应。寿仙谷的成功与其独特的企业文化密不可分,特别是企业管理十分重视"技"与"道"的融合,既注重企业管理的经济效益追求,又重视企业管理的人文关怀、社会担当和家国情怀,形成"技与道合"的企业管理范式。

一、激励人心:企业管理的终极目的

企业管理是对企业生产经营活动进行计划、组织、指挥、协调和控制等一系列活动的总称。所谓管理,是指一定组织中的管理者,通过实施计划、组织、领导、协调、控制等职能来协调他人的活动,使别人同自己一起实现既定目标的活动过程。"管理"二字从字面上理解可分"管"和"理"。管的是人,理的是事。标的为人、财、物、信息资源,目的为实现资源利用的最大化和所管理目标的顺利实现。

企业管理的由来可以追溯到工业革命时期,是社会化大生产发展的客观要求和必然产物。一切规模较大的共同劳动,都或多或少地需要人的统一指挥,以协调个人的活动,以期通过对整个劳动过程的监督和调节,使单个劳动服从生产总体的要求,保证整个劳动过程按预定的目的正常进行。

企业管理是一个系统工程，发展过程大体经历了经验管理阶段、科学管理阶段、文化管理阶段。根据其对资源和过程的管控，可以分为人力资源管理、行政管理、财务管理、研发管理、生产管理、采购管理、营销管理等，管理的标的包括人、财、物、信息资源诸多要素和生产服务的全过程，但无论如何，企业管理是由人们在从事交换过程中的共同劳动所引起的，而所有的资源和过程也是通过不同岗位或层次的管理者进行分配和使用的，受不同的人对事物的认识水平能力和思维方式影响。

从这个意义上来说，企业管理实质上还是管人。所以麦肯锡提出了围绕以人为核心的企业管理 7S 要素，战略（Strategy）、制度（Systems）、结构（Structure）、风格（Style）、员工（Staff）、技能（Skills）、共同价值观（Shared Values），其中的核心要素就是共同价值观，以价值观吸引人才、统领人心，共同朝着企业设定的战略目标不辍前行。

二、技与道合：企业管理的最高境界

企业是由特定的投资者和控制人创办并运营的，其目标、方向、航线无疑掌握在企业的领导人手中。但同时，不断发展壮大中的企业必然需要不断地吸取新人，他们之间的出身、文化、社会经历不尽相同，所拥有的世界观、价值观和人生观有所不同，加盟企业的目的和目标也自然不同，因此他们不可能天然地自然而然从内心世界响应企业领导，并把领导人的理念自觉地融化为公司的战略制定与执行、制度的建立与完善、优良作风的养成与弘扬上，而是极有可能在很长的一段时间在内心无法适应，在工作中沿用自己的习惯思维与方法，最终影响对企业战略、制度的贯彻与落实和目标的实现。

企业价值观的最佳发挥，不仅仅是公司在引人用人时必须选择具有相同价值观的合作伙伴，也不仅仅是企业通过长期不停的宣贯背诵就可以实现的。还有一个十分重要却最容易被人忽视的因素是：企业提出的价值观本身能与社会形势相契合、与时代同步前行，与企业行业实际相吻合，能够挖掘和提炼企业和员工中存在的真善美，从内心深处引起企业员工的共鸣和共响，自觉地响应和遵从。这就是所谓的"技与道合"，否则理念不触实际、不切实际，喊声再高也是空话，只能停留在宣传中，无法真正升华和铸造企业灵魂。

"技与道合"是中华民族文化一直追求的境界。道与技，战国庄子用语。《庄子·天地篇》曰："通于天地者，德也；行于万物者，道也；上治人者，事也；能有所艺者，技也；技兼于事，事兼于义；义兼于德，德兼于道，道兼于天。"所谓"道"为本，"技"为末，"道"重于"技"，"技"服从于"道"。同时"技""道"可以互通。"道"指万物之本源，自然之规律，指导行为的理论、人的内心世界；"技"指技艺，是策略、方法、实现目标的手段。而技与道合，则是内心价值观与行为的完美一致，知行合一、道术兼修、内圣外王。

中国传统文化中的价值观从不同的方面总结有所不同，但所指向极其集中。从治国理政的角度看，主要有家国一体、以人为本、以德为本、以和为本、以民为本。从社会道德角度出发，则主要为"忠孝仁义礼智信"。"忠孝"既涉及政治关系伦理，又涉及血缘关系伦理，有着特定的行为指向，更多维护的是国与家的秩序关系。而"仁义礼智信"则可以理解为平等人际关系的道德要求，维护的是社会关系。相比于中心来说，具有更加普遍的美德的意义，更加普遍的一种人际关系准则的意义。"人之初，性本善"，这里的善，指的就是人的向善之心，人有善的欲望和力量，人性的趋势永远都是向善的。"忠孝仁义礼智信"的中华传统美德，正是我们的先贤们充分发现和挖掘人的"善"的本性，对善的向往追求的本能，并与社会"和"的要求而不断总结归纳并不断弘扬、固化的。马斯洛的人的五大需求中的后两个"尊重的需要""自我实现的需要"就可以看作人们向"善"之心的动力源。

三、道生万物：寿仙谷"德仁智信、天地人和"的企业文化

"道生万物"出自老子的《道德经》。这里面的"道"是万物的本源，独一无二。道具有阴阳二气，阴阳二气相交相融形成一种匀适的状态，万物正是在这种状态中产生的。这里所说的"道生万物"，主要是对宇宙、万物已经生成的客观存在进行回视与总结。用现代唯物主义说法也可理解为万物遵循自然规律，是自然而然发展变化着的。道是由宇宙自然运动、发展、变化规律和人类社会思想行为准则二者组成的统一体。宇宙万物从宏观世界到微观世界无不由矛盾对立统一的两方面组成，矛盾对立双方的交融斗争就促进了事物的产生、发展和变化。所以，宇宙万物不是由道所生，确切地说是由道所蕴含的规律所生。"道生万物"的"道"，老子赋予了特定的内涵，从生"物"的这一面说，偏重于本体论，是宇宙学、生命学、生物学的命题。

寿仙谷从事传统中医药经营可追溯到20世纪初，深受中华传统文化与中医药文化浸染。药号创建人李金祖所取的药号名"寿仙谷"三字分别对应人、天、地。寿仙谷创始人认为有了天地人三和，就有了天地之间的阴阳平衡。这也是寿仙谷中医药文化体系的精髓——追求"天地人"的和合之道，遵循大自然规律，并

希望通过自身的努力,助推天地人和睦同心、幸福美满。

　　寿仙谷的核心价值观充分现在寿仙谷企业文化中。其企业核心价值观为"德仁智信,天地人和",其中的"德仁智信"为企业行为准则。"天地人和"为企业追求目标。这就是寿仙谷的"道",在此基础上,形成了以祖训"重德觅上药、诚善济世人"为一、"守正创新、弘扬中医药文化"的企业社会责任和"为民众健康美丽长寿服务"的企业宗旨为二,以及以此为基础的企业文化体系。具体情况列见表一。

表一　企业文化体系

企业文化	具体内容
LOGO	"寿、仙、谷"分别对应的就是人、天、地。有了天地人三和,就有了天地之间的阴阳平衡。寿仙谷中医药文化体系的精髓就是追求"天地人"的和合之道,遵循大自然规律,并希望通过自身的努力,助推天地人和睦同心、幸福美满。
祖训	重德觅上药、诚善济世人
诚善文化	凡食品药品,维系民众生命健康,事比天大,不容丝毫轻怠。寿仙谷遵循天地人和合之道,秉承"重德觅上药,诚善济世人"之祖训,汲传统古医药精华,创当今高精尖科技,坚守非上等品不得上市之法则,潜心研究,精心制造,以货真价实、安全高效之上品,竭诚为民众健康、美丽、长寿服务。
企业宗旨	开发天然有机产品,为民众的健康、美丽和长寿服务
企业使命	悬壶济世,弘扬中华药食文化,以有机产品为载体,倡导绿色消费,为民众的健康、美丽和长寿做出应有的贡献(守正创新,弘扬中医药文化)

续表

企业文化	具体内容
企业精神	创新、诚信、高效、敬业、和谐、奉献（正气存内，萃精惠民）
企业目标	将"寿仙谷"打造成为有机国药第一品牌（打造有机国药第一品牌、打造世界灵芝领导品牌）
企业经营理念	厚生重德　萃精惠民（以人为本　厚生重德） ——以人为本：公司每一个人都是平凡的，我们这些平凡的人组成了一个非凡的团队。在这个团队里，我们恪守规章，齐心协力，通力合作，和睦热情，奋力拼搏。 ——以科技为先导：今天我们用现代生物技术来繁育珍稀名贵药材和药食用菌，既保护了濒危物种，又为人类的健康提供了优质的药物和菌物，今后我们将继续用最新的科技为我们的健康产品注入新的内涵。 ——以产品质量为生命：我们将在原料到包装的各道工序上保证"寿仙谷"品牌的每一个产品都是绿色、有机、高效、安全的，是真材实料、真工艺，能为民众带来健康、美丽和长寿的产品
企业价值观	我们走到一起来，不仅是为了创造共同的财富，更重要的是要以爱心和奉献达成一项共识：我们所做的是以集体的创造力演绎人类健康、美丽和长寿的伟大事业（德仁智信，天地人和）

四、"三全九化"：寿仙谷的质量管理模式创新

寿仙谷技与道合的技，集中反映在寿仙谷"道生万物"中的"二生三、三生万物"所形成的质量管理模式和"一链二体三全九化"质量管理体系。

（一）"一链"：全产业链

寿仙谷管理体系模式中的"全产业链"最早是由中粮集团提出来的一种发展模式，是在中国居民食品消费升级、农产品产业升级、食品安全形势严峻的大背景下应运而生的。中医药的用途在某种意义上与食品是一脉相承的，都是关于人类生命安全的物质，都来自自然，从种植开始，到形成产品为人类提供食粮，但对产品质量要求更加严苛，产品安全风险控制更加严格，人民群众对药品质量的关注度更高。

中药全产业链重中之重，是上游的原材料供给。面对工业化造成的水、土等环境问题，作为深谙"药材好，药才好"之道的三产融合中医药企业，寿仙谷创建了"中医药学基础研究——优良品种选育——生态有机栽培——新产品研发——精深加工——临床应用——市场推广"完整的中药产业链。真正实现产品全过程质量控制。更加重要的是：寿仙谷区别于一般企业从品种选育开始到栽培、种植、精深加工到销售，全部自行自主经营。真正做到从源头上保障产品品质，并在生产经营各个环节始终坚持"天地人合"的核心之道，奋力开展资源种质研究、重点解决和弥补因工业发展带来的环境、工艺等缺陷问题，坚持为民众提供优质的健康产品和服务。

（二）"二体"：标准化体系和可追溯体系

1. 标准化体系

所谓标准化体系是指现代化生产的重要手段和必要条件，企业提高产品质量、保证产品安全卫生的技术保证。随着经济全球化发展以及国际贸易中关税壁垒作用的削弱，以技术法规、标准、合格评定为主要内容的"技术壁垒"已经成为当今各国、各企业保护自身利益、提升自身竞争力的一把利器。许多大企业，特别是高新技术企业，正是通过走技术标准专利化的方式来占领产业链的高端，从而抢占最有利于自身发展的制高点。

"人命至重，有贵千金。"相比其他产品与服务，中医药的生产目的是治病救人，产品质量丝毫不容轻视。由于中药材生产过程中极易受各种环境因素的影响，质量稳定性的把控远难于工业化大生产，更需要通过严格的标准化规范进行生产。寿仙谷药业建立了覆盖公司药品、保健食品、日环用品等所有产品品类，贯穿从育种、种植、研发、加工的产品生产，到销售、客户体验等全生命周期质量保障和服务过程的标准化体系。中药炮制、饮片、直接口服微粉、检验检测中心、万级洁净检验室通过国家食品药品监督管理局的GMP认证。中药有效成分提取、浸膏剂、胶囊剂、颗粒剂、片剂等生产线通过浙江省卫生厅保健食品GMP认证。公司同时通过HACCP食品要素管理认证和ISO9000质量体系认证。

2. 可追溯体系

所谓可追溯体系，就是根据或利用已记录的标识（这种标识对每一批产品都具有唯一性，即标识和被追溯对象之间是一一对应的关系，同时，标识已作为记录被保存）追溯产品的历史（如该产品的原材料等）、应用情况、所处场所或类似产品或活动的能力。一般来说，追溯体系在工业制造业中的应用较为常见。

食品、药品的溯源系统最早起源于欧盟，相较于欧盟，我国对溯源系统的认识与起步较晚。我国的食品、药品溯源系统起步于 2002 年，之后在不断的探索与应用中，相继制订了相关法律法规并逐步完善和改进。浙江在这方面更是走在了全国前列，相继上线了浙食链、浙冷链等食品、药品溯源系统。寿仙谷第一时间加入浙食链系统，建立全程质量控制体系，实施产品身份证可追溯制度，涵盖中药生产制造检验、检测全过程，产品实现浙食链赋码，消费者可以直接扫码查询产品的种植、生产、销售等相关信息。

寿仙谷对产品质量的层层严格把关，从公司的诚善文化中可窥一斑：凡食品药品，维系民众生命健康，事比天大，不容丝毫轻怠。汲传统古医药精华，创当今高精尖科技，坚守非上等品不得上市之法则，潜心研究，精心制造，以货真价实、安全高效之上品，竭诚为民众健康、美丽、长寿服务。

（三）"三全"：全产业链质量保证、全生命周期客户体验和全过程传承创新

1. 全产业链质量保证

从育种，到种植，再到研发和加工，到最后的销售环节，公司建立起一整套完善的中药产业链质量保障体系。用"公司+标准化"的生产方式，确保产品天然有机、安全高效。在每一个环节上，公司始终坚持以科技创新为引擎，打破原有约束瓶颈，提升核心竞争力。

以公司的去壁灵芝孢子粉产品为例：实际生产中采收的灵芝孢子粉原料中包含饱满孢子、部分瘪子及少量泥沙等杂质。由于孢子直径只有（8~12）微米 ×（5~8）微米，通过常规手段难以

实现与细小泥沙等杂质分离。公司通过十多年反复探索研究，采用独特的水飞法前处理工艺技术，能够获得清洁卫生、饱满度达98%以上的饱满孢子，从而解决了灵芝孢子原料前处理工艺技术难题。灵芝孢子具有双层孢子壁，不破壁内容物不易释出，而以往常规用振动磨机械破壁，易导致破壁后的孢子粉铬、镍等重金属超标，并因机械振动过程温度过高导致孢子油氧化变质和有效成分损失。公司利用超音速气流产生强大撞击力的工作原理，研究出的超音速低温气流无污染破壁工艺技术，不仅破壁彻底，而且保证了破壁后孢子粉的质量安全，有效地解决了常规振动磨机械破壁导致的铬、镍等重金属超标问题。在此基础上，再采用独特的去壁工艺技术，去除无效的壁壳成分，只留精华，相较于普通的破壁灵芝孢子粉，有效成分提高了10倍以上。

"灵芝孢子粉第三代去壁提纯技术"及灵芝孢子粉对恶性肿瘤患者干预治疗的临床疗效研究荣获第46届日内瓦国际发明展金奖，产品获中国、美国、日本、欧盟等7个国际发明专利。此项技术，助力寿仙谷牢牢站稳了细分领域产业科技龙头地位，取得了灵芝孢子粉市场占有率第一的位置。

2. 全生命周期客户体验

公司本着"大医精诚"的理念，打造"名药、名医、名店"三位一体的销售模式。精心炮制名药，邀请名医坐诊，以名药和名医塑造名誉，成就名店。"线上＋线下"社区慢病管理平台、"基地＋顾客"现场体验平台、"专卖＋名医"特色国医体验馆和专卖店。有机国药、匠心技艺，给客户提供周到的中医养生、中医保健、中医针灸、药学咨询、养生保健讲堂等全生命周期服务体验，将服务功能深化和延伸，客户满意率和回头率持续上升。2019年8月，公司获评"浙江省首批放心工厂单位"；2020年3月，公司灵芝孢子粉产品获"首届浙江特色伴手礼"称号；2021年2月，公司被金华市消费者权益保护委员会授予"金华市消费者信得过单位"和"金华市绿色消费教育基地";2022年1月,公司去壁灵芝孢子粉成为杭州亚运会官方指定灵芝产品。

3. 全过程传承创新

"武义寿仙谷中药炮制技艺"被国务院列入"国家级非物质文化遗产代表性项目名录"。公司董事长李明焱被认定为国家级非遗传承人。公司坚持对中医药守正创新,所谓守正,就是要继承中医药的传统精髓理念,坚守传统中医药学对生命、健康和疾病的认识,尊重传统中医药独特理论及技术方法体系;所谓创新,是用现代科学诠释中医药的药理药效,用现代科学技术提升中医药生产水平,研发更加安全高效的产品;推动中医药和西医药相互补充、协调发展,推进中医药现代化。守正和创新相辅相成,将传统医药与现代高新技术有机融合,开创中医药在新时代的传承创新之路。

(四)"九化":产品质量保障三化同行、企业管理三化融合与产业发展三化共促

1. 产品质量保障三化同行

产品质量保障三化同行是指品种自主化、栽培道地化和炮制创新化。

一是品种自主化。品种自主化是指拥有自主知识产权的品种。公司董事长李明焱自20世纪日本学成归来后,一直坚持科研创新之路。即使今天,公司已经在上交所成功上市,成了国内灵芝、石斛行业第一股,李明焱带领公司科研团队依旧坚持科研创新之路,每年投入销售额的7.2%进行科研,先后成功选育出10个拥有自主知识产权的优良新品种。其中"武香一号"填补了世界高温香菇的空白,该技术无偿向全国推广,形成年产值超1000

亿元的香菇产业，成为我国食用菌的第一大品种。该项技术为广大农民脱贫致富发挥了积极作用。"仙芝1号"为国内率先通过省级以上认定的灵芝新品种，它的子实体和孢子产量比日本红芝增加45.30%、比韩芝增加44.65%；用袋料栽培，仙芝1号的灵芝多糖和三萜酸含量比日本红芝增加40.13%和30.32%、比韩芝增加13.75%和13.43%；用段木栽培，仙芝1号的灵芝多糖和三萜酸含量比日本红芝增加31.03%和39.04%、比韩芝增加21.20%和20.48%。仙芝2号是用仙芝1号经航空育种后变异出的灵芝新品种，它具有性状稳定、高产、优质、耐高温等特点。仙斛2号有效成分多糖含量超过国家药典标准1倍以上。

二是栽培道地化。道地是中医药行业特有的一个名词，一般与药材连用。道地药材，又称为地道药材，是优质中药材的代名词，是指药材质优效佳，这一概念源于生产和中医临床实践，数千年来被无数的中医临床实践所证实，是源于古代的一项辨别优质中药材质量的独具特色的综合标准，也是中药学中控制药材质量的一项独具特色的综合判别标准。通俗地认为，道地药材就是指在一特定自然条件和生态环境的区域内所产的药材，并且生产较为集中，具有一定的栽培技术和采收加工方法，质优效佳，为中医临床所公认。栽培道地化是指在药材栽培中遵行自然和产地的特性。寿仙谷在全国率先建立起名贵中药材标准化仿野生栽培基地，同时通过美国、欧盟、日本、中国四重有机认证、中国GAP认证、国家道地药材认证和地理标志认证。遵循植物自然生长规律，杜绝农药、化肥、植物生长调节剂等使用，以确保中药材质量和安全，获评中国中药协会"铁皮石斛、灵芝品种道地药材保护与规范化种植示范基地""浙江省优质道地中药材示范基地"等多项荣誉。公司开创规范化灵芝生态循环经济栽培新模式，创"灵芝→铁皮石斛→有机水稻→饲料喂养→西红花"高效生态循环栽培模式，不但实现资源循环利用最大化，免除废渣环境污染，而且解决了以砂石为基质栽培铁皮石斛造成的大田沙石化、复耕难的环境问题，开创了生态循环利用发展现代农业的新模式。

三是炮制创新化。灵芝孢子粉第三代去壁提纯技术、无糖型铁皮枫斗颗粒、西红花铁皮枫斗浸膏、铁皮枫斗灵芝浸膏等炮制创新技术和产品，深受市场欢迎。公司不断投入人才与资金，进行炮制创新的研发，先后与北京大学医学部、浙江大学药学院、浙江中医药大学、上海中医药大学、北京302医院、北京广安门医院等权威研究机构建立产、学、研联合的交流平台。

2. 企业管理三化融合

企业管理三化融合是指生产智化、管理数据化和销售云端化。

一是生产智能化。目前推广应用主要为仿野生栽培智能控制模式，采用连栋大棚，内架中棚、小棚，大棚外覆遮阳网，内盖塑料膜的双棚技术，加上物联网技术涵盖中药材生长因子调管，智慧用水、智慧用电、智慧监管，智能控制药材生长环境中的温度、湿度、光照、通风量等条件，居国内领先水平。

针对中药生产自动化、信息化程度低，制造工艺不精密等瓶颈问题，寿仙谷从"十三五"起步到"十四五"推进，寿仙谷公司围绕"国内领先、国际先进"的标准，着力打造"未来工厂"，运用数字孪生等先进技术，围绕生产加工环节，设置"智能质控""智能生产""智慧物流"三大模块，实现设备、制造、安全、仓储等方面数字化管理，每个生产车间精细化管控。公司建成的目前全球唯一一条达到高精度装量要求的10列stick自动化生产线，构造了生产线的数字孪生，并打通了一物一码系统和PLC系统。生产车间负责人介绍，这条流水线大大提高了企业的包装劳动生产率，1小时的包装量相当于原来1天的包装量。

二是管理数据化。数据化管理是现代企业管理方法之一。其目的在于利用信息化系统，以最快速、最便捷和最直观的方式，对企业各种运营数据包括目标绩效完成情况进行明确计量、科学分析、精准定性，为管理者提供真实有效的科学决策依据。作为中华老字号的寿仙谷公司在中华传统文化的指导下，十分重视引进和借鉴西方现代管理方法，先后引进西点管理、卓越绩效管理、精益管理、钉钉办公、阿米巴经营模式等管理体系。在此基础上，公司通过建设运营大数据平台，实现数据的互通、互联、互校和统一归集、综合利用，为企业业务管理、经营分析、绩效考核和战略决策提供了快速准确的依据。

三是销售云端化。公司依托天猫官方旗舰店、京东官方旗舰店等线上渠道，并筹建"寿仙云"统一销售系统，力求突破社群传播。近年来，随着直播带货的兴起，公司也开展了抖音直播销售。随着品牌知名度攀升，公司线上销售快速放量，占比不断提升，由2019年的20.22%提升至2021年的24.40%，成为近年来的快速增长点。

3. 产业发展三化共促

产业发展三化共促是指技术共享化、标准共促化和药食同源化。

一是技术共享化。公司建立"一室一站二联盟二院六中心"研发创新平台，并与国内外多所高校、医院、专业研发机构进行合作与交流，成功研发多项技术并无偿提供给社会。其中在国内率先成功地研究开发香菇代料野外栽培技术、香菇高温季节栽培技术、香菇周年栽培技术，在全国20多个省份推广应用，形成了年产值超千亿的产业。灵芝、铁皮石斛也成为浙江省中药材产业重要大品种。

二是标准共促化。标准共促的作用在于引导全体生产者认识标准的作用，参与标准的制订，遵循标准规划进行生产，推广标准应用促进行业共同进步。寿仙谷十分重视标准共建、共用、共推，积极参与或主导制定各项中医药标准。其中《中医药—灵芝》《中医药—铁皮石斛》两项ISO国际标准由寿仙谷主导制定，此两项ISO国际标准已在美国、加拿大、澳大利亚、意大利、德国等31国家和地区应用，得到主要贸易国的标准转化和互认。寿仙谷因此荣获了国际标准化组织中医药技术委员会标准制订重大贡献奖、浙江省标准创新优秀贡献奖、浙江省企业标准"领跑者"等荣誉称号。

三是药食同源化。中药又名本草，是我们伟大的祖先在采食动植物过程中，出现了药效反应或者中毒现象后，通过无数次的试验，逐渐实践和积累而逐渐作为药用的。所以中医素有"药食同源"之说，而且实际上，食在药先、药因食显。灵芝、铁皮石斛作为古人称谓的上药，无毒无副作用，完全可以作为食物进行推广应用。但古代因为资源缺乏，无法形成产业。灵芝、铁皮石斛仿野生栽培技术突破后，产业化瓶颈已完全消除。为让"中华仙草"进入千家万户，造福人民，寿仙谷主动参加灵芝、铁皮石斛药食同源研发和应用提请，同时获浙江省首批"药食两用"试点单位。

结语

寿仙谷立足于中华传统文化，同时融合社会与时代的特性和企业特色，提炼和实践"道生万物"文化，并由此发展形成了"一链二体三全九化"管理体系。这种"道"与"技"的融合，是在保持中医药本质特色前提下，继承不离古、发展不离宗的"传承发展"。在以西方企业管理思维为主流的当下，寿仙谷将传统文化应用到企业管理，构建了属于寿仙谷自己的独特的企业管理体系，对当前许多试图引用国外先进管理方法但又"水土不服"无法取得成效的企业，具有极其良好的借鉴意义。

中医药学根植于中国传统文化的沃土之中，中国传统文化的思维方式就是中医药学的本质特色。相信中医药传统文化、中医药事业会在如同寿仙谷一样的许许多多的中医药企业和中医药人的努力下得到进一步传承和发展，人类的健康、美丽、长寿也将加入更多的中医药力量和中国传统智慧。

第六章 寿仙谷企业文化的生成、践行与意义

广义的企业文化是指企业在经营过程中所获得的物质、精神的生产能力及财富的总和，狭义的企业文化为企业的精神生产能力和精神产品。前者范畴更加广泛，而且其中的物质成果往往是后者的结果和验证，所以更多的学者将企业文化研究集中在企业的精神生产能力和精神产品上。特伦斯·E.迪尔（Terrence E.Deal）、艾伦·A.肯尼迪（Allan A.Kennedy）把企业文化概述为5个要素：企业精神、价值观、英雄人物、文化仪式、文化网络，就只把企业文化的范围界定在狭义的精神层面。东堂策将企业文化定义为"众人之习性"。本书所说的寿仙谷企业文化，也大体限于企业的价值观念、企业精神、行为规范及与之相配套的体制机制、规章制度和环境关系。

中华中医药文化的最大特色是以哲学的理念认知人的生命与疾病，将人与自然、社会视为一个不可分割的统一体，将人体内部同样视为一个有机的整体，彼此间互相联系、互为影响。

企业作为社会组织、社会细胞，与传统意义上的自然人属性自然不同，但在企业经营和运行过程中，企业所需要树立和履行的经营理念、价值观、人文精神、行为规范和社会责任，以及其在内部的统一、平衡、一致的要求，却与自然人有极高的同一性。因此，企业就被赋予了"法人"这一概念，并为法律所认定为能够与自然人同样"具有民事权利能力和民事行为能力，依法独立享有民事权利和承担民事义务"的组织。更加重要的是企业所有者和经营者作为企业的"大脑"和中枢，必然自然而然地将其作为自然人所有的世界观、价值观、人生观揳入企业经营中，试图

努力影响并引领着企业文化的走向。文化的本质是人类面对生存环境所产生的谋生或发展的意识和行为，所以从某种程度上说，如果人的"三观"决定了一个人的"活法"的话，企业的文化实际上是企业如何"干法"的意识。从更狭义的角度说，企业文化甚至可以不包括企业管理方法，但却是统率企业管理方法的理念；不是企业行为活动，却是产生这种企业活动的行为根源；不是社会责任本身，而是企业履行社会责任、处理人际关系的哲学观；不是企业员工工作状态，而是员工在工作中自然表现的对所从事工作的感情；不是服务态度，而是在服务中油然而生的企业自豪感和为企业争光的精神境地。

浙江寿仙谷医药股份有限公司是一家中华老字号企业，国家非物质文化遗产项目保护单位，企业掌门人为中华老字号和国家级非遗传承人，这使其比一般企业更深刻地受到中国传统文化和中医药文化的浸染，而时代和世界潮流也促使他在坚守根基的同时不断纳新改进，并在长期的实践和探索中逐步形成了不同于一般企业的寿仙谷企业文化。

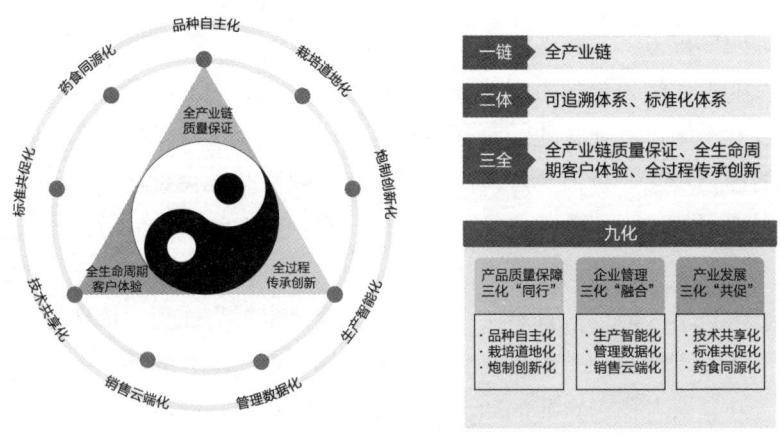

图一 寿仙谷企业文化

寿仙谷企业文化最主要的特色表现在：以中华民族传统文化"仁义智信"（德）为行为准则，以"天地人和"（道）为终极路向，以"重德觅上药、诚善济世人"祖训为第一遵循、以"守正创新、弘扬中医药文化"和"为民众健康美丽长寿服务"为两大宗旨、以"全产业链质量控制""全过程科技创新""全生命周期客户体验"为三大法门，形成了合乎"道生一、一生二、二生三、三生万物"思维模式的企业发展理念，并通过产品质量控制"品种自主化、栽培道地化、炮制创新化"三化同行、企业管理"生产智能化、管理信息化、销售云端化"三化融合、产业发展"技术共享化、标准共促化、药食同源化"三化共促，形成"三全九化"质量管理模式，两相交融，合成了寿仙谷别具一格的中医药养生文化体系。见图一所示。

一、寿仙谷企业文化的特征表现

（一）"家国一体"的企业价值观

家国情怀，是中国传统文化最基本的内核之一，"国家"一词就是这种家国合一的社会形态的最形象的说明。有国才有家，家与国同命相依、同声相应、同气相求，是中华人民与许多西方个人至上思想的最大差异，也是中华民族长存不衰的粘合剂。"位卑未敢忘忧国""愿得此身长报国"理念已深入每一个中国人的血脉中。"上医医国，中医医人，下医医病"[①]"不为良相，便

---

① 〔唐〕孙思邈《备急千金要方》卷一"序例"《诊候第四》，清光绪四年（1878）影刻本。

为良医"[1]，由于中医药人受中华传统文化浸染更深，所见所闻的苦难更多，对天人合一的哲学思维方式理解更为透彻，表现在中医药人身上的家国情怀也更加明显，"悬壶济世""医者仁心""大医精诚"就是其最好的标注。

寿仙谷"家国一体"企业价值观是寿仙谷产生、前行、发展的发动机，贯穿企业理念、制度与行动整体。

一是融祖训于寿仙谷诚信宣言和企业宗旨。"重德觅上药，诚善济世人"系寿仙谷中药炮制技艺第二代传承人李金祖所撰，为"寿仙谷药号"大堂堂联，寿仙谷后人遵之为祖训，以"重德"为寿仙谷人立身之本，"觅上药"为寿仙谷人行动指南，"诚善"为寿仙谷人立业之基，"济世人"为寿仙谷人终极目标，并将这些诠释融入《公司诚信宣言》，蝶化为企业宗旨与目标，固定成企业员工录用、转正的培训课件，公司集体活动、会议时的诵读内容。

二是体现于以逆行现代企业分工的质量保障模式。工业时代产品生产的一个趋势是分工精细化，每个产业都被细分成多个专业领域，一个企业往往只做其中的一个部件甚至一道工序，并使最终的产品组装和销售及其售后服务独立化，这种最大限度缩短产业链的方式无疑有利于提高员工的熟练程度，减少对员工的培训，有利于使用专业化设备，提高劳动生产率和企业效率。绝大多数的中药保健产品生产企业同样采用这种符合于时代、符合于企业效益最大化的模式。寿仙谷"一链二体三全九化"的质量保障模式中的"一链"就是"全产业链"，而且其产业链不仅延伸到了中药材种植，还延伸到了似乎与企业生产毫不相关、无法直接产生利润甚至要消耗企业大量人力、财力、物力资源的中药材

---

[1] 〔宋〕徐钧《史咏诗集》卷下《陆贽》，清嘉庆宛委别藏本。

品种选育、产品功效检验、检测和临床应用验证阶段，这些社会产品根据社会分工完全应当由第三方完成。这看似荒诞，却体现了寿仙谷人的家国情怀与社会担当。因为寿仙谷人坚定地认为：中药是中华民族的国粹，为中华民族的繁衍和发展做出了重大贡献，但一段时间以来中医却有毁于中药的危险，不少人对中医不再信任，正是因为中药质量的退化，而根本原因是"千家万户"的种植模式和"公司＋农户"的生产方式无法保证中药材的质量。要还中药以品质，为中药疗效正名，就必须恢复中药道地种植生产与加工，作为中华老字号企业，寿仙谷有义务担当这个责任。

三是升华于企业、产业、事业观及其社会责任。"企业"通常有三个特征：一种社会组织、从事经济活动、以营利为目的。寿仙谷作为一家上市公司，无疑具有现代企业所具有的典型特征。但从寿仙谷企业的诉求和活动轨迹上，可以看到有别于一般企业的、将企业升华为行业和事业发展的烙印。

寿仙谷"三全九化"质量管理模式中，"产业发展三化共促"的"技术共享化""标准共促化""药食同源化"的实践及其成效，已完全超出了企业自身发展的需要，而是站在了引领行业发展的高度。从20世纪开始研发的武香1号、808、868等系列香菇新品种及配套栽培技术在全国推广应用，产业年产值超千亿元；从21世纪初开始成功研发的寿仙谷灵芝仿野生栽培技术在全国推广，产业年产值规模超百亿；铁皮石斛仿野生栽培国家专利技术在全国主产区推广，产业年产值规模超两百亿。寿仙谷主导制订的《中医药—灵芝》《中医药—铁皮石斛》两项国际标准在全国推广应用面积达6801.84公顷，创产值145.74亿元。标准实施后的2021年，中国灵芝、铁皮石斛出口额同比增长284%和37%。寿仙谷主导和参与制定的国际、国家、地方和行业、团体标准已达91项，覆盖灵芝、铁皮石斛、西红花等名贵珍稀中药材从品种选育、仿野生有机栽培、加工炮制和检测检验全产业链，有力地提高了相关产业的行业整体生产水平和安全水准。寿仙谷掌门人以浙江省中药材产业协会会长身份提交的允许灵芝和铁皮石斛药食两用建议，浙江省已获国家食品药品监督管理局批复同意列入试点省份；以省政府参事身份提交的《抓住国家"药食两用"试点机会，做大做强灵芝、铁皮石斛等优势中药材产业》建议，获得了袁家军省长等省领导的批复。

寿仙谷人的目光不仅是行业，更是中医药事业的发展。李明焱和寿仙谷人坚持不懈地在不同场合呼吁国家及有关部门重视中医药、发展中医药，以各种形式、方法让人民群众了解中医药，相信中医药，应用中医药，得益于中医药。2012年参与慢病防治健康行大型公益活动，并在2015年承担浙江站工作，历时10年活动不辍，捐资1000万元设立"寿仙谷博爱基金"，连续5届开展"寿仙谷关爱肿瘤学子大型公益行动"，在新冠疫情最危急的2020年初，公司紧急调用20多批次价值超过1000万元的寿仙谷破壁灵芝孢子粉以及口罩、消毒水、测温仪等防御病毒的紧缺物资，助力抗疫一线战士提高抵抗力、增加免疫力，为打赢这场"抗疫之战"贡献一份寿仙谷力量。

（二）"承创一脉"的企业发展观

"企业发展观"可以理解为企业对发展以及怎样发展的总的看法，也就是企业对发展路径与方法的系统选择。从这个意义来说，寿仙谷的企业发展观首先体现在公司"科技立企、管理强企、市场兴企"的发展战略中，一个"立"字充分反映了寿仙谷把科技放在了企业发展的首要位置，科技是寿仙谷企业发展的基础和动力。

作为国家级非遗项目保护单位，寿仙谷拥有曾为历史所充分检验的中药炮制技艺,这是寿仙谷的一个聚宝盆,但同样也面临着时代与市场的考验。李明焱认为:中医药学沉淀几千年的文化,凝聚着博大精深的智慧,但同样面临着传承与创新的问题,中医药史就是一部中医药学在历史的变迁中不断充实完善的历史。天人合一,环境影响人体身心健康是中医药人对生命与疾病最基本的认知,现代社会人们所面临的社会环境和生态环境、从事的工作和所承受的压力与往昔不同,人的疾病谱会随之变化。同时科学技术的进步和大数据的应用,为中医药技术提高、产品改进、功效分析、检验检测、临床验证等提供了支撑。因此中医药的发展必须与时俱进,适应时代,服务时代。

寿仙谷人认为中医药需要"守正创新"。"守正",就是要遵循中医药发展规律,恪守"人命为重""大医精诚"等优秀传统理念,尊重和坚守传统医药学对生命、健康和疾病的认知,传承"天人合一"的思维方式及医养指归。"创新",就是要用现代科学诠释中医药的药理药效,用现代大数据验证中医药医疗保健作用,用现代技术提升中医药生产水平,研发更加安全有效的产品,解决民众医疗健康难题,服务民众健康。守正和创新相辅相成,体现在传承上不拘泥于理论上的研究,更应综合考虑如何满足人民群众对"安全、有效、高质量"的中医药产品和服务的现实需求,将传统医药与高新技术有机融合,开创中医药在新时代的传承创新之路。

寿仙谷"科技立企"战略和"守正创新"方针在整个企业运营过程中得到充分的贯彻与实施。体现在:一、研究与试验发展(R&D)经费投入占销售收入比例从未低于4%,"十三五"期间平均高达6.5%。二、企业建立了以"寿仙谷张伯礼智慧健康创新实验室"和寿仙谷院士专家工作站为核心的"一站二联盟三院六中心"等多个省级科研创新平台。三、与北京大学医学部、浙江大学药学院、北京 302 医院、北京广安门医院等权威研究机构建立产、学、研联合的交流平台；与美国梅奥医学中心、法国欧洲精准医疗平台、波兰弗罗茨瓦夫医院联合进行药理药效研究。

四、先后承担 100 多项国家级、省市级重大科技项目，十多项成果填补国内空白。获国家授权专利 51 项，国家、省、市科技奖 31 项。其中国家科技进步奖二等奖 1 项，国际标准制定重大贡献奖 1 项，浙江省标准创新贡献奖优秀奖 2 项。寿仙谷企业正是凭借在非遗炮制工艺基础上的传承创新和产业化应用，以适应时代并领先于行业领域的技术占领了市场的先机。

寿仙谷"科技立企"战略不仅反映在技术与产品的创新上，还直接或间接影响了企业整体运营与管理的体制与风格。

"以科研的方法管理企业""按科研的方法研究企业"成为了寿仙谷企业管理一个特色。最能反映这种特色的是寿仙谷企业管理十字方针"科学、严谨、规范、高效、共赢"和寿仙谷"十四五"发展"为民服务促民健康原则、持续经营永续发展原则、科技引领创新创业原则、质量优先全程质保原则、精细管理效益兼顾原则"的五大原则。公司所有决策都必须按国家科技部门对科技项目研究的要求明确背景、目标、方向、路径、投入、产出、经济效益、社会效益和生态效益，编制可行性报告，并根据事项的重要程度进行不同范围的研究认证。公司所有的人、财、物管理都建立了严格的风格制责任划分和审批流程，并通过信息化管理进行固化。这种管理理念在某种程度上造就了寿仙谷在投资方面更加注重"谨慎性"，在经营方面更加注重"专一性"，在管理上更加注重"规范性"，虽然存在有失去"爆发性"增长机会的可能，但也使寿仙谷持续发展的潜力更加夯实。

（三）"阴阳合一"的企业产品观

企业产品是企业对社会服务和赢取利润的载体。企业产品观，是企业面对消费者需求对产品的选择方向和实践，这决定着企业的经营方式和经营模式。寿仙谷企业产品观可以用"非遗""上药""原产地""阴阳气血"四词诠释。

国家级非遗代表性项目《武义寿仙谷中药炮制技艺》，是在中国传统中医药学理论和实践基础上形成的具有寿仙谷地方和药号特色的中医药实践检验成果。寿仙谷的祖辈为寿仙谷人留存了超过百种的中药采集、栽培及炮制加工技艺，其中有20多种有着明确清晰的本命、案例记载。传承非遗、光大药号、济世救民是寿仙谷人的责任。

"上药"语出《神农本草经》卷三："上药令人身安命延，升天神仙，遨游上下。"[1]寿仙谷人认为：中医药最高的境界为"治未病"，而"治未病"的关键是提高人体的免疫力、增加人体的抵抗力，许多中国传统名贵珍稀药材如列入《道藏》的"中华九大仙草"就是经过历代医学家反复验证的"上药"，针对现代人群工作压力大、睡眠不足、易疲劳的生活特性和污染源增加的自然环境以及由此引发的现代疾病谱，"上药"无疑就是最好的选择。

"道地"本义为名副其实。"道地药材"是中医药最重要的术语之一，是最优良品质中药的专属名词。寿仙谷人认为：物生于世，必有其用。百草生百地，沐霜露，历寒暑，其性必异。"橘过淮水而为枳"已充分说明此理。只有选择原产地产品，保证药材"道地"，才能确保药效。

"阴阳"是中国古代哲学对世界和物质的认识最为伟大的贡

---

[1] （魏）吴普述，〔清〕孙星衍辑《神农本草经》，清嘉庆承德孙氏刻问经堂丛书本。

献，中华文明逻辑思维基础的核心。阴阳哲学认为：一切事物发生、发展和变化都是阴阳对立统一的结果。中医药学引用并衍化了这一概念，认为人体由有形的精血（属阴）和无形的气（属阳）构成，精气之活力则为"神"，"阴平阳秘"为人体健康之根本，"气血充盈，百病不生"。人的阴阳失衡、气血失衡，就会因"外邪内情"入侵患病。禀天地之气、萃万物精华，不同的中药材有不同的"性、味、归经"，可以分用于补阳（气）、滋阴（精血）。能实现"阴阳互补"的自我调节是用药的最高境界。

灵芝"益心气"、铁皮石斛"强阴"，均为"中华九大仙草"之一，是中药炮制技艺传承体系中的代表性中药，又为寿仙谷原产地中药材。西红花为"药中公主"，功能是"活血""凉血"，在浙江产区有多年种植史并具有较高品质。因此寿仙谷选择了上述三品种药材为公司传承创新与科研生产主产品，并在相关中药保健产品中互相配伍。2019年，灵芝、铁皮石斛、西红花及三叶青四种寿仙谷主产中药材产品列入"新浙八味"，2020年"武义寿仙谷灵芝/灵芝孢子粉及制品""武义寿仙谷铁皮石斛及制品"获国家质检总局生态原产地产品证书。

（四）"高效卓一"的产品质量观

寿仙谷人坚定地认为：中医药可信、可用，功效已为历史充分鉴定，但确实也存在着市场上中药产品品质与药效下降的问题。根源就在于种质资源匮乏、栽培管理混乱、炮制加工失真。为此，寿仙谷于1998年，在全国范围内第一个提出了"打造有机国药第一品牌"的口号，明确提出了寿仙谷人的中医药质量方向。其措施就是产品质量控制"品种自主化、栽培道地化、炮制创新化"和"全产业链质量控制"体系的实施，目标就是产品质量的"安全、高效、稳定、可控"。

种子是延续生物体的繁殖体系。种子的优劣直接关系到生物体产品的产量、质量及抗性。品种则是经过人工选择和培育,具有共同遗传特点和一致性状的特定种类的生物体。所以野生环境下不存在品种概念。有文献记载水稻、小麦良种对中国粮食增产贡献率超过45%,袁隆平的杂交水稻就是其中最大的贡献。由于优良品种的选育在某种程度上可以大幅度提高产品的产量与品质,所以世界先进发达国家都十分重视对重要农产品品种的选育,并把其作为把控农产品生产和贸易的手段。中国虽然是中药的故乡,但中药材的现代栽培起步较迟。把种子权把控在自己手里是寿仙谷人的心愿,也是寿仙谷研究的起点。历经30年,寿仙谷成功选育出了9个名贵珍稀中药材品种,其中"武香1号"为中国也是世界第一个高温季节栽培香菇品种;"仙芝1号"为中国第一个灵芝品种,不仅打破了日本红芝和韩芝品种对中国灵芝品种市场的垄断,而且其多糖和三萜等有效成分远远高于日芝和韩芝;"仙斛2号"的有效成分多糖含量高达58.7%,比国家药典规定指标高出1倍以上。相关品种的成功选育,不仅为寿仙谷名贵珍稀中药的产业化打下了基础,也奠定了寿仙谷产品的质量基础。

有机农业的概念在20世纪20年代首先在法国和瑞士提出,并在20世纪80年代为国际和一些国家认可并制定标准。尽管有众多定义,但其内涵是统一的,即有机农业是指在生产中不使用化学合成的肥料、农药、生长调节剂和畜禽饲料添加剂,而采用有机肥满足作物营养需求的种植业,或采用有机饲料满足畜禽营养需求的养殖业。有机产品的最大特征是生产遵循自然规律,与自然保持和谐一致。获得有机认证的不仅要满足上述规范,同时明确相关产品不得检出农残、重金属。寿仙谷认为这与中国传统道地药材的要求有相通之处,所以借用了这一概念。

寿仙谷文化综论

寿仙谷人深刻认识到，采取"公司+农户"方式，无法控制农民使用违禁物，更无法通过严苛的有机认证。因此公司在建立基地的第一时间就采取了直接向农民租赁土地、培训基地工人，严格按照国际有机农业生产规范的"公司+标准化"模式，这样虽然加大了企业很多成本，但保证了产品的质量。公司基地于2004年第一次通过国家有机认证，目前已通过中国、欧盟、美国、日本四重有机认证、国家道地药材认证、三无一全产品认证。

"炮制"又名"炮炙""修治"，专指中药的制药过程，目的在于增强药效、调节药性、排毒减毒、便于收藏。国遗项目《武义寿仙谷中药炮制技艺》最精髓的传承点就在于药材炮制工艺，采用的主要方法就有选、洗、浸、泡、漂、淘、润、飞、晒、切、锉、研、烘、炮、煅、煨、炒、炙、蒸、煮、藏等20多种。寿仙谷公司在充分吸收前人理念、充分研究不同工序对药效药性影响的基础上，利用现代科学、现代技术改进和提升传统工艺，以现代检验检测手段验证工艺效果，成功研发出了寿仙谷牌破壁灵芝孢子粉、铁皮枫斗颗粒、西红花铁皮枫斗浸膏等拳头产品。"灵芝孢子粉第三代去壁提纯技术"以58道工序，在"四低一高"超音速气流破壁的基础上，最大限度地去除了灵芝孢子粉非药位部位——双层几丁质壁壳，实现了多糖、三萜等有效成分，比传统破壁粉十倍级提升，获得了国家专利、第46届日内瓦国际发明展金奖。寿仙谷公司成为全球第一个掌握灵芝孢子粉去壁技术的企业。寿仙谷牌铁皮枫斗颗粒以"无糖、高有效成分"为标识，寿仙谷牌西红花铁皮枫斗浸膏则是寿仙谷奉献给社会的第一款西红花浸膏型产品。

在"三化"的基础上，寿仙谷以灵芝、铁皮石斛、西红花、"浙八味"等名贵珍稀中药材全产业链生产为横轴，以标准化体系为纵轴，以数字化体系为支撑，构建了寿仙谷全过程质量控制体系，实施产品身份证可追溯制度，确保产品生产与质量监管的无缝对接，确保了产品的稳定、可控。

（五）"风雨一舟"的员工关系观

体现和反映寿仙谷"风雨一舟"的员工关系观最为突出的是寿仙谷"共同的目标、共同的责任、共同的家园"的企业构成观。

以共同的目标凝聚寿仙谷人。公司以《公司介绍》《员工手册》等形式告知每一个求职人员包括拟引进人才，寿仙谷人的目标"不仅是为了创造共同的财富"，更重要的是要以爱心和奉献达成一项共识："我们所做的是以集体的创造力演绎人类健康、美丽和长寿的伟大事业"，并在招聘表登记、招聘谈话和面试中反复明确，在入职试用期间进行中华传统文化和寿仙谷企业理念、目标等企业文化的培训，设置节点（周、月）考核、转正集体面试，通过严格、反复和频繁的价值观培训、教育和测试，吸收和凝聚具有共同目标的人才加盟寿仙谷。

以共同的责任激励寿仙谷人。公司将中国传统文化教育、国家中医药发展形势教育和寿仙谷中医药文化教育作为员工经常性教育主课题，灌输"国家兴亡、匹夫有责"思想；通过设置员工个人发展目标激发员工社会责任感、以公司"雏鹰""飞鹰""精鹰""雄鹰"的"四鹰"人才培养计划提振员工成长感；以"员工自荐他荐原岗转岗提职提薪制度"最大限度发挥员工特长，以"公司科技进步奖""提职增效奖""师带徒奖""人才推介奖""合理化建议奖"充分激发员工投入寿仙谷企业科技创新，为中国中医药事业做出贡献；以"助人为乐奖""见义勇为奖""献血奉献奖"鼓励员工弘扬中华传统正气；以年度"优秀员工""优秀共产党员""优秀共青团员""优秀工会妇联干部"等称号激发员工个人荣誉感；以"学历补贴奖""月度职称技能补贴"鼓励支持员工通过学习和实践不断增加工作水平和能力。努力通过"寿仙谷人"的发展,助力中华中医药事业的发展。

以共同的家园温暖寿仙谷人。寿仙谷公司努力通过员工股权激励制度、规范的职代会制度,以当地同规模企业和行业领域高点待遇为基础,进一步采取积极有效的奖励措施,以舒适良好的生产生活环境为保障,发挥"党、工、团、妇"组织凝聚人心的作用,鼓励员工组织和建立各种兴趣小组、帮扶小组和互助小组等,激发企业员工"主人翁"意识,让公司员工在快乐中工作、学习、生活、成长,实现"五彩青春梦"。这样的多措并举、全面发力,取得了积极良好的成效,员工稳定率保持在90%以上,企业先后获评浙江省文明单位、浙江省优秀基层党组织、全国共青团"四五"团支部等荣誉称号。

(六)"物我一心"的企业生态观

企业是社会的细胞,以法人形式活动于社会。寿仙谷坚持以"有法必依、执法必严"的态度,对待包括税收、环保在内的国家法律法规明确的义务关系,以"诚信守诺、互惠共赢"处理与企业运行相关的产业链、管理链、资金链中的供货商、经销商、服务商、消费者组成的利益关系,以"做大市场、错位发展、互相促进"理念融溶与市场同行企业的竞争关系,以绿色、有机、和谐企业处理包括能源、环保和生态循环的自然关系。

行业领域共同发展是寿仙谷弘扬中医药文化、振兴中医药事业坚定不移的道路,在做大产业蛋糕中做大做强寿仙谷企业是寿仙谷人的发展路径。"技术共享化""标准共促化""药食同源化"是寿仙谷"中医药人共同发展中医药产业"的模范举措。与此同时,寿仙谷人通过与同行企业产品错位选择、学术互研互讨、信息互通有无、科研共同攻关的办法,努力团结和凝聚同行业同领域企业共同推进产业的进步和发展，取得了良好的成效。公司董事长李明焱连续三届被票选为浙江省中药材产业协会会长及铁皮石斛分会会长。

自然生态有机循环是寿仙谷人不断探求的目标。在长期的实践中，公司创造性地发明了利用灵芝、食药用菌生产后的菌渣，经发酵配制成种植铁皮石斛的栽培基质；种植铁皮石斛后的栽培基质再利用来种植名贵中药材西红花及油菜、水稻等农作物，形成了灵芝、西红花与水稻轮作，水稻田套养鱼、鸭，生产用后药渣制成猪、鸡、鸭、鱼饲料的中药栽培生产生态循环体系，建立了低碳生态高效循环产业模式，有效解决了食药用菌产后废料及农林产品下脚料造成的环境污染，同时最大化地利用了农副产品下脚料资源，形成了良性循环的农业生态系统工程，为寿仙谷有机、"道地"中药材的生产和自然资源可持续利用创造了条件。

二、寿仙谷企业文化的生成分析

任何一种文化的生成都有其历史渊源，受到民族、地理、经济、社会形态和周边环境的影响。寿仙谷企业文化也不例外。

（一）中国传统文化缔造企业本性

中华传统文化博大精深、源远流长、根深枝繁，其主干是儒、道、释。儒学强调入世，"自强不息、厚德载物"，而"仁为天地之德"；强调秩序、克己复礼，"君君臣臣、父父子子"；其目标在修身齐家治国平天下。道学强调"道法自然，逍遥齐物"，追求的是自由，目标是超出尘世而获得更大的自由。佛学讲究因果，追求的是"慈悲为怀，普度众生"，目标是个人心灵的解脱。

儒、道、释在历史的长河中不断充实开枝，但本源和根底未变。儒学以"修己治人之学""内圣外王之道"成了统治者的"王道"，以"三纲五常"构建了长达2000多年的封建社会秩序体系，以"忠孝仁义礼智信"为社会行为准则，"见贤思齐，见不贤则自省也"。道家则逐渐退出国家治理体系，以其空灵但极其富有哲理的想象幻化为帝王将相和普通百姓普遍向往的人与世界、人与自然、人与不解之缘的沟通、交流秘径，并为中华医学和中医养生学的创立和发展铸就了灵魂内核和思维方法。佛学则以最接近现实、最能打动人心的方式，不断本土化和平民化，成了普通百姓逃避现实、释放苦难、化解心结的最佳依托。

儒、道、释文化渗透了中华大地的每一个角落。从《百家姓》《三字经》《四书五经》到程朱理学，不同层次的人民都试图通过儒学教育"劝学进世"，"立德立功立言"，而且往往家族和财富地位越高，这种目的性就越加强烈。而在劳余学间、茶余歇后，道教鬼神传说、戏剧则成了人们最为乐享的精神填充剂，问道寻仙的足迹也从未间断。佛教则以"慈悲"的心态和无门槛吸引了众多的居士和信众。

李氏为中国望族，寿仙谷传承人脉出陇西，李唐后裔，家传底蕴深厚。寿仙谷前人均深受中国传统教育，后人家庭教育严格。据《仙草人生——李明焱与寿仙谷》记叙，寿仙谷掌门人李明焱曾写过一首诗，并刻在卧室大衣柜门上："天理本为人之德，忠孝则自古留名；酒色素误事之因，量大者福禄弥深"，足可见其受中华传统文化影响之深。

寿仙谷第三代传承人李海洪转述其父——第二代传承人、"寿仙谷药号"设立者李金祖之言说："寿仙谷"三字分别代表"人（寿）、天（仙）、地（谷）"，本意为"天地人和合"。现寿仙谷武义黄龙总部综合楼一楼的铜铸大门上，篆刻着"德仁智信，福禄寿喜"八字,面对着大门的是一幅高达12米的寿仙图,图案为南极仙翁灵芝蟠桃,则将儒教的"德仁智信"作为了道家"福禄寿喜"的前提、"天地人合"的支撑。

从公司发展理念和具体实践来看,从某种意义上来说,寿仙谷文化可以简略地归纳为以儒家文化为本(行为准则)、道家文化为的(目标追求)、佛教慈悲心怀为基(内心情感)的中华传统文化的结合体。

(二)明招文化和浙商精神打造企业品质

明招山是武义的文化高地,明招文化的发展主要经历了东晋、晚唐五代、南宋三个重要阶段。"如果说东晋、五代的明招文化是以道家佛门之隐逸禅悟为底色、面向普罗大众的民间信仰文化,到南宋,吕祖谦通过讲学和著述,激活并重构了明招文化,使此后的明招文化成为儒释道融合而以理学为主流的儒家精英文化。"[1] 吕祖谦主张明理躬行,经世致用,反对空谈心性,其学术思想,上承宋代理学,下启清代浙东史学,兼容朱熹"格物致知"、陆九渊"心即是理"、陈亮和叶适的"实事实功""崇义养利""成利致义"哲学。吕祖谦兼容并包的思想,是浙学的源头和重要组成部分。

吕祖谦为父母丁忧,先后在明招山守墓会友讲学6年,培养两浙尤其是八婺人才甚众。叶适小诗《月谷》曰:"昔从东莱吕太史,秋夜共住明招山。正见谷中孤月出,倒影破碎长林间。凭师记此无尽意,满扫一方相并闲。"[2] 就形象地记录了这一场景。"岁

---

[1] 陈玉兰《浙学圣地明招山》,浙江新闻客户端《社科视窗》2022年2月17日。
[2] 〔清〕何德润撰《武川备考》卷九,陈玉兰主编《武义文献丛编·何德润卷》,中华书局,2019年,第1095页。

时来上冢,车马隘阡陌。念昔事先生,同门至千百。"[1]吕祖谦门生、武义人巩丰的《咏玩珠亭》则从另一方面记载了明招讲学的兴盛。

吕祖谦讲学明招山,让历史上相对闭塞的武义人看到了一个新的天地。在吕祖谦到明招山讲学的乾道二年(1166)后的南宋114年间,武义出了31个进士,占了武义整个两宋41个进士数量的五分之四。这是吕氏"讲实理,育实才而求实用"理念结出的教育硕果。吕学思想也深刻地涵养了浙商精神。

浙商敢为天下先、勇于闯天下,以"自强不息,坚韧不拔,勇于创新,诚信务实"的精神,成为近代中国史上充满创新活力、最为活跃的地域性资本和企业集团。特别是在20世纪八九十年代中国改革开放的浪潮中,人多地少、自然资源极度匮乏的浙江人,从补鞋、打铁、鸡毛换糖和街头小贩开始,以"翻越千山万水,吃得千辛万苦,说尽千言万语,想尽千方百计"之精神,创造了一个个神奇的"财富童话",构筑了浙江民营经济的辉煌、专业市场的繁荣、块状经济的坚实、区域产业集群的不断崛起和升级,也演绎出非同寻常的浙商精神。步鑫生、鲁冠球、冯根生、马云、南存辉、李书福等就是其中的代表性人物,义乌小商品市场则是其中最有典型和象征意义的成果。

"经世致用"的明招文化、浙学思想为浙商的产生和浙江经济的发展提供了理论思想,并在潜移默化中内化为浙江人的性格涵养,成了浙江人适应时代、适应社会、不断创新的优秀品质。

(三)中医药独特思维铸造企业管理特色

中医药医养的目标是人,是人的整体、人的全过程。最大的特点在于天人合一、神形一体的整体观,"法于阴阳、和于数术"

---

[1] 〔清〕何德润撰《武川备考》卷九,陈玉兰主编《武义文献丛编·何德润卷》,第1085页。

的养生观,以及执中调和的诊疗观。《周易郑注》云:"形而上者谓之道,形而下者谓之器。"①《类经附翼》云:"医易同源,同此变化也。"②中医药人对生命的认知和对人体的健康观、疾病观、治疗观、养生观,自然而然地影响到整体世界观,并在其社会实践包括企业管理中自觉和不自觉的应用,这在寿仙谷管理特色中尤为可见。

天人和合的整体观念。《灵枢·本神》云:"人以天地之气生,四时之法成。"③人的"五脏系统结构"通过经脉联系,进行协调和控制,构成一个生命的整体,与自然界的四时阴阳消长变化收受通应。风、寒、暑、湿、燥、火六种外感病邪和喜、怒、忧、思、悲、恐、惊七种情志引发人疾病的产生和发展。"故智者之养生也,必顺四时而适寒暑。"④这种"生物—心理—社会"的医学思维模式及人与自然的统一整体观,与企业的生存环境观和健康发展观有着极为相似点。

系统辩证的思维模式。"辨证论治"是中医学对疾病的研究和处理方法。"有诸内者形诸外"⑤,通过望、闻、问、切判断阴、阳、表、里、寒、热、虚、实,"视其外应,以知其内藏,则知所病

---

① 〔汉〕郑玄注,〔元〕王应麟撰集,〔清〕丁杰后定、张惠言订正《周易郑注》卷七《系辞上》,清嘉庆二十四年(1819)刻本。
② 〔明〕张介宾撰,王玉生主编《类经图翼·类经附翼评注》,西安:陕西科学技术出版社,1996年,第351页。
③ (隋)杨上善《黄帝内经太素存》卷十九,清光绪十六至二十四年(1890—1898)丛刻本。
④ (隋)杨上善《黄帝内经太素存》卷六,清光绪十六至二十四年(1890—1898)丛刻本。
⑤ 〔元〕朱震亨撰,〔明〕程充校补《丹溪心法》论《能合脉色可以万全》,明弘治六年(1493)程祖兴等刻本。

矣"①，查证三焦、卫气营血、脏腑，最后明确患者症候和适应证。诊断必须"因时、因地、因人"制宜。同一症候，引发原因不同，就必须用不同的治疗方法；同一疾病，不同体质、年龄，治疗方法也不同。这种因人而异的中医"辨证论治"的方法，不仅在现代医学中具有指导意义和现实意义，在企业和社会管理中同样具有深刻的借鉴意义。

　　执中调和的纠偏方式。传统中医药认为人与环境是一个整体："人禀天地阴阳之气以生，借血肉以成其形，一气周流于其中以成其神，形神俱备，乃为全体。"②与环境、社会"和"代表着健康，"失和"代表着疾病的产生，"调其不和"就是对疾病的治疗。而"失和"包括：一、人与外部自然环境与社会环境不和谐；二、人的生理和心理不和谐；三、人体内部的脉络、气血、经络不和谐。后两者的失和也为前者引发。调和的方法为"虚则补之，实则泻之，寒则温之，热则凉之，不虚不实以经调之"③；原则为"当知行制，进止有度"；目标为"阴平阳秘"，即阴阳平衡。

　　未病先防的养生思想。"上医治未病，中医治欲病，下医治已病"。"圣人不治已病，治未病；不治已乱，治未乱"④。"治未病"是中医学奉献给人类的健康医学模式。治未病又包括"未病先防""既病防变""愈后防复"三个方面，就是要根据人体阴阳五行自发的传变规律，提前安抚尚未受邪但又容易受邪之所，

---

① （隋）杨上善《黄帝内经太素存》卷六，清光绪十六至二十四年（1890—1898）丛刻本。
② 〔明〕龚廷贤《寿世保元》卷三，日本正保二年（1645）风月宗知刻本。
③ 〔汉〕华佗《中藏经》卷上《论五脏六腑虚实寒热生死逆顺之法第二十一》，清嘉庆间丛书本。
④ （隋）杨上善《黄帝内经太素存》卷一，清光绪十六至二十四年（1890—1898）丛刻本。

斩断疾病相应的传变方向。通过"顺应天时，天人合一"，遵循"精神内守，病安从来"，实现"正气存内，邪不可干"。

（四）经营者时代个人经历铸造企业理念

企业文化是企业价值观和精神，是企业生存发展和竞争的灵魂，是隐藏在企业经营管理背后的企业基因。这其中企业家的经营理念和思想无疑是最为重要的因素。而"我们在人与人之间所见到的精神上的差异，是由于他们所处的不同环境，由于他们所受的不同教育所致"[①]。企业家的思想形成必然与其所处时代及个人经历包括家庭环境、教育环境、工作环境和社会环境的影响密切相关。

寿仙谷企业和企业文化的创立者、发展者是寿仙谷中药炮制技艺的第四代传承人李明焱，出生于20世纪60年代初，属于高度认可中华传统文化、同中国命运历程息息相关的特殊时代的人。他们青少年时曾受到宗族家庭严格的中华文化传统教育与社会十年动乱反传统教育，又在拨乱反正中建立世界观；曾亲尝过脸朝黄土背朝天的最原始最艰辛的农耕生活，更经历了改革开放和经济全球化带来的天翻地覆的社会变迁，在改革开放中充分彰显自我；曾见识过以集体力量抵抗自然和力求改变自然的农村公社、彻底解放家庭生产力的家庭联产承包责任制、企业厂长经理负责制等各种生产组织方式，并将自身融入党和国家、民族发展于一体，投身市场经济，试图以科技创新、管理体制和机制创新，全力提高人的劳动生产率，实现现代化和小康生活的浴火实践中。

与时代烙印相并列的是企业家的家庭和个人经历烙印。李明焱的背景是中国农村基层一家中医药世家，而且从小对中医药知

---

① 爱尔维修《论精神》，《欧洲哲学史原著选编》，福建人民出版社，1981年，第204页。

识有着浓厚兴趣。这使李明焱有着比常人更多接受中华传统文化教育的机会。20世纪70年代末，学校毕业后，李明焱承继父业，开始从事名贵珍稀中药栽培及炮制研究，并迅速做出成绩，成为了国家星火计划带头人标兵，被国家科委选送到日本研修。回国后由于高温香菇栽培技术和香菇周年栽培技术的突破，获得了国家科技进步奖二等奖，国务院特殊贡献津贴，获评全国劳模，并当选为浙江省第八、九、十三届人大代表，省政府参事。同时先后被聘为中国食药用菌协会副会长、中国中药协会灵芝专业委员会副主任委员、中国医药教育协会副会长及浙江省中药材产业协会会长等众多社会职务。这些无疑成为寿仙谷企业文化最为深厚的根基和不断壮大的源泉。

　　日本之行，对李明焱的寿仙谷企业文化构建有着重大的特殊意义。一是中国是中医药的故乡，但日本的汉方药借助中国传统中医药古籍经典名方进行生产，占据了世界上近80%的中医药市场；二是中国是灵芝的故乡，灵芝的药用史已长达6800年，但由于现代研究的缺乏，不得不使用日本红芝和韩国韩芝品种；三是日本的农业和中药生产已进入有机产品时代，而中国中药材生产却仍在利用农药化肥增加产量以满足市场需求。这让他产生了脱离体制下海创办企业恢复"寿仙谷药号"、通过科技创新实现中医药振兴的坚定决心，并在自身无法辞职的情况下，让爱人先辞职下海，创办了属于李明焱自己的企业，开始了寿仙谷名贵珍稀中药材育种、仿野生栽培、标准化生产之路。

（五）国际科技与管理新潮拓造企业路径

　　科技立企，依靠科技进步推进产业发展，是寿仙谷坚定不移的道路。寿仙谷最突出的优势就是科技。支持寿仙谷科技立企战略实施的具体举措为"一链二体三全九化"的质量保证体系。其中的产品质量控制"品种自主化、栽培道地化、炮制创新化"三化同行就是科技创新；企业管理"生产智能化、管理信息化、销售云端化"三化融合完全依托于科技的进步；产业发展"技术共享化、标准共促化、药食同源化"三化共促中前两者也是科技推广实施的路径。

以"全球视野、国际标准"，构建世界一流的珍稀植物药研究平台与产业链，打造有机国药第一品牌，打造世界灵芝领导品牌，打造国际领先灵芝产业基地，打造世界高品质产品，科技成果、标准制定、质量控制持续突破引领行业发展。这是寿仙谷发展的既定目标。为实现此目标，公司以"寿仙谷张伯礼智慧健康创新实验室"和寿仙谷院士专家工作站为核心，组建了"一站二联盟三院六中心"等多个科研创新平台，为企业开拓视野、拓展发展路径打下了坚实的基础。

企业管理是把资源要素变为产品的过程，目的是省、快、多、好，取得最大的投入产出效率，措施是计划、组织、控制、激励和领导，对象是人、机、料、法、环。中国的企业管理科学在改革开放中迅速崛起，与此同时，以"算盘＋理念"为代表的日本稻盛和夫企业管理理念、以制度为核心的美国企业管理方法也在中国自觉或不自觉地得到广泛应用。寿仙谷公司掌门人出身科技部门，并曾在国有企业担任负责人，公司企业架构也必然存在有国有企业的痕迹，并在最早的时间内成立了党工团妇组织，建立了职代会制度。进入新世纪，公司发展到一定规模时即着手现代企业制度的引进与改革，并在2012年实现股改。在具体管理方式上，公司先后引进西点管理模式以加强企业执行力、引进阿米巴经营管理模式拓展"全员参与经营"，引进积分制管理模式最大限度调动员工积极性，组织开展精益管理、6S管理、卓越绩效管理，最终形成了具有中华文化特色，同时充分借鉴和应用现代管理理念、工具和数字化体系的寿仙谷企业管理模式。

三、寿仙谷企业文化践行的意义

寿仙谷"道生万物，天地人和"企业管理文化和质量管理模式有着积极的现实意义和借鉴作用。

（一）增强企业民族自信与文化自信

现代企业管理中最大的难题之一是如何吸引人才、凝聚人心，最大限度地发挥员工的主观能动性、创造力和积极性。实践证明，完全以效率为先，强调组织、控制和纯粹数据化考量的西方管理理念并不完全适应于我国。中华文化博大精深，其中"天下之本在国，国之本在家，家之本在身"的家国情怀、"仁、义、礼、智、信"的道德观、"义利并举"的经营观，对国家的统一、民族的团结和社会的长治久安有积极作用，也对中国民族企业管理有积极作用。而且中华文化世代传承，更容易为企业员工所接受，并贯彻到具体经营管理行动中。

（二）强化企业社会责任和社会意识

企业不仅是社会的经济细胞，同时也是社会的政治细胞和文化细胞。企业提供的产品和服务的质量直接关系到行业、社会及国家的发展质量；企业对安全、环保、税收、公益社会责任的履行直接关系到国家、社会和民众的切身利益；同时大多数劳动年龄段人群在企业的时间或者为企业从事活动的时间要远远超过社会活动和休息时间，必然自觉或不自觉地受到企业及其领导人价值观、经营理念的潜移默化和规章制度的强行约束，并渐渐固化为思维和行为习惯。所以企业同时又是社会极其重要的文化组织，反哺和影响着整个社会文化。因此，树立对国家负责、对社会负责、对民众负责、对家庭负责的企业思维，以及将企业发展作为行业发展、事业发展的组成部分，并以事业、行业发展的高度推进企业发展的路径，对广大企业强化和提高社会意识、履行社会责任有积极的借鉴作用。

（三）促进产业现代转型和质量提升

集约化经营、标准化生产是现代产业发展的必由之路，不但可以通过规模化生产推进机械化生产，加大产业基本建设资本和科技创新投入，也是大数据化的推广和应用的必备条件，更是产品质量"安全、有效、稳定、可控"和全产业链可追溯的基础，对切实解决农业产业中目前仍处于千家万户生产经营主体条件下的市场监管困难，确保农产品和食品的安全尤其具有重大意义。

（四）助力企业规范管理和持续发展

天地人和是中华传统文化追求的终极目标，永续发展是企业经营最大的期望。而企业立足于社会，必须受到法律法规、社会道德的约束，必须妥善处理好与消费者、合作商、原材料供应商、企业员工等各方面的关系，努力实现多方共赢。以德仁智信为企业价值观约束企业法人自身同时也约束员工行为，为企业取信于人、立身社会创造了最为重要的根基，同时也为企业的向心力和凝聚力建设奠定了基础，为企业长远目标的确立和实现提供了保证。

（五）服务"健康中国"战略实施

中医药是中华民族的国粹，为中华民族的繁衍发展做出了重大贡献。第七次全国人口普查结果显示，中国60岁及以上人口占比超18%。而伴随着老龄化程度的加深，心脑血管疾病等慢性疾病已成为许多老人和家庭面临的新的挑战。而实践证明，中医药对现代疾病谱特别是慢病治疗方面有其独特的功效，并已在"治未病"方面发挥主导作用，在重大疾病治疗中发挥协同作用，在养生康复中发挥核心作用。因此，推进健康中国建设，普及健康生活、优化健康服务、完善健康保障、建设健康环境、发展健康产业，中医药不可或缺，也不能或缺。而中医药发挥作用的关键在于中药质量的有效保证，寿仙谷"道生万物、天地人和"企业文化和"一链二体三全九化"质量控制模式的借鉴与推广有助于中医药产业的整体质量和标准的提升，有助于"健康中国"战略的实施。

参考文献

任继愈主编《中国道教史》（增订本），中国社会科学出版社，2001年。

李震《叶法善传说研究》，中国文史出版社，2011年。

方立天《中国佛教哲学要义》，中国人民大学出版社，2002年。

詹石窗《道教文化十五讲》，北京大学出版社，2003年。

曾礼军《宗教文化视阈下的〈太平广记〉研究》，中国社会科学出版社，2013年。

朱德明《浙江医药通史》（古代卷），浙江人民出版社，2013年。

何成明、何生英《仙草人生：李明焱与寿仙谷》，中国工商出版社，2014年。

周伟华《叶法善考论》，浙江工商大学出版社，2015年。

邹唯成《同人于野：李明焱创业创新传奇》，中国经济出版社，2016年。

周生春、李烨《中华传统学术的现代转型——以中医为例》，浙江大学出版社，2017年。

李明焱、徐子贵《武义寿仙谷中药炮制技艺》，浙江摄影出版社，2019年。

桑兵、关晓红主编《近代国字号事物的命运》，上海人民出版社，2020年。

李经纬《中医史》（修订版），海南出版社，2022年。

后 记

　　武义有明招山，因为南宋大儒吕祖谦在此庐墓讲学并著述，从学从游者络绎，名动东南，从而成了浙学高地和宋韵文化的地标。而在吕祖谦讲学之前，明招山曾是东晋镇南将军阮孚隐逸之地、南唐德谦和尚禅修之地。因此，明招山是一座儒道佛和合一体的文化山，当地就称这里以吕祖谦儒家精英文化为核心，以道家隐逸文化、佛家禅修文化为辅翼的名山文化为明招文化，继而因为明招文化对武义学风乃至民风的巨大的辐射力和影响力，进一步以明招文化指称武义地方文化，并于2011年成立了明招文化研究院。因为较多地参与了明招文化研究院自设项目的研究和学术活动的组织，同时也参与了武义地方文献的全面整理工作，我对当地的自然风物、人文景观、社会经济和地方贤达也有了较多的了解和互动，对清幽灵秀的寿仙谷山水情有独钟，对每年春夏之交大红岩下石斛吐蕊、灵芝喷粉的奇妙景观神往不已，因而也渐渐地关心起以仙斛瑞芝系列产品为主打产品的寿仙谷药业的发展，听闻了不少对该企业的赞誉，了解了其在中医药界的地位，对其掌舵人李明焱的认知便又加深了几分。所以当有一天寿仙谷突然来电希望我能牵头帮他们对寿仙谷医养文化体系作个梳理时，我虽然因为事务丛杂怕分身乏术而多有犹豫，但内心还是真的很愿意为他们做点事的。

　　之所以甘愿花时间做这件事情，首先是因为李明焱先生是我很敬重的一位农民科学家。2008—2011年任浙江省第十一届人大代表期间，我和李明焱在同一个代表团。那时候他是代表团的明星代表，面呈芝色，双目炯炯，嘴角始终含笑，经常为农民发声。

后　记

他攻克了香菇无法在高温环境下生长的世界性技术难关，让老百姓一年四季都能吃到新鲜香菇，其香菇培育创新技术获得了国家科技进步二等奖。对自己付出了许多心血获得的发明，他没有秘不示人以闷声发财，而是公之于众，奉献给山区农民，而且亲自对菇农作技术培训。这种共享意识是超前的，天下菇农因此受惠者不计其数。他是带人致富路上的先行者，不能不让代表们心生敬佩。所以每次开人代会，他总是受浙江省主流媒体采访较多的一位代表。后来李明焱继续担任浙江省第十二届人大代表，并且在科技探索之路上越走越远，其企业，在铁皮石斛仿野生栽培、灵芝孢子粉破壁去壁技术等方面，都走在世界前列，成为《中医药—铁皮石斛》《中医药—灵芝》ISO 国际标准制定单位。李明焱对三农及中医药行业的贡献，令曾经同为省人大代表的我引以为豪。其次，李明焱对他的受传统文化浸润颇深的家族企业的可持续发展也极具远见，舍得在技术创新和人才引育方面投入巨资，其子李振皓是浙江大学药学博士后，负责寿仙谷植物药研究室、张伯礼中医药创新实验室的工作，统筹公司整体研发体系；李振宇毕业于英国伯明翰城市大学商务与管理学专业，为公司总经理，负责海内外市场经营。由此可见，寿仙谷中药炮制技艺第五代传承人正在崛起，也在为传统中医药及中医药文化走出去做着各种准备。这也让我对寿仙谷药业的可持续发展和进一步走向辉煌充满信心。

总之，寿仙谷药业以自身的发展带动了天下菇农和武义这个欠发达山区的农民共同富裕，并在科技创新的驱动下，为社会提供了优质的中医药养生辅疗产品，而且在重大灾疫疾病面前的慈善捐助也从不缺席。所以，不管是李明焱其人，还是寿仙谷企业，在现代农业和中医药行业都具有典型意义。

为此，我们为寿仙谷药业提炼出以"寿生有道，天地人和"

为表述语的企业医养文化核心内涵，推动寿仙谷药业深入研究其"一链二体三全九化"管理体系，希望通过对寿仙谷文化的系统研究，塑造一个具有典型意义和推广价值的个案，为中医医养行业的发展提供示范和借鉴。

为了对寿仙谷医养文化和企业管理体制机制进行系统的研究，浙江师范大学江南文化研究中心联合寿仙谷药业组织了一支由高校人文学者、地方文史专家、企业高管和著名中医构成的跨界融合的协同创新团队，开始了"江南社会生活史研究丛书"之"寿仙谷医养文化"的专题研究，研究成果汇为《寿仙谷文化综论》。

全书由陈玉兰拟定总体框架和各章标题，陈玉兰、李振宇主持撰写并最后统稿。团队成员围绕寿仙谷医养文化，分上中下三编开展研究。上编为理论编，意在为中医药"寿生有道"作文化溯源；中编为史程编，意在廓清武义"天地人合"的历史土壤；下编为实践编，着重探讨寿仙谷"和合共进"的文化创新。具体分工如下：上编由浙江师范大学江南文化研究中心、浙江中医药大学中医药文化研究院的博士、教授们承担，从第一章到第六章依次由崔小敬、曾礼军、孙巧云、刘欢、赵瑶丹、陈年福撰写；中编由武义地方文化研究资深专家和名中医承担，从第一章到第六章依次由唐桓臻、朱连法、潘瑞鹏、古梁、潘国文、程庆仲撰写；下编由寿仙谷文化及管理范式形成的见证者和参与者完成，从第一章到第六章依次由沈志权、李振宇、何成明、王汉波、黄俊华、徐子贵撰写。

从一个知名中医药企业的医养文化入手，做传统中医药文化创造性转化和创新性发展的个案解剖，构建民族品牌，树立产业典范，为共同富裕理念和健康中国战略的实施贡献中医药文化的力量，是本书写作的宗旨。这样的目标是否已初步达成，请读者鉴定。由于书成众手，而同道诸君对中医药文献和药企管理的了解不甚透彻,主其事者对许多需要删繁就简处多不忍措手,错误和重复在所难免,敬祈读者指正并见谅。

陈玉兰

浙江省哲学社会科学重点研究基地

浙江师范大学江南文化研究中心